W0317739

Christine-Eva Biegl

5 Begegnungen mit der Natur

www.oebv.at

Inhalt

Basiskonzepte

Zellbiologie

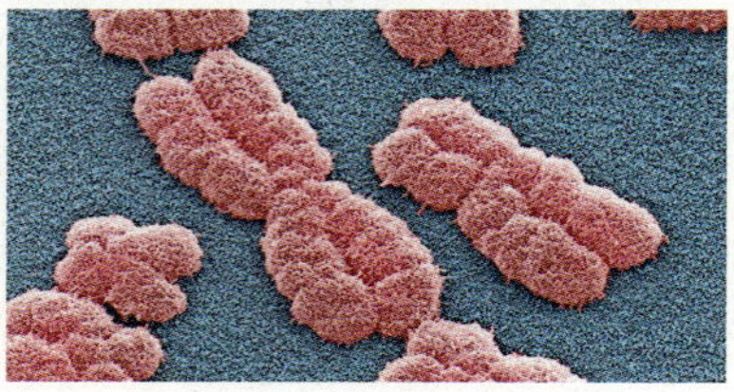

Stoffwechselphysiologie

Mikrobiologie

Biotechnologie

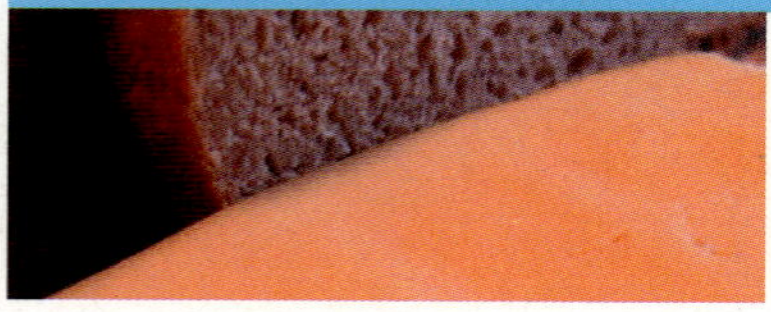

Organsysteme des Stoffwechsels

Botanik

Humanökologie

Wie du mit *Begegnungen mit der Natur* arbeitest

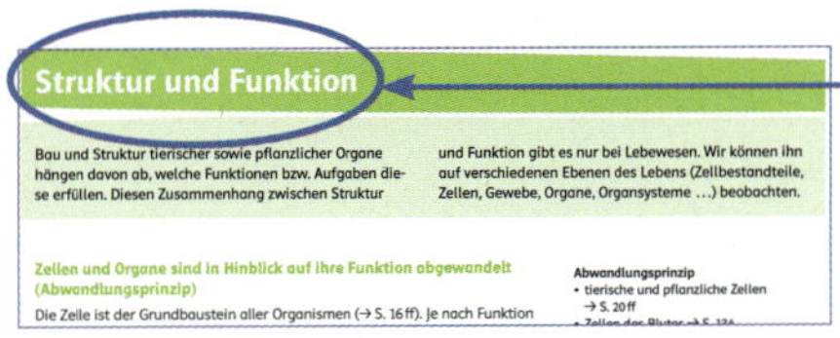

Basiskonzepte

Auf den Seiten 6–13 werden dir die Basiskonzepte der Biologie vorgestellt. Das sind sieben grundlegende Prinzipien, denen du in der gesamten Oberstufe immer wieder begegnen wirst.

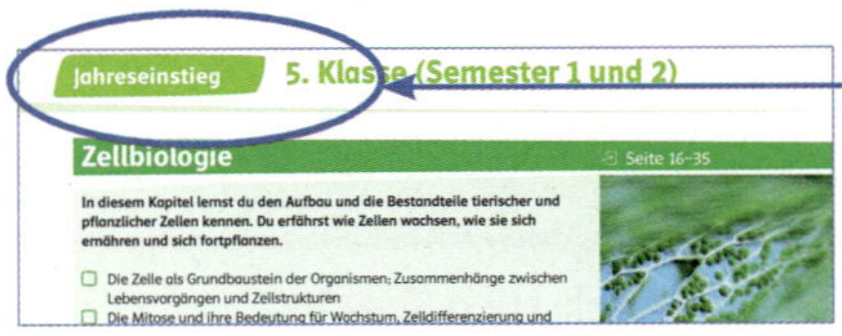

Jahreseinstieg

Der Jahreseinstieg bietet dir eine Übersicht über das gesamte Schuljahr (1. und 2. Semester). Du findest diese Gliederung am Ende des Jahres beim Jahrescheck wieder.

Kapiteleinstieg

Ein neues Thema beginnt mit einem Kapiteleinstieg. Auf dieser Seite findest du eine Übersicht darüber, was dich in diesem Kapitel erwartet.

Themenseite

Hier erarbeitest du dir ein biologisches Thema mithilfe von **Informationen**, **Abbildungen** und passenden **Aufgaben**.

Online-Codes: Einfach den Code im Suchfenster auf www.oebv.at eingeben und du wirst zu ergänzenden Informationen, Aufgaben und Lösungen weitergeleitet.

In der **Randspalte** findest du die wichtigsten Begriffe erklärt.

Selbst aktiv! So sind Aufgaben gekennzeichnet, die dein selbstständiges Arbeiten fördern und dir helfen, deinen Wissensstand zu überprüfen. Die Symbole kennzeichnen die so genannten Kompetenzbereiche, die du mit dieser Aufgabe trainierst (→ S. 5).

Ergänzungsstoff: Diese Inhalte gehen über den Kernstoff hinaus. Sie helfen aber, die Grundlagen besser zu verstehen.

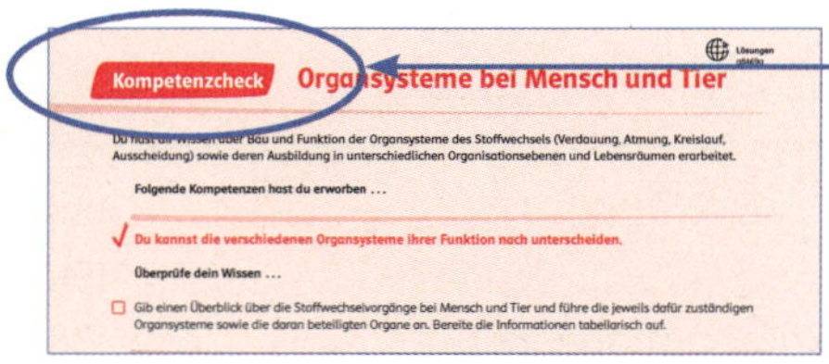

Kompetenzcheck

Mit dem Kompetenzcheck kannst du überprüfen, ob du die wichtigsten Inhalte noch weißt und ob du das Gelernte auch anwenden und interpretieren kannst. Auf der nächsten Seite erfährst du, was mit „Kompetenzen" genau gemeint ist.

Überblick

Am Ende jedes Kapitels werden die wichtigsten Inhalte noch einmal auf einer Seite zusammengefasst.

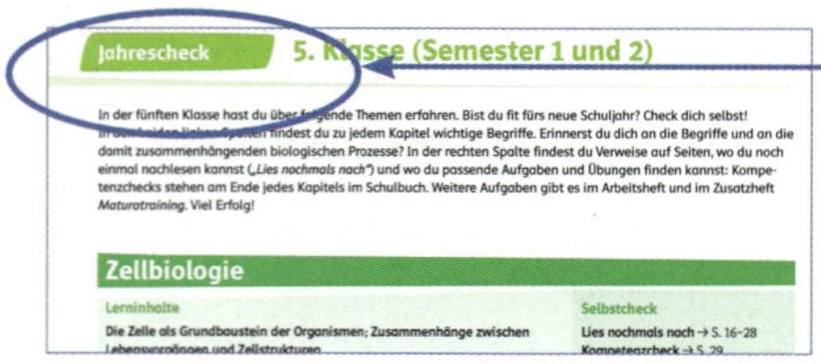

Jahrescheck

Überprüfe dich selbst mit dem Jahrescheck. Am Ende des Schuljahres solltest du diese Begriffe kennen und richtig zuordnen können. Falls du dabei Schwierigkeiten hast: In der rechten Spalte findest du Seitenangaben, wo du weitere Informationen und Übungsaufgaben finden kannst.

Kompetenzorientierung mit *Begegnungen mit der Natur*

Dein *Begegnungen mit der Natur*-Schulbuch unterstützt dich und deine Klassenkolleginnen und -kollegen dabei, während des Biologieunterrichts verschiedene **Kompetenzen** zu erwerben. Diese helfen nicht nur dabei, sich biologisches Wissen anzueignen, sondern auch Zusammenhänge zu verstehen und sich eine eigene Meinung bilden zu können. Im Schulfach Biologie werden drei große Kompetenzbereiche unterschieden. Du findest sie unten bei den entsprechenden Symbolen.
Damit du genau diese Kompetenzen trainieren kannst, werden die Aufgaben in diesem Buch mit bestimmten Verben, so genannten **Operatoren**, gestellt. Diese Operatoren lassen sich bestimmten Kompetenzen zuordnen. Ein paar Beispiele, und was sie bedeuten sollen, findest du im Folgenden:

Ich kann einzeln oder gemeinsam mit anderen Wissen aneignen, darstellen und kommunizieren (Kompetenz *Fachwissen aneignen und kommunizieren*)

Operator	Ich soll Folgendes damit erreichen ...
nennen	Informationen aus Wissen oder aus Vorlagen korrekt aufzählen
aufzählen	Wissenselemente in sinnvoller Ordnung anführen, Kenntnisse auflisten
aufzeigen	Sachverhalte auf das Wesentliche reduziert wiedergeben
beschreiben	Sachverhalte genau und logisch unter Verwendung der Fachsprache wiedergeben bzw. vorstellen
erläutern	ausführlich beschreiben und erklären
darstellen	Sachverhalte in Worten oder bildlich verdeutlichen bzw. ausführlich wiedergeben
auch: angeben, zeigen, skizzieren, zusammenfassen	

Ich kann einzeln oder gemeinsam mit anderen Untersuchungen und Experimente planen, durchführen, auswerten und Ergebnisse interpretieren (Kompetenz *Erkenntnisse gewinnen*)

Operator	Ich soll Folgendes damit erreichen ...
untersuchen	wichtige Aspekte und Zusammenhänge unter einer Fragestellung herausarbeiten und auswerten
anwenden	Regeln, Theorien etc. mit konkreten Beispielen oder Sachverhalten in Bezug bringen
auswerten	Ergebnisse einer Untersuchung im Hinblick auf die Aussagekraft prüfen und aufbereiten
einordnen	Sachverhalte in ein Ordnungssystem bringen
interpretieren	Daten und Ergebnisse von Untersuchungen ordnen und analysieren
gegenüberstellen	Sachverhalte, Informationen, Untersuchungsergebnisse vergleichen und gegenüberstellen
auch: ableiten, analysieren, schildern, charakterisieren, darlegen, definieren, interpretieren, vergleichen	

Ich kann einzeln oder gemeinsam mit anderen Schlüsse ziehen, Entscheidungen treffen und dementsprechend handeln (Kompetenz *Standpunkte begründen und reflektiert handeln*)

Operator	Ich soll Folgendes damit erreichen ...
argumentieren	eine Behauptung, einen Standpunkt begründen
begründen	einen Sachverhalt auf kausale Zusammenhänge oder Gesetzmäßigkeiten zurückführen
beurteilen	unter Verwendung von Fachwissen bzw. -methoden Aussagen über die Richtigkeit, Anwendbarkeit oder Wahrscheinlichkeit (selbstständige Einschätzung) einer Behauptung machen
erörtern	Sachverhalt ausführlich untersuchen (Für-und-Wider- bzw. Sowohl-als-Auch-Argumente), eigene Gedanken entwickeln, Schlüsse daraus ziehen und eine eigene Stellungnahme dazu verfassen
vermuten	aufgrund bestimmter Anzeichen der Meinung sein, dass sich etwas in bestimmter Weise verhält
auch: beweisen, nachweisen, bewerten, Stellung nehmen, diskutieren, prüfen	

Basiskonzepte

In der Natur sind viele verschiedene biologische Prozesse bzw. Phänomene anhand eines grundlegenden Musters oder einer gemeinsamen theoretischen Basis erklärbar. Man spricht hier von so genannten Basiskonzepten, also Grundprinzipien, nach denen bestimmte Prozesse und Mechanismen ablaufen.

Lassen sich ähnliche Phänomene mittels eines zugrundeliegenden Konzepts erklären, fällt es dir leichter, sie miteinander zu vernetzen und in Beziehung zu bringen. Dies hilft wiederum Gelerntes zu strukturieren und soll dich dabei unterstützen, dir die Fülle an biologischem Fachwissen, das du in diesem Jahr lernen wirst, besser merken zu können. Du wirst feststellen, dass sich auch neue biologische Phänomene besser einordnen und verstehen lassen, wenn sie nach bereits bekannten Prinzipien ablaufen.

Du wirst im kommenden Schuljahr sieben verschiedenen Basiskonzepten begegnen:

- ☐ Basiskonzept **Struktur und Funktion**
- ☐ Basiskonzept **Reproduktion**
- ☐ Basiskonzept **Kompartimentierung**
- ☐ Basiskonzept **Steuerung und Regelung**
- ☐ Basiskonzept **Stoff- und Energieumwandlung**
- ☐ Basiskonzept **Information und Kommunikation**
- ☐ Basiskonzept **Variabilität, Verwandtschaft, Geschichte und Evolution**

Was sind Basiskonzepte?

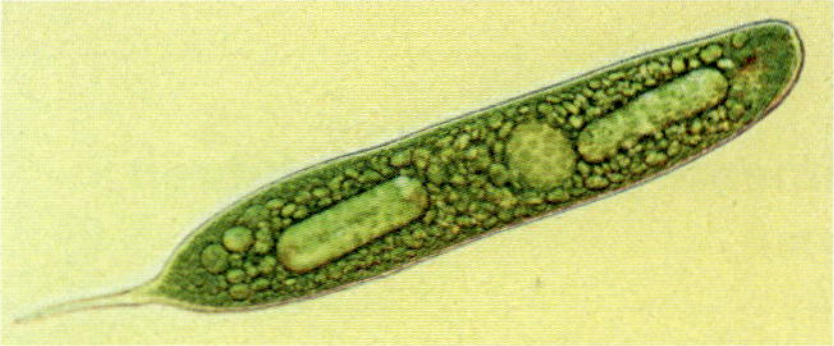

1 Welchen Einflüssen ist ein Organismus ausgesetzt?

Betrachtest du zum Beispiel ein Lebewesen, wirst du feststellen, dass jeder Organismus bestimmten Regeln unterworfen ist: wie er aussieht, nach welchem Schema bestimmte Körperfunktionen ablaufen, wie andere Organismen und seine Umwelt auf ihn einwirken, warum und wie er sich fortpflanzt. Eine große Reihe dieser Phänomene läuft nach bestimmten Prinzipien ab, die sich anhand von Basiskonzepten veranschaulichen lassen.

Organismus

Basiskonzept **Struktur und Funktion**
Form und Bau von Körpermerkmalen (Struktur) passen zu ihrer Aufgabe und Bedeutung (Funktion)

Basiskonzept **Stoff- und Energieumwandlung**
Lebensvorgänge benötigen Energie, um ablaufen zu können, dazu wandeln Lebewesen ständig Energie und Stoffe um.

Basiskonzept **Information und Kommunikation**
Lebewesen nehmen Informationen auf, speichern und nutzen sie und kommunizieren sie weiter.

Basiskonzept **Reproduktion**
Da Lebewesen eine begrenzte Lebensdauer haben, müssen sie sich vermehren und fortpflanzen.

Basiskonzept **Steuerung und Regelung**
Um bestimmte Körperzustände aufrecht zu erhalten, reagieren Lebewesen auf Veränderungen.

Basiskonzept **Variabilität, Verwandtschaft, Geschichte und Evolution**
Prozesse der Evolution bewirken eine Anpassung der Lebewesen an ihre Umwelt. So hat sich im Laufe der Zeit eine Vielzahl unterschiedlicher Arten entwickelt.

Basiskonzept **Kompartimentierung**
Damit Lebensprozesse ungestört nebeneinander ablaufen können, sind abgegrenzte Reaktionsräume (Zellen, Organe etc.) notwendig.

2 Der Einfluss von Basiskonzepten auf das Leben eines Organismus

Struktur und Funktion

Bau und Struktur tierischer sowie pflanzlicher Merkmale hängen davon ab, welche Funktionen bzw. Aufgaben diese erfüllen. Diesen Zusammenhang zwischen Struktur und Funktion gibt es nur bei Lebewesen. Wir können ihn auf verschiedenen Ebenen des Lebens (Zellbestandteile, Zellen, Gewebe, Organe, Organsysteme ...) beobachten.

Zellen und Organe sind in Hinblick auf ihre Funktion abgewandelt (Abwandlungsprinzip)

Die Zelle ist der Grundbaustein aller Organismen (→ S. 16 ff). Je nach Funktion ist ihr Aufbau allerdings abgewandelt. Blutzellen müssen ganz andere Aufgaben erfüllen als zB die Zellen in Laubblättern oder die Speicherzellen der Erdapfelpflanzen, weshalb sich Aussehen und Grundbauplan voneinander unterscheiden. Auch die Struktur von Organen steht in Abhängigkeit von ihrer Funktion: Blätter können zB durch Anpassung an besondere Bedingungen Umwandlungen erfahren. Um Substanzen optimal transportieren zu können und auch für Festigkeit sowie Stabilität zu sorgen, lassen sich zB beim Tracheensystem der Insekten oder bei Leitungssystemen der Pflanzen bestimmte Röhrenstrukturen finden (Röhrenprinzip).

Mundwerkzeuge sind an die Art der Nahrungsaufnahme angepasst

Die Art der Nahrung und wie sie aufgenommen werden kann, beeinflusst die Form der Mundwerkzeuge. Zahl, Art und Beschaffenheit der Zähne verschiedener Säugetiere variieren stark in Abhängigkeit vom jeweiligen Ernährungstyp. Auch innerhalb der Vögel kann man die unterschiedlichsten Schnabelformen beobachten und die Mundwerkzeuge der Insekten haben sich in Abhängigkeit zur jeweiligen Ernährungsform sehr unterschiedlich entwickelt.

Strukturen passen häufig exakt zusammen (Schlüssel-Schloss-Prinzip)

Um Funktionen erfüllen zu können, die nur durch das Zusammenwirken zweier Komponenten vonstattengehen können, muss ein exaktes Zusammenpassen der beiden Strukturen gegeben sein (Schlüssel-Schloss-Prinzip). Diese Passgenauigkeit lässt sich beispielsweise bei der Substratspezifität von Enzymen, bei der spezifischen Abwehr von Krankheitserregern oder bei Anpassungen von Blütenformen und ihrer jeweiligen Bestäuber beobachten.

Je größer die Oberfläche, desto besser der Stoffaustausch (Prinzip der Oberflächenvergrößerung)

Die Vergrößerung der Oberfläche führt zu einer Steigerung der Aufnahme und Abgabe von Stoffen und einer Beschleunigung des Transports. Vergrößerung bei optimaler Platznutzung (Erhöhung der Austauschfläche pro Volumeneinheit) kann durch Faltung, Einstülpung, Windung oder Verzweigung von Oberflächen geschehen. Beobachtbar ist das Prinzip der Oberflächenvergrößerung unter anderem bei der inneren Membran von Mitochondrien, bei der Dünndarmwand, bei den Lungenbläschen, bei den Kiemen von Fischen oder bei den Wurzelhaaren.

Nebeneinander strömende Medien werden zur Konzentration und Rückführung genutzt (Gegenstromprinzip)

Um Stoffe, Gase oder Wärme konzentrieren bzw. rückführen zu können, nutzt die Natur das Gegenstromprinzip. Das Prinzip findet auf Basis einseitig gerichteter Diffusion (→ S. 24 f). Der Austausch findet zwischen zwei Medien statt, die in entgegengesetzter Richtung durch eine Scheidewand getrennt, stetig aneinander vorbeiströmen. Die Konzentrierung des Endharns in der Niere wird u. a. mithilfe dieses Prinzips erreicht.

Abwandlungsprinzip
- tierische und pflanzliche Zellen → S. 20 ff
- Zellen des Blutes → S. 134
- pflanzliche Gewebe → S. 22, 154 ff
- menschliches Herz → S. 130 f
- Blattmetamorphosen → S. 167
- Tracheen → S. 118
- Leitbündel → S. 157

Mundwerkzeuge
- Säugetiergebisse → S. 104 f
- Vogelschnäbel → S. 106
- Mundwerkzeuge der Insekten → S. 103

Schlüssel-Schloss-Prinzip
- Substratspezifität von Enzymen → S. 41
- spezifische Abwehr → S. 135
- Blütenformen → S. 174

Oberflächenvergrößerung
- Mitochondrienmembran → S. 21
- Dünndarmwand → S. 95
- Lungenbläschen → S. 121
- Kiemen → S. 116
- Wurzelhaare → S. 160

Gegenstromprinzip
- Konzentrierung des Harns → S. 140

Selbst aktiv!

Erstelle im Laufe des Jahres deine eigene „Datensammlung" für das Basiskonzept Struktur und Funktion. Wo ist es dir überall begegnet?

Kompartimentierung

Damit unterschiedliche Reaktionen zur gleichen Zeit nebeneinander stattfinden können, ohne einander zu beeinflussen, ist das Abgrenzen durch Teilräume (Kompartimente) notwendig. Die Kompartimente können unterschiedliche Aufgaben übernehmen.

Abgrenzung von Reaktionsräumen
- tierische und pflanzliche Zellen → S. 20 ff
- Zellorganellen → S. 20 ff
- Amöbe → S. 61

Bausteinprinzip
- Lungengewebe → S. 120 f
- Assimilationsgewebe → S. 155, 166
- Bauplan des Regenwurms → S. 127

Schutz
- Zellwand der Pflanzenzelle → S. 26
- Aufbau der Bakterienzelle → S. 53

Spezialisierung
- Verdauung → S. 92 ff
- Abbauender Stoffwechsel → S. 46 ff

Membranen schaffen Reaktionsräume

Sowohl Zellen als auch Zellorganellen werden von Biomembranen (→ S. 24) umschlossen, die den Stofftransport kontrollieren. Durch die Schaffung von Reaktionsräumen können auf- und abbauende Stoffwechselprozesse (→ S. 36 ff) zur gleichen Zeit ablaufen.

In den Chloroplasten kann die Fotosynthese ungestört stattfinden.
Während im Zellplasma die Glykolyse abläuft, findet in den Mitochondrien der Rest der Zellatmung statt.

Zellverbände sind in Kompartimente gegliedert (Bausteinprinzip)

Zellen in einem Gewebe, die ähnlich spezialisiert sind, sind wie Bausteine zu Zellverbänden organisiert. Einander in ihrer Funktion ergänzende Gewebe verbinden sich zu Organen, diese wiederum schließen sich zu Organsystemen zusammen. Dies führt zu einer Leistungssteigerung im Organismus, da so Arbeitsteilung möglich ist.

Lungenbläschen bilden in der Lunge Lungengewebe, die Lunge bildet zusammen mit den Luftwegen und der Atemmuskulatur das Atmungssystem, das für die Atmung zuständig ist.
Bei Pflanzen werden die Laubblätter, die primär die Aufgabe der Fotosynthese übernehmen, u. a. aus Assimilationsgewebe gebildet, das wiederum aus chloroplastenreichen Zellen besteht.
Das Bausteinprinzip lässt sich auch beim Körperbau vieler Tiere beobachten. Zum Beispiel sind Regenwürmer in Segmente gegliedert, die sich in Bau und Funktion ähneln.

Kompartimentierung bietet Schutz

Abgrenzungen nach außen bieten Schutz vor schädlichen Einflüssen.
Pflanzliche Zellen besitzen neben der Zellmembran noch eine feste Zellwand.
Bakterien sind zusätzlich von einer Kapsel umhüllt.

Funktionelle Kompartimentierung ermöglicht Spezialisierung

Dadurch dass Zellen bzw. Zellorganellen eigenständige Reaktionsräume bilden, ist Spezialisierung dieser Reaktionsräume auf unterschiedliche Funktionen und Aufgaben möglich. Bestimmte spezifische Enzyme (→ S. 40 f) sind nur dort vorhanden und übernehmen ganz spezifische Aufgaben.

Verdauungsenzyme werden beispielsweise in speziellen Verdauungsdrüsen gebildet und zerlegen im Verdauungstrakt die Nahrung.
In den Mitochondrien laufen die oxidative Decarboxylierung, der Zitronensäurezyklus und die Atmungskette ab.

Selbst aktiv!

Erstelle im Laufe des Jahres deine eigene „Datensammlung" für das Basiskonzept Kompartimentierung. Wo ist es dir überall begegnet?

....

....

....

....

....

....

....

....

....

Steuerung und Regelung

Alle lebenden Systeme (Organismen und Lebensgemeinschaften) müssen auf Änderungen, sowohl äußere als auch innere, schnell und effizient reagieren. Dazu sind Mechanismen zur Regelung und Steuerung notwendig. Regelmechanismen bewirken, dass trotz Störungen innere Zustände in einem funktionsgerechten Rahmen (Sollwert) bleiben. Steuermechanismen ermöglichen Anpassung an veränderte Bedingungen, da sie bestimmte Kenngrößen unabhängig von Sollwerten aktiv ändern können.

Das innere Milieu einer Zelle muss gegenüber dem äußeren Milieu konstant gehalten werden

Die Zelle weist als kleinste lebende Funktionseinheit des Organismus eine bestimmte Konzentration an gelösten Stoffen auf (inneres Milieu). Diese muss konstant gehalten werden. Durch passive Transportvorgänge (Diffusion und Osmose, → S. 24 ff) sowie aktive Transportvorgänge (mittels Membranproteinen, → S. 25) werden Konzentrationsunterschiede zwischen Außen- und Innenmilieu ausgeglichen. Die Konzentrationsbedingungen des Umfelds bewirken also, dass in der Zelle Regelmechanismen zum Ausgleich des inneren Zellmilieus in Gang gesetzt werden.
Der Einzeller *Euglena* kann zum Beispiel aktiv überschüssiges Wasser, das sich aufgrund der höheren Konzentration des Zellinneren im Vergleich zum Außenmedium ansammelt, mittels pulsierender Bläschen nach außen befördern und so das innere Milieu konstant halten.
Aufgrund verschiedener Stoffwechselvorgänge in Organismen entstehen Stoffwechselprodukte, die für die Zellen unnötig bzw. sogar giftig sind. Über den Vorgang der Exkretion (→ S. 138 f) werden sie mithilfe von Ausscheidungsorganen (Nephridien, Malpighi'sche Gefäße, Nieren …) aus dem Körper ausgeschieden.

Regelkreise sorgen für die Einstellung eines Gleichgewichts

Organismen benötigen unterschiedliche Stoffe, wie Sauerstoff, Nährstoffe, Kohlenstoffdioxid etc., um Energie für den Stoffwechsel bereitstellen zu können. Werden diese verbraucht, sind interne Regelkreise notwendig, die das Gleichgewicht wiederherstellen. Auch bei Änderungen, die physiologische Zustände, wie die Aufrechterhaltung der Körpertemperatur oder den Blutdruck, betreffen, müssen Regelmechanismen in Gang gesetzt werden, um Gleichgewichtszustände wiederherzustellen.
Der Verbrauch von Sauerstoff im Zuge der Atmung setzt genauso Regelmechanismen in Gang wie der Verbrauch des Blutzuckers beim abbauenden Stoffwechsel.
Die Schließzellen der Spaltöffnungen von Pflanzen schließen und öffnen sich in Abhängigkeit von der Verfügbarkeit von Kohlenstoffdioxid, Wasser und Licht. Dies geschieht über Regelmechanismen, die zur Änderung des Turgors in den Schließzellen führen.

Die Zunahme von Individuenzahlen führt zu dichteabhängiger Regulation

Steigt die Populationsdichte einer Art in einem Ökosystem über ein bestimmtes Maß, werden Mechanismen zur Rückführung in einen Gleichgewichtszustand (dichteabhängige Regulation) in Gang gesetzt.
Die Anzahl von Darmbakterien steigt bei günstigen Bedingungen um ein Vielfaches an. Die Populationsdichte wird allerdings durch „Selbstvergiftung" durch selbst erzeugte Stoffwechselendprodukte begrenzt.

Aufrechterhalten des Zellmilieus
- Transportvorgänge → S. 24 f
- *Euglena* → S. 28
- Nephridien → S. 138 f.
- Malpighi'sche Gefäße → S. 139
- Nieren → S. 139 f

Regelkreise
- Atmung → S. 114
- abbauender Stoffwechsel → S. 46
- Temperaturregelung → S. 133
- Blutdruck → S. 132
- Blutzuckerspiegel → S. 146
- Änderung des Turgors von Schließzellen → S. 166

Dichteregulation
- Darmbakterien → S. 54
- Überbevölkerung → S. 179

Selbst aktiv!

Erstelle im Laufe des Jahres deine eigene „Datensammlung" für das Basiskonzept Steuerung und Regelung. Wo ist es dir überall begegnet?

....

....

....

....

....

....

....

....

....

Reproduktion

Organismen haben eine begrenzte Lebensdauer. Um ein Aussterben der Art zu vermeiden, müssen sie sich reproduzieren. So entsteht eine Abfolge von Generationen, die die Möglichkeit zur Veränderung (Anpassung, Evolution) im Laufe der Zeit schafft. Durch Vermehrung vervielfältigt sich ein Organismus, durch Fortpflanzung erzeugt er Nachkommen. In beiden Fällen ist die Weitergabe des eigenen genetischen Materials entscheidend.

Zellteilungsprozesse
- Mitose und Zellteilung → S. 30 f
- Teilung bei Bakterien → S. 54
- Zellalterung und -erneuerung → S. 33

Fortpflanzung
- Spaltung und Sporenbildung bei Bakterien → S. 54
- Sprossung der Hefe → S. 64
- Konjugation → S. 62
- ungeschlechtliche Fortpflanzung bei Pflanzen → S. 169
- geschlechtliche Fortpflanzung bei Pflanzen → S. 170 ff

Generationswechsel
- Moose → S. 170
- Farne → S. 171
- Samenpflanzen → S. 172 ff
- *Plasmodium malariae* → S. 60

Fortpflanzungsstrategien
- Bakterien → S. 54
- ungeschlechtliche Fortpflanzung bei Pflanzen → S. 169
- Bestäubungsformen → S. 174

Vermehrung
- Bakterien → S. 54
- Bevölkerungswachstum → S. 179

Lebewesen sind nicht unsterblich – sie werden gefressen, altern und sterben. Nachkommen zu erzeugen dient daher der Arterhaltung. Grundvoraussetzung für die Reproduktion ist der Vorgang der Zellteilung und Mitose (→ S. 30 f). Zellteilungsprozesse finden nicht nur im Zuge der Fortpflanzung statt, sie sind auch wichtig, um gealterte, beschädigte oder abgestorbene Zellen zu erneuern (adulte Stammzellen).

Fortpflanzung führt zur Weitergabe von Erbmaterial

Das Erzeugen von Nachkommen (Fortpflanzung) und die Weitergabe der Erbinformation (→ S. 23) sind Kennzeichen von Lebewesen (→ S. 28).
Bei der ungeschlechtlichen Fortpflanzung entstehen zwei idente Tochterzellen, die die gleiche Erbinformation wie die Mutterzelle tragen. Bei der geschlechtlichen Fortpflanzung kommt es zu einer Neukombination des Erbmaterials.
Bakterien und die meisten einzelligen Organismen pflanzen sich meist ungeschlechtlich fort, aber auch bei Pflanzen ist ungeschlechtliche Fortpflanzung neben der geschlechtlichen Fortpflanzung weit verbreitet.
Wimpertierchen können sich auch geschlechtlich fortpflanzen (Konjugation).

Wechseln sich ungeschlechtliche und geschlechtliche Fortpflanzung ab, spricht man von einem Generationswechsel

Sowohl im Tier- als auch im Pflanzenreich kann es zu einem Wechsel von geschlechtlicher und ungeschlechtlicher Fortpflanzung kommen. Moose, Farne und Samenpflanzen vermehren sich über Generationswechsel.
Der Erreger der Malaria *Plasmodium malariae* durchläuft einen komplexen Lebenszyklus mit Generationswechsel.

Organismen haben unterschiedliche Fortpflanzungsstrategien entwickelt

Um den Bestand der Art zu sichern, wenden Organismen unterschiedliche Strategien an.
Da sich Bakterien ungeschlechtlich fortpflanzen, können sie sehr rasch eine sehr hohe Anzahl an Nachkommen erzeugen. Ungeschlechtliche Fortpflanzung ermöglicht es auch Pflanzen, sich leicht und schnell zu vermehren.
Auch bei der Bestäubung haben sich unterschiedliche Strategien entwickelt. Wind-, Wasser- und Tierbestäubung sind nur ein paar der möglichen Formen.

Durch Vermehrung kommt es zur Erhöhung der Individuenzahl

Organismen können längerfristig nur dann überleben, wenn die Zahl der Nachkommen so hoch ist, dass Ausfälle durch Fressfeinde, Krankheitserreger oder ungünstige Lebensbedingungen ausgeglichen werden können. Dabei ist das Erreichen eines Gleichgewichtszustandes wichtig. Zu wenige Individuen führen unweigerlich zum Aussterben der Art, ein Zuviel kann zu Problemen in der Nutzung und Verteilung von Ressourcen führen. Unter günstigen Bedingungen können zum Beispiel Bakterien eine sehr hohe Vermehrungsrate erreichen.
Beim Menschen führt das Bevölkerungswachstum in den Entwicklungsländern zu massiven Problemen wie Unterernährung und Armut.

Selbst aktiv!

Erstelle im Laufe des Jahres deine eigene „Datensammlung" für das Basiskonzept Reproduktion. Wo ist es dir überall begegnet?

....
....
....
....
....
....
....
....
....

Stoff- und Energieumwandlung

Organismen müssen, um überleben zu können, ständig Stoffe und Energie aus der Umwelt aufnehmen (zB in Form von Nahrung). Diese Energie kann dann in andere Formen umgewandelt oder gespeichert werden. Die Umwandlung von Stoffen zur Nutzung der gespeicherten Energie nennt man Stoffwechsel. Dabei geben Lebewesen auch kontinuierlich Energie in die Umwelt ab. Diesen laufenden Verlust müssen sie ständig ausgleichen.

Assimilation und Dissimilation

Der Aufbau von energiereichen körpereigenen Substanzen aus energiearmen körperfremden Ausgangsstoffen wird als Assimilation bezeichnet. Die Fotosynthese ist der wichtigste Prozess dieser Art: Pflanzen bilden aus Wasser und Kohlenstoffdioxid Zucker (und Sauerstoff als Nebenprodukt). Die dafür notwendige Energie liefert die Sonne.
Durch einen schrittweisen Abbau dieser energiereichen organischen Verbindungen kann die im Zucker gespeicherte Sonnenenergie wieder freigesetzt und nutzbar gemacht werden. Diesen Abbau von energiereichen Produkten nennt man Dissimilation. Es entsteht bei dieser Energieumwandlung ATP, die „Energiewährung" im Körper, welche für energieverbrauchende Lebensprozesse (zB Stoffwechsel, Fortbewegung, etc.) genutzt werden kann.
Bei jeder Energieumwandlung kommt es auch zu einem Verlust an nutzbarer Energie, da ein Teil der Energie als Wärme in die Umgebung abgegeben wird.

Energiefluss und Fließgleichgewicht

Lebewesen werden als offene Systeme bezeichnet, denn sie sind an eine ständige Energiezufuhr gebunden. Die laufende Energieabgabe wird durch ständige Energiezufuhr ausgeglichen – ein Zustand, der als Fließgleichgewicht bezeichnet wird.
Diesen Energiefluss in Fließgleichgewichten finden wir in der Biologie in verschiedenen Größenordnungen: auf molekularer, zellulärer und organismischer Ebene. Aber auch ganze Ökosysteme können durch Fließgleichgewichte beschrieben werden, wenn sich Energiezufuhr und Energieverbrauch die Waage halten.

Stoffkreisläufe in einem Ökosystem

In Ökosystemen lassen sich Stoffkreisläufe zwischen lebendigen Organismen und den unbelebten Anteilen ihrer Umwelt erkennen (zB Stickstoff-, Kohlenstoffkreislauf).
Die an diesen Stoffkreisläufen beteiligten Lebewesen lassen sich untergliedern in Produzenten, Konsumenten (1. oder 2. Ordnung) und Destruenten. Während die Produzenten (v. a. Pflanzen und Algen) mittels Sonnenenergie Zucker und Sauerstoff herstellen, verwerten Konsumenten diese produzierten Stoffe zur eigenen Energieversorgung. Destruenten (Bakterien, Pilze) wiederum bauen abgestorbene Biomasse zu energiearmen anorganischen Verbindungen ab und schließen dadurch den Stoffkreislauf.

Nachhaltigkeit

Der Begriff Nachhaltigkeit stammt aus der Forstwirtschaft und bedeutete ursprünglich, in einem Wald nicht mehr Holz zu ernten, als nachwachsen kann. Heute meint man damit allgemein eine Lebensweise, die die Ressourcen eines Ökosystems nicht erschöpft. Der Mensch greift in die oben beschriebenen Stoffkreisläufe ein, zB durch Abbau von Rohstoffen oder Rodung von Wäldern.

Assimilation und Dissimilation
- Assimilation und Dissimilation → S. 36
- Energieumwandlung → S. 37
- Fotosynthese → S. 42
- Chemoautotrophe Bakterien → S. 45
- ATP, das „Energiegeld" → S. 38

Fließgleichgewicht
- offenes System → S. 37
- Wasserdruck-Gleichgewicht/Plasmolyse einer Zelle → S. 26

Stoffkreisläufe
- Stickstoffkreislauf → S. 45
- Saprophagen → S. 99

Nachhaltigkeit
- Menschliche Beeinträchtigung der Ökosysteme → S. 181
- Nachhaltigkeit und Weltwirtschaft → S. 184

Selbst aktiv!

Erstelle im Laufe des Jahres deine eigene „Datensammlung" für das Basiskonzept Stoff- und Energieumwandlung. Wo ist es dir überall begegnet?

....

....

....

....

....

....

....

....

....

Information und Kommunikation

Alle Lebewesen tauschen Informationen aus. Menschen verständigen sich untereinander vorwiegend durch optische Signale und Lautsignale. Auch Zellen und Gewebe im Inneren des Körpers kommunizieren fortwährend. Sie nehmen Informationen aus ihrer Umgebung auf, speichern und nutzen sie und geben sie weiter. Dieser Informationsaustausch wird als Kommunikation bezeichnet. Die Voraussetzung für eine geordnete Kommunikation ist eine „gemeinsame Sprache". Das heißt, dass Informationen durch bestimmte Reize auf eine Art verschlüsselt werden, sodass der Empfänger die Informationen entschlüsseln und lesen kann.

Optische Signale
- Mikroskop → S. 17
- Stärkenachweis → S. 83
- Blütenfarbe → S. 174

Chemische Signale
- Biotechnologie/Gentechnik → S. 77
- Phytohormone → S. 175
- Regelung Blutzuckerspiegel → S. 95

Informationen können auf unterschiedlichem Weg zwischen Sender und Empfänger übertragen werden. Durch unsere Sprache sind uns akustische Signalübertragungen vertraut. In diesem Band werden uns auch andere Formen der Kommunikation begegnen.

Optische Signale

Für die Wahrnehmung optischer Information ist für den Menschen das Auge ein wichtiges Sinnesorgan. Technische Instrumente, wie das Mikroskop, helfen uns, kleine Lebewesen und sogar Strukturen innerhalb von Zellen sichtbar zu machen. Diese Information wäre uns mit bloßem Auge nicht zugänglich.
Auch chemische Hilfsmittel können Informationen sichtbar machen, die uns sonst verborgen wären. Iodkaliumiodid beispielsweise kann zum Nachweis des Kohlenhydrats Stärke verwendet werden. Erst durch die Färbung, die durch eine Reaktion mit diesem Stoff ensteht, wird die Stärke für uns sichtbar.
Die Blütenfarbe bei Pflanzen ist ein weiteres Beispiel für ein optisches Signal. Tatsächlich kommunizieren insektenbestäubte Blütenpflanzen und ihre Bestäuber miteinander. Pflanzen locken durch die bestimmte Form und Farbe der Blüten genau die Insekten an, die ihre Pollen zur Bestäubung weitertragen können.

Chemische Signale

Der Blütenduft ist ein Beispiel für ein chemisches Signal. Wir werden auch Wege der chemischen Verständigung innerhalb eines pflanzlichen Organismus kennenlernen. Chemische Botenstoffe (Phytohormone) sind wichtige Moleküle zur Kommunikation zwischen Zellen. Sie übertragen Informationen von außen (Lichtverhältnisse, Temperatur, etc.) oder von Nachbarzellen zu anderen Zellen und regeln dadurch Wachstums- und Stoffwechselaktivitäten. Diese Botenstoffe spielen auch bei der Keimung von Samen eine entscheidende Rolle.
Beim Menschen spielen chemische Botenstoffe (Hormone) u. a. auch bei der Ernährung und Verdauung eine wichtige Rolle. Wir werden die Hormone Insulin und Glukagon kennenlernen. Diese Stoffe liefern eine Information über die Höhe des aktuellen Blutzuckergehalts und ermöglichen somit, dass der Blutzuckerspiegel reguliert werden kann.
Im Körper kann es auch zu Kommunikationsproblemen kommen. Manchmal geraten Informationen zB an die falsche „Adresse" oder werden falsch interpretiert. So etwas kann u. a. ein Auslöser für eine allergische Reaktion sein, wenn etwa das Immunsystem zu empfindlich auf bestimmte Fremdstoffe im Körper reagiert.
Auch die Verschlüsselung der Erbinformation in der DNA ist eine Form der Kommunikation. Hier werden die Informationen von einer Generation zur nächsten weitergegeben. In der Biotechnologie macht man sich dies zu Nutze, denn die Erbinformation und die Art und Weise der Verschlüsselung ist großteils bekannt. Durch Gentechnik greift der Mensch in die Kommunikation ein und kann das Erbgut sogar verändern.

Selbst aktiv!

Erstelle im Laufe des Jahres deine eigene „Datensammlung" für das Basiskonzept Information und Kommunikation. Wo ist es dir überall begegnet?

....

....

....

....

....

....

....

....

....

Variabilität, Verwandtschaft, Geschichte und Evolution

Alle Lebewesen sind an die Umwelt, in der sie leben, auf vielfältige Weise angepasst. Diese Anpassung ist das Ergebnis eines langen Entwicklungsprozesses der Arten über viele Generationen. Ermöglicht wird dieser Prozess durch ein Zusammenspiel von biologischer Vielfalt (Variabilität) und Auslese (Selektion). Im Laufe der Erdgeschichte hat sich so aus einer einzigen Zelle am Anfang des Lebens eine Vielzahl unterschiedlicher Arten entwickelt. Der Mensch ist ebenfalls aus dieser Entwicklungsgeschichte hervorgegangen und steht dadurch mit allen anderen Arten in einer verwandtschaftlichen Beziehung.

Variabilität und Anpassung

Individuen einer Art unterscheiden sich geringfügig. Diese Variabilität wird verursacht durch zahlreiche kleine Veränderungen (Mutationen) der Erbanlagen und deren Neukombination im Zusammenhang mit der sexuellen Fortpflanzung. Die Unterschiede zwischen Artgenossen führen dazu, dass sie im Laufe ihres Lebens unterschiedlich viele Nachkommen zeugen können (Auslese, Selektion). Variabilität und Selektion sind die Grundlage dafür, dass, über viele Generationen hinweg, an ihre Umwelt angepasste Arten entstanden sind.

Veränderlichkeit der Arten durch Evolution

Die Variabilität von Individuen einer Art kann nicht nur im äußeren Erscheinungsbild beobachtet werden, sondern auch auf der kleineren Ebene von Molekülen, Zellen, Geweben und Organen.
Die evolutionäre Anpassung und Veränderung von Arten allerdings geschieht auf der größeren Ebene von mehreren Individuen einer Art, die sich miteinander fortpflanzen (Populationen).

Biologische Vielfalt

Jeder Lebensraum ist anders und zeichnet sich durch eine einzigartige Kombination klimatischer und geologischer Eigenschaften aus sowie der Zusammensetzung der Arten, die in ihm leben. Dadurch sind in jedem Lebensraum verschiedene Eigenschaften nützlich, um zu überleben. Wenn viele Arten denselben Lebensraum bewohnen, müssen sie sich die verfügbaren Ressourcen aufteilen. Das führt zu Spezialisierungen und kann sogar zur Entstehung neuer Arten führen.
Die ständige Veränderung der Umweltbedingungen auf der Erde, sowie die ständige Konkurrenz der Arten um Ressourcen, haben zu der erstaunlichen biologischen Vielfalt geführt, die wir heute überall auf der Erde beobachten können.

Verwandtschaft und Stammesgeschichte

Die heutige Erscheinung aller Pflanzen, Pilze, Tiere und auch des Menschen, ist das – vorläufige – Ergebnis des Zusammenspiels von Variabilität und Anpassungsprozessen in den vorhergehenden Generationen.

Die Individuen einer Art sind sich äußerlich und in ihren vererbten Eigenschaften ähnlich – trotz der vielen kleinen Unterschiede. Das ist das Ergebnis der gemeinsamen Abstammung; sie sind eng miteinander verwandt.
Aber auch Individuen verschiedener Arten sind mehr oder weniger miteinander verwandt. Sämtliche Arten haben sich von einem gemeinsamen Vorfahren ausgehend entwickelt und eigene Grundbaupläne entwickelt. Das Forschungsgebiet, das die Verwandtschaftsbeziehungen zwischen Arten untersucht, nennt man Systematik.

Variabilität und biologische Vielfalt
- Vielfalt der Mikroorganismen → S. 52
- Mundwerkzeuge der Insekten sind an Nahrungsquelle angepasst → S. 103
- Anpassungen des Säugetier-Gebisses → S. 104
- Anpassungen der Vögelschnäbel → S. 106
- Anpassungen von Lungenatmern → S. 124
- Wurzelsystem bei Pflanzen → S. 159
- Anpassung von Blütenformen an Bestäuber → S. 174

Evolutionsprozesse
- Blinddarm, ein rudimentäres Organ → S. 96
- Entwicklung des Gastrovaskularsystems → S. 109

Verwandtschaft und Stammesgeschichte
- Von der Einzelligkeit zur Vielzelligkeit → S. 32
- Klassifizierung und Systematik → S. 53

Selbst aktiv!

Erstelle im Laufe des Jahres deine eigene „Datensammlung" für das Basiskonzept Variabilität, Verwandtschaft, Geschichte und Evolution. Wo ist es dir überall begegnet?

....

....

....

....

....

....

....

....

....

5. Klasse (Semester 1 und 2)

Zellbiologie

Seite 16–35

In diesem Kapitel lernst du den Aufbau und die Bestandteile tierischer und pflanzlicher Zellen kennen. Du erfährst wie Zellen wachsen, wie sie sich ernähren und sich fortpflanzen.

- ☐ Die Zelle als Grundbaustein der Organismen; Zusammenhänge zwischen Lebensvorgängen und Zellstrukturen
- ☐ Die Mitose und ihre Bedeutung für Wachstum, Zelldifferenzierung und Entstehung vielzelliger Organismen

Stoffwechselphysiologie

Seite 36–51

Du erarbeitest dir Wissen über Stoffwechselvorgänge, die zum Aufbau von Stoffen (Assimilation) und Abbau von Stoffen (Dissimilation) führen.

- ☐ Stoffwechselvorgänge: Assimilation (Fotosynthese und heterotrophe Assimilation) und Dissimilation (Gärung und Zellatmung)

Mikrobiologie

Seite 52–69

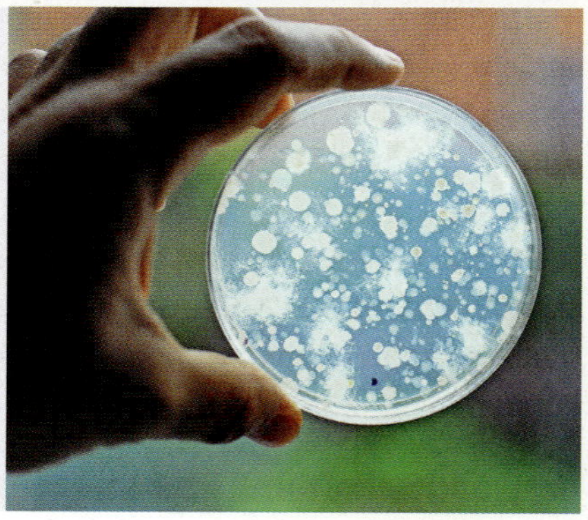

Du lernst in diesem Kapitel verschiedene Kleinstlebewesen und deren Bedeutung, Nutzen und möglichen Schaden für den Menschen. Weiters erfährst du von den Besonderheiten einer Bakterienzelle und nach welchen Kriterien Mikroorganismen eingeteilt werden können.

- ☐ Unterschiede zwischen Pro- und Eukaryoten; Bedeutung von Mikroorganismen für ökologische Kreisläufe

Biotechnologie

Seite 70–79

In diesem Kapitel lernst du die Bedeutung von Mikroorganismen für die Herstellung von Brot und Käse kennen. Du erfährst wie Lebensmittel konserviert werden, wie Bier und Wein produziert werden und welche Chancen und Risiken die Gentechnik bringt.

- ☐ Biotechnische Verfahren bei der Nahrungsmittelproduktion

Organsysteme des Stoffwechsels

Seite 80–153

In diesem Kapitel lernst du Bau und Funktion der Organsysteme des Stoffwechsels kennen. Du erfährst von unterschiedlichen Ernährungsweisen im Tierreich und lernst verschiedene Atem- und Stofftransportsysteme kennen.

Der Abschnitt über gesunde und ausgewogene Ernährung behandelt den täglichen Bedarf an Nährstoffen eines Menschen. Hier lernst du auch von den Gefahren einer ungesunden Ernährung.

- ☐ Bau und Funktion der Organsysteme des Stoffwechsels (Verdauung, Atmung, Kreislauf, Ausscheidung) und deren Ausbildung in unterschiedlichen Organisationsebenen und Lebensräume
- ☐ Gesunde und ausgewogene Ernährung

Botanik

Seite 154–177

In diesem Kapitel dreht sich alles um Pflanzen: ihren Aufbau, ihre Organe, ihre Anpassungen an ihren Lebensraum, ihre Entwicklung und Fortpflanzung.

- ☐ Bau, Fortpflanzung und Lebensweise pflanzlicher Organismen

Humanökologie

Seite 178–187

Du lernst Wechselwirkungen zwischen Mensch, Gesellschaft und Umwelt kennen. Du erfährst von der Entwicklung der Weltbevölkerung und von Wegen kennen für eine nachhaltige, umweltschonende Lebensweise.

- ☐ Ökologie und Nachhaltigkeit: (Welt-)Ernährung, verschiedene Formen der Landwirtschaft

Zellbiologie

Zellbiologie
wr9in6

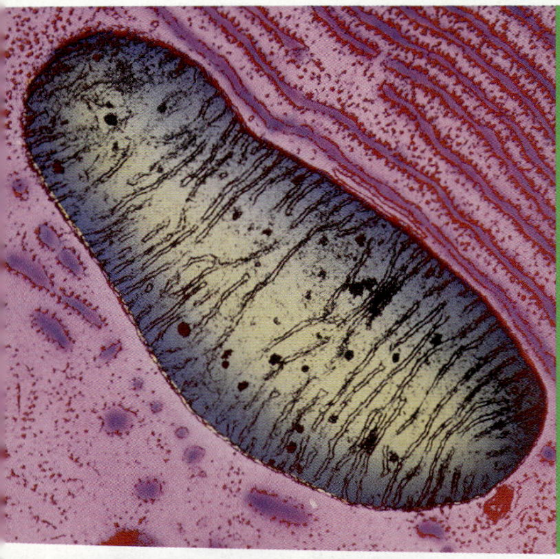

Die Bausteine der Lebewesen

Du erarbeitest dir Wissen über die **Zelle als Grundbaustein der Organismen** sowie **Zusammenhänge zwischen Lebensvorgängen und Zellstrukturen**.

Du lernst ...

- ☐ wie man zelluläre Vorgänge mess- und beobachtbar machen kann und wie man richtig mikroskopiert (S. 16–19)
- ☐ den Aufbau und die Bestandteile einer Zelle zu benennen und die Zelle als Grundbaustein eines Organismus zu verstehen (S. 20–28)
- ☐ Zusammenhänge zwischen der Struktur einer Zelle und ihrer Funktion zu erkennen und ihre Bedeutung für den Organismus zu erfassen (S. 20–28)

Kompetenzcheck → S. 29

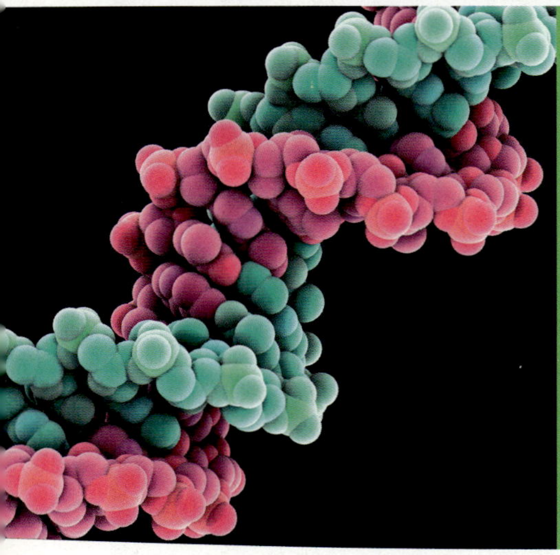

Die Bedeutung der Zellteilung

Du erarbeitest dir Wissen über **die Mitose und ihre Bedeutung fürs Wachstum** sowie die **Zelldifferenzierung** und die **Entstehung vielzelliger Organismen**.

Du lernst ...

- ☐ die Mitose als Voraussetzung für die Zellteilung zu verstehen und ihre Bedeutung für Wachstum und Vermehrung zu begreifen (S. 30–31)
- ☐ den Mechanismus der Mitose zu erläutern (S. 30–31)
- ☐ den Zusammenhang zwischen der Spezialisierung und Differenzierung von Zellen und der Entstehung der Mehrzelligkeit zu verstehen (S. 32–33)

Kompetenzcheck → S. 34

Zellen – die Bausteine der Lebewesen

Zellen sind die Bausteine aller Lebewesen. Ihre Größe liegt, von wenigen Ausnahmen abgesehen (zB menschliche Eizelle), unterhalb des **Auflösungsvermögens** des menschlichen Auges. Aus diesem Grund hatte die Erfindung des Mikroskops für die Entdeckung der Zelle große Bedeutung.

Die Erfindung des Mikroskops

Bereits im Altertum war bekannt, dass an Kugeln, die mit Wasser gefüllt sind, sowie an Glaslinsen das Licht gebrochen wird und sich Objekte damit vergrößert beobachten lassen.
Zu Beginn des 17. Jahrhunderts setzte der italienische Physiker, Mathematiker und Philosoph **Galileo Galilei** (1564–1642) **konvex** und **konkav** geschliffene Linsen zu Teleskopen für astronomische Beobachtungen zusammen. Dabei erkannte auch er den Vergrößerungseffekt von Linsenkombinationen und entwickelte ein Mikroskop, welches aus einer konvexen und einer konkaven Linse bestand.
Den Namen „mikroskopium" erhielt erstmals 1622 das Mikroskop des niederländischen Astronomen Cornelius Drebbel (1572–1633). Es bestand aus zwei konvexen Linsen.
Der englische Physiker und Naturforscher Robert Hooke (1635–1703) konstruierte ein doppellinsiges Mikroskop mit Beleuchtungseinrichtung – mithilfe einer wassergefüllten Kugel, die er vor einer Öllampe anbrachte, konzentrierte er das Licht auf die Objekte. Mit seinem Mikroskop gelangen Hooke bereits bis zu 100-fache Vergrößerungen.

Auflösungsvermögen
der kleinste Abstand zwischen zwei Punkten, der noch getrennt wahrgenommen werden kann; das Auflösungsvermögen des menschlichen normalsichtigen Auges liegt bei 0,1 mm

Galileo Galilei
kam durch Himmelsbeobachtungen zu der Erkenntnis, dass die Sonne im Mittelpunkt des Planetensystems steht und die Erde sich wie alle anderen Planeten um dieses Zentrum bewegt. Die Meinung der römisch-katholischen Kirche war jedoch, dass sich die Sonne um die Erde bewege, da der Mensch als Geschöpf Gottes im Zentrum des Weltalls leben müsse. 1633 wurde Galileo Galilei deshalb der Prozess gemacht.

konvex
convexus (lat.) = erhaben, nach außen gewölbt

konkav
concavus (lat.) = hohl, vertieft, nach innen gewölbt

Arbeitsheft
Seite 3, 4, 5, 8

Selbst aktiv!

1. Bereits in der Unterstufe hast du gelernt, wie ein Lichtmikroskop aufgebaut ist. Ordne im folgenden Text den einzelnen Bestandteilen die richtige Abbildungsnummer zu.

- Das Objektiv (, Linse, die dem Objekt näher ist) entwirft ein vergrößertes Zwischenbild des Objekts. Am Objektivrevolver (   ) befinden sich Objektive mit unterschiedlicher Vergrößerung. Durch Drehen des Revolvers kann man die gewünschte Vergrößerung einstellen.
- Der Tubus (   ) verbindet den Objektivrevolver mit dem Okular (, Linse, die dem Auge näher ist), welches das Zwischenbild vergrößert.
- Der Objekttisch (   ) dient zur Fixierung des Objektträgers (Glasplättchen), auf dem sich das Objekt befindet. Dieses wird von unten mit einer Lampe (   ) durchleuchtet.
- Eine weitere Linse, der Kondensor (   ), bewirkt eine optimale Ausleuchtung des Objekts.
- Mit der Kondensorblende (   ) wird die Bildhelligkeit (Kontrasteinstellung) geregelt. Die Bildschärfe kann mit dem Grobtrieb (, Grobeinstellung) und dem Feintrieb (, Feineinstellung) eingestellt werden.
- Die Grundplatte des Mikroskops wird als Fuß (   ) bezeichnet. Auf ihm ist das Stativ (   ), welches die Optik (Okular, Tubus, Objektive) und den Objekttisch trägt, befestigt.

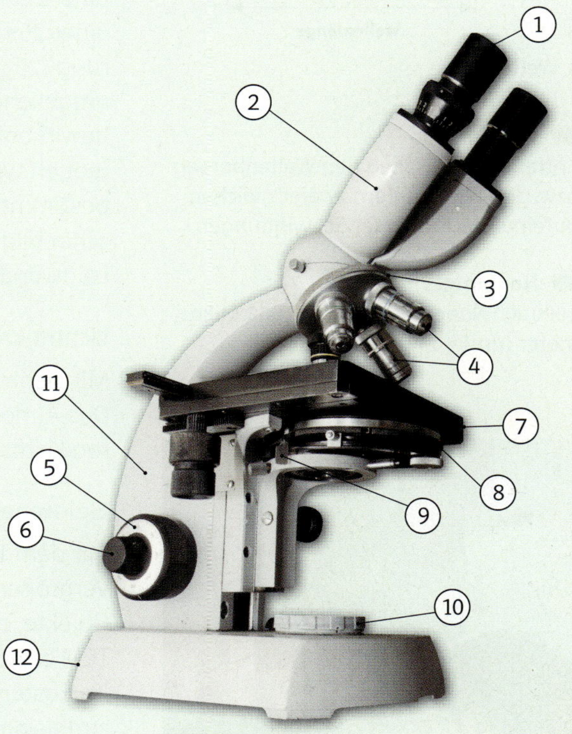

2. Wie mikroskopierst du richtig? Erlerne die richtige Handhabung eines Lichtmikroskops, indem du nach folgender Anleitung an einem echten Mikroskop, das dir deine Lehrerin bzw. dein Lehrer zur Verfügung stellt, übst.

- Halte das Mikroskop beim Herausstellen aus dem Schrank oder beim Transportieren ausschließlich am Stativ fest.
- Schraube Objektive und Okulare nicht auseinander.
- Verschmutzte Linsen reinigst du am besten mit einem weichen Tuch mit Benzin oder destilliertem Wasser.
- Der Objektträger sollte immer sauber und trocken sein.
- Beim Suchen des Objekts stellst du am besten anfänglich die kleinste Vergrößerung ein.
- Achte bei der Scharfeinstellung des Bildes – besonders, wenn du mit dem Grobtrieb arbeitest – darauf, dass Objektiv und Präparat einander nicht berühren und dabei beschädigt werden können.
- Drehst du den Objektivrevolver, kontrolliere von der Seite, dass ein längeres Objektiv nicht das Objekt berührt.
- Hast du deine Arbeit am Mikroskop beendet, stelle anschließend wieder das Objektiv mit der kleinsten Vergrößerung ein.

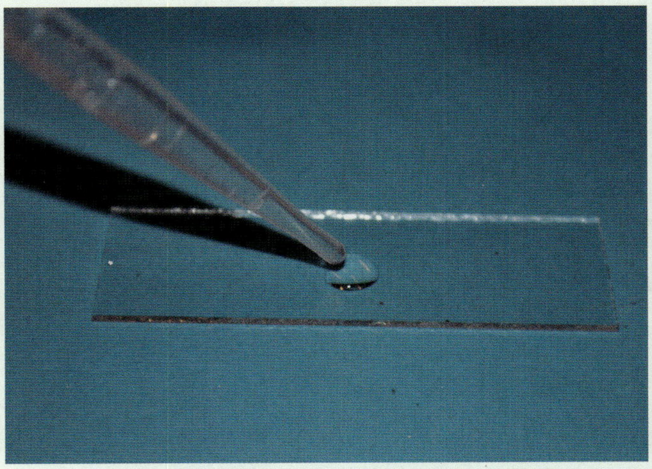

1 Aufbringen einer Wasserprobe auf einen Objektträger

2 Schülerin beim Mikroskopieren mit einem Lichtmikroskop

Arbeitsheft Seite 3

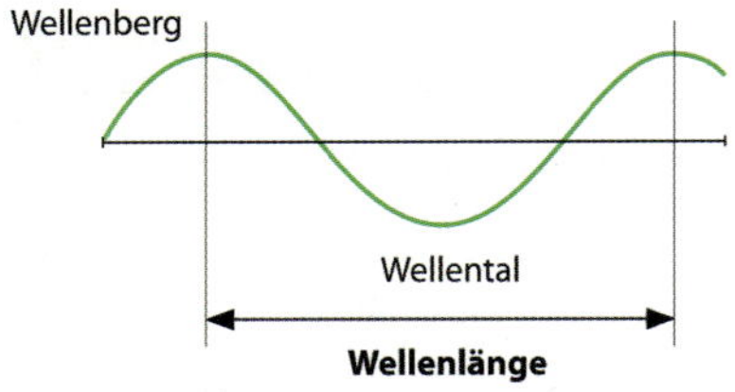

3 Wellenlänge

Wellenlänge
Entfernung zwischen den Wellenbergen bzw. den Wellentälern zweier gleicher, aufeinanderfolgender Schwingungen

Nanometer
1000000 Nanometer (nm) = 1000 Mikrometer (µm) = 1 Millimeter (mm)

Die Vergrößerungen sind von Objektiv und Okular abhängig

Die Vergrößerung, die mit einem Mikroskop erzielt werden kann, ergibt sich aus der Vergrößerung des Objektivs mal der Vergrößerung des Okulars.

Eine 250-fache Vergrößerung lässt sich beispielsweise durch ein Objektiv mit einer 25-fachen Vergrößerung und einem Okular mit einer 10-fachen Vergrößerung ($25_{Obj.} \times 10_{Okul.}$) erzielen. Die gleiche Vergrößerung erreicht man auch umgekehrt ($10_{Obj.} \times 25_{Okul.}$). Eine stärkere Vergrößerung durch das Okular bewirkt aber nicht zwangsläufig eine bessere Auflösung. Das Auflösungsvermögen wird nämlich vom Objektiv (und der **Wellenlänge** des Lichts) bestimmt. Das Okular vergrößert lediglich das vom Objektiv entworfene Zwischenbild (Vergleiche: ein unscharfes Bild wird bei der Projektion auf eine Leinwand nur vergrößert, nicht aber schärfer).

Lichtmikroskope erzielen bis zu 2000-fache Vergrößerungen

Mit Lichtmikroskopen lassen sich bis zu 2000-fache Vergrößerungen erzielen. Das Auflösungsvermögen liegt – bedingt durch die Wellenlänge des sichtbaren Lichts (380 bis 780 nm) – bei 200 **Nanometer**.

Elektronenmikroskope vergrößern bis zu 1000000-fach

Mit dem Transmissionselektronenmikroskop (TEM) sind bis zu 500000-fache Vergrößerungen möglich. Anstelle von Licht werden Elektronen durch die Objekte, die sehr dünn sein müssen (Ultradünnschnitte), hindurch geleitet. TEM ermöglichen Auflösungen bis 0,2 nm.
Im Rasterelektronenmikroskop (REM) werden die Elektronen des Elektronenstrahls an den Atomkernen der Objekt-Oberfläche abgelenkt. Die Oberfläche wird dadurch abgerastert – so wird eine räumliche Darstellung erzielt.
REM liefern Bilder bis zur 1000000-fachen Vergrößerung und ermöglichen Auflösungen bis 0,1 nm.

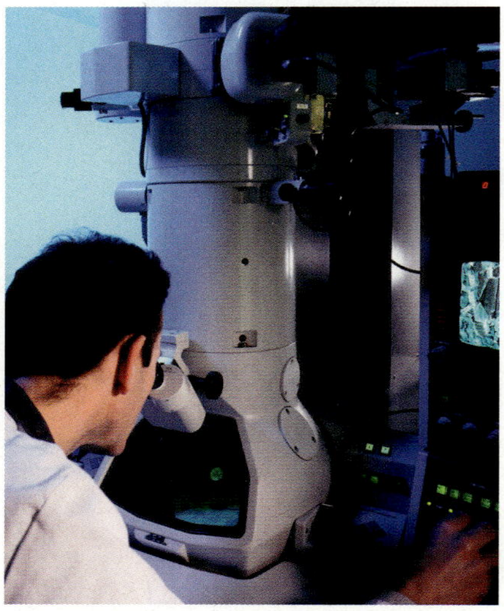

4 Mikroskopieren mit einem Rasterelektronenmikroskop

5 Lichtmikroskopisches Bild von Pflanzenzellen (300-fache Vergrößerung)

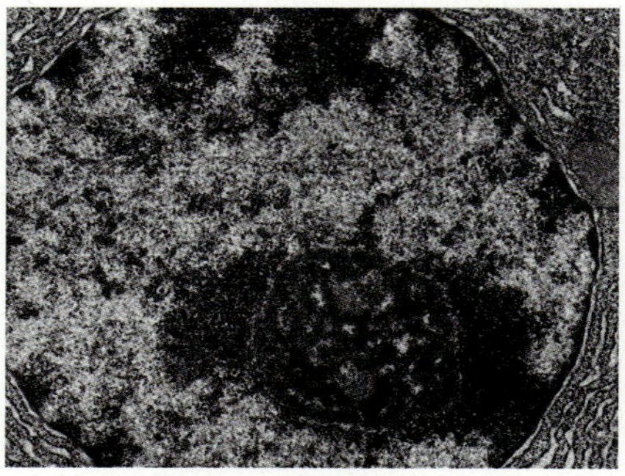

6 Teil eines Zellkerns im TEM (12000-fache Vergrößerung)

7 Gewebe eines Pflanzenblatts im Rasterelektronenmikroskop (gefärbte Aufnahme)

Selbst aktiv!

1. Gib an in mm:
   1 µm ≙ ....
   50 µm ≙ ....
   200 µm ≙ ....
   1 nm ≙ ....
   60 nm ≙ ....
   3000 nm ≙ ....
   600000 nm ≙ ....

2. Überlege, welche Vorteile bzw. Nachteile ein Lichtmikroskop gegenüber einem Elektronenmikroskop hat. Besprecht das Für und Wider im Klassenverband.

Arbeitsheft
Seite 3, 4, 5, 8

Selbst aktiv!

Berechne die Vergrößerungen der abgebildeten Objekte (benutze dazu ein Lineal) und gib die Ergebnisse in der Bildlegende an.

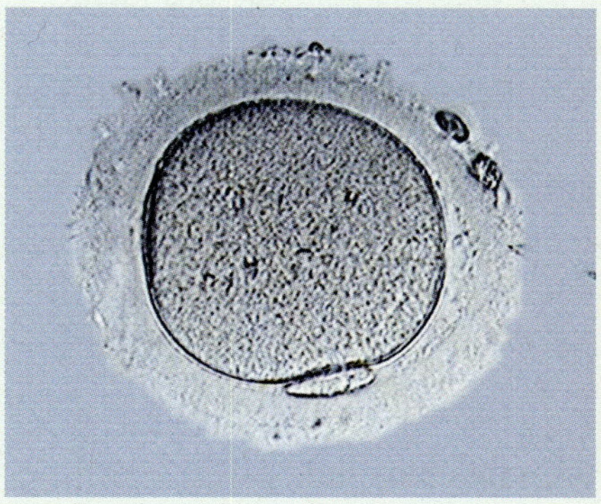

Eine menschliche Eizelle hat eine Größe von etwa 0,2 mm. Demnach handelt es sich hier um eine etwa ....-fache Vergrößerung.

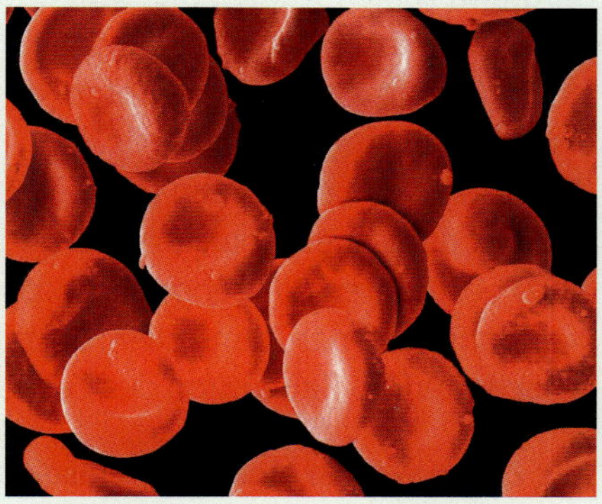

Im Bild siehst du rote Blutkörperchen 100-fach vergrößert. Berechne ihre Originalgröße.

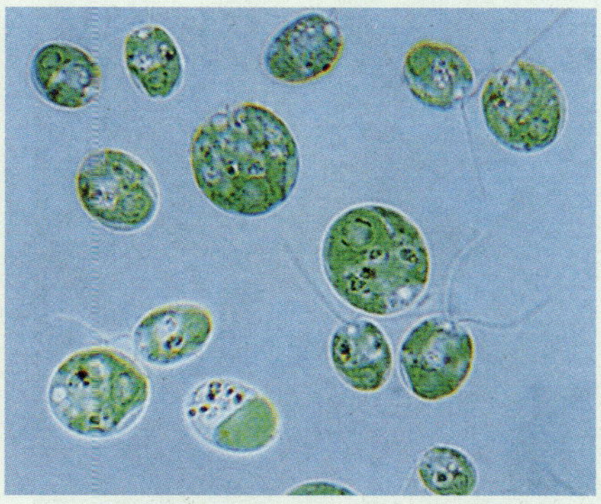

Die Grünalge *Chlamydomonas* hat einen Durchmesser von durchschnittlich 15 µm. Die abgebildeten Algen sind etwa ....-fach vergrößert.

Hefezellen sind oval mit einer Größe von 5 bis 8 µm. Wir sehen hier eine etwa ....-fache Vergrößerung.

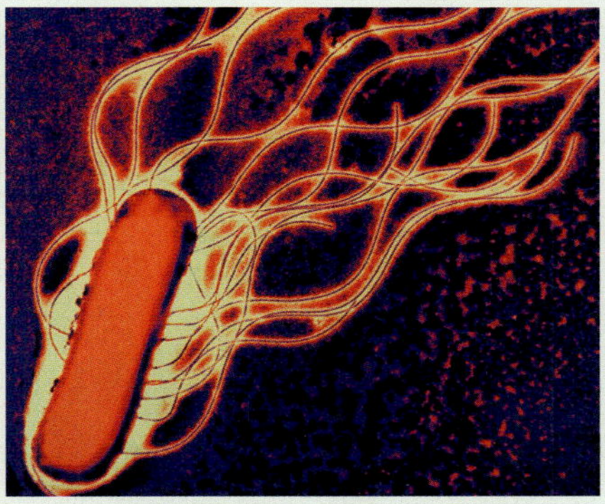

Salmonellen sind durchschnittlich 3,5 µm lang. In der Abbildung ist ein Bakterium etwa ....-fach vergrößert dargestellt.

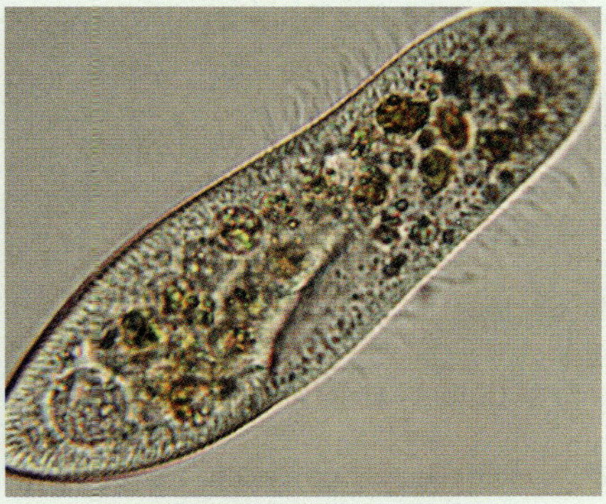

Das Pantoffeltierchen ist mit etwa 0,3 mm Länge einer der größten Einzeller. Wir sehen es hier etwa ....-fach vergrößert.

Wir sehen hier eine etwa 170-fache Vergrößerung einer Hausstaubmilbe. Berechne die ungefähre Körpergröße.

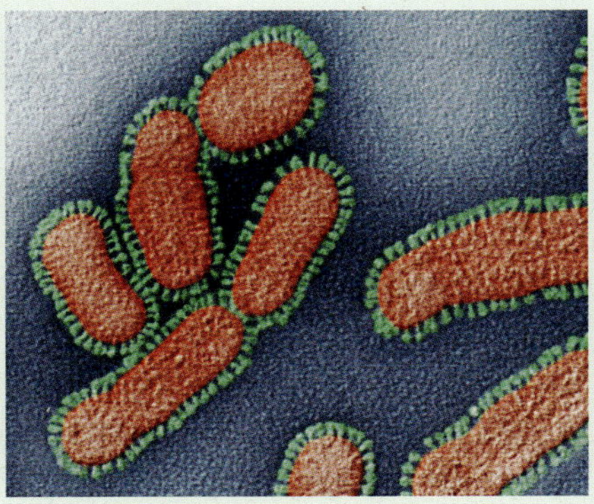

In der Abbildung siehst du Influenzaviren in 200 000-facher Vergrößerung. Finde die ungefähre Länge von Influenzaviren heraus.

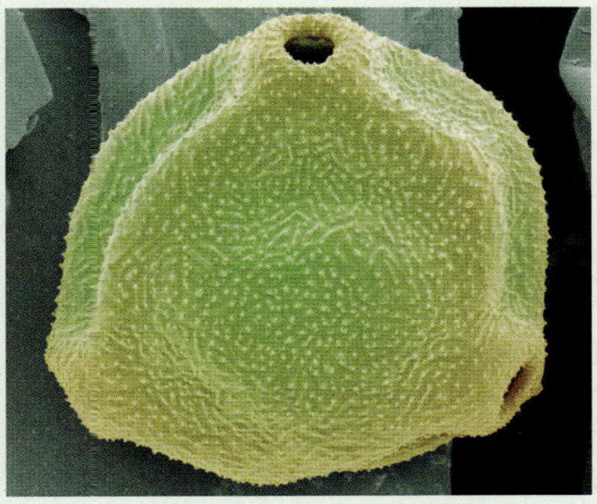

Birkenpollen haben eine Größe von rund 20 µm. Hier sehen wir eine etwa ....-fache Vergrößerung.

Arbeitsheft Seite 4, 5, 8

8 Teilweise entrindete Korkeiche

Zelle
kleinste lebende Einheit aller Lebewesen
cellula (lat.) = kleine Kammer

Flaschenkork
wird aus der Rinde der im westlichen Mittelmeerraum vorkommenden Korkeiche gewonnen

Nucleus
Zellkern
nucleus (lat.) = Kern

verschiedenartige Zellen
Im menschlichen Körper übernehmen zum Beispiel über 200 verschiedene Zelltypen unterschiedliche Aufgaben.

Zellmembran
membrana (lat.) = Häutchen

Cytoplasma
Zellplasma; mehr oder weniger zähflüssige Masse, die aus bis zu 90 % Wasser, organischen Stoffen wie Kohlenhydraten, Fetten, Eiweißstoffen und Nukleotiden (Bausteine der Nukleinsäuren) und Ionen wie K^+, Na^+, Ca^{2+} und Mg^{2+} besteht.

Zellorganellen
meist durch Membranen abgegrenzte Bestandteile der Zelle, die wichtige Funktionen erfüllen
organon (griech.) = Werkzeug

Mikrotubuli, Mikrofilamente
Eiweißelemente, die im Cytoplasma u. a. zur Stützfunktion eingelagert sind
tubuli (lat.) = kleine Röhren,
filum (lat.) = Faden

Aufbau, Struktur und Funktion einer Zelle

Den Begriff **Zelle** prägte bereits im 17. Jahrhundert Robert Hooke (→ S. 16), der bei mikroskopischen Untersuchungen eines **Flaschenkorkens** dessen Aufbau aus „little boxes“ oder „cells“ beschrieb.
1824 stellte der französische Arzt und Botaniker Henri Dutrochet (1776–1847) aufgrund seiner Studien die Behauptung auf, dass die Zelle die Grundlage jedes Lebewesens darstellt.
1831 erkannte der britische Botaniker Robert Brown (1773–1858) den **Nucleus** als festen Bestandteil der Zelle.
Die Studien des deutschen Botanikers Matthias Jacob Schleiden (1804–1881) und des deutschen Naturforschers und Anatomen Theodor Schwann (1810–1882) bestätigten die Behauptung, dass alle Lebewesen aus mikroskopisch kleinen Bausteinen, den Zellen, bestehen. Zudem erkannten die beiden Wissenschafter die Bedeutung des Zellkerns.

Alle Zellen weisen einen gemeinsamen Grundbauplan auf

Abhängig von ihrer Funktion unterscheiden sich die **verschiedenartigen Zellen** in Form und Größe. Sie lassen sich aber alle von einem Grundbauplan ableiten: Die **Zellmembran** (→ Abb. 9) umgrenzt das **Cytoplasma**. In dieses durchsichtige, zäh- bis dünnflüssige Gemisch aus anorganischen und organischen Substanzen sind **Zellorganellen** und andere Strukturen (**Mikrotubuli**, **Mikrofilamente**) eingebettet.

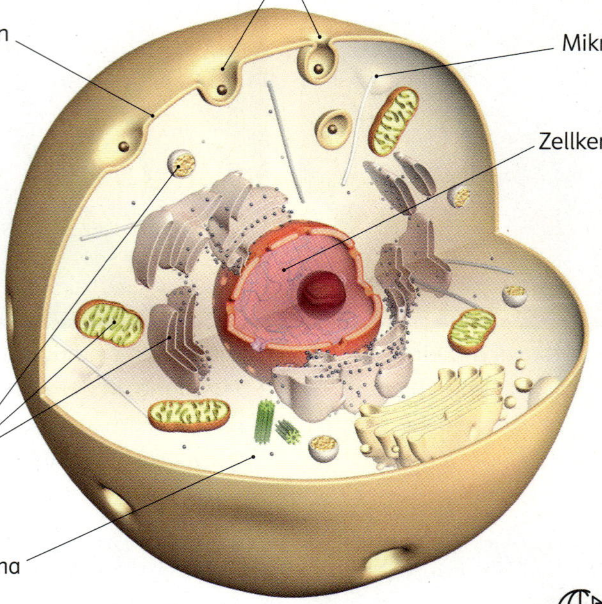

9 Bau der tierischen Zelle und Phagocytose (Aufnahme fester Nahrungsteilchen, → S. 28) (Schema)

Animation n8gd3k

Zellen können auch Geißeln oder Wimpern tragen, die aus Mikrotubuli aufgebaut sind.
Wimpern – mit 2–20 µm Länge sind sie kürzer als die Geißeln – bedecken in großer Zahl die ganze Zelloberfläche oder Teile davon. Durch ihre Bewegung (mit Ruderschlägen vergleichbar) treiben sie Zellen voran oder bewegen eine Flüssigkeit über die Oberfläche einer Gewebeschicht. So befördert zB die mit Wimpern besetzte Auskleidung der Luftröhre (Flimmerhärchen, → S. 122) Schleim mit darin hängen gebliebenen eingeatmeten Schmutzteilchen nach außen. Die Zahl der 10 bis 200 µm langen Geißeln beschränkt sich auf eine bis wenige pro Zelle. Durch ihr wellenförmiges Schlagen bewegen sich Zellen (zB Einzeller und Spermien) in Richtung der Geißelachse vorwärts.

Arbeitsheft Seite 4, 5, 7, 8

In den Mitochondrien findet die Zellatmung statt

Mitochondrien sind 0,5 bis 2 µm kleine, ovale bis stäbchenförmige Zellorganellen, in denen die **Zellatmung** stattfindet. Sie werden deshalb auch als „Kraftwerke der Zelle" bezeichnet. Sie sind von zwei Membranen umgeben. Die innere Membran bildet Einstülpungen, wodurch ihre Oberfläche und somit der Reaktionsraum für die Zellatmung stark vergrößert wird.

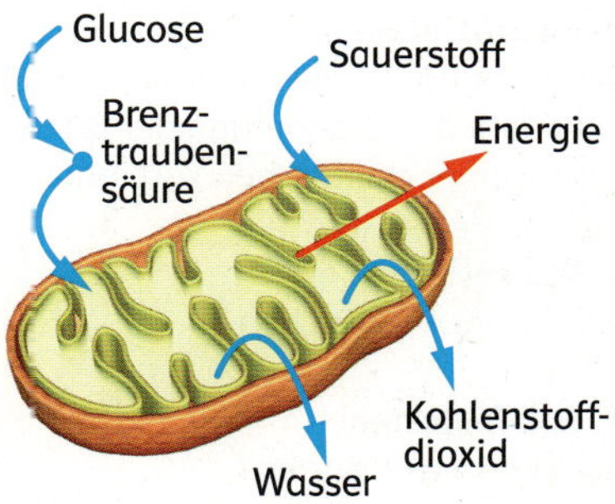

10 Zellatmung in den Mitochondrien (Schema)

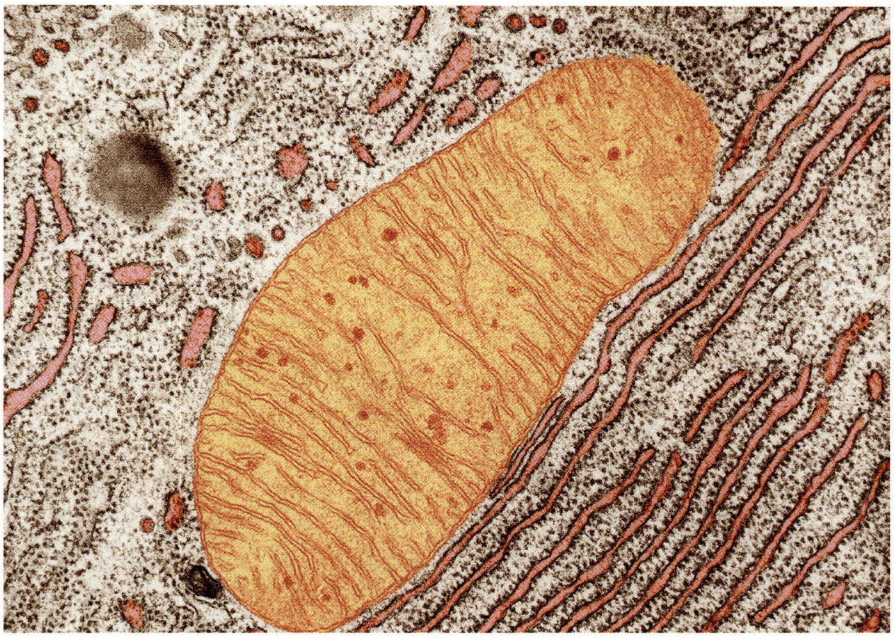

11 Mitochondrium durch das TEM betrachtet (gefärbte Aufnahme)

Ribosomen sind die Orte der Proteinsynthese

Ribosomen sind 10 bis 20 nm kleine, kugelige Zellorganellen aus **Ribonukleinsäure** (RNA) und Eiweiß, in denen die Proteine erzeugt werden.

Das Endoplasmatische Reticulum durchzieht das Zellplasma

Das Endoplasmatische Reticulum (ER) ist ein von Membranen begrenztes Zellorganell, das wie ein Labyrinth das gesamte Cytoplasma durchzieht. Es steht einerseits mit dem Zellkern (die Kernhülle ist ein Abkömmling des ERs) und andererseits mit der Zellmembran (umgibt die Zelle) in Verbindung.
Das ER tritt in zwei Formen auf:

Das raue oder **granuläre** ER ist auf seiner Oberfläche dicht mit Ribosomen besetzt. In ihm werden Verbindungen **synthetisiert**, die am Aufbau der Zellmembran beteiligt sind.

Das glatte oder **agranuläre** ER ist frei von Ribosomen. Es dient dem Stofftransport in und zwischen den Zellen, der zeitweiligen Speicherung von Stoffen sowie der Synthese von Hormonen bei Tieren.

Zellatmung
Freisetzung von Energie durch den Abbau von Traubenzucker mit Hilfe von Sauerstoff

Ribonukleinsäure
Riesenmoleküle, die sich aus Tausenden von Nukleotiden zusammensetzen. Diese bestehen aus je einem Molekül Zucker (Ribose), einem Molekül Phosphorsäure und einer der folgenden organischen Basen: Cytosin, Guanin, Adenin oder Uracil.

granulär
granularis (lat.) = gekörnt

synthetisiert
hergestellt, zusammengefügt, gebildet
synthesis (griech.) = Zusammensetzung
Synthese = Aufbau einer chemischen Verbindung aus einfacheren Stoffen

agranulär
nicht gekörnt

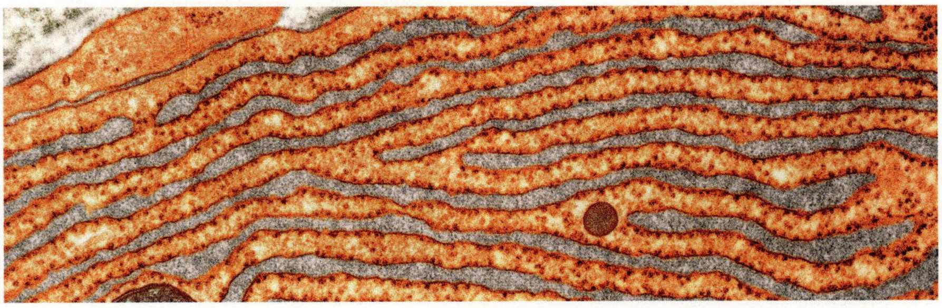

12 Endoplasmatisches Reticulum durch das TEM betrachtet (gefärbte Aufnahme)

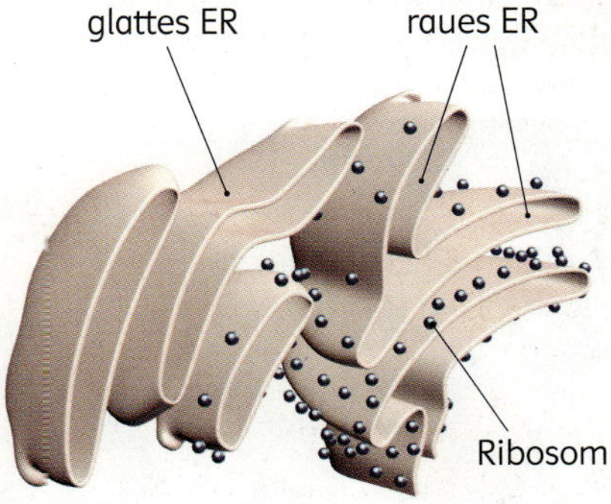

13 Endoplasmatisches Reticulum (Schema)

Arbeitsheft
Seite 4, 5, 7, 8

modifizieren
modificare (lat.) = abwandeln, verändern
Modifikation = Abänderung der Grundstruktur einer chemischen Verbindung

Vesikel
vesicula (lat.) = Bläschen

Chloroplasten
chloros (griech.) = grün,
plastos (griech.) = geformt

Fotosynthese
Produktion von Zucker und Sauerstoff aus Kohlenstoffdioxid und Wasser unter Einwirkung des Sonnenlichts

Amyloplasten
amylon (griech.) = Kraftmehl, Stärke

Chromoplasten
chroma (griech.) = Farbe

In den Dictyosomen werden Stoffe modifiziert

Die Dictyosomen sind drei bis zwölf übereinander gestapelte, schüsselförmig plattgedrückte Membransäckchen, die mit dem ER in Kontakt stehen. Sie nehmen aus diesem Stoffe auf (zB Proteine), **modifizieren** sie bei Bedarf (zB durch Anbinden von Zuckermolekülen oder weiteren Proteinen) und transportieren sie in **Vesikeln**, die vom Rand und von ihrer konkaven Seite abgeschnürt werden, an Orte außerhalb der Zelle, wo sie benötigt werden. Zudem erfolgt in den Dictyosomen auch die Synthese verschiedener neuer Stoffe. So werden in Pflanzenzellen zum Beispiel Mehrfachzucker hergestellt, die am Aufbau der festen Zellwand, die die Membran umgibt, beteiligt sind.

Die Gesamtheit der Dictyosomen einer Zelle wird als Golgi-Apparat bezeichnet. Der italienische Anatom Camillo Golgi (1843–1926) beschrieb diese Zellorganellen 1898 als Erster, nachdem er sie im Cytoplasma von Nervenzellen entdeckt hatte.

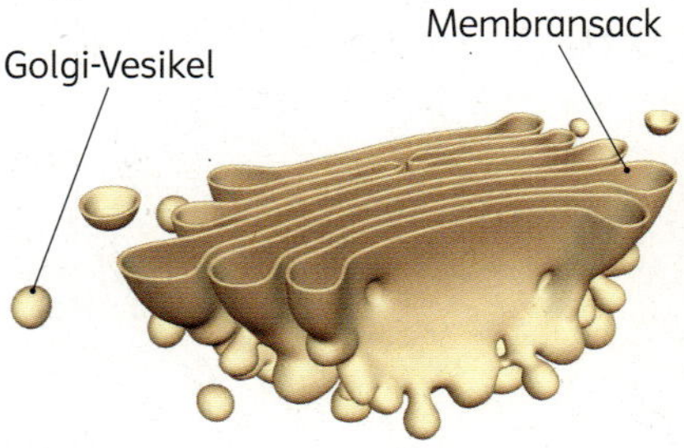

14 Dictyosom (Schema)

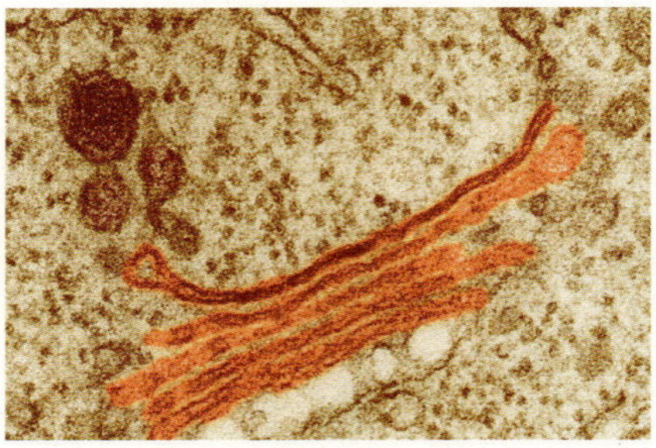

15 Dictyosom im TEM betrachtet (gefärbt)

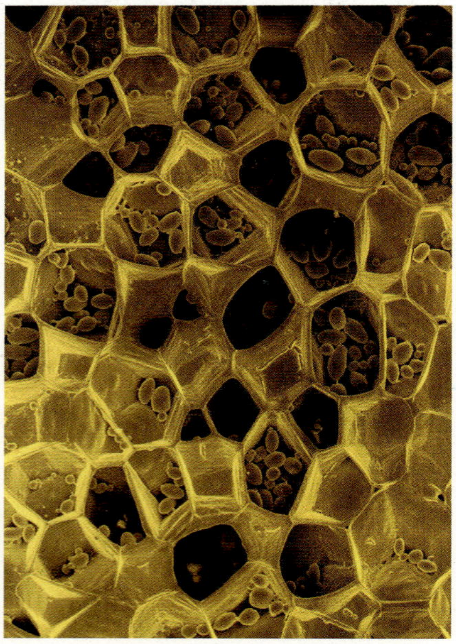

16 Amyloplasten in Kartoffelzellen im REM betrachtet (gefärbt)

Plastiden findet man nur in Pflanzenzellen

Plastiden (u.a. Chloroplasten, Amyloplasten und Chromoplasten) kommen nur in pflanzlichen Zellen vor.
In den **Chloroplasten** findet die **Fotosynthese** statt. Die linsenförmigen, 2 bis 8 µm langen Organellen sind von zwei Membranen umgeben. Die innere Membran bildet Einstülpungen in den Organellenraum in Form übereinander gestapelter plattgedrückter Säckchen. In diesen Membranstapeln befindet sich der grüne Blattfarbstoff Chlorophyll, ohne den die Fotosynthese nicht ablaufen könnte.
Im Mikroskop erscheinen die Membranstapel mit den eingelagerten Farbstoffen als kleine grüne Körnchen, weshalb sie als Grana bezeichnet werden.
Die farblosen **Amyloplasten** sind am Aufbau von Stärke aus Traubenzucker beteiligt, weshalb sie hauptsächlich in Speicherorganen (Rüben, Knollen etc.) vorkommen.
Die gelb- bis rotgefärbten **Chromoplasten** findet man vor allem in Blütenblättern, Früchten und Karottenwurzeln. Sie geben den Pflanzenteilen die Farbe.

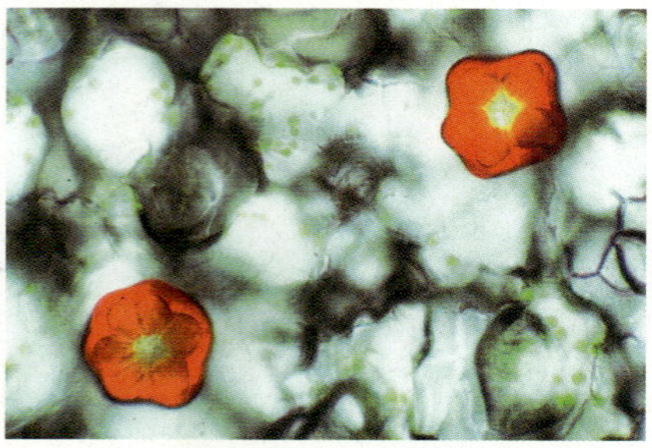

17 Chromoplasten im Lichtmikroskop betrachtet

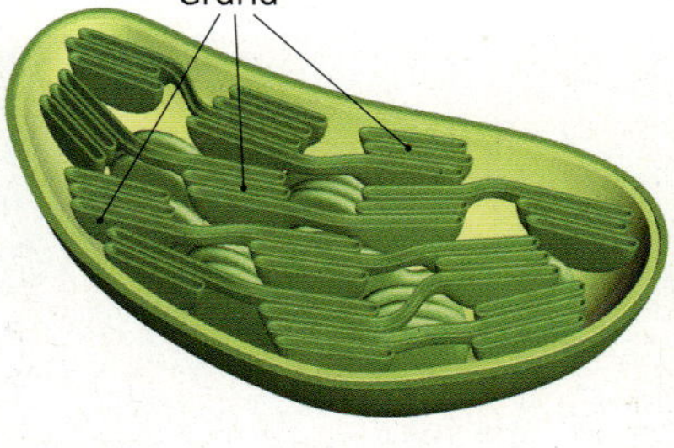

18 Chloroplast (Schema)

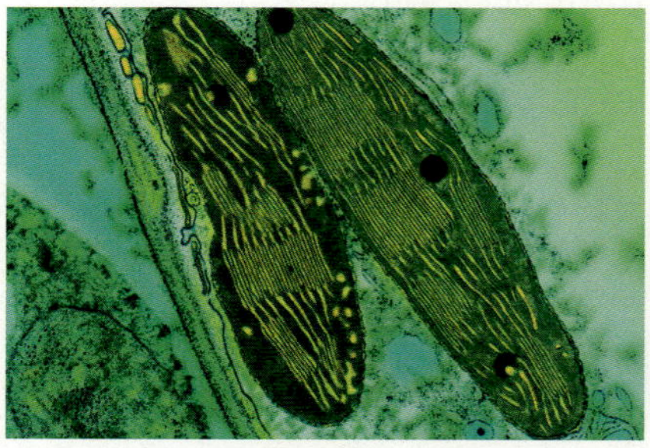

19 Chloroplasten im TEM betrachtet (gefärbt)

Arbeitsheft
Seite 4, 5, 7, 8

Die Vakuole ist ein Zellorganell in Pflanzenzellen

Auch die von einer einfachen Membran begrenzten Vakuolen sind pflanzliche Zellorganellen. In jungen Zellen kommen sie als kleine flüssigkeitsgefüllte Bläschen vor, in ausgewachsenen Pflanzenzellen sind sie zu einer großen Vakuole, die bis zu 80 % des Zellvolumens einnimmt, verschmolzen. Der übrige Zellinhalt wird dadurch an die Zellwand gedrängt.
Der in der Vakuole enthaltene Zellsaft ist eine wässrige Zuckerlösung, in der je nach Pflanzenart noch andere Stoffe, wie beispielsweise Farbstoffe (rote, blaue und violette Farbstoffe in Blütenblättern, Rotkraut, Roten Rüben etc.), Giftstoffe (Koffein, Chinin, Morphin, Nikotin etc.), Öle, Fette, Eiweißstoffe und Säuren, enthalten sein können.
Die Vakuole dient der Zelle zur vorübergehenden Speicherung von Stoffen („Speicherraum“) und als Endlager für Abfallprodukte („Mülldeponie“).

Centriolen und Lysosomen kommen in tierischen Zellen vor

Die in Kernnähe liegenden Zentralkörperchen oder Centriolen sind Hohlzylinder, deren Wände aus Mikrotubuli (→ S. 20) bestehen. Die Centriolen sind an den Kernteilungsprozessen beteiligt. In pflanzlichen Zellen fehlen sie.
Lysosomen bauen zelleigenes Material (zB gealterte Zellorganellen) sowie von der Zelle aufgenommene Substanzen ab. In Pflanzenzellen werden diese Aufgaben von der Vakuole (siehe oben) erfüllt, die bläschenförmigen Organellen kommen deshalb nur in tierischen Zellen vor.

Der Zellkern ist die Steuerzentrale der Zelle

Der Zellkern ist von Kernplasma erfüllt. Dieses besteht aus dem **Kernsaft**, in den ein bis mehrere **Kernkörperchen** sowie **Chromatin** eingebettet sind.
Die Kernhülle besteht aus einer äußeren und einer inneren Membran. Der Raum dazwischen, der so genannte perinucleäre Raum, steht mit dem Endoplasmatischen Reticulum in Verbindung. In der Kernhülle befinden sich Poren, durch die ein Stofftransport in und aus dem Kern erfolgt.
Vom Zellkern aus werden das gesamte Stoffwechselgeschehen, die spezifische Ausbildung der Zellen sowie die Ausprägung arttypischer und individueller Merkmale und Eigenschaften gesteuert. Die dafür notwendigen „Pläne“ (**Erbinformationen**, **Erbanlagen**, **Gene**) sind in der **Nukleinsäure** DNA (Desoxyribonucleic acid; dt.: Desoxiribonukleinsäure) verschlüsselt.
DNA-Moleküle lassen sich mit Datenträgern (wie zB USB-Stick, CD-ROM, Festplatte …) vergleichen. Sie haben eine Fülle von Informationen (Gene) gespeichert, die bei Bedarf jederzeit abrufbar sind. Soll beispielsweise ein bestimmtes Protein erzeugt werden, wird der Bauplan dafür mithilfe der RNA (→ S. 21) aus dem Kern zu den „Protein-Fabriken“, den Ribosomen, gebracht (den genauen, komplexen Ablauf erfährst du in Band 8).

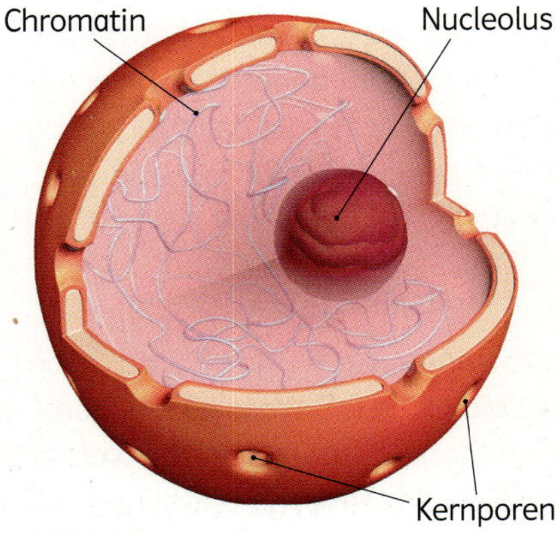

22 Zellkern (Schema)

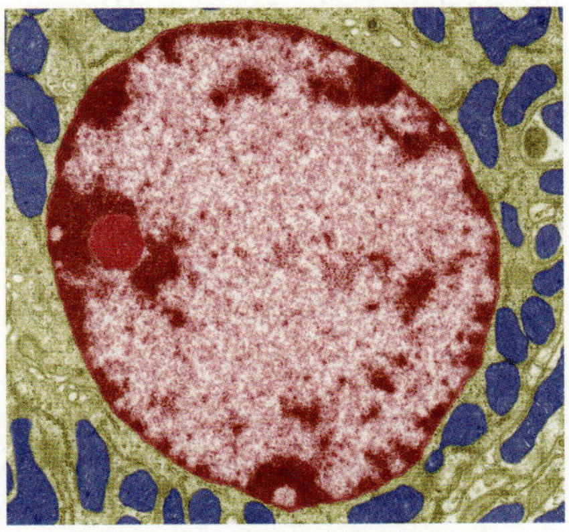

23 Zellkern im TEM betrachtet (gefärbt)

Animation
n8gd3k

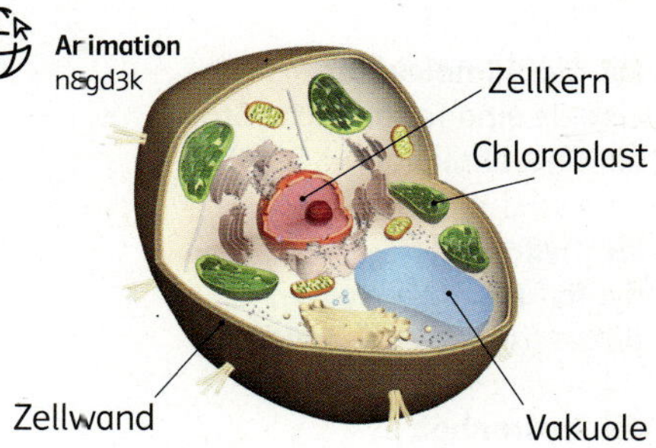

20 Pflanzenzelle (Schema)

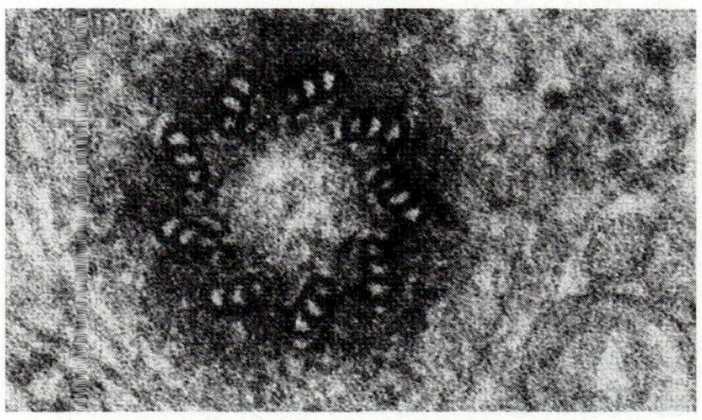

21 Querschnitt durch ein Centriol (TEM)

Kernsaft
Karyolymphe; zähflüssige, proteinhaltige, wässrige Lösung

Kernkörperchen
Nucleolus (Ez.), Nucleoli (Mz.)
an der Ribosomenproduktion beteiligt

Chromatin
mit bestimmten Farbstoffen anfärbbare fadenförmige Strukturen aus Eiweiß und Desoxiribonukleinsäure (DNA)

Erbinformationen, Erbanlagen, Gene
Abschnitte der DNA, die die Informationen für den Bau der Zellen enthalten und die biochemischen Vorgänge innerhalb der Zellen bestimmen. Sie sind typisch für die Organismenart und darüber hinaus typisch für das jeweilige Individuum.

Nukleinsäure
Riesenmolekül, das aus Nukleotiden (ein Phosphat-, ein Zucker- und ein Basenbestandteil) aufgebaut ist (zB Desoxiribonukleinsäure und Ribonukleinsäure)

Selbst aktiv!

Zellorganellen lassen sich grob nach dem Vorhandensein bzw. der Anzahl ihrer Membranen einteilen.
Überlege: Welche Organellen haben eine Membran, welche zwei, welche haben keine Membran? Stelle dein Ergebnis mittels einer Tabelle dar.

Arbeitsheft
Seite 4, 5, 7, 8

Biomembranen – Trennschichten der Zellen und Zellorganellen

Biomembranen grenzen das Cytoplasma nach außen ab (Zellmembranen). Auch die meisten Zellorganellen sind durch Membranen von ihrer Umgebung abgetrennt. Neben dieser Barrierefunktion haben die Biomembranen auch Transportfunktion: Da sie aufgrund ihrer Zusammensetzung eine unterschiedliche Durchlässigkeit für verschiedene Stoffe aufweisen, kontrollieren sie den Stofftransport in den, in die und aus den Zellen.

Biomembranen sind nach außen hydrophil

Die fünf bis zehn Nanometer dünnen Häutchen sind aus **Lipoidmolekülen**, die jeweils eine **hydrophile** und eine **hydrophobe** Seite aufweisen, aufgebaut (→ Abb. 24). Sie sind so aneinander gelagert, dass sie zwei parallele Lipoidschichten bilden (→ Abb. 27). Die dadurch entstehende Doppelmembran ist nach außen hin hydrophil. Die hydrophoben Bereiche der Lipoidmoleküle sind einander zugewandt, sie ragen also ins Membraninnere. Dieser Aufbau ermöglicht kleinen, fettlöslichen Molekülen sowie Sauerstoff und Kohlenstoffdioxid, die Biomembranen zu durchdringen. Die Ursache für das Hinein- bzw. Herausströmen der Stoffe ist die **Diffusion**, die auf der Wärmebewegung der Teilchen beruht.

Die Teilchenbewegung nimmt mit steigender Temperatur zu

Zu Beginn des 19. Jahrhunderts beobachtete der Wissenschafter Robert Brown (→ Abb. 25) bei der mikroskopischen Untersuchung von Pollenkörnern, die er in einen Wassertropfen gegeben hatte, dass sie sich in alle Richtungen bewegten. Er führte dies auf eine Lebenskraft der Pflanzen zurück, die in den Pollen noch erhalten bleibt. Kurze Zeit danach entdeckte Brown in einem durchsichtigen Quarz einen eingeschlossenen Wassertropfen, in dem sich, aus dem Gestein stammende, kleine Teilchen, ähnlich wie die Pollenkörner bewegten. Der Gelehrte zog daraus den Schluss, dass es sich in beiden Fällen nicht um ein biologisches, sondern um ein physikalisches Phänomen handeln müsse. Erst der deutsche Physiker Albert Einstein (1879–1955) bestätigte zu Beginn des 20. Jahrhunderts die Annahme Browns: Die Zickzackbewegungen der Pollenkörner sowie der Gesteinsteilchen werden durch Stöße der Wassermoleküle verursacht. Alle Moleküle befinden sich unter dem Einfluss von Wärme (Energie!) in ständiger Bewegung. Mit steigender Temperatur nimmt die Teilchenbewegung zu. Am absoluten Nullpunkt (–273 °C) hört jede Teilchenbewegung auf. Brown zu Ehren wird die Wärmebewegung heute als Brown'sche Molekularbewegung bezeichnet.

Durch Diffusion werden Konzentrationsunterschiede ausgeglichen

Gase und gelöste Stoffe verteilen sich in dem Raum, der ihnen zur Verfügung steht, gleichmäßig. Dadurch kommt es zum Ausgleich von Konzentrationsunterschieden. Im Zustand der ausgeglichenen Konzentrationen ist die Zahl der wandernden Teilchen in alle Richtungen gleich groß. Solange Konzentrationsunterschiede bestehen, erfolgt Diffusion von Orten höherer zu Orten niederer Konzentration. So diffundiert beispielsweise der für die Zellatmung benötigte Sauerstoff fortlaufend in die Zellen – da er in den Mitochondrien verbraucht wird, bleibt das Konzentrationsgefälle erhalten.

Lipoidmoleküle halten bestimmte Ionen und Moleküle zurück

Nicht durchlässig sind die Lipoidschichten für Ionen wie H^+, Na^+, K^+, Mg^{2+}, Ca^{2+}, Cl^- sowie größere wasserlösliche und polare Moleküle (zB **Wasser**). Bei Konzentrationsunterschieden würden auch diese Stoffe diffundieren. Sie werden jedoch von den Lipoidmolekülen zurückgehalten, da diese mit der hydrophilen Seite mit ihnen in Wechselwirkung treten.

Lipoidmoleküle
Lipoide sind fettähnliche Stoffe (zB Phospholipide; → S. 85)

hydrophil
hydro (griech.) = Wasser,
philos (griech.) = liebend

hydrophob
phobos (griech.) = Furcht

Diffusion
Bestreben eines gasförmigen oder gelösten Stoffes, sich in dem ihm zur Verfügung stehenden Raum gleichmäßig zu verteilen
diffundere (lat.) = ausgießen, verstreuen, ausbreiten

Wasser
ist ein Dipolmolekül; auf der Sauerstoffseite ist es schwach negativ, auf der Wasserstoffseite schwach positiv geladen

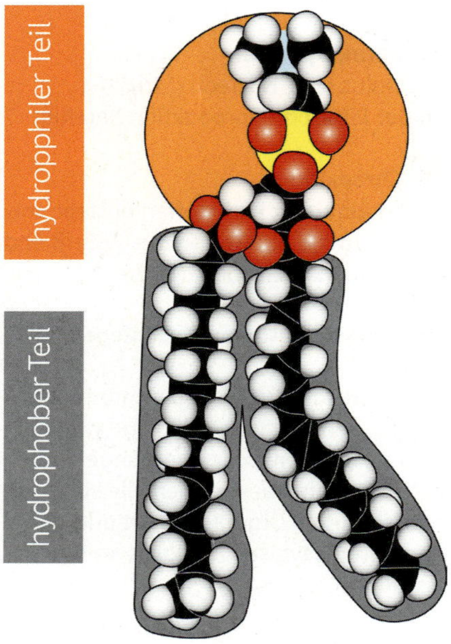

24 Lipoidmolekül einer Biomembran (Modell)

25 Robert Brown

26 Albert Einstein

Arbeitsheft
Seite 5, 6, 7, 8

Selbst aktiv!

Fülle in drei gleiche Gläser jeweils die gleiche Menge an Himbeersirup. Diesen überschichtest du jeweils vorsichtig mit der gleichen Menge an Wasser. Glas 1 lässt du am Tisch stehen, Glas 2 stellst du in den Kühlschrank, Glas 3 stellst du in ein Gefäß mit heißem Wasser. Was kannst du nach einiger Zeit beobachten? Beschreibe mögliche Unterschiede und finde eine Erklärung für diese. Welche Schlussfolgerung kannst du ziehen?

Membranproteine kontrollieren den Stofftransport

Die genannten Stoffe können trotzdem, jedoch kontrolliert, die Membranen passieren. Verantwortlich dafür sind Membranproteine (teilweise verbunden mit Kohlenhydratmolekülen), die in die Lipoidschichten eingelagert (integrale Membranproteine) oder diesen aufgelagert (periphere Membranproteine) sind. Andere durchdringen die Membranen ganz (transmembrane Proteine). Die Proteine können bestimmte Stoffe erkennen, vorübergehend binden und, teilweise auch gegen das Konzentrationsgefälle, durch die Membran befördern.

Ein Teil der Transmembranproteine bildet Kanäle (Tunnelproteine), die zum Durchtritt für bestimmte Stoffe offen sind bzw. geöffnet werden, wenn sie ein Signal dafür empfangen. So gibt es beispielsweise in den Membranen von Nervenzellen neben wenigen ständig offenen Na^+- und K^+-Kanälen auch solche, die sich erst nach einem entsprechenden Reiz öffnen (spannungsabhängige Na^+- und K^+-Kanäle). Aquaporine (Wasserkanäle), ermöglichen in allen Zellen den ungehinderten Durchtritt von Wassermolekülen.

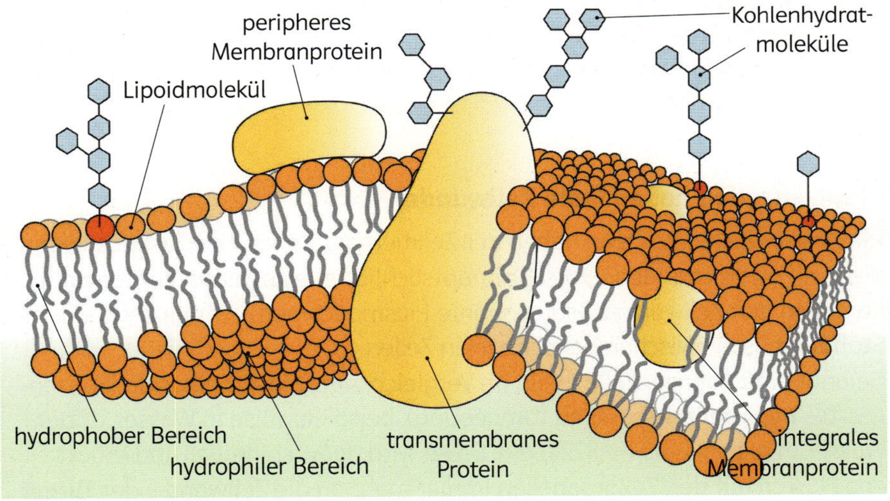

27 Modell einer Biomembran

Osmose ist Diffusion durch selektiv permeable Membranen

Biomembranen sind also nur **selektiv permeabel**. Diffusionsvorgänge durch selektiv permeable Membranen bis zum Konzentrationsausgleich werden mit dem Begriff **Osmose** bezeichnet. Es kann sich dabei das Lösungsmittel (in Zellen immer Wasser) ungehindert ausbreiten, während die meisten gelösten Stoffe (Salze, Zucker …) zurückgehalten werden (→ Abb. 28).

Wir unterscheiden aktive und passive Transportvorgänge

Diffusion und Osmose beruhen allein auf der Wärmebewegung der Teilchen. Sie werden als passive Transportvorgänge bezeichnet. Für Transportvorgänge gegen das Konzentrationsgefälle muss zusätzlich Energie von der Zelle geliefert werden (**aktive Transportvorgänge**).

selektiv permeabel
auswählend durchlässig
selectio (lat.) = das Auslesen,
permeare (lat.) = durchdringen

Osmose
osmos (griech.) = das Eindringen, Stoß

aktive Transportvorgänge
ZB transportiert die Natrium-Kalium-Pumpe (ein Membranprotein in Nervenzellen) Na^+-Ionen entgegen dem Konzentrationsgefälle aus der Zelle hinaus und K^+-Ionen in die Zelle hinein.

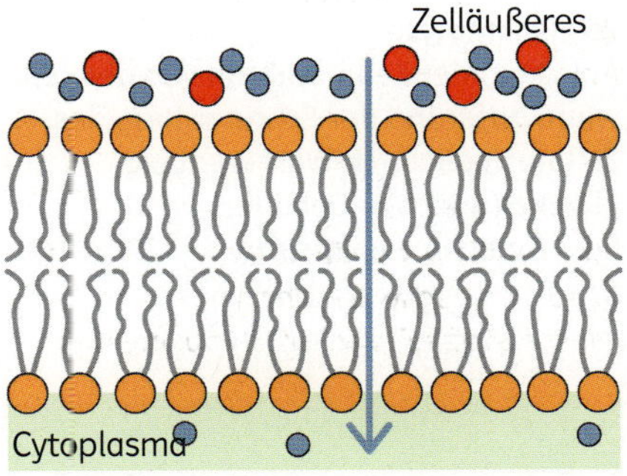

28 Osmose

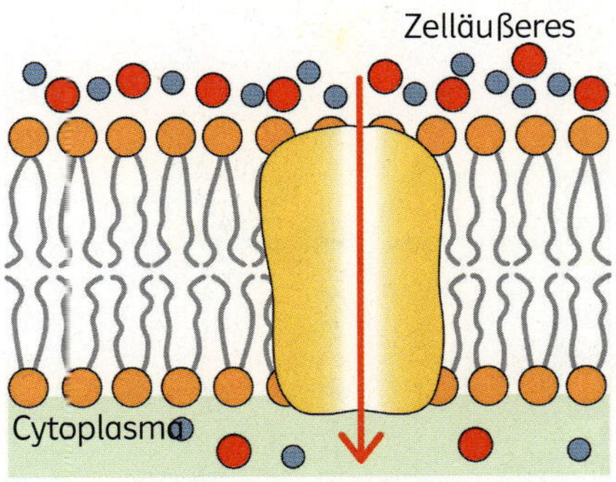

29 Diffusion mittels Membranprotein

Selbst aktiv!

Das Zellplasma in den roten Blutkörperchen hat dieselbe Konzentration wie das Blutplasma. Bei einem Blutverlust, der nicht so hoch ist, dass ein Mangel an roten Blutkörperchen besteht, das verringerte Flüssigkeitsvolumen allerdings die Blutzirkulation gefährden würde, wird eine Kochsalzlösung mit derselben Konzentration wie Blutplasma (0,9 %) in die Venen verabreicht. Überlege, welche gesundheitlichen Risiken bestehen würden, wenn man der Patientin bzw. dem Patienten eine stärker konzentrierte Kochsalzlösung bzw. Wasser verabreichen würde.

Arbeitsheft
Seite 5, 6, 7, 8

hypotonisch
eine niedrigere Konzentration an gelösten Stoffen besitzend
hypo (griech.) = unter,
tonos (griech.) = Spannung

Turgor
Druck, den das Zellinnere auf die Zellwand ausübt

hypertonisch
eine höhere Konzentration an gelösten Stoffen besitzend
hyper (griech.) = über

Plasmolyse
Ablösung der Zellmembran von der Zellwand aufgrund der Schrumpfung des Zellplasmas durch Wasserentzug
plasma (griech) = Gebilde,
lysis (griech.) = Auflösung

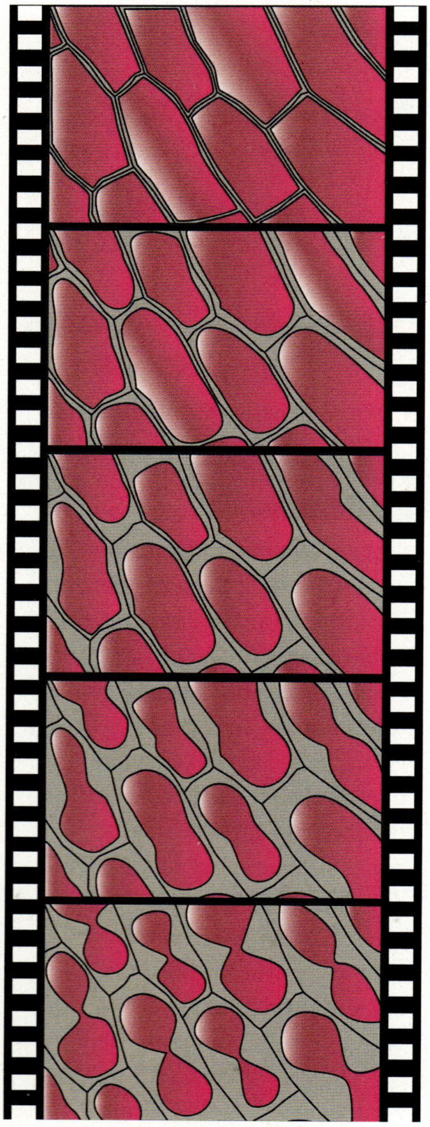

30 Plasmolyse in Zwiebelzellen

Selbst aktiv!

1. Überlege: Warum verdunstet Wasser? Was ist der Unterschied zwischen dem Verdunsten und dem Verdampfen von Wasser?
2. Schneide aus einer Roten Rübe zwei Würfel mit ca. 3 cm Seitenlänge aus. Wasche die Würfel unter fließendem Wasser und trockne sie anschließend mit einer Küchenrolle ab. Koche nun einen der beiden Würfel – wir bezeichnen ihn mit A – drei Minuten lang und lege ihn danach in ein Glas mit kaltem Wasser. Den zweiten Würfel (Würfel B) gibst du ungekocht in ein anderes Glas mit kaltem Wasser. Du kannst beobachten, dass sich das Wasser mit Würfel A allmählich rot färbt, das Wasser mit Würfel B jedoch auch noch nach Tagen keine Verfärbung zeigt. Finde eine Erklärung dafür.
3. Befülle ein Glas mit Leitungswasser, ein weiteres mit einer Kochsalzlösung (10%ig: 25 g Salz auf 1/4 l Wasser) und ein drittes mit einer Kochsalzlösung (1%ig: 2,5 g Salz auf 1/4 l Wasser). Stelle in jedes der drei Gläser ein gesundes Geranienblatt (achte darauf, dass die Blätter etwa gleich groß sind!). Markiere den Wasserstand auf jedem Glas. Etwas Öl an der Wasseroberfläche schützt vor Verdunstung. Prüfe während der folgenden Tage den Wasserstand in jedem einzelnen Glas. Wie haben die unterschiedlichen Versuchsbedingungen das jeweilige Ergebnis beeinflusst? Finde Begründungen für deine Ergebnisse.
4. Das Umgebungswasser eines Süßwasserfisches ist hypotonisch (geringere Konzentration an Salzen), wogegen der Lebensraum eines Salzwasserfisches hypertonisch ist (höhere Konzentration an Salzen).
Entscheide, welche Aussage zu welchem Fisch passt.
   a. Der Fisch muss ständig Wasser ausscheiden, sonst drohen die Zellen zu platzen.
   b. Der Fisch muss ständig Wasser zu sich nehmen, sonst droht die Gefahr der Austrocknung.

Pflanzenzellen haben feste Zellwände

Pflanzliche Zellen besitzen neben der Zellmembran noch eine feste Zellwand, die aus Polysacchariden (→ S. 83), hauptsächlich aus Zellulose, aufgebaut ist. Kanäle in den Zellwänden (so genannte Plasmodesmen) ermöglichen einen Stoffaustausch zwischen benachbarten Zellen.
Gelangt eine Pflanzenzelle in ein im Vergleich zum Zellsaft niedriger konzentriertes **hypotonisches** Milieu (Umgebung), beispielsweise in Wasser, dringt Wasser in die Vakuole (→ S. 23) ein. Diese wird dadurch größer und drückt das Plasma mit den Zellorganellen immer mehr an die Zellwand – der **Turgor** steigt an. Die Zellwand wird dadurch gespannt. Es strömt so lange Wasser in die Zelle bis der Gegendruck der gedehnten Zellwand (Wanddruck) und der Turgor im Gleichgewicht sind (maximaler Spannungszustand). Ohne feste Zellwand würde die Vakuole aufgrund des steigenden Innendrucks platzen.
Bringt man eine Pflanzenzelle in ein Milieu, dessen Konzentration höher ist als die der Vakuole (**hypertonische** Umgebung), wird ihr Wasser entzogen. Die Vakuole schrumpft, der Spannungszustand der Zelle lässt nach (welkende Pflanzen!). Das Plasma hebt sich allmählich von der Zellwand ab (**Plasmolyse**) und umhüllt die immer kleiner werdende Vakuole. Auch die Zellmembran löst sich dabei von der Zellwand. Wird plasmolysierten Zellen Wasser zugeführt, kehrt sich der Vorgang um (Deplasmolyse). Die Vakuole nimmt wieder Wasser auf und wird dabei größer, der Turgor steigt. Ist die Plasmolyse so weit fortgeschritten, dass die Zellmembran vollständig von der Zellwand abgerissen ist, kann keine Deplasmolyse mehr erfolgen, die Zelle stirbt ab.

Arbeitsheft
Seite 5, 6, 7, 8

Selbst aktiv!

1. Krautige Pflanzen sind im Gegensatz zu den verholzenden Pflanzen nicht verholzt. Wodurch können sie sich trotzdem aufrecht halten? Finde eine Erklärung dafür.
2. Betrachte die rechte Abbildung. Warum hängen bei der Pflanze die Laubblätter schlaff herab?
   a. Finde mögliche Erklärungen dafür.
   b. Wenn du die welke Pflanze gießt, richtet sie sich nach einiger Zeit wieder auf. Was könnte der Grund dafür sein?
   c. Wenn du die welke Pflanze gießt und sie sich nach einiger Zeit nicht wieder aufrichtet, was könnte hierfür der Grund sein?

3. Schneide ein Radieschen auf und salze es. Was kannst du schon nach kurzer Zeit beobachten? Begründe dein Ergebnis.
4. Finde Erklärungen für folgende Aussagen:
   a. Salatblätter werden in einer Essigmarinade schlaff.
   b. Streusalz behindert die Wasseraufnahme der Pflanzen.
   c. Zwischen Öl und Wasser findet keine Diffusion statt.
5. Der Mensch nutzt als eine der ältesten Konservierungsmethoden, zB für Fleisch und Fisch, das Einsalzen. Überlege: Warum kann man mit dieser Methode Lebensmittel vor dem Einfluss schädlicher Mikroorganismen schützen?
6. Lies dir die folgenden Aussagen 1–12 sorgfältig durch. Entscheide, welche Aussagen auf Abbildung A, welche auf Abbildung B, welche auf beide zutreffen. Begründe jeweils deine Wahl.

1. Auf der linken Seite ist die Salzkonzentration höher (= hypertonische Lösung) als auf der rechten (= hypotonisch).	**2.** Auf der rechten Seite ist die Salzkonzentration gleich null.	**3.** Aufgrund der Diffusion wird der gelöste Stoff nach einiger Zeit gleichmäßig im Lösungsmittel verteilt.	**4.** Salzteilchen bewegen sich vom Ort der höheren zum Ort der niedrigeren Konzentration.
5. Teilchen des gelösten Stoffes wandern aus der hypertonischen Lösung in die hypotonische.	**6.** Die Wassermoleküle können sich ungehindert ausbreiten.	**7.** Es kann nie zu einem Konzentrationsausgleich kommen.	**8.** Der gelöste Stoff kann sich ungehindert ausbreiten.
9. Durch die Diffusion des Lösungsmittels steigt der Turgor auf der linken Seite.	**10.** Das Konzentrationsgefälle wird verringert.	**11.** Es strömt solange Lösungsmittel in die hypertonische Lösung, bis durch den gestiegenen Turgor gleich viele Moleküle in beide Richtungen wandern.	**12.** Durch die Diffusion des Lösungsmittels sinkt der Turgor auf der rechten Seite.

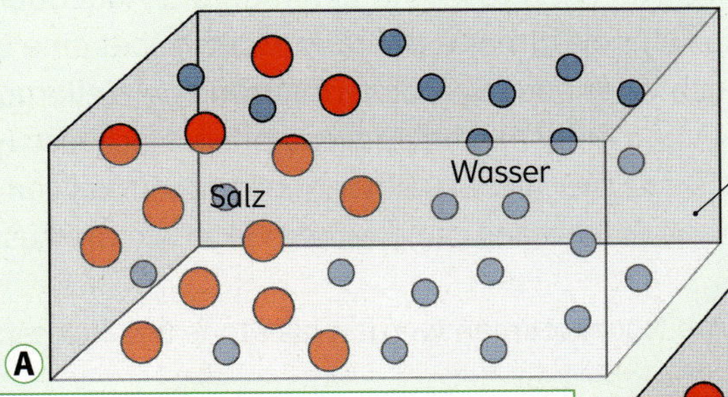

folgende Aussagen sind zutreffend:

....

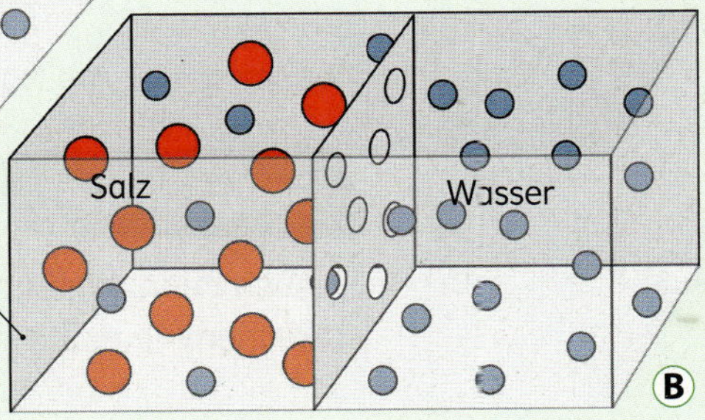

folgende Aussagen sind zutreffend:

....

Arbeitsheft Seite 8

31 Euglenen unter dem Lichtmikroskop

Bausteine der Lebewesen
Stehen mehrere Zellen miteinander in lockerem Kontakt, spricht man von einem Zellverband (zB Kolonie, → S. 32). Haben mehrere Zellen die gleiche spezialisierte Funktion, spricht man von einem Gewebe (zB Muskelgewebe, Parenchym, → S. 155)

Augentierchen
oder Euglenen sind etwa 0,05 mm kleine, im Süßwasser vorkommende Einzeller

autotroph, heterotroph
Organismen, die in der Lage sind, aus anorganischen Stoffen (zB Wasser und Kohlenstoffdioxid) energiereiche organische Stoffe (zB Zucker) aufzubauen, werden als autotroph bezeichnet. Grüne Pflanzen ernähren sich autotroph. Organismen, die sich von organischen Stoffen anderer Lebewesen ernähren, werden als heterotroph bezeichnet. Nichtgrüne Pflanzen, Pilze, Tiere und Menschen ernähren sich heterotroph.

kontraktile Bläschen
Durch rhythmisches An- und Abschwellen wird überschüssiges Wasser der Zelle (im Zellinneren herrscht eine höhere Stoffkonzentration als im umgebenden Milieu!) aus der Zelle gepumpt.

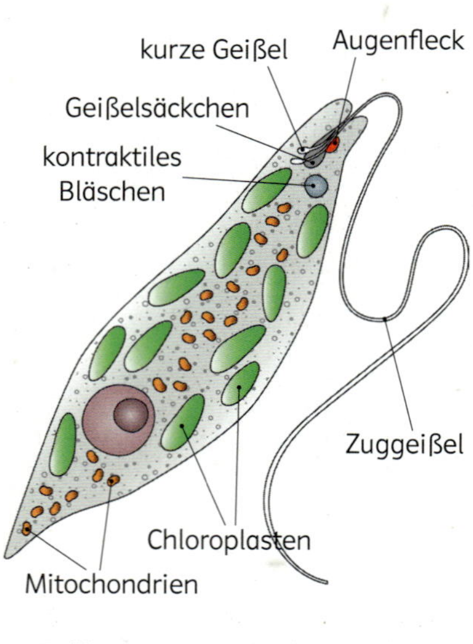

32 Zellbau von *Euglena* (Schema)

Kennzeichen des Lebens

Einzeller sind mikroskopisch kleine Lebewesen, die, wie ihr Name schon sagt, nur aus einer Zelle bestehen. Diese Zelle zeigt alle Lebenserscheinungen wie Bewegung, Reizbarkeit, Stoffwechsel (Ernährung, Atmung, Stofftransport, Stoffabbau, Stoffaufbau, Ausscheidung), Wachstum, Fortpflanzung und Vermehrung.
Zellen sind demnach die kleinsten lebensfähigen **Bausteine der Lebewesen**. Sie werden im Folgenden am Beispiel des **Augentierchens** demonstriert.

Euglena bewegt sich durch Geißelschlag

Der spindelförmige Körper besitzt an seinem Vorderende eine sackförmige Vertiefung, in der zwei Geißeln (→ S. 20) verankert sind. Eine davon ragt weit aus der Vertiefung heraus (Zuggeißel), die andere ist kurz und verschmilzt noch im Geißelsäckchen mit der langen.
Durch ein Hin- und Herschlagen und Rotieren der Zuggeißel dreht sich der einzellige Körper um seine Längsachse und bewegt sich dabei vorwärts.

Euglena reagiert auf Licht

Im Bereich des Geißelsäckchens befindet sich der durch Einlagerung von Farbstoffen rot gefärbte Augenfleck, der eine Reaktion auf Licht ermöglicht. Euglenen drehen ihren Körper stets so, dass die Längsachse ihres Körpers in der Einfallsrichtung des Lichtes steht.

Euglena weist einen Stoffwechsel auf

Im Cytoplasma sind zahlreich Chloroplasten eingelagert. In ihnen findet Fotosynthese (→ S. 42 ff.) statt.
Bei Lichtmangel können die Augentierchen aber auch aus der Umgebung Nahrung in gelöster Form über die gesamte Körperoberfläche oder feste Nahrungsteilchen durch Bildung von Nahrungsvakuolen (Phagocytose, → S. 20; Abb. 9) aufnehmen. Euglenen können sich also, abhängig von den Lichtverhältnissen, sowohl **autotroph** als auch **heterotroph** ernähren.
Der Abbau von Zucker zur Energiebereitstellung, die Zellatmung (→ S. 46), findet in den Mitochondrien statt. Der dazu benötigte Sauerstoff wird aus der Umgebung über die gesamte Zelloberfläche aufgenommen.

Über **kontraktile Bläschen** werden ständig sowohl in die Zelle eindringendes Wasser als auch nicht mehr benötigte Stoffwechselendprodukte ausgeschieden.

Euglena vermehrt sich durch Längsteilung

Durch den Aufbau körpereigener Stoffe nimmt das Augentierchen an Körpergröße zu. Hat es eine bestimmte Größe erreicht, findet eine Längsteilung des Zellkörpers (nach vorangegangener Vermehrung der Zellorganellen, Verdoppelung der DNA und Mitose) statt. *Euglena* pflanzt sich also ungeschlechtlich (asexuell) fort. Da es hier nicht zu einer Neukombination von Erbmaterial kommt, haben die Folgezellen die gleichen Gene wie die Ausgangszelle.

Genetisch idente Nachkommen werden als Klone bezeichnet.

Selbst aktiv!

Auch Pflanzen führen Bewegungen aus.
Recherchiere und halte eventuell ein Referat darüber.

Arbeitsheft Seite 8

Kompetenzcheck Zelle

Du hast dir Wissen über die Zelle als Grundbaustein der Organismen sowie über Zusammenhänge zwischen Lebensvorgängen und Zellstrukturen erarbeitet.

Folgende Kompetenzen hast du erworben ...

✓ Du hast erlernt, wie man zelluläre Vorgänge mess- und beobachtbar machen kann und wie man richtig mikroskopiert.

Überprüfe dein Wissen ...

- ☐ **1.** Das Pantoffeltierchen ist mit etwa 0,3 mm Länge einer der größten Einzeller. In einer Abbildung ist dieses Wimpertierchen mit einer Länge von 9 cm dargestellt. Gib die Vergrößerung an und beschreibe, mit Linsen welcher Vergrößerung (Okular und Objektiv) diese Größe erreicht werden kann. Beschreibe in diesem Zusammenhang von welchen Faktoren das Auflösungsvermögen eines Mikroskops bestimmt wird.
- ☐ **2.** Gib in ein Gurkenglas mit etwa 2 l Fassungsvermögen etwas Schlamm aus einem Tümpel oder einem Teich. Befülle es anschließend etwa bis zur Hälfte mit zerkleinertem Stroh und bis circa 5 cm zum Rand hin mit Tümpel- bzw. Teichwasser. Verschließe das Glas und stelle es an einen warmen und hellen Ort (nicht direkt in die Sonne). Nach zwei bis drei Wochen hat sich an der Wasseroberfläche eine milchige, schle mige Schicht, die so genannte Kahmhaut, gebildet. Entnimm mit einer Pipette knapp unter dieser Schicht einen Wassertropfen und untersuche ihn unter dem Mikroskop.
  - a. Suche in deiner Wasserprobe nach verschiedenen Mikroorganismen. Fertige Zeichnungen von diesen an und nenne dir bekannte Organismen beim Namen. Versuche, dir unbekannte Organismen mit Hilfe von Bestimmungsliteratur bzw. dem Internet zu identifizieren.
  - b. Benenne während der Handhabung die Teile deines Mikroskops und beschreibe ihre Funktion.

✓ Du kannst den Aufbau und die Bestandteile einer Zelle benennen und die Zelle als Grundbaustein eines Organismus verstehen.

Überprüfe dein Wissen ...

- ☐ **1.** Fertige eine Schemazeichnung einer Euglena an und erkläre mit ihrer Hilfe den Grundbauplan einer Zelle.
- ☐ **2.** Erläutere am Beispiel der *Euglena* die Kennzeichen des Lebens.
- ☐ **3.** Fertige jeweils eine Skizze einer tierischen und einer pflanzlichen Zelle an und unterscheide zwischen den beiden Zellen. Beurteile im Anschluss daran, ob *Euglena* nach deinen Erkenntnissen den tierischen oder den pflanzlichen Einzellern zugeordnet werden sollte.

✓ Dir ist es möglich, Zusammenhänge zwischen der Struktur einer Zelle und ihrer Funktion zu erkennen und ihre Bedeutung für den Organismus zu erfassen.

Überprüfe dein Wissen ...

- ☐ **1.** Betrachte die beiden Abbildungen, in denen jeweils ein Gefäß mit Zuckerlösung dargestellt ist (5 l Wasser + 150 g Zucker). In diese Gefäße werden künstliche Zellen mit unterschiedlichen Zuckerlösungen eingebracht. Die Membran dieser Zellen ist nur für Wasser durchlässig. Gib an, ob die künstlichen Zellen schlaffer oder straffer werden bzw. unverändert bleiben. Begründe deine Meinung.

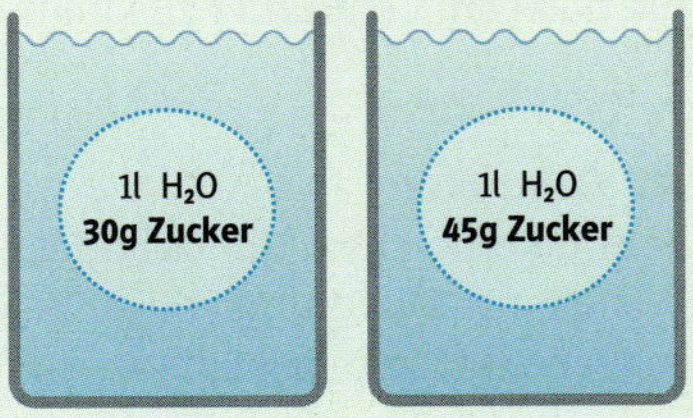

A B

- ☐ **2.** Pflanzenzellen haben eine feste Zellwand.
  - a. Vermute, wie sich das Fehlen einer Zellwand auf den Wasserhaushalt einer Pflanze auswirken würde.
  - b. Definiere in diesem Zusammenhang die Begriffe Diffusion und Osmose und erkläre anhand von Beispielen den Unterschied.
  - c. Erläutere die physikalischen Grundlagen der Diffusion.
- ☐ **3.** Mitochondrien und Chloroplasten sind Zellorganellen mit Doppelmembran. Beschreibe die biochemischen Prozesse in den genannten Zellorganellen. Erörtere die biologische Relevanz der Einstülpung der inneren Membran in Hinblick auf den Zusammenhang zwischen Struktur und Funktion.

Die Bedeutung der Zellteilung

Chromatin
Zur Platzersparnis liegt die DNA nicht als gestrecktes Molekül vor: Sie ist spiralig gewunden und in regelmäßigen Abständen um Proteine gewickelt.

Reduplikation
reduplicare (lat.) = verdoppeln

Mitose
Entdeckt wurde die Kernteilung um 1876 durch den deutschen Anatom und Zellforscher Paul Flemming (1843–1905), den deutschen Botaniker Eduard Strasburger (1844–1912) und den deutschen Zoologen Otto Bütschli (1848–1920). Den Begriff „Mitose" lieferte der deutsche Anatom Walther Flemming (1843–1905), der weitere wichtige Untersuchungsergebnisse im Bereich der Kernteilung lieferte.

Nukleotide
sind Verbindungen aus einem Molekül Zucker (bei der DNA ist es die Desoxiribose), einem Molekül Phosphorsäure und einer organischen Base (in den DNA-Nukleotiden sind es die Basen Adenin, Thymin, Guanin und Cytosin). Sie werden im Zellplasma teilungsbereiter Zellen in größerer Menge synthetisiert und sind deshalb im Zellkern in ausreichender Menge frei vorhanden.

semikonservative Replikation
semi (lat.) = halb, conservare (lat.) = bewahren, replicare (lat.) = aufrollen, entfalten

Prophase
pro (griech.) = vor, phasis (griech.) = Erscheinung

Chromosomen
Jedes Chromosom besteht aus zwei Chromatiden (den einander entsprechenden Polynukleotiddoppelsträngen), die noch am Centromer zusammenhängen.

Centriolen
Zentralkörperchen; Hohlzylinder, deren Wände aus Mikrotubuli (Eiweißelemente im Zellplasma) bestehen

Metaphase
meta (griech.) = zwischen, mitten

Anaphase
ana (griech.) = hinauf

Telophase
telos (griech.) = Ende

Damit sich ein Organismus – egal ob Ein- oder Vielzeller – fortpflanzen, vermehren und wachsen kann, muss es zuvor zur Zellteilung kommen. Jede durch Zellteilung neu gebildete Folgezelle (Tochterzelle) erhält die gleiche Ausstattung wie die Ausgangszelle (Mutterzelle). Dazu müssen zuvor alle Zellbestandteile, wie Zellorganellen, Mikrofilamente und auch das Erbmaterial (→ S. 23) verdoppelt werden.

Die Mitose als Grundvoraussetzung der Zellteilung

Bevor die Zellteilung vonstattengehen kann, muss das **Chromatin** als Träger der Erbanlagen verdoppelt werden. Man bezeichnet diesen Vorgang als **Reduplikation**. Das ist notwendig, damit im Zuge der Teilung des Zellkerns (**Mitose**) je eine exakte Kopie der Ausgangszellen-DNA für die Folgezellen zur Verfügung steht.
Um den Vorgang der Reduplikation zu begreifen, ist es notwendig, den Aufbau und die Struktur eines DNA-Moleküls zu verstehen (→ Abb. 33). DNA sind Riesenmoleküle, die sich aus Tausenden von **Nukleotiden** zusammensetzen. In den Nukleotidketten wechseln sich Desoxiribose und Phosphorsäure regelmäßig ab, seitwärts an den Zuckermolekülen hängen die Basen. Über sie sind jeweils zwei Nukleotidketten strickleiterartig zu einem Doppelstrang verbunden.

Damit die Reduplikation des Erbmaterials stattfinden kann, entspiralisiert sich die DNA, danach trennen sich die beiden Nukleotidstränge reißverschlussartig. Anschließend lagern sich an die frei gewordenen Basen passende, im Kernplasma frei vorkommende Nukleotide an. Ein Strang der beiden daraus entstehenden Folge-DNA-Moleküle besteht somit aus Ausgangs-DNA, der andere aus einem neuen DNA-Strang. Aus diesem Grund wird der Vorgang der Verdoppelung der DNA auch als **semikonservative Replikation** bezeichnet.

Nach der Reduplikation beginnt die Mitose

Am Ende der Reduplikation liegen alle DNA-Moleküle identisch verdoppelt vor. Die einander entsprechenden Polynukleotiddoppelstränge hängen noch an einer Stelle, dem Centromer, zusammen. Sie winden sich im ersten Abschnitt der Mitose, in der **Prophase** (→ Abb. 34 A–B), zunächst spiralig auf. Durch Kondensation (Verdichtung und Verkürzung durch weiteres Aufschrauben und Faltung) werden sie allmählich als **Chromosomen** sichtbar. In tierischen Zellen wandern die **Centriolen** an zwei entgegengesetzte Randbereiche (Pole) der Zelle, in Pflanzenzellen werden an zwei einander gegenüberliegenden Stellen die Polkappen (schalenförmige Fasermassen) gebildet. Die Centriolen bzw. Polkappen beginnen mit der Ausbildung von Fasern, die als so genannte Kernspindel zu den Chromosomen hin wachsen und sich im Bereich des Centromers an diese anheften (→ Abb. 34 C). Die Kernmembran und die Kernkörperchen (Nucleoli; Ez: Nucleolus) lösen sich auf.

Die Kernspindel trennt die Chromatiden

In der anschließenden **Metaphase** (→ Abb. 34 D) werden die Chromosomen in der Mitte der Zelle in einer Ebene, genau zwischen den beiden Centriolen bzw. zwischen den Polkappen, angeordnet. In der **Anaphase** (→ Abb. 34 E) verkürzt sich die Kernspindel, wodurch die Chromatiden auseinander an die Pole gezogen werden. Im Anschluss daran wird die Kernspindel vollständig abgebaut. Im letzten Abschnitt der Mitose, in der **Telophase**, dekondensiert sich die DNA allmählich wieder und um die beiden Chromatingruppen wird je eine Kernhülle gebildet, neue Nucleoli entstehen. Damit ist die Mitose abgeschlossen.

Arbeitsheft Seite 13

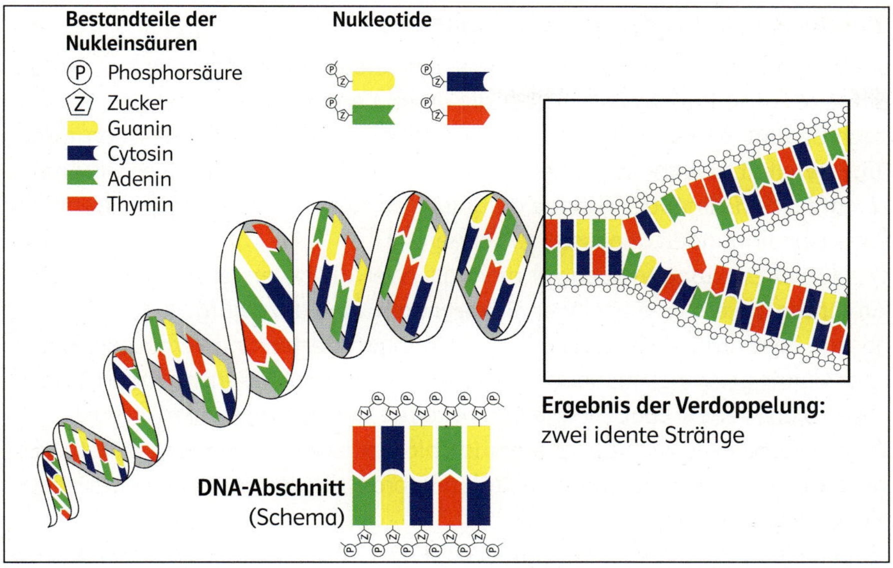

33 Aufbau der DNA und Vorgang der Verdoppelung (Schema)

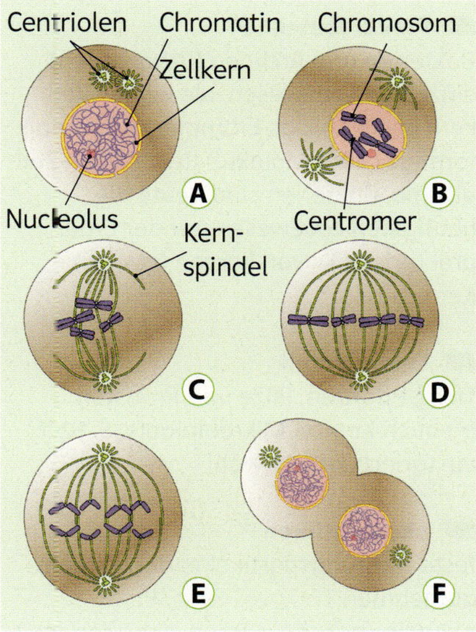

34 Mitose und Cytokinese (Schema)

Animation nt68th

Die Mitose ist ein Teil des Zellzyklus

Unmittelbar auf die Mitose folgt die **Cytokinese** (→ Abb. 34 F), die Zellteilung. In tierischen Zellen wird das Plasma von außen nach innen durchgeschnürt, in Pflanzenzellen entsteht von innen nach außen eine neue Zellwand.
Mitose und Cytokinese bilden die so genannte **M-Phase**, den kürzesten Abschnitt im **Zellzyklus**. Auf sie folgt die **G1-Phase**: Die Zellorganellen vermehren sich und Proteinsynthesen finden statt; die Zelle wächst. In der anschließenden **S-Phase** erfolgt die Reduplikation. In der **G2-Phase** bereitet sich die Zelle auf die Teilung vor: In Zellverbänden werden die Kontakte zu den Nachbarzellen gelöst, die Zelle rundet sich ab und vergrößert ihr Volumen durch Flüssigkeitsaufnahme.
G1-, S- und G2-Phase werden gemeinsam als Interphase bezeichnet.

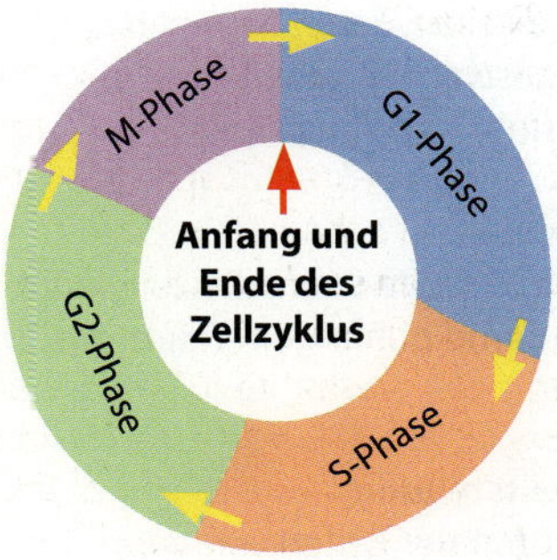

35 Zellzyklus

Der Zellzyklus unterliegt einem Kontrollsystem

Der Zellzyklus unterliegt einem komplizierten Kontrollsystem, das hier nur stark vereinfacht dargestellt wird: Während der einzelnen Phasen gibt es Kontrollpunkte, an denen Signale (bestimmte Signalstoffe werden dabei wirksam) die nächste Phase einleiten. Bleiben diese Signale aus, stoppt der Zellzyklus. Eine große Bedeutung kommt hier dem so genannten, in der G1-Phase liegenden, Restriktionspunkt (Kontrollpunkt; kritischer Punkt im Zellzyklus) zu, an dem das Signal für die S-Phase gegeben wird. Bleibt es aus, findet keine Reduplikation statt. Die Zelle geht in die **G0-Phase** über. Die meisten Körperzellen befinden sich in diesem Zustand – sie teilen sich nicht mehr. Sie sind ausdifferenziert und erfüllen bestimmte Aufgaben im Körper (zB die roten Blutkörperchen, Nerven- und Muskelzellen).
Adulte Stammzellen teilen sich hingegen lebenslang und ersetzen dadurch gealterte, beschädigte und abgestorbene Zellen (zB Stammzellen im Knochenmark, in der Haut, im Darm).
Des Weiteren gibt es auch Zellen, die zwar ausdifferenziert sind, bei Zellverlust allerdings von der G0-Phase wieder in die G1-Phase übergehen und sich in weiterer Folge teilen können (zB Leberzellen).

Cytokinese
cytus (lat.) = Zelle,
kinesis (griech.) = Bewegung

M-Phase
Mitose-Phase

Zellzyklus
Zeitspanne von der Entstehung einer Zelle bis zur Teilung in zwei Tochterzellen

G1-Phase, G2-Phase, G0-Phase
G steht für gap (engl.) = Abstand, Lücke

S-Phase
Synthese-Phase

adulte Stammzellen
erwachsene Stammzellen bilden zeitlebens durch Teilung neue spezialisierte Zellen (zB Knochenmarksstammzellen → Blutkörperchen)

Selbst aktiv!

Vermute, was passiert, wenn es zu Fehlern in der Steuerung des Zellzyklus kommt, zum Beispiel zu einem Ausfall der Teilungshemmung. Begründe deine Annahme.

Arbeitsheft Seite 13, 14

Prokaryonten
Bakterien und Archaea (Urbakterien); einzellige Lebewesen, die keinen Zellkern besitzen, das Erbmaterial (ein ringförmiges DNA-Molekül) liegt frei im Zellplasma. Bakterien sind heute die häufigsten Lebewesen auf der Erde.
pro- (griech.) = vor; karyon (griech.) = Kern

Eukaryonten
Tiere, Pflanzen, Pilze und Protisten (→ auch Kapitel Mikrobiologie, S. 52ff.)
eu- (griech.) = gut, wohl

phagocytieren
feste Nahrungspartikel in den Zellleib aufnehmen
phagein (griech.) = essen, cytos (griech.) = Zelle

Fossilienfunde
Fossilien sind Überreste und Abdrücke von Lebewesen, die in früheren Epochen der Erdgeschichte gelebt haben.
fossilis (lat.) = ausgegraben

Kolonie
Gruppe von Individuen, die zeitweilig oder dauernd auf engem Raum zusammenlebt.

Arbeitsteilung
Der Großteil der Zellen von *Volvox* hat seine Teilungsfähigkeit verloren. Als Körperzellen erfüllen sie alle Aufgaben, die der Aufrechterhaltung der Lebensvorgänge dienen. Die Zellen, die ihre Teilungsfähigkeit erhalten haben, sind für die Fortpflanzung zuständig. *Volvox* kann sich, wie viele Algen, sowohl ungeschlechtlich als auch geschlechtlich fortpflanzen. Auf die genauen Abläufe soll hier nicht näher eingegangen werden.

Zelldifferenzierung
Spezialisierung der Zellen auf bestimmte Aufgaben
differre (lat.) = sich unterscheiden

Von der Einzelligkeit zur Vielzelligkeit

Vor mehr als 3,8 Milliarden Jahren traten die ersten Organismen auf. Es waren Bakterien, also **Prokaryonten**, über die du im Kapitel Mikrobiologie (→ S. 52) noch Genaueres erfahren wirst. Im Laufe der Evolution gelang es ihnen, eine große Vielfalt, sowohl in der Erscheinungsform als auch in ihrer Lebensweise, zu entwickeln. Einer der Gründe dafür ist ihre Fähigkeit, sich sogar extremsten Lebensbedingungen anpassen zu können.
Vermutlich entstanden auch vor mehr als zwei Milliarden Jahren aus den Prokaryonten die ersten einzelligen **Eukaryonten**. Eine dazu aufgestellte Theorie besagt, dass größere Bakterien kleinere **phagocytierten** und verdauten. Hin und wieder gelang es den dabei aufgenommenen Bakterien, im Inneren der Zelle zu überleben. Laut Theorie entwickelten sich aus diesen Prokaryonten Zellorganellen wie Mitochondrien und Chloroplasten. Der Zellkern bildete sich vermutlich durch Einstülpung der Zellmembran, die das genetische Material einschloss.
Auch die einzelligen Eukaryonten schafften es, bis heute die verschiedensten Lebensräume in einem großen Artenreichtum zu besiedeln.

Mehrzelliges Leben gibt es seit ca. 1,5 Milliarden Jahren

Aufgrund von **Fossilienfunden** weiß man, dass die ersten mehrzelligen Lebewesen vor etwa 1,5 Milliarden Jahren lebten. Die Entwicklung vom Ein- zum Vielzeller lässt sich sehr gut innerhalb der Grünalgen beobachten (→ Abb. 36): *Chlamydomonas* ist ein einzelliger Geißelträger.

Bei *Gonium* bilden vier bis sechzehn, bei *Eudorina* insgesamt 32 einzelne Zellen, die gleich organisiert sind, eine **Kolonie**. Die durch Schleim zusammengehaltenen Zellen behalten ihre Eigenständigkeit, auch wenn sie bei *Eudorina* durch feine Plasmafäden in Verbindung stehen. Möglicherweise erfolgt über sie eine Koordination der Bewegung der nach außen gerichteten Geißeln.

Bei der Kugelalge *Volvox* sind bis zu 20 000 begeißelte Einzelzellen, die durch Plasmafäden in Verbindung stehen, in der Wand einer mit Schleim ausgefüllten Kugel zusammengelagert. Durch gemeinsamen Geißelschlag aller Zellen bewegt sich die Kugelalge im Wasser vorwärts.

Anders als bei *Gonium* und *Eudorina* gibt es bei *Volvox* eine Zelldifferenzierung und eine damit verbundene **Arbeitsteilung**. *Volvox* stellt dadurch eine hochorganisierte Kolonie, die unmittelbare Vorstufe zum Vielzeller, dar.

Im Laufe der Zeit entstanden durch Spezialisierung der Zellen auf bestimmte Aufgaben (zB Wahrnehmung von Licht, Ernährung, Fortpflanzung) und eine Verbindung der Zellen über Plasmabrücken höher organisierte Zellkolonien. Weitere **Zelldifferenzierung** führte allmählich zum Auftreten der ersten Vielzeller.

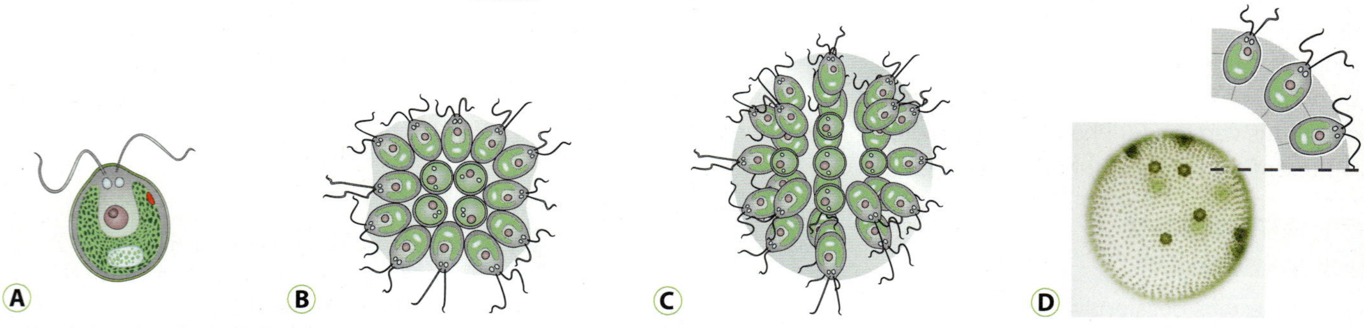

36 Vom Ein- zum Vielzeller; A Chlamydomonas; B Gonium, plattenförmige Koloniebildung innerhalb einer Gallerthülle; C Eudorina, Koloniebildung an der Oberfläche einer kugelförmigen Gallerthülle; D Volvox, vielzelliges Individuum (Fotografie und Ausschnitt)

Arbeitsheft
Seite 12–14

Zelle – Gewebe – Organe – Organsysteme

Während Einzeller, sowie die Einzelindividuen in Zellkolonien, alle Lebensfunktionen zeigen und somit eigenständig existieren können, haben die Zellen der Vielzeller ihre Unabhängigkeit zu Gunsten der Gemeinschaft verloren. Die Spezialisierung der Zellen auf bestimmte Funktionen führt zu einer Leistungssteigerung des Organismus.
Die Organisation eines Organismus, wie zB des Menschen, erfolgt über verschiedene Organisationsstufen, die im Folgenden besprochen werden.

Die Zellen eines Vielzellers sind spezialisiert

Ein vielzelliges Lebewesen kann mit einer Fabrik verglichen werden. Um ein Produkt rationell und leistungsstark herstellen zu können, ist es notwendig, dass die einzelnen Arbeitsschritte von verschiedenen, darauf spezialisierten Arbeiterinnen bzw. Arbeitern oder Maschinen ausgeführt werden.
Je nach Funktion der Zellen werden bestimmte Zellstrukturen vermehrt ausgebildet.
So ist beispielsweise in Drüsenzellen eine große Zahl an Dictyosomen, zur Synthese und Speicherung von Sekreten, zu finden.
Nur durch **Zellspezialisierung** ist die Vielfalt der Tier- und Pflanzenarten möglich. Die einzelnen Zellen bilden dabei die Bausteine für die Gewebe.

Gewebe verbinden sich zu Organen, diese zu Organsystemen

Verbände aus Zellen mit weitgehend gleicher Differenzierung werden als Gewebe bezeichnet. Verschiedene, in ihrer Funktion einander ergänzende Gewebe verbinden sich zu Organen (zB Magen, Leber, Bauchspeicheldrüse), die wiederum **Organsysteme** aufbauen.

Mit der Spezialisierung auf bestimmte Funktionen verlieren Zellen ihre Teilungsfähigkeit. Da die Funktionstüchtigkeit der meisten Zellen mit der Zeit nachlässt (**Zellalterung**), werden sie durch neue ersetzt. Die Neubildung der Zellen erfolgt durch die wenig differenzierten, dafür aber teilungsfähigen Stammzellen.

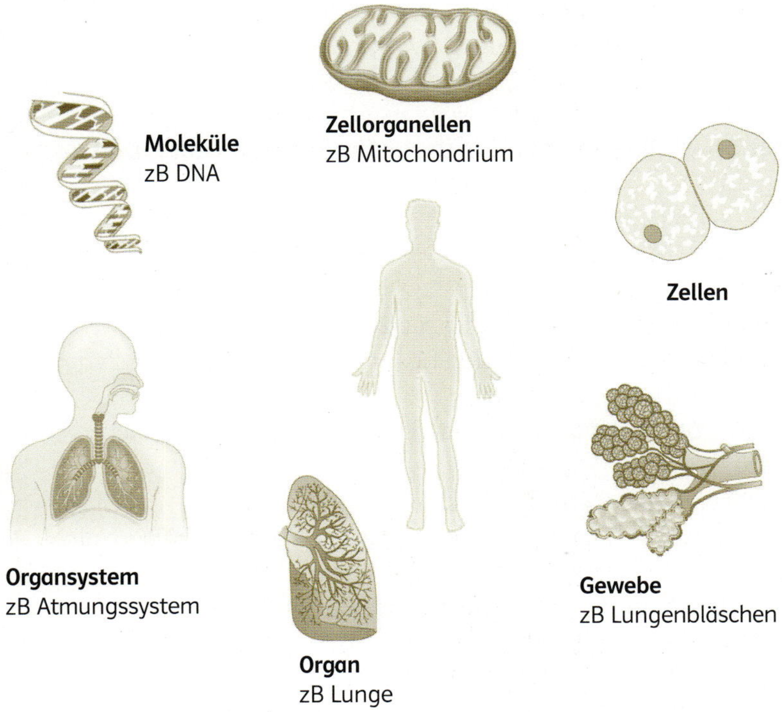

37 Hierarchischer Aufbau der Organisationsstufen eines Organismus am Beispiel Mensch

Zellspezialisierung
Für Tiere sind ca. 200, für Pflanzen ca. 70 verschiedene Zelltypen bekannt.

Organsysteme
Beispiele für Organsysteme sind das Verdauungsystem, das Nervensystem, das Atmungssystem etc.

Zellalterung
Rote Blutkörperchen haben zB eine Lebensdauer von 100 bis 120 Tagen, danach gehen sie zu Grunde. Sie werden von vorwiegend im roten Knochenmark sitzenden Stammzellen kontinuierlich nachproduziert.
Skelettmuskulatur wird nur im beschränkten Ausmaß neu gebildet. Bei Muskelverletzungen entstehen meistens bindegewebige Narben.
Abgestorbene Nervenzellen können nicht mehr ersetzt werden. Sie sind jedoch in der Lage, bei Verletzungen Teile ihrer Substanz zu erneuern.

Selbst aktiv!

So unterschiedlich die Funktion einzelner spezialisierter Zellen ist, so unterschiedlich ist auch ihr Aussehen. Recherchiere, um welche Zellen es sich bei den unten stehenden Abbildungen handelt. Weise dazu die folgenden Begriffe richtig zu:
Eizelle, Spermium, Nervenzelle, Schließzelle, Muskelzelle, Steinzelle

 ....

 ....

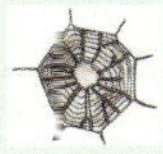 ....

 ....

 ....

 ....

Arbeitsheft
Seite 14, 15

Kompetenzcheck

Zellteilung und Mitose

Lösungen
a84w3h

Du hast dir Wissen über die Mitose und ihre Bedeutung fürs Wachstum sowie die Zelldifferenzierung und die Entstehung vielzelliger Organismen erarbeitet.

Folgende Kompetenzen hast du erworben ...

✓ Du hast erlernt, die Mitose als Voraussetzung für die Zellteilung zu verstehen und ihre Bedeutung für Wachstum und Vermehrung zu begreifen.

Überprüfe dein Wissen ...

- ☐ **1.** Lege dar, warum es ohne Mitose zu keiner Zellteilung kommen kann.
- ☐ **2.** Argumentiere, warum ohne Verdoppelung der DNA eine Mitose nicht möglich ist.
- ☐ **3.** Beschreibe den Aufbau der DNA anhand einer Skizze und erläutere den Vorgang der Verdoppelung.
- ☐ **4.** Die Zeitspanne zwischen der Entstehung einer Zelle und ihrer Teilung läuft in einem bestimmten Zyklus ab. Erkläre diesen und differenziere zwischen den Zellvorgängen in einer Stammzelle und in einer ausdifferenzierten Zelle.

✓ Du kannst den Mechanismus der Mitose erläutern.

Überprüfe dein Wissen ...

- ☐ **1.** Beschreibe die einzelnen Phasen der Mitose anhand folgender Skizze:

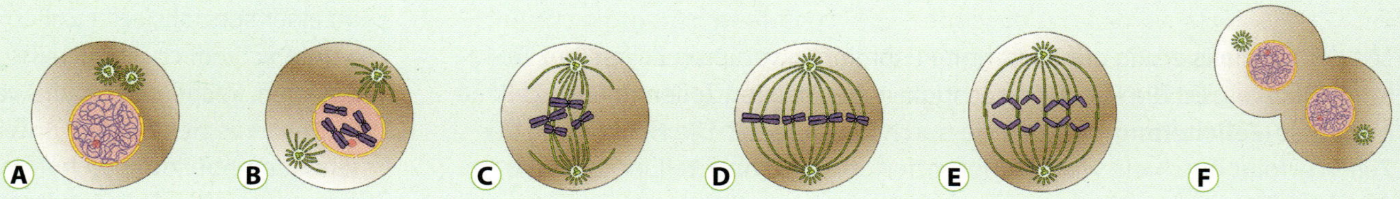

- ☐ **2.** Erläutere die Bedeutung des Restriktionspunkts als Signalgeber.

✓ Du erkennst Zusammenhänge zwischen der Spezialisierung und Differenzierung von Zellen und der Entstehung der Mehrzelligkeit.

Überprüfe dein Wissen ...

- ☐ **1.** Führe die Auswirkungen an, die das Fehlen einer Kompartimentierung für die Zelle hätte.
- ☐ **2.** Zeige den Zusammenhang zwischen Zelldifferenzierung und Spezialisierung.
- ☐ **3.** Definiere folgende Begriffe: Gewebe, Organ, Organsystem, Organismus.
- ☐ **4.** Nenne die Vorteile, die der Zusammenschluss von Zellen bringt und verdeutliche dies an der Entwicklung von *Chlamydomonas* zu *Volvox*.
- ☐ **5.** „Bringt Zelldifferenzierung nur Vorteile?" Diskutiere diese Überlegung.
- ☐ **6.** „Prokaryonten und viele Einzeller haben keine Chance, ihre Nachkommen kennenzulernen, ..."[1] Erörtere diese Aussage. Überlege in diesem Zusammenhang, wie alt Prokaryonten und Einzeller werden bzw. wann sie sterben und diskutiere, ob die Anwendung der Begriffe „Leiche" und „Tod" im Zusammenhang mit Prokaryonten, einzelligen und mehr- bzw. vielzelligen Eukaryonten in allen Fällen gerechtfertigt ist.

[1] Cypionka, Heribert: Grundlagen der Mikrobiologie, 4. Auflage. – Heidelberg: Springer, 2010, S. 105.

Überblick Zellbiologie

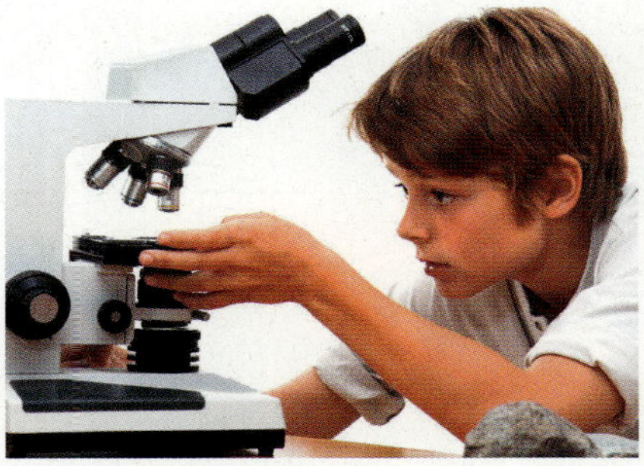

Um Dinge betrachten zu können, die unterhalb des **Auflösungsvermögens** des menschlichen Auges liegen, wird häufig das **Mikroskop** verwendet.

Zellen, die Bausteine aller Lebewesen, bestehen aus dem von einer Zellmembran umgrenzten **Cytoplasma**, in das **Zellorganellen** und andere Strukturen eingebettet sind.

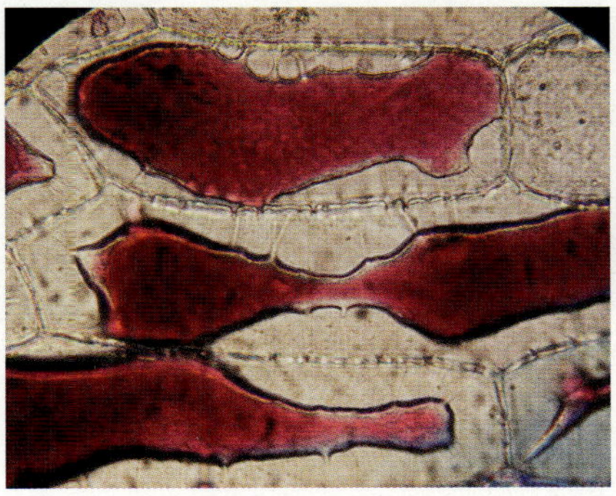

Zellorganellen sind Bestandteile der Zelle, die wichtige Funktionen erfüllen: In den **Mitochondrien** findet die Zellatmung statt, in den **Ribosomen** die Proteinsynthese. Im **granulären Endoplasmatischen Reticulum** werden diverse Stoffe synthetisiert, die am Aufbau der Zellmembranen beteiligt sind, das **agranuläre ER** dient hauptsächlich dem Stofftransport sowie der zeitweiligen Speicherung von Stoffen. Die **Dictyosomen** nehmen Substanzen aus dem ER auf, modifizieren und transportieren sie. In diesen Zellorganellen, die in ihrer Gesamtheit als **Golgi-Apparat** bezeichnet werden, findet aber auch die Synthese wichtiger Stoffe statt. **Plastiden** kommen nur in Pflanzenzellen vor. In den **Chloroplasten** findet die **Fotosynthese** statt. Die farblosen **Amyloplasten** sind am Aufbau von Stärke aus Traubenzucker beteiligt, die gelb- bis rotgefärbten Chromoplasten findet man vor allem in Blütenblättern, in Früchten und in Karottenwurzeln.
Auch die **Vakuolen** sind für pflanzliche Zellen charakteristisch. Der darin enthaltene Zellsaft ist eine wässrige Zuckerlösung, in der je nach Pflanzenart noch andere Stoffe enthalten sein können. Die Vakuole dient der Zelle zur vorübergehenden Speicherung von Stoffen und als Endlager für Abfallprodukte.
Die an Kernteilungsprozessen beteiligten **Centriolen** und die **Lysosomen**, die zelleigenes Material abbauen, sind typisch für tierische Zellen.
Vom **Zellkern** aus werden das gesamte Stoffwechselgeschehen, die spezifische Ausbildung der Zellen sowie die Ausprägung arttypischer und individueller Merkmale und Eigenschaften gesteuert. Die Informationen dafür, die **Gene**, sind in der **DNA** verschlüsselt.

Biomembranen haben **Barriere-** und **Transportfunktion**. Es gibt aktive Transportvorgänge, die unter Energieverbrauch ablaufen, und passive, die ohne zusätzlichen Energieverbrauch durch **Diffusion** beziehungsweise **Osmose** ablaufen. Pflanzenzellen haben zusätzlich zur Zellmembran eine feste **Zellwand**.

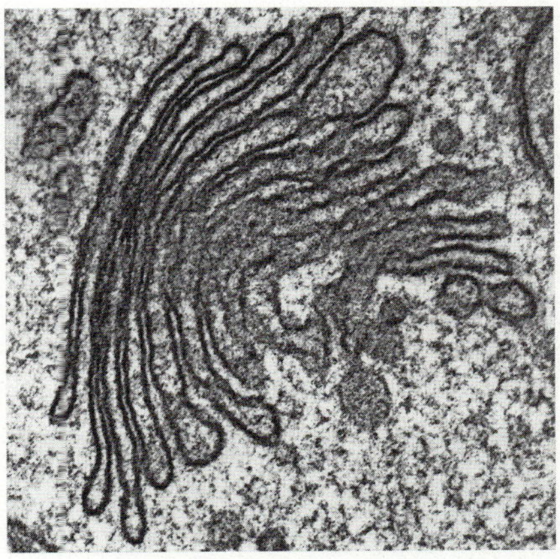

Die Zelle ist der **kleinste lebensfähige Baustein** aller Lebewesen. Sie weist alle Kennzeichen des Lebens auf: **Bewegung**, **Reizbarkeit**, **Stoffwechsel**, **Wachstum**, **Fortpflanzung** und **Vermehrung**.
Um sich verdoppeln zu können, trennen sich die beiden **Polynukleotidstränge** der DNA **reißverschlussartig** auf. An die frei gewordenen Basen lagern sich passende Nukleotide an. Auf diese Weise entstehen **zwei idente DNA-Moleküle**, die aus einem alten Nukleotidstrang, der aus dem ursprünglichen Strang stammt, und einem neuen Nukleotidstrang, der durch die Anlagerung der Nukleotide entstanden ist, bestehen (**semikonservative Replikation**).
Nach der Reduplikation kommt es zur **Mitose**, die in vier Phasen eingeteilt wird: **Prophase**, **Metaphase**, **Anaphase**, **Telophase**. Danach teilt sich die Zelle (**Cytokinese**).

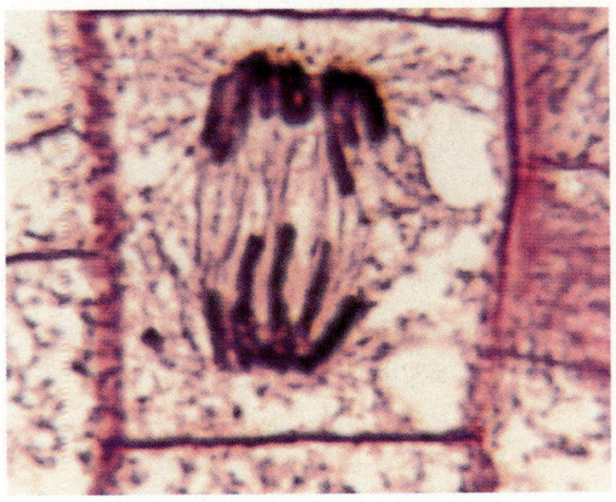

Vielzelligkeit steht in Verbindung mit **Spezialisierung** von Zellen, **Arbeitsteilung** und **Verlust der Eigenständigkeit**. Zellspezialisierung führt zu einer Leistungssteigerung des Organismus.

Arbeitsheft
Seite 7–14

Stoffwechselphysiologie

Stoffwechselphysiologie
pj6pc8

Du erarbeitest dir Wissen über **Stoffwechselvorgänge**, die zum **Aufbau von Stoffen (Assimilation)** und **Abbau von Stoffen (Dissimilation)** führen.

Du erlernst ...

- ☐ die physikalischen Gesetze der Thermodynamik auf die Prinzipien der Bioenergetik anzuwenden (S. 36–37)
- ☐ die Bedeutung von ATP als universellem Energieträger in Zellen zu verstehen (S. 38)
- ☐ das Schlüssel-Schloss-Prinzip mittels der Substratspezifität von Enzymen zu erklären (S. 40–41)
- ☐ den Vorgang der Fotosynthese zu beschreiben und ihre Bedeutung für das Leben auf der Erde zu verstehen (S. 42–44)
- ☐ heterotrophe Assimilation von autotropher Assimilation zu unterscheiden (S. 45–48)

Kompetenzcheck → S. 50

Bioenergetik, auf- und abbauender Stoffwechsel

Energie
wird in der Physik definiert als die Fähigkeit, Arbeit zu verrichten.

Assimilation
Aufbau körpereigener Stoffe aus körperfremden Stoffen
similis (lat.) = ähnlich

Dissimilation
Abbau energiereicher Stoffe zur Energieversorgung
dissimilis (lat.) = unähnlich

Thermodynamik
Teilbereich der Physik, der sich mit Energieumwandlungen befasst

abgeschlossenes System
Ein abgeschlossenes oder isoliertes System kann mit der Umwelt weder Stoffe noch Energie austauschen.

1 Pflanzen wandeln durch Fotosynthese die Lichtenergie der Sonne in chemische Energie um.

Alle Lebewesen brauchen zum Aufbau sowie zur Erhaltung ihrer Körpersubstanz Stoffe, die sie aus ihrer Umgebung aufnehmen. Zur Aufrechterhaltung ihrer Lebensfunktionen ist **Energie** notwendig. Der Ursprung dieser Energie ist in den meisten Fällen das Sonnenlicht.

Die meisten autotrophen Lebewesen (Produzenten) wandeln die Lichtenergie der Sonne bei der Fotosynthese in chemische Energie um (→ S. 42 ff). Dabei werden aus energiearmen anorganischen Stoffen energiereiche organische Stoffe aufgebaut (**Assimilation**).
Heterotrophe Lebewesen (Konsumenten und Destruenten) nehmen diese energiereiche organische Substanz mit der Nahrung auf und bauen sie entweder zu körpereigenen Stoffen um (heterotrophe Assimilation) oder sie bauen die energiereichen Stoffe ab (**Dissimilation**). Die dabei freiwerdende Energie dient der Energieversorgung. Die Lebewesen geben aber auch Energie (Wärme) und Stoffe, die nicht mehr benötigt werden, an ihre Umgebung ab.

Der Stoff- und Energieaustausch der Organismen mit ihrer Umwelt wird als Stoffwechsel bezeichnet. Der Teilbereich der Biologie, der sich mit den physikalischen und chemischen Vorgängen des Stoffwechsels beschäftigt, ist die Stoffwechselphysiologie.

Bioenergetik

Die Bioenergetik befasst sich mit den Energieumwandlungen in Lebewesen. Die Erkenntnisse der **Thermodynamik** haben auch hier Gültigkeit.
Der erste Hauptsatz der Thermodynamik besagt, dass Energie weder erzeugt, noch vernichtet wird, sie kann nur von einer Form in eine andere umgewandelt werden. Bei einer Energieumwandlung in einem **abgeschlossenen System** ist demnach die Gesamtenergiemenge vor der Umwandlung gleich der Gesamtenergiemenge danach.

Arbeitsheft
Seite 10, 11

2 Erster Hauptsatz der Thermodynamik: in einem abgeschlossenen System entspricht die Gesamtenergie vor der Umwandlung der Gesamtenergie nach der Umwandlung.

3 Zweiter Hauptsatz der Thermodynamik: Bei einer Energieumwandlung in einem abgeschlossenen System nimmt der Anteil an nicht nutzbarer Energie zu, während der Anteil an nutzbarer Energie geringer wird.

Energieumwandlung bedeutet Verlust an nutzbarer Energie

Mit jeder Energieumwandlung nimmt jedoch der Anteil an **nutzbarer Energie** (Energie, die Arbeit leisten kann) ab, während der Anteil an **nicht nutzbarer Energie** (Energie, die nicht mehr zum Verrichten einer Arbeit zur Verfügung steht) zunimmt (zweiter Hauptsatz der Thermodynamik). Ist in einem abgeschlossenen System das Maximum an nicht nutzbarer Energie erreicht, können keine Änderungen im System (also auch keine chemischen Reaktionen) mehr stattfinden – das System ist im thermodynamischen Gleichgewicht.

Jedes System strebt das thermodynamische Gleichgewicht an

Ein verschlossenes Einsiedeglas, in dem sich Sand, Wasser, eine Wasserschnecke, eine Pflanze sowie Bakterien und Pilze befinden, ist von seiner Umgebung stofflich isoliert. Würde man es nach außen vollständig isolieren, so dass auch kein Licht (Energie) das Glas durchdringen kann (abgeschlossenes bzw. isoliertes System), könnten die Lebewesen darin nur solange leben bis das thermodynamische Gleichgewicht, also ein Maximum an nicht nutzbarer Energie, erreicht ist.
Dringt jedoch Licht durch das Glas, bleibt im Idealfall (bei passendem Größenverhältnis) die Lebensgemeinschaft im Glas jahrelang bestehen – das thermodynamische Gleichgewicht wird zwar angestrebt, jedoch durch die Zufuhr freier Energie von außen (**geschlossenes System**) nie erreicht.

Innerhalb des Einsiedeglases treten die einzelnen Organismen miteinander und mit ihrem Lebensraum in Wechselwirkung. Sie sind **offene Systeme**. Daher nehmen sie Stoffe aus der Umgebung auf und geben auch wieder welche ab. Unter permanenter Energiezufuhr wird ihre Körpersubstanz ständig auf-, um- und abgebaut. Es finden also ständig Stoffumsetzungen statt. Dadurch herrscht nie ein thermodynamisches Gleichgewicht.
Trotz des Stoffwechsels bleibt die Individualität der einzelnen Organismen erhalten. Aufgrund eines bestimmten Verhältnisses zwischen Stoffaufnahme und Stoffabgabe bleiben sie also in einem stabilen Zustand, im so genannten Fließgleichgewicht, einem Gleichgewichtszustand, der weit entfernt vom thermodynamischen Gleichgewicht ist.

Das Fließgleichgewicht ist ein Hauptkennzeichen des Lebens. Lebewesen, und somit auch Zellen als kleinste lebende Einheiten, sind offene Systeme, die durch Energiezufuhr erhalten bleiben.
Eine Zelle, die sich mit ihrer Umgebung nicht mehr im Stoff- und Energieaustausch befindet, ist tot.

nutzbare Energie
kann für biologische Prozesse verwendet werden. Sie wird auch als freie Energie bezeichnet.

nicht nutzbare Energie
ist für biologische Prozesse nicht verwendbar.

geschlossenes System
Ein geschlossenes System kann mit der Umgebung Energie austauschen. Es erfolgt aber kein Stoffaustausch.

offenes System
Ein offenes System befindet sich mit seiner Umgebung sowohl im Energie- als auch im Stoffaustausch.

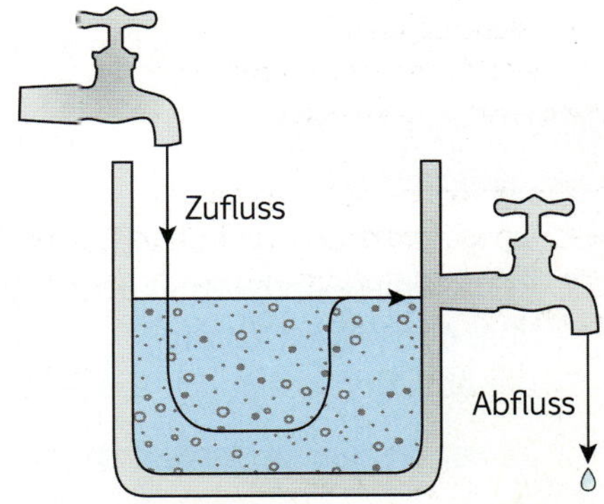

4 Fließgleichgewicht, schematische Darstellung

Selbst aktiv!

In welchem Gleichgewicht befindet sich eine tote Zelle? Begründe deine Überlegungen.

Arbeitsheft Seite 10

5 Für ein Lebewesen wie den Geparden ist die Bereitstellung von Energie, zB für Bewegung, lebensnotwendig.

ATP ist das „Energiegeld" in Lebewesen

Bei bestimmten Stoffwechselreaktionen (zB Zellatmung, → S. 46 f) wird Energie frei, die genutzt werden kann. Sie dient unter anderem in den Zellen zum Aufbau von Adenosintriphosphat (ATP) aus Adenosindiphosphat (ADP) und einem Phosphorsäuremolekül (H_3PO_4) unter Abspaltung von Wasser (→ Abb. 6). Ein ATP-Molekül besteht, so wie das ADP-Molekül, aus einem Molekül Zucker (Ribose), an dem die Base Adenin hängt. Es besitzt aber als weiteren Bestandteil, anders als das ADP, drei statt zwei miteinander verbundene Phosphorsäuremoleküle.

Die Energie, die zum Aufbau von ATP aus ADP und Phosphorsäure benötigt wird, ist im ATP gespeichert. ATP ist sozusagen das „Energiegeld" in Lebewesen.

Durch den Abbau von ATP zu ADP und Phosphorsäure unter Aufnahme von Wasser wird die Energie wieder freigesetzt und steht für die Aufrechterhaltung der Lebensfunktionen (→ Abb. 6) zur Verfügung.

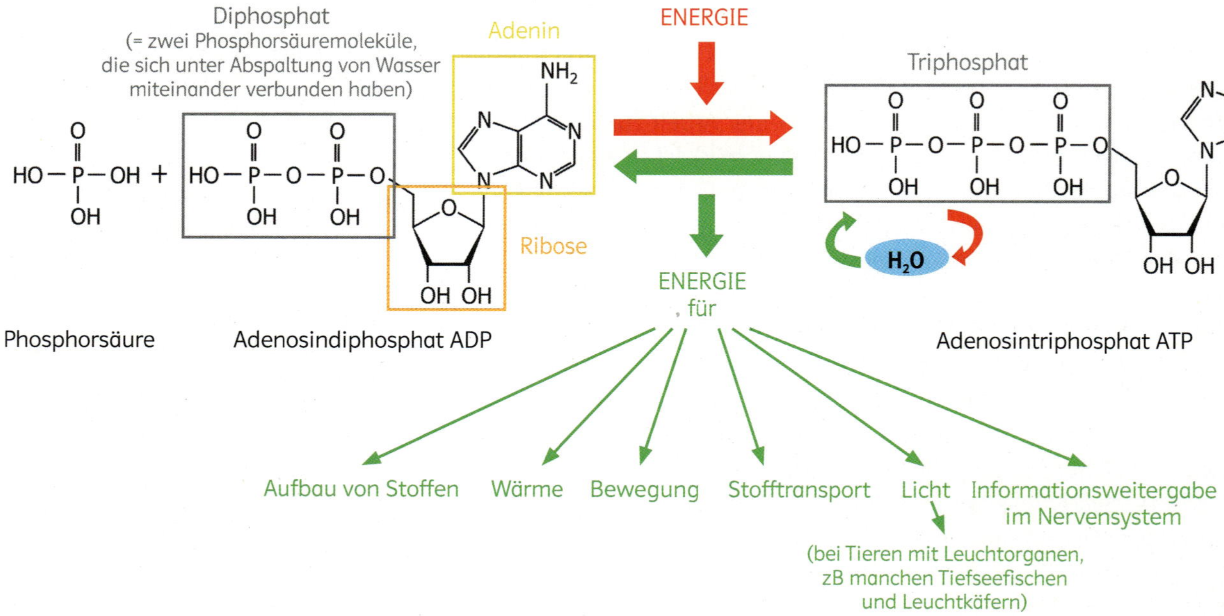

6 Bildung von ATP aus ADP und Phosphorsäure

Selbst aktiv!

1. Vergleiche den Bau von ATP bzw. ADP mit dem Bau der Nuklein- bzw. Ribonukleinsäure (→ S. 12). Was fällt dir auf?
2. Recherchiere im Internet über Karl Ludwig von Bertalanffy. Womit beschäftigte er sich? Halte eventuell ein Referat über den Wissenschafter.
3. Die Abbildung zeigt das Kugel-Stäbchenmodell eines ATP-Moleküls. Beschrifte die Abbildung mit den Begriffen.

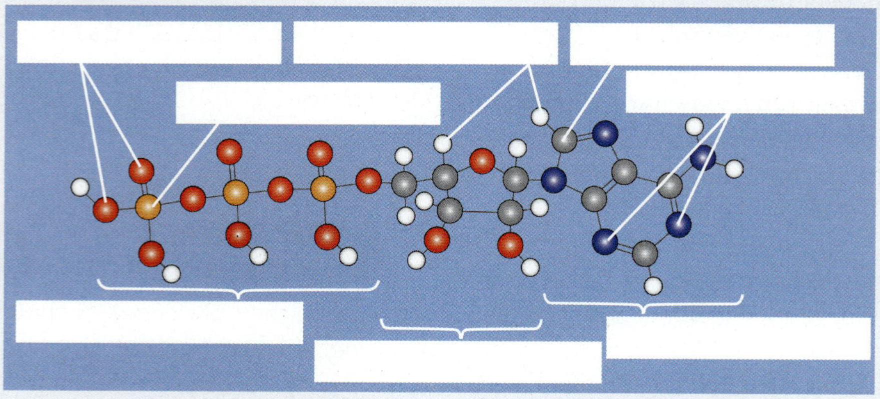

Adenin
Kohlenstoffatom
Phosphoratom
Ribose
Sauerstoffatome
Stickstoffatome
Triphosphat
Wasserstoffatome

Arbeitsheft Seite 10

Selbst aktiv!

Löse das Rätsel. Die markierten Buchstaben ergeben hintereinander gelesen die Bezeichnung für bestimmte Stoffe, ohne die Stoffwechselreaktionen nicht ablaufen könnten. Umlaute sind als Umlaute zu schreiben, „ß“ als „ss“.

1. Teilbereich der Physik, der sich mit Energieumwandlungen befasst
2. Gleichgewichtszustand, in dem sich lebende Zellen befinden
3. Stoff- und Energieaustausch der Organismen mit ihrer Umwelt
4. Aufbau körpereigener Stoffe aus körperfremden
5. ATP ist das „................................“ in Lebewesen.
6. Zucker, der Bestandteil von ATP- bzw. ADP-Molekülen ist
7. Molekül, das von ATP unter Energiefreisetzung abgespalten wird
8. Systeme, die mit der Umgebung weder Stoffe noch Energie austauschen können, sind …
9. Teilgebiet der Biologie, das sich mit den Energieumwandlungen in Lebewesen befasst
10. autotrophe Lebewesen
11. Abbau energiereicher Stoffe zur Energieversorgung

Lösung: ___ ___ ___ ___ ___ ___ ___ ___ ___ ___ ___ ___ ___ ___ ___ ___
1 2 3 4 5 6 7 8 9 10 11 12 13 14 15 16

Arbeitsheft Seite 10

Katalysatoren
die in Lebewesen wirken, werden als Biokatalysatoren oder Enzyme bezeichnet.

Eduard Buchner
Buchner lieferte mit seiner Entdeckung den Grundstein für die Enzymologie (Teilgebiet der Biochemie, das sich u. a. mit den chemischen Veränderungen, die durch Enzyme verursacht werden, beschäftigt). Die Enzymologie hat heute in der Industrie (Waschmittelindustrie, Nahrungsmittelindustrie ...) und in der Medizin große Bedeutung. So werden beispielsweise Waschmitteln eiweiß-, fett- und kohlenhydratspaltende Enzyme beigefügt, um damit entsprechende Flecken entfernen zu können. In der Medizin werden Enzyme zur Herstellung von Medikamenten und in der Diagnostik (zum Erkennen von Krankheiten) eingesetzt.

Körpertemperatur
Die Körpertemperatur des Menschen liegt bei rund 37 °C. Bei dieser Temperatur weisen unsere Enzyme die bestmögliche Wirkung auf. Unter und über diesem Temperaturoptimum nimmt ihre Funktionsfähigkeit ab. Ab einer kritischen Temperatur (ca. 42 °C) wird die Struktur der Proteine unwiederbringlich zerstört – die Enzyme sind nicht mehr funktionstüchtig (→ auch S. 86).

Coenzym
Mineralstoffe und Vitamine spielen eine wichtige Rolle als Coenzyme (zB Coenzym A, → S. 46 f).

Selbst aktiv!

Erkläre, warum es lebensbedrohlich für dich werden kann, wenn du Fieber über 42 °C bekommst?

Enzyme sind Biokatalysatoren

Chemische Reaktionen finden nur unter Energiezufuhr (Aktivierungsenergie), beispielsweise durch Wärme oder elektrische Energie, statt. Stoffe, die leichter miteinander reagieren, benötigen weniger Aktivierungsenergie als solche, die nur schwer Reaktionen eingehen.
Es gibt Stoffe (Katalysatoren), die – werden sie einem chemischen Reaktionsgemenge zugesetzt – den Ablauf der chemischen Reaktion erleichtern oder beschleunigen, indem sie mit einem der Reaktionspartner eine Verbindung eingehen und dadurch die Aktivierungsenergie senken. Sie selbst werden dabei nicht verbraucht und nach der Reaktion unverändert wieder freigesetzt.
Katalysatoren spielen auch bei biochemischen Reaktionen eine wichtige Rolle. 1833 gelang es dem französischen Chemiker Anselme Payen (1795–1871) aus keimender Gerste einen Stoff zu extrahieren, der den Abbau von Stärke zu Traubenzucker bewirkt. Er bezeichnete den Stoff als Diastase. Payen hatte damit den ersten Biokatalysator (Enzym) entdeckt.
Zwei Jahre später gewann Theodor Schwann (→ S. 20) aus Magensäften einen Stoff, der Fleisch abbaut. Schwann nannte den Stoff Pepsin. In der Folge wurden immer mehr solcher ursprünglich als Fermente bezeichneter Biokatalysatoren entdeckt.
Dem deutschen Chemiker **Eduard Buchner** (1860–1917) gelang der Beweis, dass die – vermeintlich nur in lebenden Zellen aktiven – Fermente auch außerhalb (im Reagenzglas) ihre Arbeit verrichten.

Heute hat sich die Bezeichnung Enzym gegenüber dem Begriff Ferment oder Biokatalysator durchgesetzt. Enzyme kommen in allen Lebewesen vor. Ohne sie wäre kein Leben auf der Erde möglich. So müssten wir zB auch bei vollem Nahrungsangebot verhungern, würden nicht Verdauungsenzyme für den Abbau der Nahrung sorgen (→ S. 97).

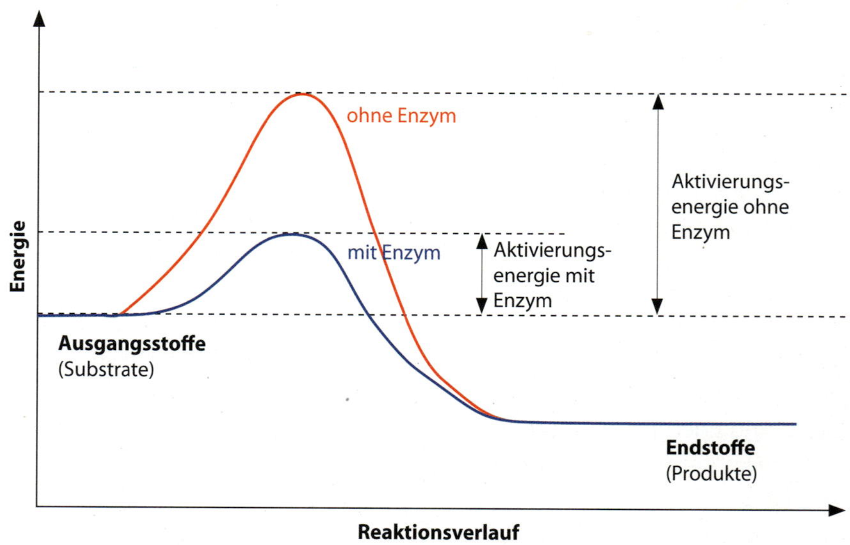

7 Enzyme setzen die Aktivierungsenergie herab.

Enzyme halten den Stoffwechsel in Gang

Alle Stoffwechselvorgänge im Organismus erfolgen unter der Mitwirkung von Enzymen. Sie machen Stoffe reaktionsfähig und ermöglichen den Ablauf von Stoffwechselvorgängen bei normaler **Körpertemperatur**.

Fast alle Enzyme sind Proteine

Enzyme werden im Körper gebildet. Fast alle sind Proteine (Eiweißstoffe). Teilweise haben sie allerdings auch einen Nichteiweißanteil, ein so genanntes **Coenzym**.

Arbeitsheft
Seite 10, 11

Enzyme sind substrat- und wirkungsspezifisch

Bereits im Jahre 1890 hat der deutsche Chemiker **Emil Fischer** die Wirkungsweise von Enzymen nach dem Schlüssel-Schloss-Prinzip sehr gut beschrieben: Enzyme sind **substratspezifisch**.
Substrat und Enzym passen wie Schlüssel und Schloss ineinander und bilden auf diese Art einen so genannten Enzym-Substrat-Komplex (→ Abb. 8). Nach der Umsetzung entlässt das Enzym die Reaktionsprodukte und steht für eine weitere Reaktion zur Verfügung.

Neben der Substratspezifität haben Enzyme aber auch noch eine **Wirkungsspezifität**.
Es gibt zum Beispiel Enzyme, die Verbindungen, welche unter Abgabe von Wasser (**Kondensation**) entstanden sind, wieder zerlegen können. Traubenzuckermoleküle bilden unter Abspaltung von Wasser beispielsweise Stärke, die unter Mitwirkung bestimmter Enzyme durch **Hydrolyse** wieder in Traubenzucker zerlegt werden kann.
Bei zusammengesetzten Enzymen, also bei solchen, die neben dem Protein einen Nichteiweißanteil besitzen, ist das Protein für die Substratspezifität und das Coenzym für die Wirkungsspezifität zuständig.

Generell unterscheidet man zwischen **Verdauungsenzymen** und **Stoffwechselenzymen**.

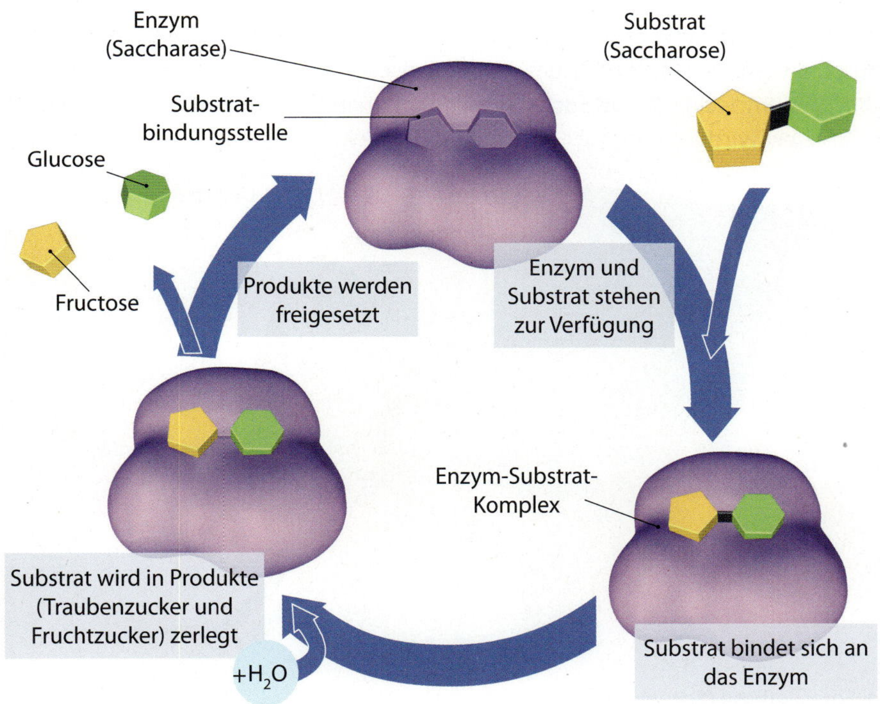

8 Enzymreaktion am Beispiel der Saccharase

Enzymreaktion
y79qe7

Die Endung -ase bezeichnet immer ein Enzym

Die Benennung der Enzyme erfolgt entweder nach ihrer Wirkung, zB Hydrolyse → Hydrolase oder nach dem Substrat, zB Protein → Protease, Amylose (Stärke) → Amylase, Saccharose (Rübenzucker) → Saccharase.
Die Endung -ase bezeichnet immer ein Enzym.
Viele Enzyme haben auch Trivialnamen, darunter versteht man Bezeichnungen, die nicht nach gültigen systematischen Gesichtspunkten gebildet wurden (zB Ptyalin, stärkespaltendes Enzym im Speichel, → S. 93).

Emil Fischer
(1852–1919); war einer der bedeutendsten Naturstoffchemiker des 19. und 20. Jahrhunderts. 1902 erhielt er den Nobelpreis für Chemie.

substratspezifisch
heißt, dass bestimmte Enzyme nur bestimmte Stoffe (so genannte Substrate) umsetzen (zB spalten) können

Wirkungsspezifität
heißt, dass die Enzyme nur eine bestimmte chemische Reaktion am bestimmten Substrat bewirken können

Kondensation
ist eine chemische Reaktion, bei der sich zwei Moleküle unter Abspaltung eines einfachen Moleküls (zB Wasser) verbinden

Hydrolyse
Darunter versteht man die chemische Zerlegung einer Verbindung unter Aufnahme von Wasser.
ZB kann Saccharose (Rübenzucker) durch Hydrolyse in Traubenzucker und Fruchtzucker zerlegt werden (→ Abb. 8).

Verdauungsenzyme
werden beim Menschen in den Verdauungsdrüsen (Ohrspeichel-, Unterzungenspeichel- und Unterkieferspeicheldrüsen, Drüsenzellen der Magen- und Darmschleimhaut, Bauchspeicheldrüse) gebildet und in den Verdauungstrakt abgegeben. Dort zerlegen sie die aufgenommene Nahrung in ihre Bausteine, die dann in den Darmzotten resorbiert (ins Blut aufgenommen) werden können (→ S. 92).

Stoffwechselenzyme
kommen in allen Zellen und Körperflüssigkeiten vor. Sie erleichtern den Ablauf biochemischer Reaktionen.

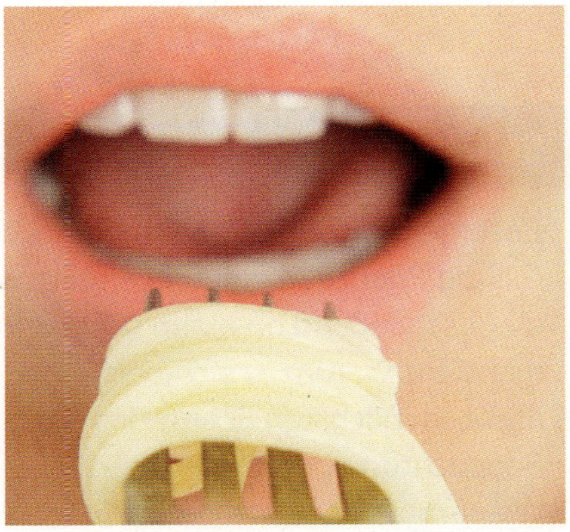

9 Ptyalin im Speichel spaltet die Stärke in der Nahrung.

fotoautotroph
phos (griech.) = Licht, autos (griech.) = selbst, trophe (griech.) = Ernährung

Joseph Priestley
(1733–1804) war ein englischer Naturforscher, Philosoph und Theologe.

Antoine Laurent de Lavoisier
(1743–1794), französischer Chemiker, erkannte als erster, dass Wasser eine Verbindung aus Wasserstoff und Sauerstoff ist

Jan Ingenhousz
(1730–1799) war ein niederländischer Arzt und Botaniker.

Julius Sachs
(1832–1897), deutscher Botaniker

10 Priestleys Experimente

Aufbauender Stoffwechsel

Die Energie, die Organismen zum Leben brauchen, wird aus energiereicher Nahrung freigesetzt. Autotrophe Organismen können diese energiereiche Nahrung selbst herstellen. **Fotoautotrophe** Lebewesen (grüne Pflanzen, Algen, einige Bakterienarten) nutzen die Energie der Sonne um aus Wasser und Kohlenstoffdioxid energiereichen Traubenzucker (Glucose) und als Nebenprodukt Sauerstoff herzustellen. Chemoautotrophe Lebewesen (manche Bakterienarten) nutzen andere Energiequellen (→ S. 45).

Priestley, Lavoisier, Ingenhousz und Sachs waren Entdecker der Fotosynthese

Bereits im Jahre 1771 entdeckte **Joseph Priestley**, dass Pflanzen „schlechte Luft" in „gute Luft" umwandeln: Er stellte eine brennende Kerze unter eine Glasglocke, die Kerze erlosch nach kurzer Zeit. Mäuse, die er ebenfalls unter die Glasglocke setzte, verloren sehr bald das Bewusstsein. Der Wissenschafter zog daraus den Schluss, dass die brennende Kerze sowie Tiere (und Menschen) „gute Luft" in „schlechte" umwandeln. In weiteren Versuchen stellte er eine grüne Pflanze einmal gemeinsam mit einer brennenden Kerze und einmal mit einer Maus unter die Glasglocke. Da weder die Kerze erlosch, noch die Maus erstickte, kam der Wissenschafter zu der Erkenntnis, dass die Luft von der Pflanze erneuert werden müsse.
1780 fand **Antoine Laurent de Lavoisier** heraus, dass es sich bei der „guten Luft" um Sauerstoff und bei der „schlechten Luft" um Kohlenstoffdioxid handelt.
Etwa um die gleiche Zeit bewies **Jan Ingenhousz**, dass die Luftverbesserung durch die grünen Pflanzen nur unter Anwesenheit von Sonnenlicht erfolgt.
Um 1860 entdeckte **Julius Sachs**, dass dabei auch Traubenzucker bzw. Stärke produziert wird.

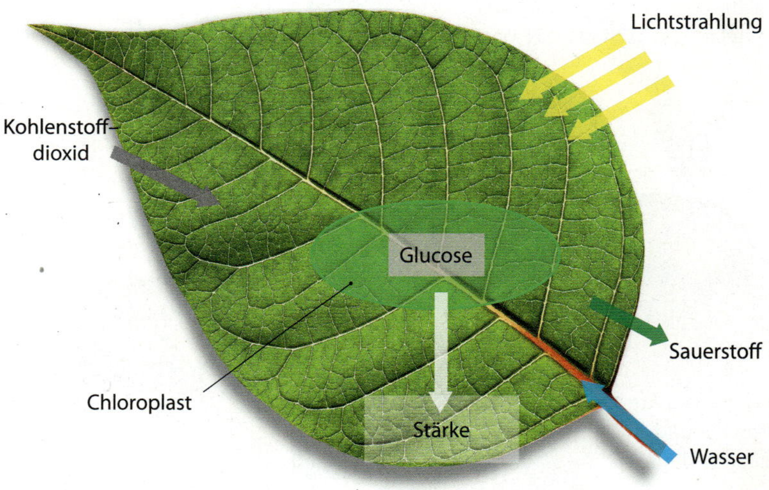

11 Fotosynthese (Schema)

Selbst aktiv!

Besorge dir in einer Tierhandlung, die auch Fische und Aquarienzubehör führt, eine Wasserpest (Wasserpflanze). Gib die Pflanze in ein mit Leitungswasser gefülltes, durchsichtiges Glas (die Pflanze muss untergetaucht sein), das du anschließend an einen sehr sonnigen Ort stellst. Beschreibe, was du nach einiger Zeit beobachten kannst. Argumentiere, worum es sich bei deiner Beobachtung handeln muss.
Stelle im nächsten Schritt das Glas an einen dunklen Ort. Was kannst du nun beobachten? Wie lässt sich deine Beobachtung begründen?
Wiederhole den Versuch im Sonnenlicht – allerdings mit abgekochtem Wasser. Was kannst du jetzt beobachten? Begründe das Ergebnis und vergleiche die drei Teilergebnisse miteinander. Wo liegen die Unterschiede?

Arbeitsheft
Seite 12, 13

Fotosynthese ist der wichtigste biochemische Prozess der Erde

Bei der Fotosynthese, die in den Chloroplasten (→ S. 22) stattfindet, wird Sonnenenergie von den Chloroplastenfarbstoffen (hauptsächlich Chlorophyll) **absorbiert** und in chemisch gebundene Energie (Traubenzucker) übergeführt. In dieser Form ist die Energie für die Lebewesen nutzbar. Die Fotosynthese läuft in zwei Reaktionsfolgen ab.

A. PRIMÄRREAKTION (lichtabhängig)
- → **zyklischer Elektronentransport**
- → **nichtzyklischer Elektronentransport**

B. SEKUNDÄRREAKTION (lichtunabhängig)

14 Reaktionen der Fotosynthese

Der zyklische Elektronentransport ist Teil der Primärreaktion

Energiegeladene Lichtteilchen (Photonen) treffen auf Elektronen in den Chlorophyllmolekülen, wodurch eine Energieübertragung von den Photonen auf die Elektronen erfolgt. Die **Elektronen** werden dadurch für kurze Zeit aus ihrer Bahn gehoben. Fallen sie auf ihren ursprünglichen Platz zurück, wird die Energie wieder freigesetzt. Sie aktiviert den Aufbau von ATP aus ADP + P (→ S. 38).

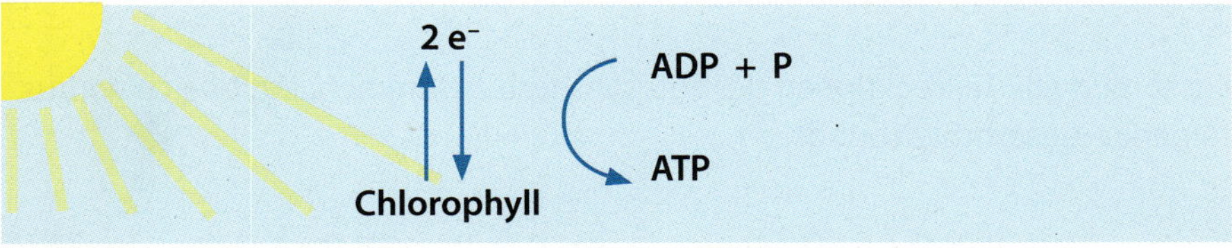

16 Primärreaktion – zyklischer Elektronentransport

Auch der nichtzyklische Elektronentransport gehört zur Primärreaktion

Ein Teil der von den Photonen angeregten Elektronen des Chlorophylls fällt nicht in ihren ursprünglichen Zustand zurück, sondern wird von bestimmten Enzymen (**NADP$^+$**) aufgenommen: NADP$^+$ + 2e$^-$.
Die dadurch positiv geladenen Chlorophyllmoleküle füllen diese Elektronenlücke sofort auf, indem sie Wassermolekülen Elektronen entreißen (**Hill-Reaktion**). Die Wassermoleküle werden dadurch in Sauerstoff und Wasserstoffionen gespalten: $H_2O \rightarrow 2H^+ + ½O_2$
Der Sauerstoff wird freigesetzt, während die Wasserstoffionen ebenfalls von NADP$^+$ aufgenommen werden: $NADP^+ + 2e^- + 2H^+ \rightarrow NADPH + H^+$.

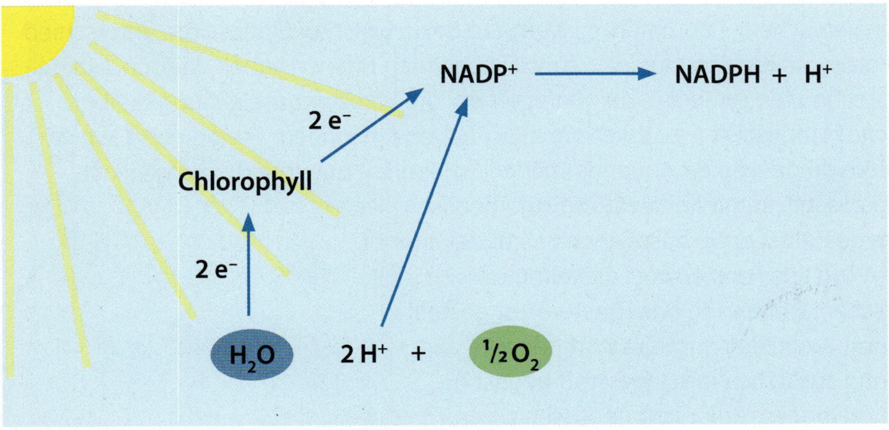

18 Primärreaktion – nichtzyklischer Elektronentransport

12 Jan Ingenhousz **13** Julius Sachs

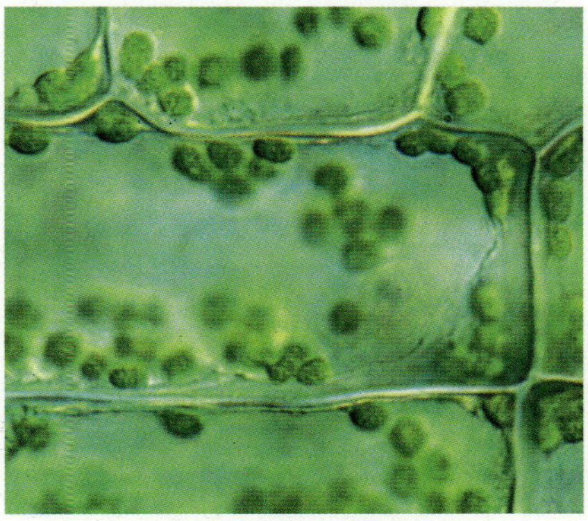

15 Chloroplasten in Pflanzenzellen

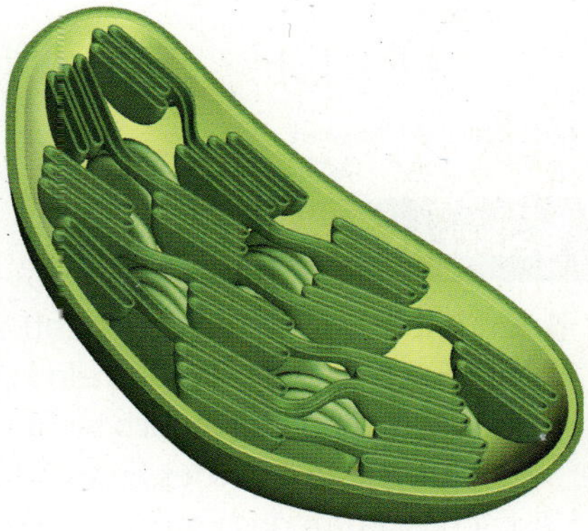

17 Chloroplast (Schema)

absorbieren
absorbere (lat.) = aufsaugen, hinunterschlürfen, verschlingen

Elektronen
die aus ihrer Position gebracht werden, können Arbeit verrichten.

NADP$^+$
Nikotinamid-**A**denin-**D**inukleotid-**P**hosphat

Hill-Reaktion
Die lichtbedingte Spaltung des Wassers bei der Fotosynthese wird nach ihrem Entdecker, dem britischen Chemiker Robert Hill (1899–1991), auch Hill-Reaktion genannt.

Arbeitsheft Seite 12, 13

Sekundärreaktion
wird nach ihrem Entdecker, dem US-amerikanischen Biochemiker Melvin Calvin (1911–1997), auch als Calvin-Zyklus bezeichnet

19 Melvin Calvin in seinem Fotosynthese-Forschungslabor.

Die Sekundärreaktion folgt der Primärreaktion

Die Primärreaktionen liefern ATP und NADPH + H^+. Beides wird in der **Sekundärreaktion** benötigt:
Der in den Pflanzenzellen vorhandene Zucker Ribulose ($C_5H_{10}O_5$) nimmt CO_2 auf. Unter Mitwirkung des beim nichtzyklischen Elektronentransport gewonnenen Wasserstoffs wird Traubenzucker ($C_6H_{12}O_6$) synthetisiert. Nebenbei wird auch unter Abspaltung von Wasser fortwährend Ribulose neugebildet. Die Energie für diese Reaktionen stammt aus dem im zyklischen Elektronentransport gewonnenen ATP.

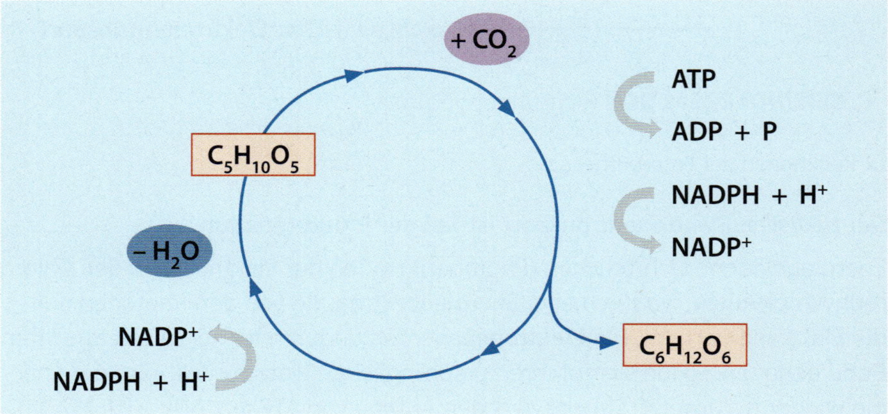

20 Sekundärreaktion

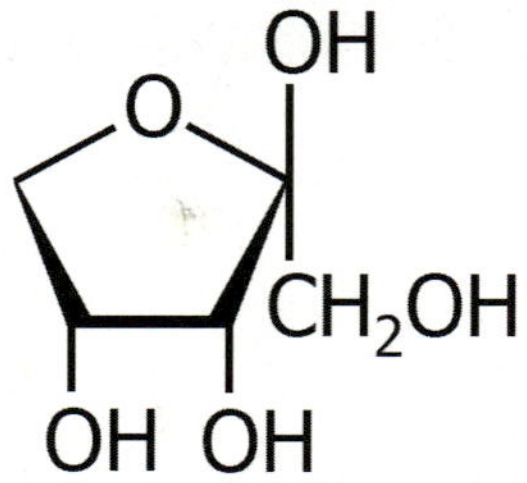

21 Ribulose-Molekül

Fasst man alle Teilreaktionen der Fotosynthese zusammen, ergibt sich daraus folgende Gesamtgleichung:

$$12\,H_2O + 6\,CO_2 \longrightarrow C_6H_{12}O_6 + 6\,H_2O + 6\,O_2$$

Selbst aktiv!

1. Erläutere, woher der Sauerstoff stammt, der bei der Fotosynthese freigesetzt wird.
2. In Teichen, Seen und Tümpeln kommen Purpurbakterien vor, die Fotosynthese betreiben (→ S. 55). Als Wasserstoffquelle dient ihnen jedoch nicht Wasser, sondern Schwefelwasserstoff (H_2S). Stelle eine Reaktionsgleichung dafür auf. Überlege: Welches Endprodukt neben Glucose fällt hier an?
3. Erkläre, wofür das Kohlenstoffdioxid bei der Fotosynthese benötigt wird.
4. Erörtere die Aussage „bei der Fotosynthese wird Kohlenstoffdioxid in Sauerstoff umgewandelt". Ist die Aussage deiner Meinung nach korrekt?
5. Für die Synthese von Traubenzucker im Calvin-Zyklus ist kein Licht notwendig. Überlege, warum die Fotosynthese trotzdem nur bei Licht stattfinden kann.
6. Stelle dir vor, du würdest die folgenden Versuche a–j durchführen. Vermute dazu, welchen Einfluss die unterschiedlichen Versuchsanordnungen auf die Fotosyntheseleistung der zu untersuchenden Pflanze haben würden. Gib deine jeweilige Annahme durch ein entsprechendes Symbol in der Klammer an: die Fotosyntheseleistung bleibt gleich (++), steigt (+++), sinkt (+) oder wird eingestellt (–). Diskutiere anschließend in deinem Biologieheft, wovon die Fotosyntheseleistung abhängt, indem du die von dir angenommenen Ergebnisse miteinander vergleichst.
   a. Eine Pflanze, die im Licht steht, wird zusätzlich mit Kohlenstoffdioxid begast (................).
   b. Eine Pflanze wird in einen Kühlraum gestellt, wo sie ausreichend Licht bekommt (................).
   c. Eine Pflanze wird an einem sonnigen Tag ans Fensterbrett gestellt (................).
   d. Eine Pflanze wird an einem regnerischen, trüben Tag ans Fensterbrett gestellt (................).
   e. Eine Pflanze wird ins Licht gestellt und zusätzlich mit Stickstoff begast (................).
   f. Eine Pflanze wird ins Licht gestellt und zusätzlich mit Sauerstoff begast (................).
   g. Eine Pflanze wird ins Licht gestellt und längere Zeit nicht gegossen (................).
   h. Eine Pflanze wird in einen Kühlraum gestellt, wo sie ausreichend Licht bekommt und zusätzlich mit Kohlenstoffdioxid begast wird (................).

Arbeitsheft
Seite 12, 13

Chemoautotrophe Lebewesen beziehen Energie zum Aufbau von Glucose aus chemischen Reaktionen

Neben fotoautotrophen Bakterien gibt es eine Gruppe autotropher Bakterien (→ S. 55), die die für die Traubenzuckersynthese benötigte Energie aus bestimmten chemischen Reaktionen beziehen (Chemosynthese), also chemoautotroph sind.
Eine bedeutende Rolle für **höhere Pflanzen** spielen hier die nitrifizierenden Bakterien (Nitrit- und Nitratbakterien):
Durch die Zersetzung organischer Substanz und die Tätigkeit stickstoffbindender Bakterien im Boden oder **Wurzelknöllchenbakterien** (→ S. 58) in Pflanzenwurzeln entsteht Ammonium (NH_4^+). **Nitritbakterien**, wie Nitrosomonas, bauen Ammonium zu Nitrit (NO_2^-) ab, **Nitratbakterien**, wie Nitrobacter, bauen Nitrit zu Nitrat (NO_3^-) um. Höhere Pflanzen benötigen Nitrate zur Deckung ihres Stickstoffbedarfs, den Bakterien liefern die Stoffumwandlungen Energie für die Kohlenhydratsynthese.

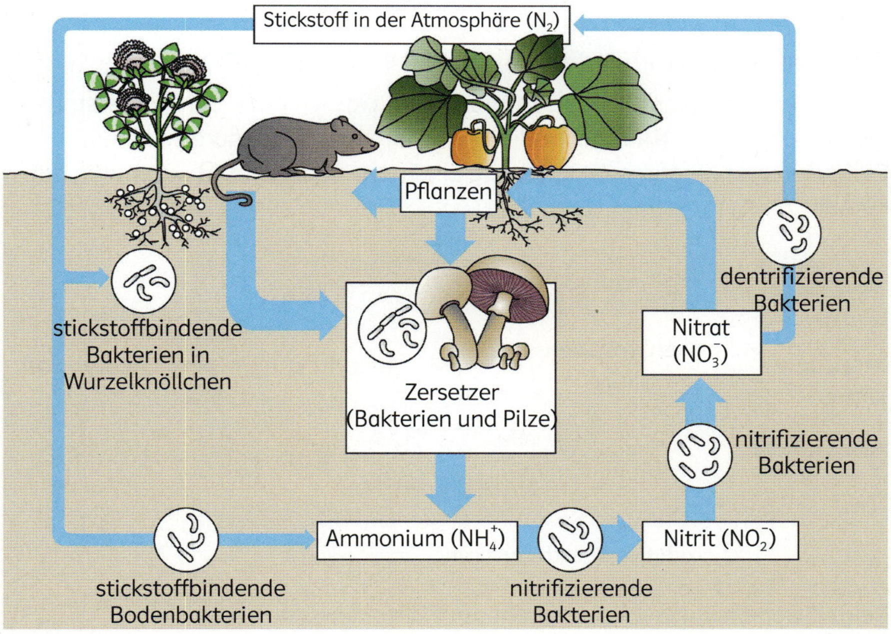

22 Stickstoffkreislauf

Daneben gibt es auch denitrifizierende Bakterien, die aus der Umsetzung von Nitrat zu Nitrit, von Nitrit zu Distickstoffmonoxid (NO_2) und von Distickstoffmonoxid zu Stickstoff (N_2) Energie beziehen.
Bestimmte Eisen- und Schwefelbakterien decken den Energiebedarf zum Aufbau von Glucose aus dem Abbau von Eisen-Schwefelverbindungen zu Eisen und Schwefelsäure beziehungsweise Schwefeliger Säure. Sie spielen eine wichtige Rolle beim **Bioleaching** (→ S. 55).

Heterotrophe Assimilation ist der Aufbau organischer Substanzen aus anderen organischen Substanzen

Die bisher besprochenen Formen der Assimilation verlaufen autotroph. Das heißt, dass der Aufbau organischer Substanzen zur eigenen Energieversorgung rein aus anorganischen Substanzen vonstattengeht.

Der bei der Foto- oder Chemosynthese gebildete energiereiche Traubenzucker kann von Organismen auch als Ausgangsstoff für den Aufbau körpereigener Substanzen verwendet werden. So kann er u. a. als Ausgangsstoff für die Synthese von anderen Kohlenhydraten (→ S. 82 f) sowie von Fetten (→ S. 84 f) und Proteinen (→ S. 86 f) dienen.

höhere Pflanzen
höher entwickelte Pflanzen; Farnpflanzen, Nacktsamer und Bedecktsamer (→ S. 158 ff)

Wurzelknöllchenbakterien
leben in den Wurzeln von Saubohnengewächsen (Schmetterlingsblütler; zB Klee, Bohnen, Erbsen)

Nitritbakterien
Nitrosomonas bildet Nitrit aus Ammonium:
$NH_4^+ + 2\,O_2 \rightarrow NO_2^- + H_2O$

Nitratbakterien
Nitrobacter bildet Nitrat aus Nitrit
$2\,NO_2^- + O_2 \rightarrow 2\,NO_3^-$

Bioleaching
Verfahren zur Gewinnung bestimmter Metalle aus Erzen

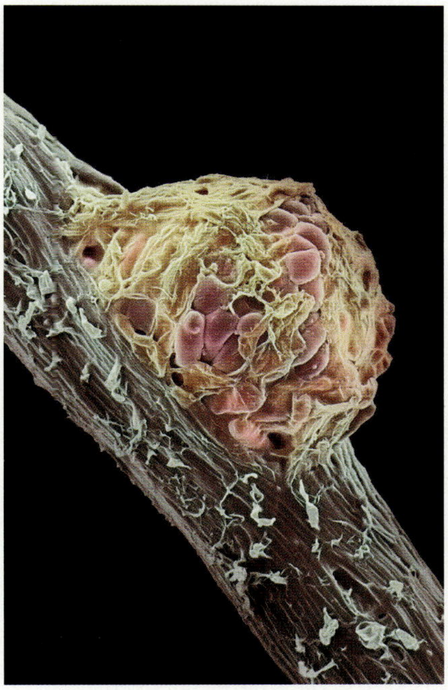

23 Mehrere Wurzelknöllchenbakterien (*Rhizobium leguminosarum*) an einem Wurzelhaar

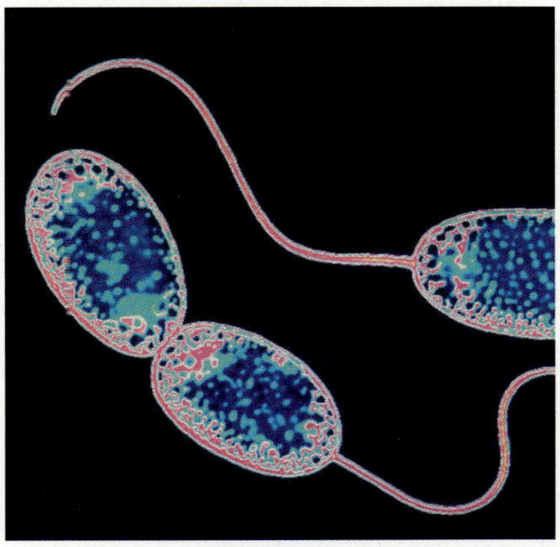

24 Nitrifizierendes Bakterium (*Nitrobacter*)

Reaktionsfolge	Ort der Reaktion
Glykolyse	Zellplasma
Oxidative Decarboxylierung	Mitochondrien
Zitronensäurezyklus	Mitochondrien
Atmungskette	Mitochondrien

25 Reaktionsfolgen der Zellatmung

Zellatmung
findet größtenteils in den Mitochondrien (→ S. 21) statt

Glucose
Traubenzucker

Glykolyse
glykis (griech.) = süß,
lysis (griech.) = Auflösung

NAD⁺
Nicotinsäureamid-**A**denin-**D**inukleotid

Abbauender Stoffwechsel

Lebewesen brauchen ständig Energie, die fortwährend durch den Abbau von ATP zu ADP + P (→ S. 38) bereitgestellt wird. Die „Energiegeldbörse" muss deshalb laufend aufgefüllt werden. Dies geschieht durch den Abbau energiereicher Verbindungen (Dissimilation).

Bei der Zellatmung wird Glucose vollständig abgebaut

Die **Zellatmung** umfasst eine Kette komplexer chemischer Reaktionen, in deren Verlauf **Glucose** zu Kohlenstoffdioxid und Wasser abgebaut und Energie freigesetzt wird. Im Wesentlichen kann man vier Reaktionsfolgen unterscheiden (→ Abb. 25).

Bei der Glykolyse entsteht aus Glucose Brenztraubensäure

Im Verlauf der **Glykolyse** wird Glucose unter Abspaltung von Wasser zu der etwas weniger energiereichen Brenztraubensäure abgebaut. Dabei wird Energie frei, die dem Aufbau von ATP dient (→ Abb. 26).

Durch Oxidative Decarboxylierung entsteht ein Acetylrest

Unter Freisetzung von Kohlenstoffdioxid und Wasserstoff – der Wasserstoff wird an das Enzym **NAD⁺** gebunden – wird Brenztraubensäure zu einem Essigsäurerest (Acetylrest) abgebaut. Ein Enzym (Coenzym A) nimmt ihn auf (→ Abb. 27).

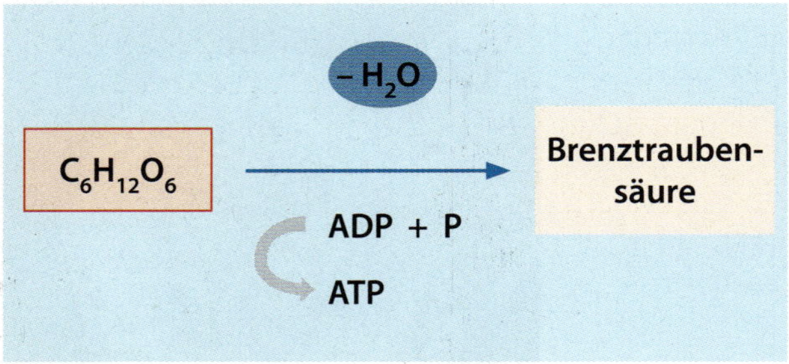

26 Glykolyse

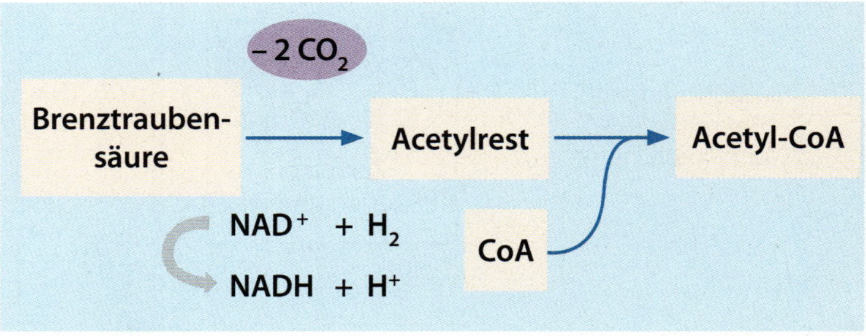

27 Oxidative Decarboxylierung

Zitronensäure
ist namensgebend für den Zitronensäurezyklus, der auch nach seinem Entdecker, dem deutschen Biochemiker und Mediziner Hans Adolf Krebs (1900–1981), als Krebs-Zyklus bezeichnet wird.

FAD
Flavin-**A**denin-**D**inukleotid

28 Hans Adolf Krebs in seinem Labor

Beim Zitronensäurezyklus entsteht auch Zitronensäure

Das Coenzym A überträgt den Essigsäurerest auf die in den Mitochondrien vorhandene Oxalessigsäure, wodurch **Zitronensäure** entsteht. Aus dieser wird über Zwischenstufen (diverse andere Säuren) unter Aufnahme von Wasser sowie Abspaltung von Wasserstoff (wird an die Enzyme NAD⁺ und **FAD** gebunden) und CO_2 wieder Oxalessigsäure gebildet. Sie steht zur weiteren Aufnahme eines Acetyls zur Verfügung (→ Abb. 29).

Die Atmungskette liefert Energie zum Aufbau von ATP

Im letzten Abschnitt der Zellatmung übertragen die wasserstoffbindenden Enzyme aus der oxidativen Decarboxylierung und dem Zitronensäurezyklus die Elektronen des Wasserstoffes (Wasserstoffionen werden freigesetzt), über eine Kette weiterer Enzyme, schrittweise auf Sauerstoff. Die dabei gebildeten Sauerstoffanionen verbinden sich mit den Wasserstoffionen zu Wasser. Die bei jeder Elektronenübertragung freiwerdende Energie dient zum Aufbau von ATP aus ADP + P (→ Abb. 30).

Fasst man alle Teilreaktionen der Zellatmung zusammen, ergibt sich daraus folgende Gesamtgleichung:

$$C_6H_{12}O_6 + 6\,H_2O + 6\,O_2 \longrightarrow 12\,H_2O + 6\,CO_2 \quad (\rightarrow \text{38 Moleküle ATP})$$

Arbeitsheft
Seite 14, 15

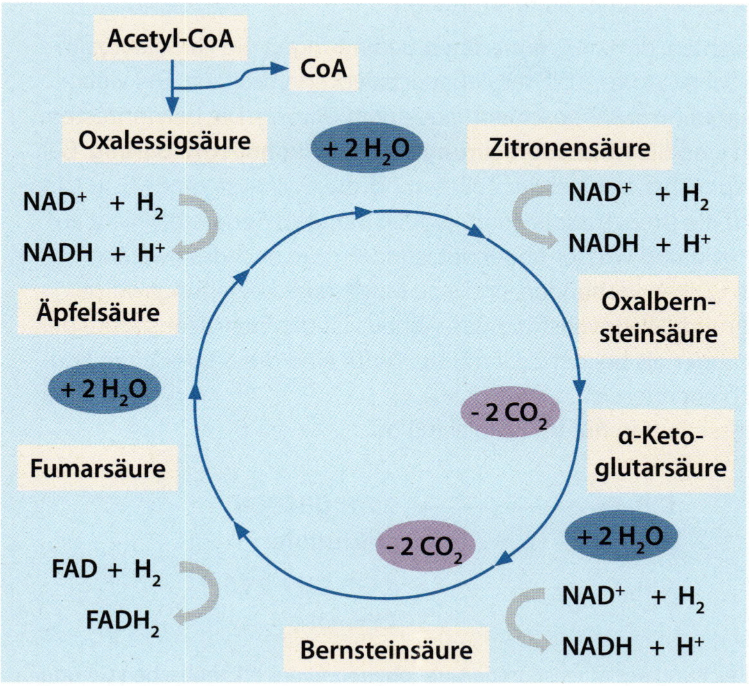

29 Zitronensäurezyklus

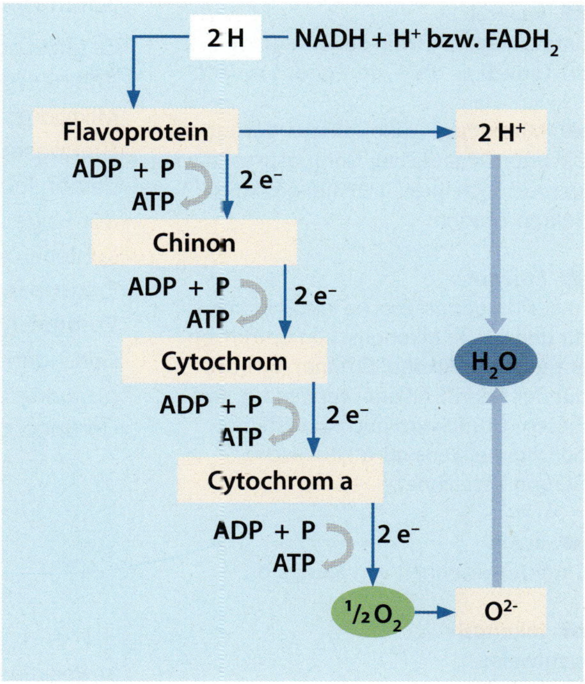

30 Atmungskette

Selbst aktiv!

1. Im vierten Abschnitt der Zellatmung verbindet sich Wasserstoff mit Sauerstoff zu Wasser. Formal entspricht dies der Knallgasreaktion, bei der Knallgas (ein Gemenge aus Wasserstoff- und Sauerstoffgas) unter geringer Energiezufuhr explosionsartig zu Wasser reagiert.
Überlege, worin der Unterschied zur Wasserbildung in der Atmungskette besteht. Welchen Grund könnte es dafür geben, dass sich bei der Zellatmung der Wasserstoff und der Sauerstoff nicht direkt wie bei der Knallgasreaktion, verbinden, sondern erst nach einer schrittweisen Übertragung der Elektronen? Denke dabei an die Geschwindigkeit der Energiefreisetzung bei beiden Reaktionen.

2. Folgender Versuch wird durchgeführt: Aus einer Sauerstoffflasche wird Sauerstoff in eine Flasche mit Kalkwasser (Calciumhydroxid-Lösung, $Ca(OH)_2$) geleitet. Als Ergebnis sieht man im Kalkwasser Gasbläschen aufsteigen. Dieses Gas wird nun durch eine verschlossene Flasche mit keimenden Erbsen geleitet. Von dort strömt Gas in eine weitere Flasche mit Kalkwasser. Im Chemieunterricht hast du gelernt, dass das klare Kalkwasser milchig trüb wird, wenn man Kohlenstoffdioxid einleitet (Kohlenstoffdioxidnachweisreaktion), da sich Kalk ($CaCO_3$) aus der Lösung abscheidet ($Ca(OH)_2 + CO_2 \rightarrow CaCO_3 + H_2O$).
Interpretiere bzw. diskutiere das Versuchsergebnis anhand der Abbildungen.

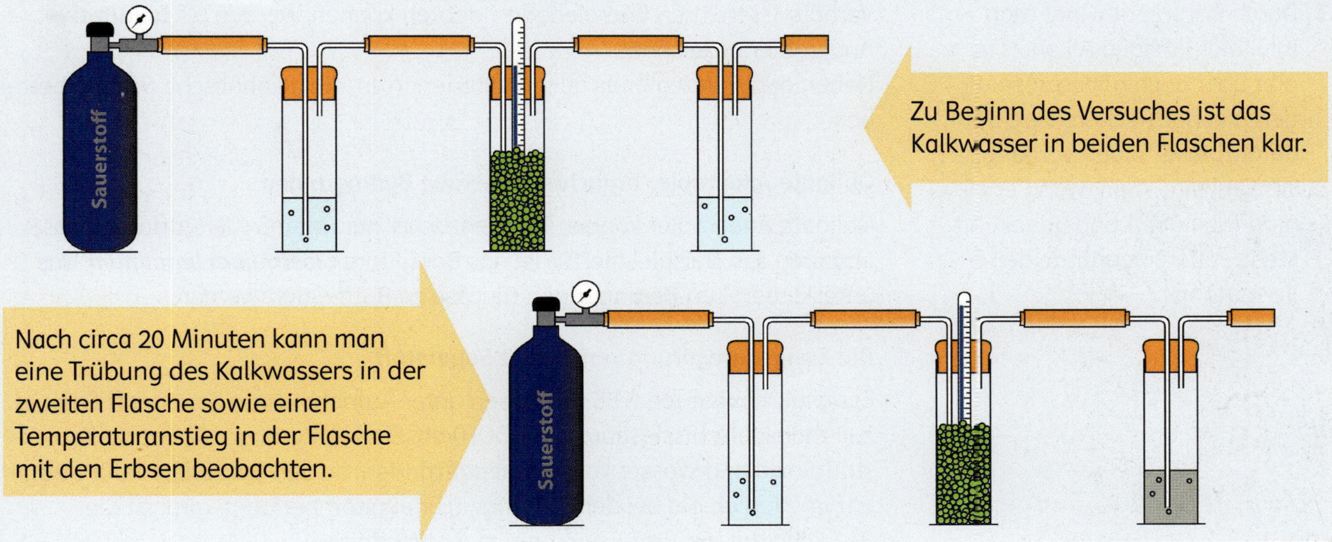

Arbeitsheft Seite 14, 15

anaerob
unter Ausschluss von Sauerstoff
an- (griech.) = ohne, aer (griech.) = Luft

Milchsäure-, alkoholische Gärung
Die unterschiedlichen Gärungsprozesse werden nach ihren jeweiligen Endprodukten benannt.

Ethanol
In der Umgangssprache wird synonym für den u.a. in alkoholischen Getränken enthaltenen Alkohol Ethanol (C_2H_5OH) nur der Begriff Alkohol verwendet. Aus diesem Grund wird auch die Ethanol-Gärung meistens als alkoholische Gärung bezeichnet.

aerob
unter Anwesenheit von Sauerstoff

fakultativ
wahlweise
facultas (lat.) = Möglichkeit

obligat
notwendig, üblich
obligare (lat.) = verpflichten

Clostridium botulinum
bildet bei seinen Stoffwechselvorgängen ein tödliches Gift (Botulinumtoxin)

Selbst aktiv!

1. Selbst wenn ausreichend Substrat (Traubenzucker) und genügend Hefepilze vorhanden sind, stoppt die Gärung im Weinfass bei einem Alkoholgehalt von etwa 15 %. Finde eine Erklärung dafür.
2. Durch Gärung gewinnt man maximal 15%igen Alkohol. Es gibt aber auch höherprozentigen Alkohol. Recherchiere den dafür notwendigen Vorgang.
3. Warum wird Wein, wenn er einige Tage offen und ungekühlt steht, sauer? Begründe deine Vermutung.

Gärungsprozesse verlaufen ohne Sauerstoff

Es gibt Organismen, die unter **anaeroben** Bedingungen die Fähigkeit zum Abbau organischer Stoffe zur Energiebedarfsdeckung besitzen. Bei vielen Mikroorganismen (→ S. 52) geschieht dies durch Gärung. Die bekanntesten Gärungsarten sind die **Milchsäuregärung** und die **alkoholische Gärung**. Bei beiden läuft zunächst, wie bei der Zellatmung, die Glykolyse ab (→ S. 46). In der Folge wird die Brenztraubensäure jedoch mangels Sauerstoff nicht zu Kohlenstoffdioxid und Wasser abgebaut, sondern – je nachdem welche Enzyme in den Zellen vorhanden sind – zu Milchsäure beziehungsweise **Ethanol**. Aufgrund des unvollständigen Abbaus ist die Energieausbeute bei Gärungen geringer als bei der Zellatmung. Dafür sind die organischen Endprodukte noch energiereich.
Gärungsprozesse laufen nur im Zellplasma ab.

$$C_6H_{12}O_6 \longrightarrow 2\ C_2H_4OHCOOH \text{ (Milchsäure)}$$

$$C_6H_{12}O_6 \longrightarrow 2\ C_2H_5OH + 2\ CO_2 \text{ (Ethanol)}$$

31 Reaktionsgleichung der Milchsäuregärung (oben) und der alkoholischen Gärung (unten)

Milchsäuregärung findet auch in unserem Körper statt

Milchsäuregärung betreiben vor allem Milchsäurebakterien (→ S. 71 ff).

Die Fähigkeit zum Glucoseabbau unter Sauerstoffabschluss besitzen aber auch Zellen unseres Körpers.
Zum Beispiel betreiben unsere Muskelzellen bei höherer Beanspruchung Milchsäuregärung, um schneller ATP (Energie!) bereitstellen zu können.
Da die roten Blutkörperchen (Erythrozyten) keine Mitochondrien besitzen, decken sie ihren Energiebedarf ausschließlich durch Milchsäuregärung.
Nervenzellen fehlt allerdings das entsprechende Enzym zur Milchsäurebildung. Deshalb sterben sie bei Sauerstoffmangel als erste ab.

Hefepilze können Glucose zu Alkohol vergären

Verschiedene Hefepilzarten (→ S. 64) besitzen die Fähigkeit zum Vergären von Traubenzucker zu Ethanol. Dies tun sie jedoch nur, wenn kein Sauerstoff vorhanden ist. Unter **aeroben** Bedingungen betreiben sie Zellatmung.
Organismen, die wie die Hefen sowohl unter aeroben als auch anaeroben Verhältnissen ihren Energiebedarf decken können, werden als **fakultative** Anaerobier bezeichnet.
Neben den Hefen gibt es auch Bakterienarten, die alkoholische Gärung betreiben.

Obligate Anaerobier brauchen anaerobe Bedingungen

Obligate Anaerobier können Traubenzucker nur unter Sauerstoffabschluss abbauen. Ein Beispiel hierfür ist das Bakterium ***Clostridium botulinum***, das unter anaeroben Bedingungen Glucose zu Buttersäure vergärt.

Die Essigsäuregärung verbraucht Sauerstoff

Essigsäurebakterien (→ S. 74) bauen unter Aufnahme von Sauerstoff Ethanol zu Ethansäure (Essigsäure; CH_3COOH) ab. Ein vollständiger Abbau zu Kohlenstoffdioxid und Wasser kann nicht stattfinden, da den Bakterien dafür nötige Enzyme fehlen. Da bei der Umsetzung Sauerstoff benötigt wird, ist die Bezeichnung „Essigsäuregärung" eigentlich falsch.

Auch durch anaerobe Atmung erfolgt Stoffabbau

Unter den Bakterien und **Archaea** gibt es Arten, die ihren Energiebedarf durch anaerobe Atmung decken. Dabei werden die Elektronen aus dem Wasserstoff mangels freien Sauerstoffes (→ Atmungskette S. 46 f) auf andere **Elektronenakzeptoren** übertragen, so zB bei der Nitratatmung auf Nitrate oder Nitrite (NO_3^-, NO_2^-; **heterotrophe Denitrifikation**), wodurch Ammoniak entsteht. Bei der **Sulfatatmung** nehmen Sulfate (SO_4^{2-}) die Elektronen auf, wobei sich Schwefelwasserstoff bildet. Unter den Archaea gibt es auch welche, die Carbonate (CO_3^{2-}) als Elektronenakzeptoren verwenden. Diese Carbonatatmung führt zur Freisetzung von Methan.

Methan ist neben Kohlenstoffdioxid das zweitwichtigste Treibhausgas. Eine seiner Hauptquellen sind überflutete Reisfelder. Der Wassereinsatz beim Reisanbau dient dazu, das Wachstum unerwünschter Pflanzen und Tiere („Schädlinge") zu verhindern. Durch das Wasser kann aber auch nicht genügend Sauerstoff in den Boden eindringen. Die anaeroben Bedingungen, die dadurch geschaffen werden, sind ein idealer Lebensraum für die Methanbildner.

32 Überflutetes Reisfeld in Asien

Archaea
sind bakterienähnliche Lebewesen, die ursprünglich als Archaebakterien oder Urbakterien bezeichnet wurden. Da es Unterscheidungsmerkmale zu den Bakterien gibt, zB ihre Ribosomen eine andere RNA aufweisen, bilden sie jedoch ein eigenes Reich. Archaea kommen häufig in extremen Lebensräumen, etwa mit hohen Salzkonzentrationen und Temperaturen, vor.
archaios (griech.) = uralt, ursprünglich

Elektronenakzeptoren
Stoffe, die Elektronen aufnehmen
accipere (lat.) = annehmen

heterotrophe Denitrifikation
ist eine Form der anaeroben Atmung. Sie ist nicht mit der autotrophen Denitrifikation (→ S. 45) zu verwechseln, die Energie für den Aufbau von Traubenzucker liefert.

Sulfatatmung
Wenn Eier faulen, entsteht durch den Abbau schwefelhaltiger Eiweiße Schwefelwasserstoff (H_2S), der den typischen unangenehmen Geruch verursacht. Auch bei der Sulfatatmung bildet sich Schwefelwasserstoff, weshalb man den Geruch nach faulenden Eiern wahrnimmt.

Fäulnis
Die Mikroorganismen, die an Fäulnisprozessen beteiligt sind, sind anaerob bzw. fakultativ anaerob.

Selbst aktiv!

1. Recherchiere im Internet, was man unter dem natürlichen Treibhauseffekt versteht, und erkläre ihn mit deinen eigenen Worten anhand einer von dir angefertigten Grafik.
2. Erkläre die Bedeutung und Unterschiede der folgenden Begriffe: Zellatmung, Gärung, anaerobe Atmung, Fäulnis und Verwesung.

Beim Abbau von Eiweiß unterscheiden wir Fäulnis und Verwesung

Unter den Mikroorganismen gibt es auch welche, die ihren Energiebedarf durch den Abbau stickstoffhaltiger Stoffe (zB Eiweiß) decken. Ein Abbau unter aeroben Bedingungen wird als Verwesung bezeichnet. Neben Wasser und Kohlenstoffdioxid entstehen dabei wertvolle Mineralsalze wie zB Nitrate, Sulfate und Phosphate, die von den Pflanzen aufgenommen werden.

Erfolgt die Zersetzung ohne Beteiligung von Sauerstoff, spricht man von **Fäulnis**. Die dabei entstehenden Produkte sind – im Unterschied zu den Produkten bei Verwesungsprozessen – meist sehr geruchsintensiv.

Selbst aktiv!

3. Überlege, welche Konsequenzen es hätte, wenn es den natürlichen Treibhauseffekt nicht gäbe? Diskutiert dies im Klassenverband. Erkundige dich auch über den „anthropogenen Treibhauseffekt". Besprecht, welche Folgen aus diesem resultieren.

Kompetenzcheck Stoffwechselphysiologie

Lösungen
k4e57z

Du hast dir Wissen über Stoffwechselvorgänge, die zum Aufbau von Stoffen (Assimilation) und Abbau von Stoffen (Dissimilation) führen, erarbeitet.

Folgende Kompetenzen hast du erworben ...

✓ Du kannst die physikalischen Gesetze der Thermodynamik auf die Prinzipien der Bioenergetik anwenden.

Überprüfe dein Wissen ...

- ☐ **1.** Formuliere den ersten und zweiten Hauptsatz der Thermodyamik und unterscheide zwischen „nutzbarer" und „nicht nutzbarer Energie".
- ☐ **2.** Grenze anhand von Beispielen ein „abgeschlossenes", ein „geschlossenes" und ein „offenes System" voneinander ab. Ordne – stofflich betrachtet – den Planeten Erde einem der drei Systeme zu und begründe deine Antwort.
- ☐ **3.** Zeige am Beispiel einer toten Zelle auf, wann sich ein System im thermodynamischen Gleichgewicht befindet.
- ☐ **4.** Gib an, ob Lebewesen bzw. Zellen offene, geschlossene oder isolierte Systeme sind. Begründe deine Antwort.
- ☐ **5.** Erkläre am Beispiel lebender Zellen den Begriff Fließgleichgewicht.

✓ Du verstehst die Bedeutung von ATP als universellen Energieträger in Zellen.

Überprüfe dein Wissen ...

- ☐ **1.** ATP ist das „Energiegeld" in Lebewesen. Erläutere diese Aussage und zeige die Bedeutung des ATPs für die Aufrechterhaltung der Lebensfunktionen.
- ☐ **2.** Erstelle die Reaktionsgleichung der Bildung von ATP aus ADP und Phosphorsäure.

✓ Du kannst das Schlüssel-Schloss-Prinzip mittels der Substratspezifität von Enzymen erklären.

Überprüfe dein Wissen ...

- ☐ Enzyme sind nicht nur wirkungs-, sondern auch substratspezifisch. Zeige die Substratspezifität am Beispiel der Saccharose anhand einer selbst angefertigten Skizze.

✓ Du weißt die Vorgänge der Fotosynthese zu beschreiben und verstehst ihre Bedeutung für das Leben auf der Erde.

Überprüfe dein Wissen ...

- ☐ **1.** Erörtere am Beispiel von Fotosynthese und Zellatmung den Zusammenhang zwischen Stoff- und Energieumwandlung.
- ☐ **2.** „Wie wär's ohne Zucker?" Überlege, welche Konsequenzen es hätte, wenn es keine fotoautotrophen Organismen gäbe.

✓ Es ist dir möglich, heterotrophe Assimilation von autotropher Assimilation zu unterscheiden.

Überprüfe dein Wissen ...

- ☐ **1.** Unterscheide zwischen heterotropher und autotropher Assimilation anhand von Beispielen.
- ☐ **2.** Begründe, warum Autotrophie die Voraussetzung für heterotrophe Assimilation ist.

Überblick Stoffwechselphysiologie

Der Begriff **Stoffwechsel** bezeichnet den Stoff- und Energieaustausch der Organismen mit ihrer Umwelt. Unter **Assimilation** versteht man den Aufbau energiereicher organischer Stoffe aus energiearmen anorganischen Stoffen.

Alle Lebewesen brauchen zur Aufrechterhaltung ihrer Lebensfunktionen **Energie**. Sie wird beim Abbau energiereicher organischer Stoffe freigesetzt (**Dissimilation**). **Autotrophe Lebewesen** stellen diese energiereichen organischen Stoffe selbst her. **Fotoautotrophe** Organismen wandeln bei der **Fotosynthese** Lichtenergie in chemische Energie um. **Chemoautotrophe** Organismen beziehen die Energie, die zum Aufbau organischer Stoffe notwendig ist, aus bestimmten chemischen Reaktionen. **Heterotrophe** Lebewesen nehmen energiereiche organische Stoffe mit der Nahrung auf.

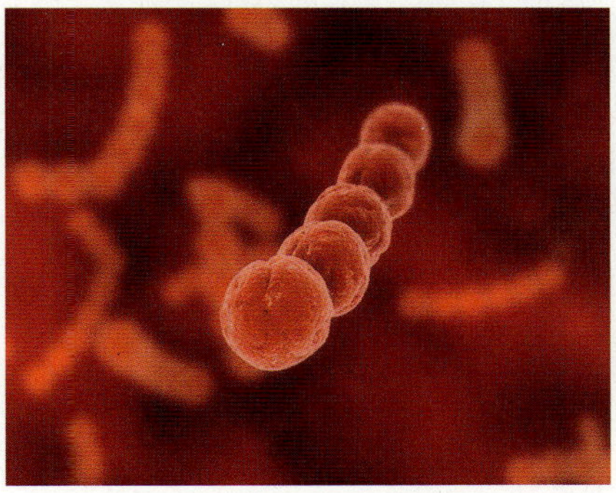

Abgeschlossene Systeme können mit ihrer Umgebung weder Energie noch Stoffe austauschen. **Geschlossene Systeme** stehen mit ihrer Umgebung im Energieaustausch. Zellen sind **offene Systeme**. Sie können sowohl Stoffe als auch Energie aus ihrer Umgebung aufnehmen bzw. an diese abgeben. Unter ständiger Stoff- und Energiezufuhr finden permanent Stoffumsetzungen statt, wodurch sich nie ein **thermodynamisches Gleichgewicht** einstellen kann. Aufgrund eines bestimmten Verhältnisses zwischen Stoffaufnahme und Stoffabgabe bleiben die Zellen in einem stabilen Zustand (**Fließgleichgewicht**).

Energie, die durch Dissimilation freigesetzt wird, wird nicht unmittelbar für die diversen Lebensvorgänge genutzt, sondern zum Aufbau von **ATP** aus ADP und P verwendet. Wird Energie benötigt, wird das energiereiche ATP wieder zum energieärmeren ADP und P umgewandelt.

Alle Stoffwechselvorgänge erfolgen unter Mitwirkung von **Enzymen**. Sie machen Stoffe reaktionsfähig und ermöglichen, dass alle Stoffwechselvorgänge bei normaler Körpertemperatur ablaufen können. Enzyme bestehen größtenteils aus Proteinen. Sie sind **substrat- und wirkungsspezifisch**. Generell unterscheidet man zwischen **Stoffwechsel- und Verdauungsenzymen**.

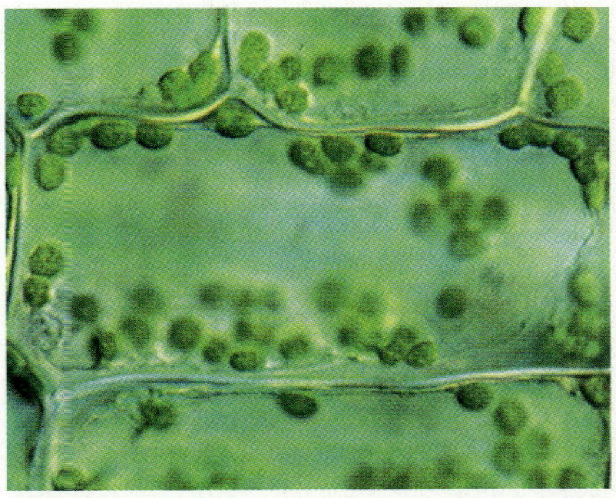

Die **Fotosynthese** ist der wichtigste biochemische Prozess der Erde. Dabei wird Sonnenenergie von den Chloroplastenfarbstoffen (hauptsächlich **Chlorophyll**) absorbiert und in chemisch gebundene Energie (**Traubenzucker**) übergeführt. In dieser Form ist die Energie für Lebewesen nutzbar. Da nur fotoautotrophe Lebewesen zur Fotosynthese befähigt sind, bilden sie als **Produzenten** die Lebensgrundlage für Konsumenten und Destruenten.

Unter **aeroben Bedingungen** wird Glucose unter Energiefreisetzung zu den energiearmen Endprodukten Kohlenstoffdioxid und Wasser abgebaut (**Zellatmung**). Unter **Sauerstoffabschluss** erfolgt die Energiefreisetzung durch Gärung oder anaerobe Atmung.
Bei **Gärungsprozessen** wird das Substrat nur teilweise abgebaut, weshalb die Endprodukte noch einen relativ hohen Energiegehalt aufweisen.
Durch **anaerobe Atmung** erfolgt ein vollständiger Abbau des Substrats – als Elektronenakzeptoren dienen zB Nitrate, Nitrite oder Sulfate.

Mikrobiologie

Mikrobiologie
tv493u

Du erarbeitest dir Wissen über **die Unterschiede zwischen Pro- und Eukaryonten** sowie über die **Bedeutung von Mikroorganismen für ökologische Kreisläufe**.

Du erlernst ...

- ☐ die Prokaryonten von den Eukaryonten zu unterscheiden (S. 52–53)
- ☐ die Besonderheiten einer Bakterienzelle zu beschreiben, Bakterien nach verschiedenen Kriterien einzuteilen und ihre speziellen Ernährungsformen voneinander zu unterscheiden (S. 53–58)
- ☐ unterschiedliche Mikroorganismen kriteriengerecht in die Gruppe der Protisten einzuordnen (S. 59–62)
- ☐ Pilze auch als Kleinstlebewesen beschreiben zu können und die Bedeutung, den Nutzen und den Schaden für den Menschen zu erfassen (S. 63–65)
- ☐ die ökologische Bedeutung der Mikroorganismen für den Menschen und für verschiedene Kreisläufe der Natur zu erkennen, um verantwortungsbewusst und nachhaltig zu handeln (S. 66–67)

Kompetenzcheck → S. 68

Mikroorganismen

Mikroorganismen
mikros (griech.) = klein

Protisten
Zu ihnen zählen die Einzeller sowie deren einfach gebaute vielzellige Verwandte, die nicht eindeutig den Pflanzen, den Pilzen und den Tieren zuzuordnen sind.

Prokaryonten, Eukaryonten
pro- (griech.) = vor,
karyon (griech.) = Kern,
eu- (griech.) = gut, wohl

Nucleoid
wird auch als Kernäquivalent bezeichnet

Mikroorganismen sind Lebewesen, die so klein sind, dass wir sie mit freiem Auge nicht erkennen können. Dazu gehören Archaea (→ S. 49), Bakterien, **Protisten** und einfach gebaute Pilze.
Die Lehre, die sich mit den Kleinstlebewesen befasst, ist die Mikrobiologie.

Prokaryonten

Die Lebewesen lassen sich in Pro- und Eukaryonten einteilen. Die Zellen der **Prokaryonten** – zu ihnen gehören Bakterien und Archaea – unterscheiden sich von den Zellen der **Eukaryonten** in erster Linie durch das Fehlen eines Zellkerns. Stattdessen liegt ein großes ringförmiges DNA-Molekül (**Nucleoid**) im Zentrum der Zelle.

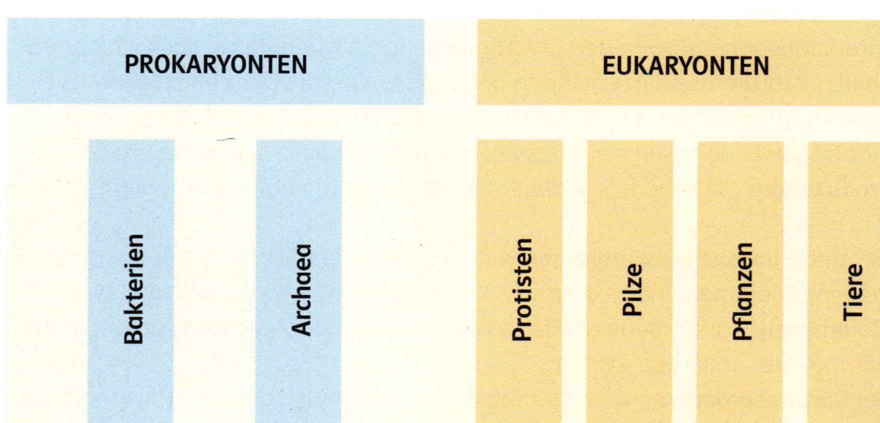

1 Die Reiche der Lebewesen

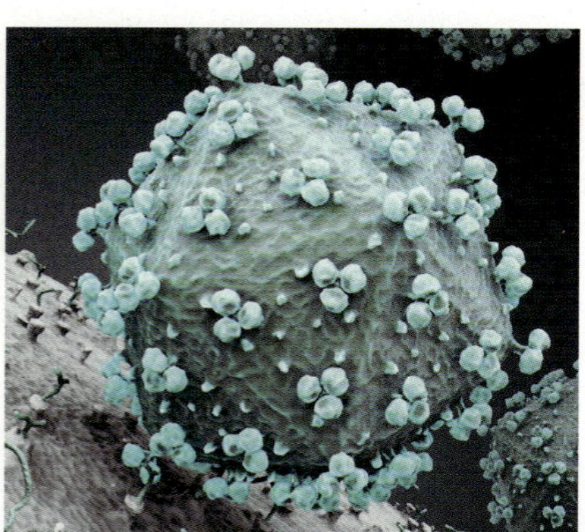

2 Virus – ein Lebewesen?

Selbst aktiv!

Ein Teilbereich der Mikrobiologie ist die Virologie – die Lehre, die sich mit den Viren befasst. Informiere dich im Internet über Viren und gib anschließend an, ob es korrekt ist, Viren als Mikroorganismen zu bezeichnen. Begründe deine Meinung.

Arbeitsheft
Seite 16, 17

Bakterien waren die ersten Lebewesen

Zur Zeit der Entstehung der Erde, vor etwa fünf Milliarden Jahren, bestand die Erdatmosphäre, die sich als Entgasungsprodukt des Erdmantels bildete, wahrscheinlich überwiegend aus Kohlenstoffdioxid und Wasserdampf, aus Schwefelwasserstoff und Methan, aus geringen Mengen Stickstoff sowie aus Spuren von Kohlenstoffmonoxid und Wasserstoff. Allmählich kondensierte der Wasserdampf und Ozeane wurden gebildet. Unter dem Einfluss der energiereichen UV-Strahlung der Sonne bildeten sich im Meer erste organische Verbindungen. Vor mehr als 3,8 Milliarden Jahren entstanden als erste Lebewesen Bakterien, die sich durch Chemosynthese (→ S. 45) ernährten. Die vor 2,5 Milliarden bis 3,4 Milliarden Jahren auftretenden **Cyanobakterien** waren vermutlich die ersten fotoautotrophen Produzenten. Sie besaßen Chlorophyll und konnten somit durch Fotosynthese aus Wasser und Kohlenstoffdioxid organische Verbindungen (Zucker) herstellen. Als Nebenprodukt wurde dabei Sauerstoff in die Atmosphäre freigesetzt.
Mit dem Einsetzen der biologischen Sauerstoffproduktion veränderten sich die Bedingungen auf der Erde nachhaltig. Freier Sauerstoff reicherte sich allmählich in der Atmosphäre an. Damit war die Voraussetzung für die Entstehung höherer Lebewesen gegeben.

Bakterienzellen unterscheiden sich von Eukaryontenzellen

Bakterien sind mikroskopisch kleine (0,15 µm – 50 µm), einzellige, begeißelte oder unbegeißelte Organismen. Ihr Zellplasma ist von einer etwa 10 nm dicken Zellmembran umgeben, die die Stoffaufnahme und -abgabe kontrolliert. Stellenweise bildet die Zellmembran Einstülpungen in das Innere der Zelle, die als Mesosomen bezeichnet werden. Bei aeroben und fotoautotrophen Bakterien findet hier die Zellatmung und/oder die Fotosynthese statt. Im Zellplasma kommen auch zahlreich Ribosomen vor.
Im Randbereich des Plasmas sind verschiedene Reservestoffe (Kohlenhydrate, Fette etc.) eingelagert.
Nach außen wird die Bakterienzelle durch eine starre, 10 bis 40 nm dicke Zellwand abgegrenzt, die bei manchen Bakterienarten zusätzlich von einer Schleimhülle (Kapsel) umgeben ist. Die nicht bei allen Bakterienarten vorkommenden **Pili** dienen, wie auch die Geißeln, der Fortbewegung (→ S. 20). Bakterienzellwand und Bakterienzellmembran unterscheiden sich in ihrem Aufbau wesentlich von dem der Eukaryonten.

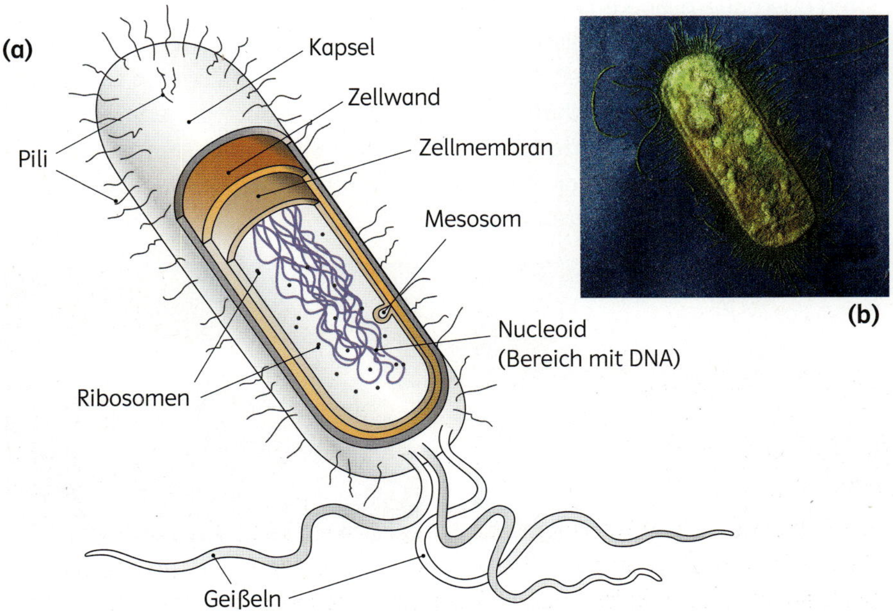

4 Modell (a) und mikroskopische Aufnahme (b) einer Prokaryontenzelle (*Escherichia coli*)

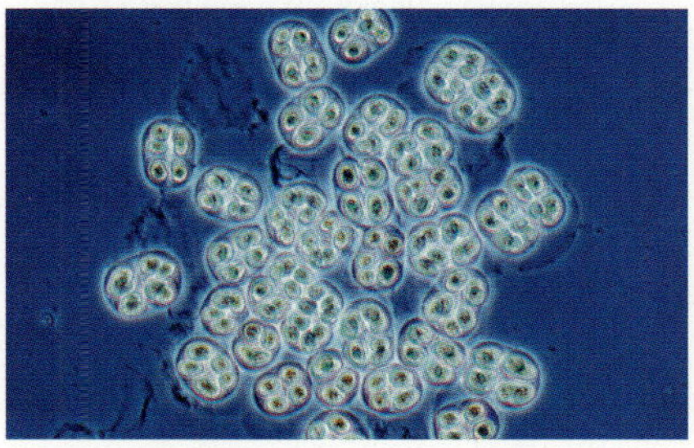

3 Cyanobakterien

Cyanobakterien
Blaugrüne Bakterien; früher auch als Blaualgen bezeichnet; kyanos (griech.) = blau

Pili
pilus (lat.) = Haar, Faser

Selbst aktiv!

Die Benennung von Lebewesen ist einheitlich festgelegt. Je nachdem wie nah sie miteinander verwandt sind, werden sie zu Gruppen zusammengefasst. Diese so genannte Systematik ist hierarchisch geregelt, das heißt, dass eine Bezeichnung einer nächsten untergeordnet ist, die wieder einer anderen untergeordnet ist usw. So stehen an höchster Stelle der Lebewesen die Pro- und die Eukaryonten. Diesen sind die Reiche untergeordnet (→ Abb. 1). Dem Reich der Tiere sind wiederum zB die Wirbeltiere untergeordnet, zu denen u. a. die Säugetiere gezählt werden. Es gibt noch weitere Untergliederungen. Die Eingliederung der Lebewesen arbeitet mit folgenden Bezeichnungen, die hier allerdings nicht in korrekter hierarchischer Ordnung hingeschrieben sind:
Klasse, Gattung, Ordnung, Reich, Art, Familie, Stamm

1. Informiere dich über die richtige Reihenfolge und gib sie in deinem Biologieheft wieder. Beginne dabei mit der höchsten Stufe.
2. Recherchiere, wie der Wolf *Canis lupus* systematisch eingeordnet wird. Schreibe seine hierarchische Eingliederung in dein Biologieheft.

Arbeitsheft
Seite 16, 17

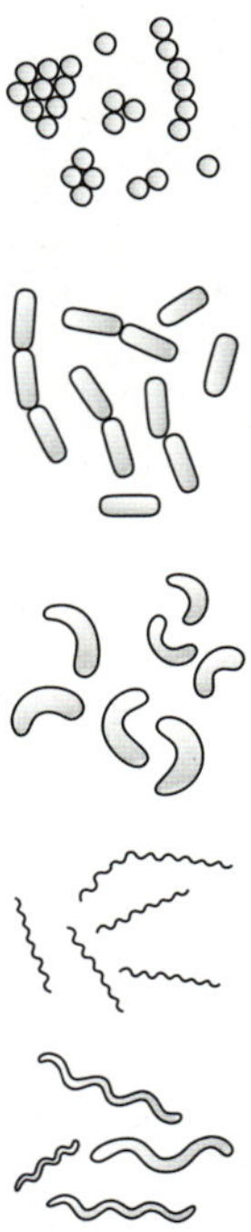

Kokken (Kugelbakterien)
Streptokokken (zu Ketten angeordnete Kokken)
Staphylokokken (traubenförmig angeordnete Kokken)

Bazillen (Stäbchenbakterien)

Vibrionen (Kommabakterien)

Spirochaeten (Schraubenbakterien)

Spirillen (Korkenzieherbakterien)

5 Einteilung der Bakterien nach der Form

grampositiv oder -negativ

Der dänische Bakteriologe Hans Christian Gram (1853–1938) entwickelte eine Färbemethode für Bakterien. Je nach Aufbau der Zellwand lassen sich Bakterien mit einem speziellen Farbstoff (Gentianaviolett) anfärben oder nicht. Die Gram-Färbung spielt eine wichtige Rolle bei der medikamentösen Bekämpfung von Infektionskrankheiten, da grampositive und -negative Bakterien auf unterschiedliche Medikamente ansprechen.

Escherichia coli

Die Bakterien kommen im Darm, vor allem im Dickdarm, von Menschen und anderen Säugern vor (Bestandteil der Darmflora), wo sie u. a. Kohlenhydrate und Proteine zersetzen und diverse Vitamine bilden. Gelangen die Kolibakterien außerhalb des Darmes in andere Organe, können sie Krankheiten verursachen, wie zB Harnwegsinfektionen.

Bakterien werden nach verschiedenen Kriterien eingeteilt

Bakterien kann man auf mehrere Arten einteilen, zB nach ihrer Form (→ Abb. 5), ihrem Sauerstoffbedarf (aerob oder anaerob), ob und wie sie begeißelt sind (→ Abb. 6), ob sie auto- oder heterotroph sind und ob sie sich mit bestimmten Farbstoffen anfärben lassen (**grampositiv oder -negativ**).

unbegeißelt
monopolar monotrich
monopolar polytrich
bipolar polytrich
peritrich

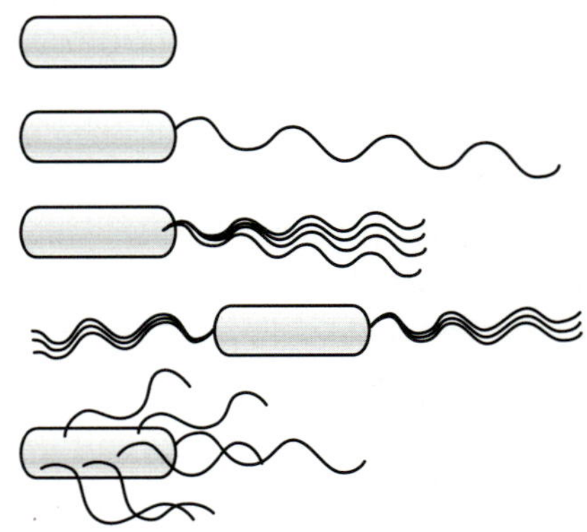

6 Einteilung der Bakterien nach ihrer Begeißelung

Die Vermehrung von Bakterien erfolgt durch Spaltung

Haben Bakterienzellen eine bestimmte Größe erreicht, teilen sie sich. Die Teilung kernloser Zellen wird als Spaltung bezeichnet. Unter günstigen Lebensbedingungen (günstige Temperatur, ausreichend Nährstoffe, feuchtes Milieu) können sie eine hohe Vermehrungsrate erreichen.
Zum Beispiel teilen sich die u. a. im Darm des Menschen lebenden Bakterien ***Escherichia coli*** (Darmflora) bei 37 °C alle 20 Minuten. In 24 Stunden würde das Billionen von Individuen ergeben. Die mit der Individuenzahl gesteigerte Ausscheidung von Stoffwechselendprodukten bringt die Vermehrung allerdings zum Stillstand.

Durch Sporenbildung können manche Bakterien überdauern

Unter ungünstigen Lebensbedingungen können manche Bakterienarten Sporen bilden. Dabei zieht sich das Plasma zusammen und umgibt sich mit einer widerstandsfähigen, derben Haut (Sporenhaut). So können Bakterien hohe Temperaturen (feuchte Hitze bis zu 100 °C, trockene Hitze bis zu 140 °C), Kälte bis fast −273 °C (absoluter Nullpunkt) sowie die Einwirkung von Säuren und Giften überdauern. Sporen können über den Wind vertragen werden. Bei günstigeren Lebensverhältnissen keimen sie wieder zu Bakterien heran.
Aufgrund ihrer hohen Vermehrungsrate und ihrer Fähigkeit, Sporen zu bilden, haben es die Bakterien geschafft, in großer Zahl alle – auch extreme – Lebensräume, verteilt über die ganze Erde, zu besiedeln. Man findet sie sogar in Gewässern mit hohen Salzkonzentrationen oder in heißen Quellen. Sie sind die am häufigsten verbreiteten Lebewesen.

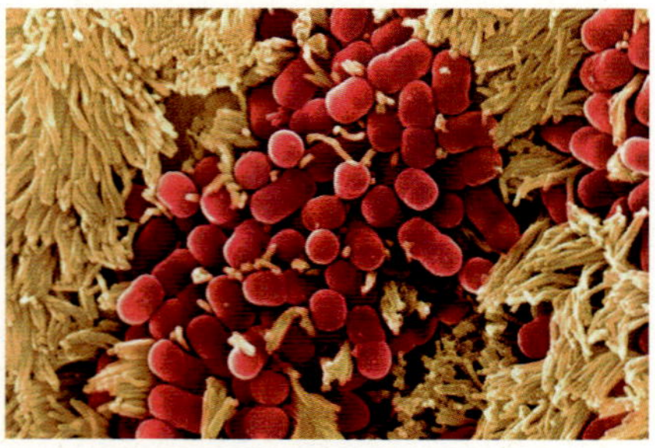

7 *Escherichia coli* (rot gefärbt) auf der Schleimhaut des Dünndarms

8 In Salzseen wie dem Toten Meer leben salzunempfindliche Bakterien.

9 Die Grand Prismatic Spring-Quelle (Yellowstone Nationalpark) beherbergt Bakterien.

Arbeitsheft
Seite 16, 17

Wir unterscheiden autotrophe und heterotrophe Bakterien

Bereits auf Seite 31 hast du erfahren, dass es sowohl autotrophe als auch heterotrophe Bakterienarten gibt (→ dazu auch Abb. 14).

Fotoautotrophe Bakterien nutzen Licht als Energiequelle und Kohlenstoffdioxid als Kohlenstoffquelle für den Aufbau von Glucose. Fotoautotroph sind zum Beispiel die Cyanobakterien (→ S. 53) und die **Purpurbakterien**.

Chemoautotrophe Bakterien beziehen die Energie für die Traubenzuckersynthese aus bestimmten chemischen Reaktionen. Ein Beispiel dafür sind die Stickstoffbakterien, deren Bedeutung bereits auf Seite 31 erörtert wurde. Bestimmte Eisen- und Schwefelbakterien (und Archaea, → S. 49) sind in der Lage, schwer- oder unlösliche Erzminerale in wasserlösliche Salze umzuwandeln. Auch dabei wird Energie frei, die sie zur Kohlenhydratbildung benötigen.

Beim Bioleaching (→ S. 45) wird die gesteinsauflösende Fähigkeit dieser Mikroorganismen zur Gewinnung von Metallen aus deren Erzen eingesetzt. Auch werden sie zur Reinigung **schwermetallkontaminierter** Böden herangezogen. Zur Metallgewinnung wird zunächst zerkleinertes Erz aufgeschichtet und dann laufend mit Wasser besprüht. Dieses sickert durch das Erz nach unten und wird in einem Sammelbecken aufgefangen. Die den Mineralien anhaftenden Bakterien vermehren sich im feuchten Gestein. Durch ihre Tätigkeit wird das Sickerwasser mit Metall angereichert, welches später extrahiert wird.

Heterotrophe Bakterien nehmen energiereiche organische Stoffe zum Aufbau körpereigener Stoffe (heterotrophe Assimilation, → S. 45) sowie zur Energieversorgung (Dissimilation, → S. 46) aus ihrer Umgebung auf. Sie sind entweder **Saprobionten** (siehe unten und S. 56 f), **Kommensalen** (→ S. 57), **Parasiten** (→ S. 57) oder **Symbionten** (→ S. 58).

Saprobionten sind wichtig im Stoffkreislauf der Natur

Bei den Saprobionten unterscheiden wir Zerkleinerer und Mineralisierer. Zu den Zerkleinerern gehören Pflanzenfresser wie Würmer, Asseln und diverse Insektenlarven und Aasfresser wie Geier, Krähen, Aasfliegen und -käfer sowie die Larven verschiedenster Insekten. Sie zerkleinern die tote Biomasse, die abschließend von den Mineralisierern, Mikroorganismen wie Bakterien und Pilzen, letztendlich in anorganische Stoffe abgebaut wird.

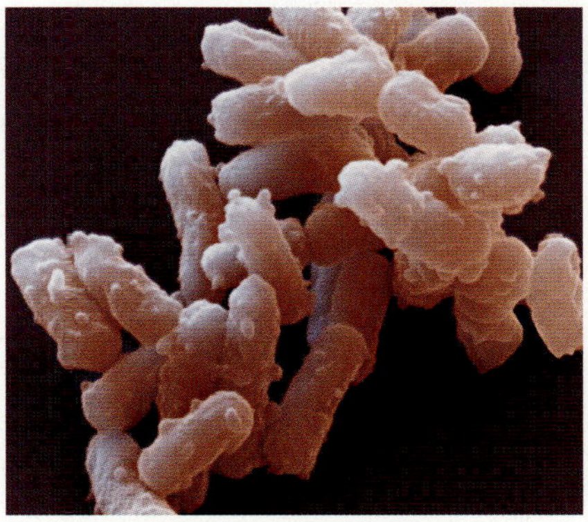

10 Purpurbakterien (EM)

Purpurbakterien
nutzen zur Fotosynthese Schwefelwasserstoff (H_2S) anstatt Wasser. Als Nebenprodukt entsteht deshalb nicht Sauerstoff sondern Schwefel.

schwermetallkontaminiert
Schwermetalle sind Metalle, deren Dichte über 5 g/cm³ liegt. Beispiele hierfür sind Blei und Kupfer. Der Begriff Kontamination oder Kontaminierung bedeutet Verunreinigung.
contaminare (lat.) = beflecken, besudeln

Saprobionten
Lebewesen, die sich von abgestorbenen Pflanzen oder Tieren ernähren
sapros (griech.) = faul

Kommensalen
schädigen bzw. beeinträchtigen ihren Wirt nicht.
commensalis (lat.) = der Tischgenosse

Parasiten
Schmarotzer

Symbionten
Lebewesen, die in einer Lebensgemeinschaft zu gegenseitigem Nutzen leben

11 Pilze als Mineralisierer

12 Aaskäfer sind Aasfresser.

13 Asseln zerkleinern pflanzliches Material.

Arbeitsheft
Seite 16, 17

Selbst aktiv!

1. Erkläre anhand der Grafik die Möglichkeiten der Dissimilation von Traubenzucker bei Prokaryonten.

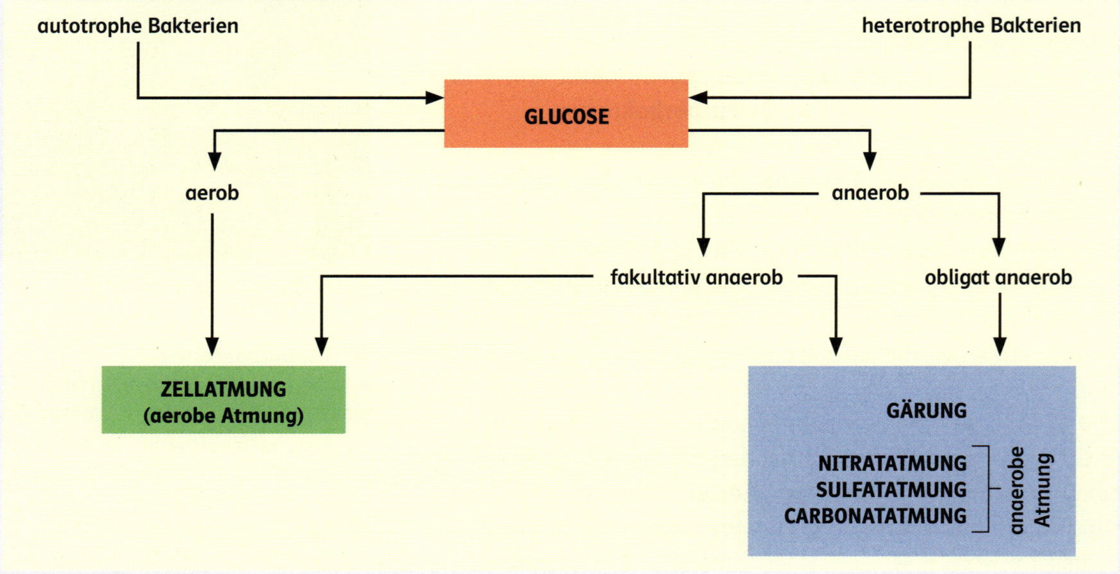

14 Möglichkeiten der Energiefreisetzung bei Prokaryonten

2. Setze die gefragten Begriffe ein. Die markierten Buchstaben ergeben von unten nach oben gelesen das im unten stehenden Text fehlende Wort. Umlaute sind als Umlaute zu schreiben.

_______________ Reaktionsfolge der Zellatmung, die sehr viel Energie liefert
__________ entsteht im Boden durch die Tätigkeit stickstoffbindender Bakterien
________ Zucker, der u.a. in der RNA und in ADP bzw. ATP vorkommt
____________________ Zwischenprodukt der Zellatmung, das in der Glykolyse gebildet wird
______ Entdecker des Zitronensäurezyklus
__________ Zucker, der in der Sekundärreaktion der Fotosynthese CO_2 aufnimmt
________________ Zellorganellen, in denen größtenteils die Zellatmung abläuft
________________ Orte der Fotosynthese
_____-__________ lichtbedingte Spaltung des Wassers bei der Fotosynthese
____________ Glykolyse findet dort statt
____________ Enzyme, die chemische Verbindungen unter Aufnahme von Wasser zerlegen können
________ Stoff, aus dem der Sauerstoff stammt, der bei der Fotosynthese freigesetzt wird
________________ Lebewesen, die Lichtenergie zur Synthese organischer Stoffe nutzen, sind …
____________________ anderer Begriff für Enzyme
____________ entsteht u.a. in Muskelzellen bei höherer Beanspruchung
____________ Stoffwechselvorgang, bei der Glucose vollständig zu CO_2 und H_2O abgebaut wird
________________________ Enzyme senken die …
________-_______ lichtunabhängige Teilreaktion der Fotosynthese
________ Base, die u.a. in der DNA, in der RNA und in ADP bzw. ATP vorkommt
____________ Organismen, die Glucose ohne Sauerstoff abbauen können
_________ Alkohol, der durch Vergärung von Glucose entsteht
_________ Kohlenhydrat, das bei der Fotosynthese gebildet wird

Gärungsvorgänge spielen nicht nur in der Natur bei der Zersetzung organischer Substanzen eine große Rolle, sondern auch in der Biotechnologie (Wissenschaft, die sich mit der Nutzung von Organismen und Enzymen in technischen Anwendungen beschäftigt). Biotechnologische Verfahren werden unter anderem in der Medizin, in der Landwirtschaft und in der Industrie eingesetzt. Aus vielen Bereichen sind sie nicht mehr wegzudenken, so zum Beispiel aus der ______________________________, wo es bereits vor vielen tausenden Jahren erste Anwendungen gab (→ S. 70 ff).

Arbeitsheft
Seite 16, 17

Parasitär lebende Bakterien rufen Krankheiten hervor

Bakterien kommen nahezu überall vor. Man findet sie im Wasser, in der Luft, im Boden, auf allen Dingen um uns und sogar auf und in uns. Viele dieser Mikroorganismen sind Parasiten und somit **pathogen**.

Parasiten oder Schmarotzer leben in (Endoparasiten) oder auf (Ektoparasiten) anderen Organismen und beziehen von diesen ihre Nahrung. Je nachdem, ob ein Parasit auf Dauer oder nur für die Zeit der Nahrungsaufnahme an sein Opfer gebunden ist, unterscheidet man zwischen stationären Parasiten (zB Flöhe, Läuse) und temporären Parasiten (zB Gelsen, Zecken).
Beim Parasitismus zieht nur der Parasit aus dem Zusammenleben einen Nutzen, während der als Wirt bezeichnete Partner der Geschädigte ist. Die Schädigung wird einerseits durch den Nahrungsentzug, andererseits aber auch durch schädliche Ausscheidungsprodukte des Parasiten, durch Übertragung von Krankheitserregern oder durch die Beeinträchtigung einzelner Organe verursacht.
Dank unseres Immunsystems sind wir den Bakterien nicht hilflos ausgesetzt. Ist das Abwehrsystem jedoch geschwächt, etwa durch Grippeviren, kann es zu einer Bakterieninfektion kommen.
So tritt als Folge einer Grippe (Influenza) oft eine Pneumokokken-bedingte Lungenentzündung auf. Die Bakterien, die durch **Tröpfcheninfektion** übertragen werden, besiedeln zunächst den Nasen-Rachenraum. Von dort können sie in die Lunge vordringen.

Bei einer Beeinträchtigung des Immunsystems kann es auch vorkommen, dass sich auf dem oder im Körper **kommensal lebende Bakterien** plötzlich vermehren und pathogen werden. Die Grenze vom Kommensalismus zum Parasitismus kann also leicht überschritten werden.
Beispiele für so genannte **Opportunisten** sind die gramnegativen Stäbchenbakterien *Escherichia coli* (→ S. 54) und das auf der Haut und in den oberen Atemwegen vieler Menschen lebende grampositive Kugelbakterium *Staphylococcus aureus*, das bei geschwächten Abwehrkräften Hautinfektionen, Muskelerkrankungen und Lungenentzündung hervorrufen kann.

Bakterien können nicht nur bei Menschen Krankheiten verursachen, auch Tiere und Pflanzen sind davon betroffen. Bestimmte bakterielle Infektionen, die Haustiere betreffen, sind von diesen auch auf den Menschen übertragbar und umgekehrt. Zu diesen so genannten Zoonosen gehören unter anderem Salmonellenerkrankungen, die durch den Konsum von Lebensmitteln, die mit Salmonellen verseucht sind, verursacht werden.
Eine der bekanntesten, durch Bakterien verursachten Pflanzenkrankheiten ist der Feuerbrand. Davon betroffen sind Rosengewächse, zu denen auch alle gängigen einheimischen Obstbäume wie Apfel, Birne, Kirsche, Zwetschke und Marille gehören. Erreger ist das Bakterium *Erwinia amylovora*.

Selbst aktiv!

Recherchiere: Durch welche Symptome äußert sich eine Salmonellenvergiftung bei Mensch und Tier?

pathogen
krankheitserregend
pathos (griech.) = Leiden

Parasiten
Als „parasitos" wurden im Griechenland der Antike die ungebetenen, jedoch geduldeten Gäste bei den Gastmählern der Wohlhabenden bezeichnet. Das Wort bedeutet übersetzt „Nebenspeiser".

Tröpfcheninfektion
Ansteckung über kleine Flüssigkeitströpfchen, die beim Husten oder beim Sprechen in die Luft gelangen.

kommensal lebende Bakterien
Die meisten Bakterien unserer Darmflora sind Kommensalen.

Opportunisten
Lebewesen, die sich unterschiedlichsten Bedingungen anpassen können
opportunus (lat.) = günstig

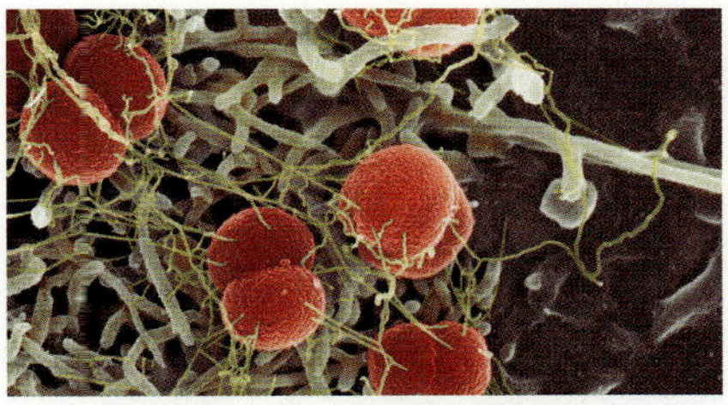

15 *Neisseria meningitidis* (EM, gefärbt)

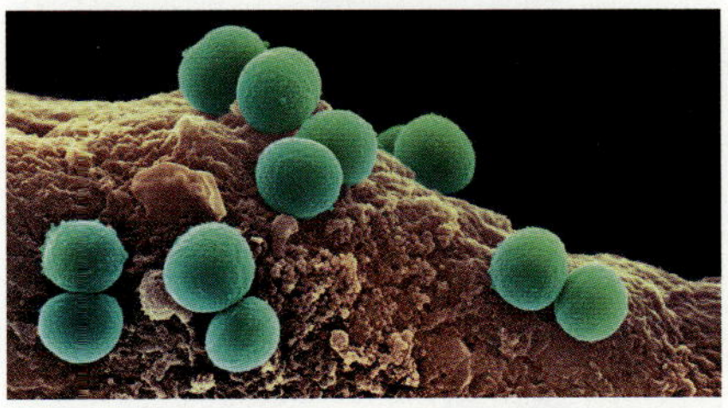

16 *Staphylococcus aureus* (EM, gefärbt)

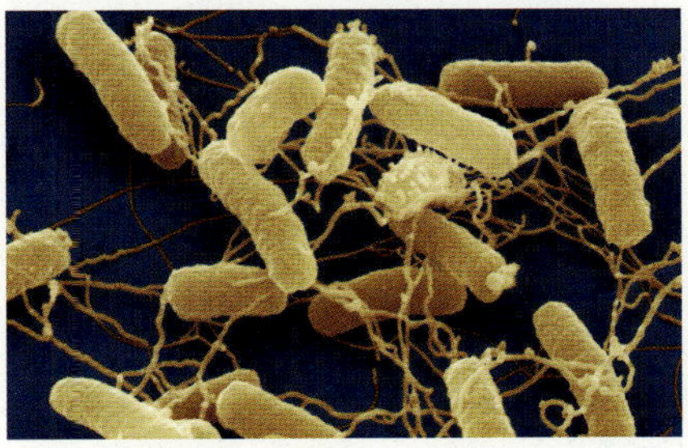

17 Salmonellen (EM, gefärbt)

18 Feuerbrand auf einer Apfelblüte

Arbeitsheft
Seite 16, 17

19 Robert Koch bei seiner Arbeit

Robert Koch
(1843–1910) war ein deutscher Mediziner und Mikrobiologe.

Milzbrand
ist eine akute, fieberhafte, tödlich verlaufende Krankheit bei Tieren, die sich durch Blutungen aus den Körperöffnungen bemerkbar macht.

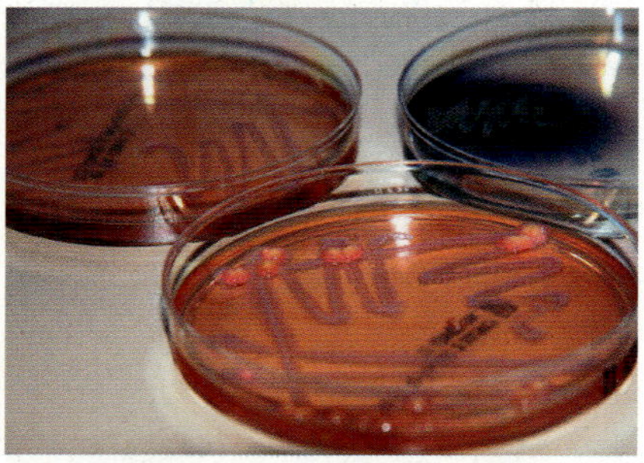

20 Auf den Nährböden in den Schalen werden Bakterien gezüchtet.

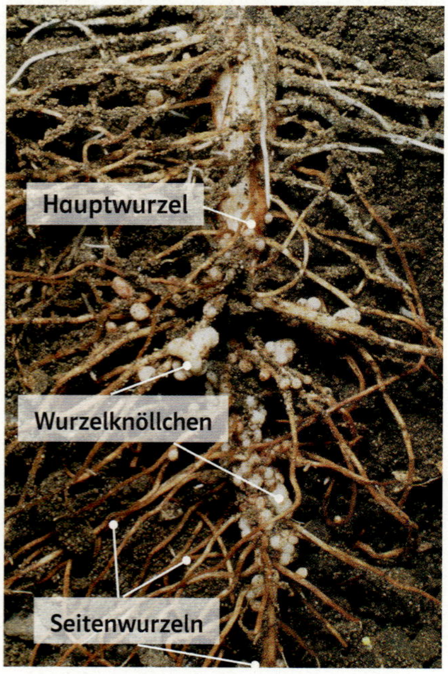

21 Wurzel einer Acker-Bohne

Bakterien werden auch als biologische Waffen eingesetzt

Robert Koch untersuchte im Jahr 1879 das Blut von Rindern, die an **Milzbrand**, einer weit verbreiteten und gefürchteten Viehseuche, erkrankt waren. Dabei fand er winzige stäbchenförmige Lebewesen, die er Mäusen injizierte.
Diese erkrankten an Milzbrand und starben. Koch konnte damit nachweisen, dass die stäbchenförmigen Mikroorganismen – Bakterien – Milzbrand hervorriefen. Der Mediziner war auch der erste, dem es gelang, Bakterien auf speziellen Nährböden zu züchten. Viele Bakterien lassen sich auf diese Weise einfach innerhalb kürzester Zeit vermehren.
Der Milzbranderreger Anthrax ist einfach zu züchten; es erfordert weder eine besondere Ausrüstung noch eine fortgeschrittene Technologie.
Da die Sporen unempfindlich sind, können sie praktisch unbegrenzt als Pulver gelagert werden. Bereits im Zweiten Weltkrieg experimentierten britische Militärwissenschafter mit „Milzbrand als biologische Waffe". Mit einer Sprengladung Anthrax verseuchten sie dabei die schottische Insel Gruinard Island so stark, dass ein Betreten lebensgefährlich und daher verboten war. Erst 1986 wurde die Insel desinfiziert; sie blieb allerdings militärisches Sperrgebiet.
Etwa drei Wochen nach dem Terroranschlag auf das World Trade Center in New York am 11. September 2001 gewann Anthrax neuerlich an Aktualität: Mit Milzbrandsporen versetzte Briefe tauchten im US-Bundesstaat Florida, in Washington und in New York auf – innerhalb von zwei Monaten infizierten sich 22 Personen mit dem Erreger, fünf davon starben.

Manche Bakterienarten leben als Symbionten

In der Luft sind etwa 78 % Stickstoff (N_2) enthalten. Allerdings ist dieses Atmosphärengas für höhere Pflanzen, die Stickstoff zum Leben benötigen, keine verwertbare Stickstoffquelle.
Verschiedene Bodenbakterien, wie beispielsweise die Wurzelknöllchenbakterien, können Luftstickstoff zu Ammoniumionen NH_4^+ binden (→ S. 45). Sie leben in Symbiose in den Wurzeln von Saubohnengewächsen (zB Klee, Erbsen, Bohnen) und ernähren sich von Stoffen der Symbiosepartner. Als Gegenleistung erhalten diese wichtige Stickstoffverbindungen, wodurch sie auch auf stickstoffarmen Böden gedeihen können.
Aufgrund ihrer symbiontischen Wurzelknöllchenbakterien werden Saubohnengewächse wie die Acker-Erbse, der Rot-Klee, die Acker-Bohne oder die Luzerne von Landwirten bzw. Landwirtinnen gerne als so genannte Zwischenfrucht zur Erholung des Bodens angebaut und in den Boden eingeackert (Gründüngung).
Im Verdauungstrakt von Pflanzenfressern leben unter anderem Bakterien, die die für die Tiere unverdauliche Zellulose in verwertbare Produkte zerlegen.

In unserem Darm sind mehrere Hundert verschiedene Bakterienarten angesiedelt. Einige davon synthetisieren Vitamin K, andere wiederum produzieren Säuren, die andere Bakterien – potenzielle Krankheitserreger – im Wachstum hemmen. Da sich die Bakterien auch gegenseitig im Wachstum beziehungsweise in der Vermehrung hemmen, werden eine übermäßige Vermehrung und eine damit möglicherweise verbundene Pathogenität verhindert.

Selbst aktiv!

Recherchiere:
1. Welche Aufgaben erfüllt Vitamin K in unserem Körper?
2. Woraus besteht Zellulose?
3. Kann der Mensch Zellulose verdauen?
4. Was ist eine Petrischale und wozu wird sie verwendet?

Arbeitsheft Seite 16, 17

Protisten

Alle eukaryontischen Lebewesen, die sich nicht eindeutig dem Pflanzenreich oder dem Tierreich beziehungsweise den Pilzen zuordnen lassen, werden zur Gruppe der **Protista** zusammengefasst. Untergliedert werden sie in die pflanzenähnlichen Protisten (Algen), die tierähnlichen Protisten (**Protozoa**) und die pilzähnlichen Protisten.

Algen sind pflanzenähnliche Protisten

Algen sind einfach gebaute, meist wasserlebende, fotoautotrophe Organismen. Sie sind von großer ökologischer Bedeutung – etwa die Hälfte der auf der
Erde gebildeten Fotosyntheseprodukte stammt von ihnen. Außerdem sind sie ein wesentlicher Bestandteil des **Planktons**, sowohl in Süß- als auch in Salzgewässern. Die Artenvielfalt ist groß. Im Folgenden wird nur eine kleine Auswahl der einzelligen Algen vorgestellt.

Die meisten Vertreter der Panzergeißler besitzen zwei Geißeln, deren Schlagen drehende Bewegungen verursacht. Der Panzer (Name!) besteht aus Zellulose, er verleiht diesen Algen eine feste Form.
Panzergeißler machen einen großen Anteil des Meeresplanktons aus.

Die Zieralgen, die graziöse symmetrische Zellen aufweisen, leben im Süßwasser. Sie sind vorwiegend als Plankton in Mooren zu finden.

Die Kieselalgen, Hauptbestandteil des autotrophen Meeresplanktons, kommen in vielgestaltigen Formen vor. Kennzeichnend für sie sind Schalen aus **Siliciumdioxid**.

Die Grünalgen, die vorwiegend als Plankton im Süßwasser vorkommen, weisen wesentliche Gemeinsamkeiten mit den Zellen der Moose, Farne und Höheren Pflanzen auf. So sind beispielsweise die Chloroplasten und die Zellwand sehr ähnlich gebaut. In den Grünalgen wird deshalb der Ursprung der Entwicklung der grünen Pflanzen gesehen.

Protista
protistos (griech.) = Allererste

Protozoa
ernähren sich heterotroph. Man unterscheidet Zooflagellata (→ S. 60), Sporozoa (→ S. 60), Rhizopoda (→ S. 61) und Ciliata (→ S. 62).
protos (griech.) = erster,
zoon (griech.) = Lebewesen, Tier

Plankton
Sammelbegriff für die aufgrund fehlender oder mangelnder Eigenbewegung im Wasser schwebenden Organismen (Algen, Einzeller, kleine Krebschen etc.)
planktos (griech.) = das Umherirrende

Siliciumdioxid
SiO_2 ist das Anhydrid der Kieselsäure. Der Begriff Anhydrid leitet sich aus dem Griechischen ab (anhydros) und bedeutet „wasserlos“. Anhydride entstehen durch Wasserentzug aus Säuren oder Basen.

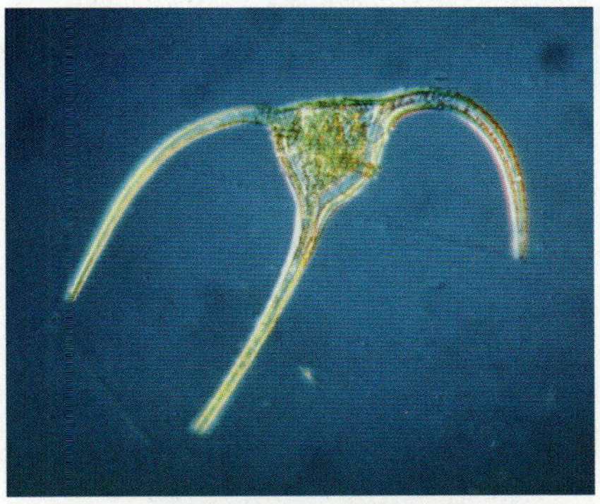

22 Panzergeißler (*Ceratium tripos*)

23 Zieralge (*Micrasterias rotata*)

24 Formenvielfalt der Kieselalgen

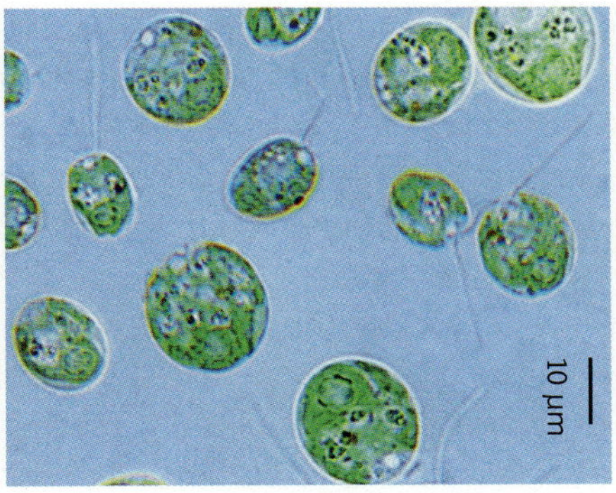

25 Grünalge (*Chlamydomonas reinhardtii*)

26 Kieselalge (*Pinnularia nobilis*)

Selbst aktiv!

Die Zieralge *Micrasterias rotata* weist einen Durchmesser von etwa 100 µm auf.
Ermittle, in welcher Vergrößerung sie in Abbildung 23 zu sehen ist (gehe dabei wie in der Arbeitsaufgabe auf Seite 7 vor).

Arbeitsheft
Seite 16, 17, 18

Zooflagellata
Geißeltierchen

Schlafkrankheit
Nach der Infektion treten einige Wochen später die ersten Krankheitssymptome auf: an der Einstichstelle ein juckendes, schmerzendes Knötchen, Fieber und Schüttelfrost. Nach einigen Monaten treten Verwirrtheit und Schlaflosigkeit auf. Wird die Krankheit nicht behandelt, folgen Teilnahmslosigkeit, Dämmerzustand, Abmagerung und Tod.

Sporozoa
Sporentierchen,
sporos (lat.) = Keim

Malaria
mala aria (ital.) = schlechte Luft

Zooflagellata sind begeißelte Protozoa

Zooflagellata sind eine formenreiche Gruppe von Protozoen, die in Gewässern und in feuchtem Milieu vorkommen. Sie ernähren sich wie alle tierähnlichen Protisten heterotroph. Manche von ihnen leben als Parasiten.
Trypanosoma brucei gambiense und *rhodesiense*, die Erreger der west- und ostafrikanischen **Schlafkrankheit**, sind Beispiele für parasitäre Zooflagellata. Die Einzeller, die im Blut des Menschen leben, werden von der blutsaugenden Tsetsefliege übertragen.

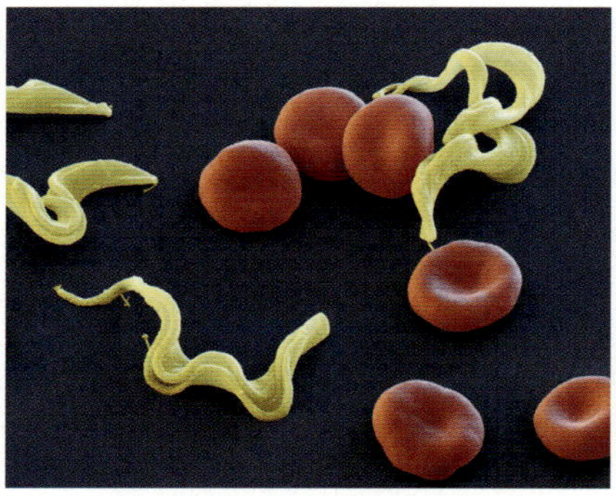

27 *Trypanosoma* (gelb gefärbt) mit roten Blutkörperchen

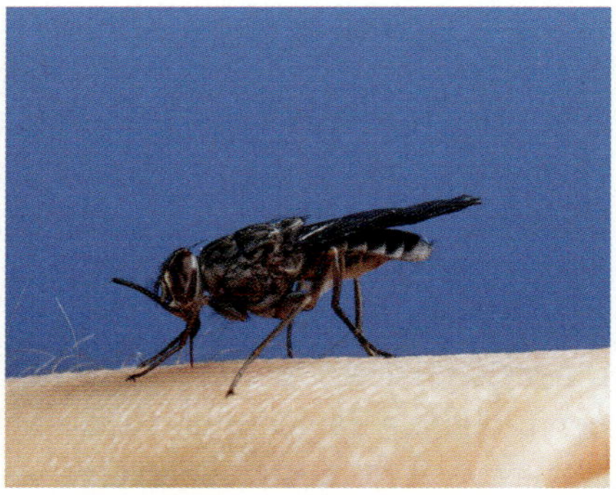

28 Tsetsefliege beim Blutsaugen

Selbst aktiv!

Überlege, wer im Verlauf der stammesgeschichtlichen Entwicklung der Lebewesen früher aufgetreten ist: *Euglena* oder *Trypanosoma*? Diskutiert darüber im Klassenverband.

Sporozoa sind ausschließlich parasitär lebende Protozoa

Während es unter den Zooflagellata auch nicht schmarotzende Formen gibt, die beispielsweise Bestandteil des Planktons sind, leben die **Sporozoa** ausschließlich parasitär. Sporentierchen nehmen gelöste Nahrungsstoffe über die gesamte Zelloberfläche auf.

Ein häufiger, weltweit verbreiteter Gewebsparasit ist *Toxoplasma gondii*, der Erreger der Toxoplasmose. Die Einzeller parasitieren in nahezu allen Säugetieren, unter anderem auch in Mäusen. Dadurch können sich auch Mäusejäger wie Katzen mit dem Einzeller anstecken, den sie dann mit dem Kot ausscheiden. Menschen infizieren sich hauptsächlich durch Katzen oder durch den Genuss von rohem oder ungenügend gekochtem Fleisch infizierter Tiere (v.a. Schafe und Schweine). Weitere Infektionsquellen sind Rohwürste (zB Salami), rohe Eier und ungewaschenes Obst und Gemüse aus dem Freiland, das von infizierten Katzen kontaminiert wurde.
Die Infektion äußert sich meistens in grippeähnlichen Symptomen wie Kopfschmerzen, Fieber und Lymphknotenschwellungen, sie kann aber auch symptomlos verlaufen.
Eine Erstinfektion kurz vor oder während der Schwangerschaft kann zu schweren Missbildungen des Kindes oder zu Totgeburten führen. Im Rahmen der Schwangerenvorsorgeuntersuchungen wird deshalb mittels eines Bluttests festgestellt, ob schon einmal eine Infektion stattgefunden hat und dadurch bereits Abwehrstoffe, so genannte Antikörper, im Blut vorhanden sind. In diesem Fall besteht keine Gefahr. Sind keine Antikörper nachweisbar, muss die schwangere Frau darauf achten, mögliche Infektionsquellen zu vermeiden. Gegen den Toxoplasmoseerreger gibt es keine Impfung.

Plasmodium malariae, der Erreger der **Malaria**, gehört ebenfalls in die Klasse der Sporentierchen.
Die für diese Tropenkrankheit typischen, regelmäßig auftretenden Fieberschübe werden durch eine Zerstörung der roten Blutkörperchen verursacht.
Die Krankheitserreger werden durch Stechmücken übertragen.

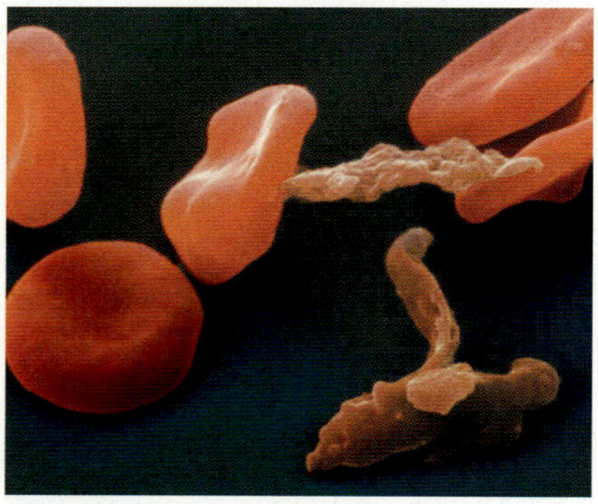

29 Durch Malaria zerstörte Blutkörperchen

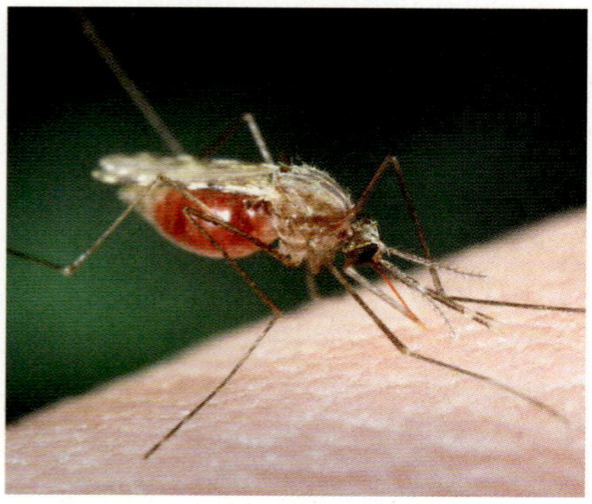

30 Malariamücke beim Blutsaugen

Arbeitsheft Seite 18

Rhizopoda verändern ständig ihre Form

Die bekanntesten Vertreter der **Rhizopoda** sind die etwa 0,5 mm kleinen **Amöben**, denen eine feste Zellbegrenzung fehlt. Das innere dünnflüssige Innenplasma (Endoplasma) wird von einem zähflüssigen Außenplasma (Exoplasma) umhüllt. Dieses ist für die Nahrungsaufnahme und die Bewegung zuständig: Amöben führen durch Fließen des äußeren Zellplasmas Kriechbewegungen aus (das Endoplasma wird nachgezogen). Dabei verändern sie ständig ihr Aussehen. Durch die Plasmabewegung werden in der Fließrichtung so genannte Scheinfüßchen ausgebildet. Stoßen die Einzeller damit auf einen festen Widerstand, ziehen sie die Scheinfüßchen ein und bilden sie dafür an anderer Stelle wieder aus, wodurch die Bewegungsrichtung geändert wird. Aufgespürte Nahrungspartikel (Einzeller, faulende Pflanzenteile etc.) werden vom Plasma umflossen. In den dadurch entstehenden Nahrungsbläschen wird die Nahrung verdaut. Verwertbare Stoffe werden an das Plasma abgegeben, unverdauliche Reste wieder aus der Zelle transportiert (→ Abb. 33).

Wechseltierchen kommen im Schlamm stehender Gewässer und in Flüssigkeiten, die faulende Stoffe enthalten, häufig vor. Auch im menschlichen Körper können sich Amöben aufhalten. Die meisten davon sind harmlose Kommensalen, wie zum Beispiel die im Dickdarm lebende *Entamoeba coli*. Allerdings gibt es eine Art, die einer der bekanntesten Parasiten des Menschen ist – *Entamoeba histolytica*, der Erreger der **Amöbenruhr**. Er ist in warmen Gebieten, besonders in den Tropen, stark verbreitet. Eine Infektion erfolgt hauptsächlich oral durch verunreinigtes Trinkwasser.

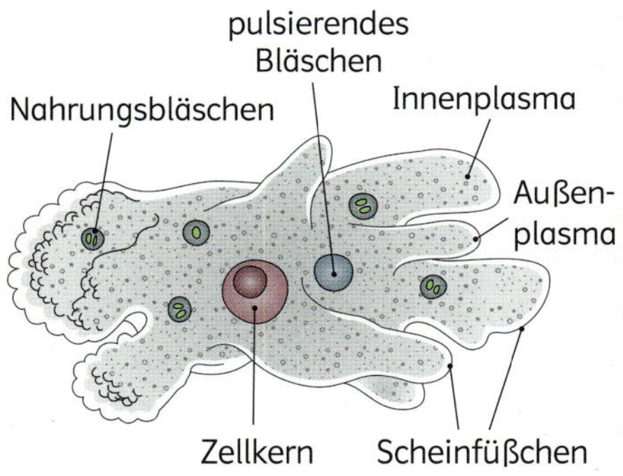

31 Zellaufbau einer Amöbe (Schema)

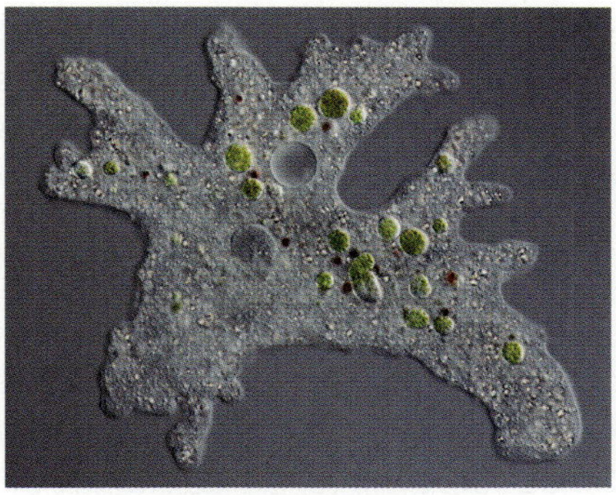

32 Amöbe im Lichtmikroskop

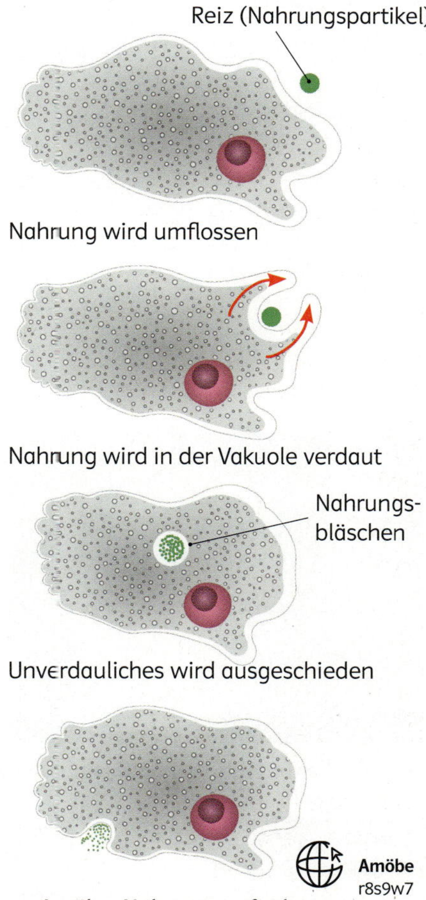

33 Amöbe; Nahrungsaufnahme

Rhizopoda
Wurzelfüßer
rhizo (griech.) = Wurzel,
podos (griech.) = Fuß

Amöben
werden aufgrund der Formveränderung während ihrer Fortbewegung auch Wechseltierchen genannt.

Amöbenruhr
Symptome: schleimiger bis schleimig blutiger Durchfall wechselt oft mit Verstopfung; Druckempfindlichkeit im Dickdarmbereich (zurückzuführen auf Abszessbildung in der Darmwand)

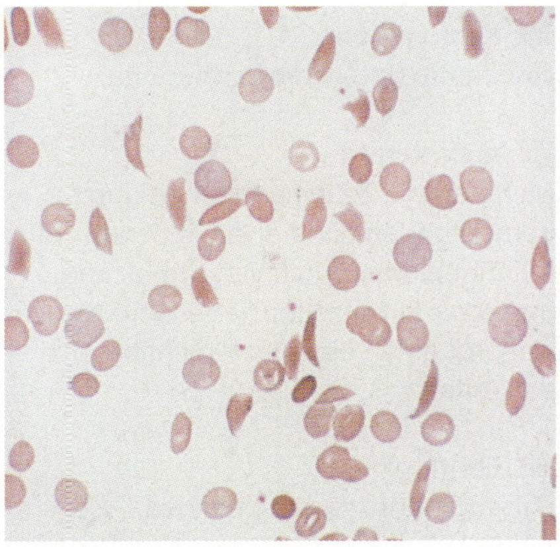

34 Erythrozytenpräparat mit Sichelzellen

Selbst aktiv!

1. Du machst eine Reise in die Tropen und weißt, dass es dort zahlreiche Parasiten gibt, die typische Tropenkrankheiten, wie beispielsweise die Malaria und die Schlafkrankheit, hervorrufen.
   Recherchiere: Was kannst du an vorbeugenden Maßnahmen, bevor du die Reise antrittst, unternehmen? Wo kannst du dich erkundigen?
2. Sichelzellenanämie ist eine Krankheit, die durch einen Gendefekt verursacht wird. Dieser bewirkt, dass die Produktion des roten Blutfarbstoffes (Hämoglobin) gestört ist. Dadurch verformen sich die roten Blutkörperchen sichelartig, besonders bei Sauerstoffmangel. Dies führt zu mehr oder weniger lebensbedrohlichen Verstopfungen der Blutgefäße.
   Recherchiere: Warum ist die Sichelzellenanämie besonders in den Malariagebieten Afrikas stärker verbreitet?

Arbeitsheft Seite 18

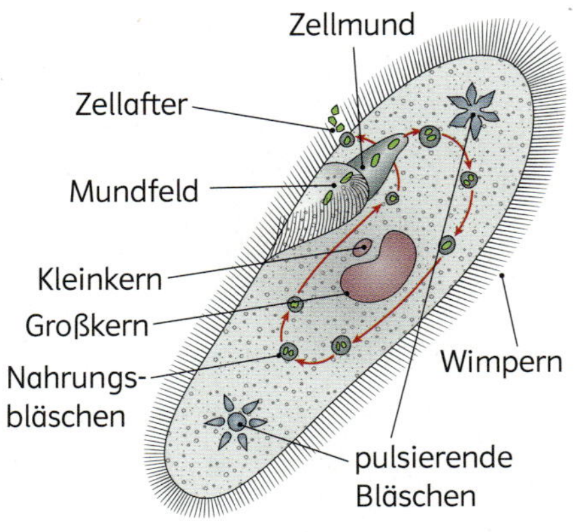

35 Pantoffeltierchen (Schema)

36 Zwei Pantoffeltierchen in Konjugation

Selbst aktiv!

Das Pantoffeltierchen kann sich sowohl geschlechtlich als auch ungeschlechtlich fortpflanzen. Beschreibe mögliche Vorteile der Konjugation.

Ciliata
Wimpertierchen
cilium (lat.) = Wimper

Paramecium
wird aufgrund seines Aussehens auch Pantoffeltierchen genannt.

pulsierend
pulsare (lat.) = schlagen, klopfen

Konjugation
coniugatio (lat.) = die Verbindung

mehrkernig
Mehrkernige Zellen entstehen durch Kernteilungen ohne anschließende Zellteilungen oder durch Verschmelzung mehrerer Einzelzellen. Jeder Zellkern versorgt einen eigenen Plasmabereich der Zelle.

Chitin
Polysaccharid, das auch in den Außenskeletten der Insekten vorkommt

Wimpertierchen sind hochentwickelte Protozoa

Der bekannteste Vertreter der **Ciliata** ist das in nährstoffreichem Süßwasser lebende ***Paramecium***.
Der 0,3 mm kleine pantoffelförmige Einzeller ist auf seiner Oberfläche dicht mit Wimpern besetzt. Diese schlagen in einem bestimmten Rhythmus, wodurch sich das Tier um seine Längsachse und gleichzeitig weiter bewegt. Eine Vertiefung in der Zelloberfläche, das Mundfeld, ist mit etwas längeren Wimpern ausgekleidet. Sie dienen zum Heranstrudeln der Nahrung (Algen, Bakterien etc.), die über den Zellmund am Grunde des Mundfeldes in Nahrungsbläschen aufgenommen wird. In den Bläschen, die durch das Plasma wandern, findet die Verdauung statt. Unverdauliche Reste werden an einer als Zellafter bezeichneten Stelle abgegeben.
Zwei **pulsierende** Bläschen, von denen sich jeweils eines an je einem Zellende befindet, pumpen überschüssiges Wasser und darin gelöste Ausscheidungsprodukte aus der Zelle.

Besonders ist bei allen Wimpertierchen das Vorhandensein von zwei Zellkernen, einem Großkern, der alle Lebensvorgänge der Zelle (Atmung, Ernährung etc.) steuert und einem Kleinkern, der für geschlechtliche Vorgänge, die so genannte **Konjugation**, zuständig ist. (Diese Arbeitsteilung stellt eine Weiterentwicklung der Wimpertierchen dar, durch die die Zelle gegenüber anderen Einzellern leistungsfähiger wird.) Bei der Konjugation legen sich zwei Wimpertierchen aneinander und verschmelzen an der Kontaktstelle. Die Großkerne lösen sich auf, während sich die Kleinkerne teilen. Je einer dieser Geschlechtskerne wandert nun in die andere Zelle (Kernwanderung) und verschmilzt mit dem dort verbliebenen Geschlechtskern. Die beiden Geschlechtspartner trennen sich wieder. Der neu entstandene Kern bildet unter Teilung neue Groß- und Kleinkerne, die bei anschließender Zellteilung auf die Tochterzellen aufgeteilt werden.

Algen- und Schleimpilze sind pilzähnliche Protisten

Algenpilze findet man hauptsächlich im Süßwasser als Zersetzer auf abgestorbenen Pflanzen und Tieren. Die feinen, verzweigten, **mehrkernigen**, fadenbildenden Zellen ähneln dem Zellfadengeflecht der Echten Pilze. Während jedoch die Echten Pilze Zellwände aus **Chitin** besitzen, sind die der Algenpilze aus Zellulose aufgebaut.
Landlebende Algenpilze sind häufig Pflanzenparasiten, wie zum Beispiel der Kartoffelmehltau, der im 19. Jahrhundert in Irland durch Vernichtung der Kartoffelernten zu einer schweren Hungersnot führte.

Schleimpilze sind zellwandlose, amöboid bewegliche Plasmamassen. Bei ausreichendem Nahrungsangebot finden Kernteilungen ohne anschließende Zellteilungen statt. Es entstehen so mehrere Zentimeter große, vielkernige Gebilde. Die oft auffällig gelb oder orange gefärbten, heterotrophen Lebewesen spielen als Zersetzer eine wichtige Rolle im Naturhaushalt.

37 Kartoffelmehltau

38 Schleimpilz

Arbeitsheft Seite 18

Pilze

Die Formenvielfalt der Pilze ist groß. Sie reicht von den hauptsächlich aus dem Wald bekannten **Großpilzen** bis hin zu den einzelligen Pilzen wie beispielsweise den Hefen (→ S. 64).
Mit Ausnahme der einzelligen Vertreter bestehen Pilze aus einem Zellfadengeflecht, dem **Myzel**. Die einzelnen Zellfäden werden als **Hyphen** bezeichnet. Pilzzellen besitzen Zellwände, deren Hauptbestandteil Chitin ist.

Pilze sind heterotrophe Lebewesen. Sie zersetzen organische Stoffe außerhalb der Zellen und **absorbieren** sie anschließend.

Im Folgenden werden nur diejenigen Pilze besprochen, die nicht zu den Großpilzen gehören.

Schimmelpilze leben saprobiontisch

Schimmelpilze sind Saprobionten (→ S. 55). Im Stoffkreislauf der Natur haben sie eine große Bedeutung als Destruenten (Mineralisierer).
Schimmelpilze entwickeln sich dort, wo sie genügend Feuchtigkeit und organische Stoffe als Nahrung vorfinden. Lässt man feuchtes Brot, Früchte, Marmelade etc. offen stehen, gelangen **Pilzsporen** aus der Luft auf die Nahrungsmittel. Sie wachsen zu einem Myzel heran; **Schimmelüberzüge** entstehen.

Der Köpfchenschimmel bildet weiße Pilzfäden, die nicht in Zellen gegliedert sind, sondern durch Auflösung der Querwände aus verzweigten Schläuchen bestehen. Aus dem Myzel erheben sich gestielte, kugelige Behälter, in denen Sporen gebildet werden.

Gießkannen- und Pinselschimmel bilden graugrüne Schimmelrasen. Die Sporenbildung erfolgt bei diesen Pilzen nicht in Behältern. Sie werden von keulen- bzw. pinselförmigen Sporenträgern abgeschnürt.

Schimmelpilze spielen auch eine wesentliche Rolle bei der Herstellung verschiedener Käsesorten (→ S. 72).

Großpilze
ist kein systematischer Begriff. Es ist lediglich eine Bezeichnung für Pilzarten, die Fortpflanzungskörper ausbilden, die mit freiem Auge sichtbar sind („Schwammerl"; zB Herrenpilz, Champignon, Eierschwammerl).

Myzel
Pilzmyzelien können eine Größe von über einem Quadratkilometer erreichen.

Hyphen
hyphe (griech.) = das Gewebte

absorbieren
absorbere (lat.) = aufsaugen, schlürfen

Pilzsporen
Zellen, die der Vermehrung der Pilze dienen; sie werden verbreitet und bilden unter geeigneten Bedingungen neue Myzelien. Schimmelpilzsporen können allergische Reaktionen auslösen. Häufige Symptome nach Einatmen der Sporen sind Niesen, Schnupfen und Husten bis hin zu Atemnot aufgrund anfallsartiger Verkrampfung der Atemwege (Asthma). Seltener treten allergische Reaktionen auf, wenn die Sporen mit der Nahrung aufgenommen werden. Sie äußern sich durch Blähungen, Durchfall und Erbrechen.

Schimmelüberzüge
Schimmelbefallene Nahrungsmittel sind ungenießbar. Es genügt nicht, die Schimmelschicht zu entfernen, da das ganze Substrat von Pilzhyphen durchwachsen ist.

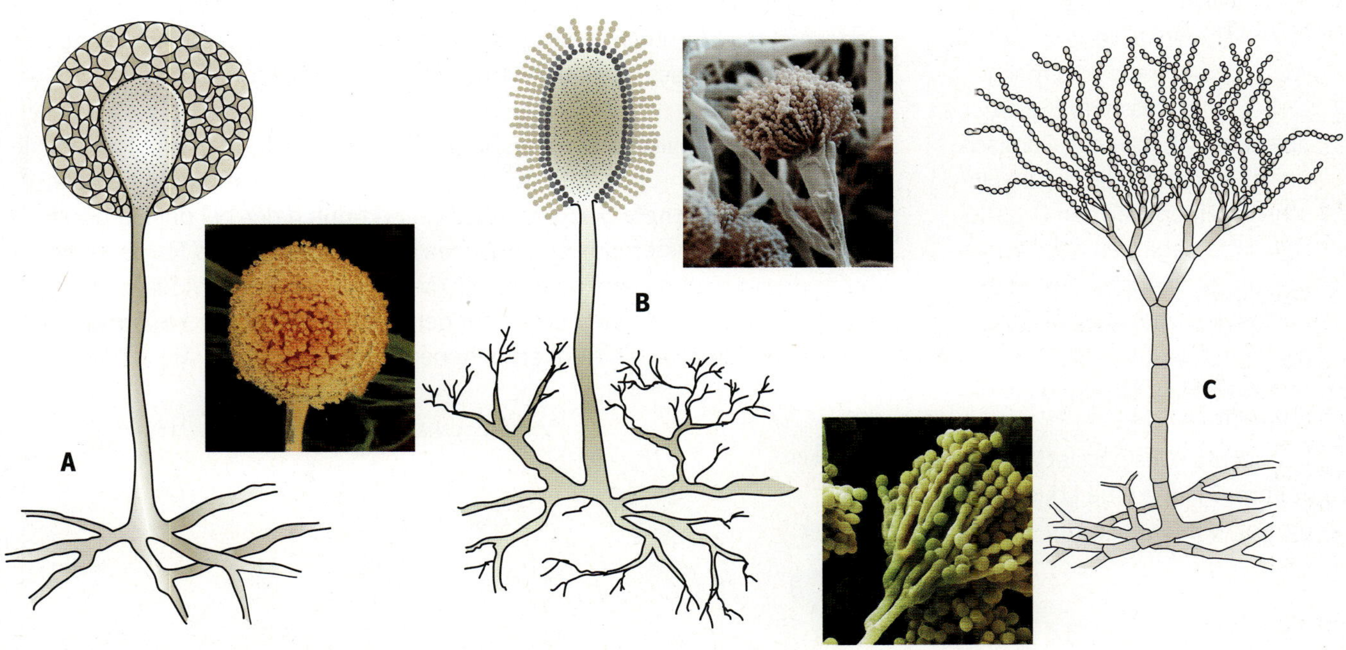

39 Sporenträger diverser Schimmelpilze (Schema und mikroskopische Aufnahme)
A – Köpfchenschimmel (*Mucor*), B – Gießkannenschimmel (*Aspergillus*), C – Pinselschimmel (*Penicillium*)

Alexander Fleming
(1881–1955), schottischer Bakteriologe

Penicillin
nach *Penicillium notatum* (Pilz) benannt

Darmflora
im Darm lebende Bakterien, Archaea und Einzeller; die Besiedelung des Darmes beginnt bei der Geburt. Babys, die gestillt werden, entwickeln zunächst eine Darmflora, die hauptsächlich aus Milchsäurebakterien besteht, deren Säure vor krankheitserregenden Mikroorganismen schützt. Bei Kindern, die nicht gestillt werden, zeigt sich eine Darmflora, die der eines Erwachsenen ähnelt. Diese ist anfälliger für Magen-Darm-Infektionen, da das Immunsystem bei Säuglingen und Kleinkindern noch nicht ausgereift ist. Eine intakte Darmflora unterstützt das Immunsystem, versorgt den Körper mit bestimmten Vitaminen, hilft bei der Verdauung, regt die Darmtätigkeit an u.v.a.m.

Bäckerhefe
wird auch Germ genannt. Sie ist im Lebensmittelhandel erhältlich.

Selbst aktiv!

Mit folgendem Experiment lässt sich alkoholische Gärung veranschaulichen: Befülle eine leere Mineralwasserflasche mit 1/4 Liter Traubenzuckerlösung (25 g Traubenzucker auf 1/4 Liter Wasser). Gib etwa 20 g frische, zerbröselte Presshefe (Germ) dazu und schüttle das Gemisch. Anschließend stellst du die Flasche an einen warmen Ort. Die Hefepilze beginnen nach kurzer Zeit mit dem Abbau des Traubenzuckers zu Alkohol. Führe nach ein paar Stunden ein brennendes Holzstäbchen in die Flaschenöffnung ein.
Beobachte. Was passiert mit der Flamme? Finde eine Erklärung für deine Beobachtung.

Schimmelpilze erzeugen Stoffe, die Bakterien hemmen

Antibiotika sind Bakterienhemmstoffe, die von bestimmten Bakterien und Pilzen gebildet werden. Hauptwirkung der Antibiotika ist die Hemmung der DNA-, der RNA- und der Proteinsynthese der Bakterien. Diese können sich deshalb nicht mehr vermehren beziehungsweise sterben ab. Der Entdecker des ersten Antibiotikums ist **Alexander Fleming**. Er beobachtete 1929 durch Zufall auf einer angeschimmelten Bakterienkultur, dass der Schimmelpilz eine Substanz ausschied, die das Wachstum der Bakterien hemmte. Damit hatte Fleming einen wichtigen Wirkstoff zur Bekämpfung bakterieller Krankheiten entdeckt – das **Penicillin**.

Da Antibiotika (wie viele andere Medikamente auch) meist nicht ohne Nebenwirkungen sind, darf ihre Einnahme nur auf ausdrückliche ärztliche Empfehlung erfolgen. Antibiotika zerstören beispielsweise auch harmlose Bakterien in unserem Körper, wie zum Beispiel die **Darmflora** (um Verdauungsstörungen vorzubeugen, empfiehlt es sich deshalb, begleitend zu einer Antibiotikatherapie, ein Präparat zum Aufbau und zur Erhaltung der Darmflora einzunehmen).

Manche Menschen zeigen allergische Reaktionen auf Antibiotika. Diese können mitunter lebensbedrohlich sein – beim so genannten anaphylaktischen Schock bricht innerhalb kurzer Zeit nach der Antibiotikaeinnahme der gesamte Kreislauf zusammen.

Die häufige Anwendung von Antibiotika kann auch zur Resistenzbildung führen, das heißt, dass die Bakterien gegen die Hemmstoffe unempfindlich werden.

Hefepilze sind einzellige Organismen

Hefen bilden keine Myzelien aus. Die 4 bis 8 µm kleinen einzelligen Pilze vermehren sich durch Sprossung (→ Abb. 40). Dabei teilt sich der Zellkern und einer der beiden Folgekerne wandert in eine Plasmaausstülpung der Ausgangszelle, in den Sprossungskegel, ein, der danach abgeschnürt wird.

So wie viele andere Lebewesen auch beziehen Hefen unter aeroben Bedingungen die Energie zum Leben durch Zellatmung (→ S. 46f). Sie besitzen jedoch auch die Fähigkeit, organische Stoffe zur Energiebedarfsdeckung unter Sauerstoffabschluss abzubauen (fakultative Anaerobier; → S. 48).

Durch Züchtung wild vorkommender Hefe sind Kulturformen entstanden. Sie spielen in der Nahrungs- und Genussmittelproduktion eine wichtige Rolle (→ S. 71ff). **Bäckerhefe** beispielsweise bewirkt durch das bei der Gärung freiwerdende Kohlenstoffdioxid das „Gehen" (Auflockerung) des Teiges. Die Bierhefe vergärt den in keimender Gerste (Malz) aus Stärke gebildeten Malzzucker zu Alkohol. Die Weinhefe baut den im Saft gepresster Weintrauben (bzw. in anderen Obstsäften) enthaltenen Traubenzucker zu Alkohol ab.

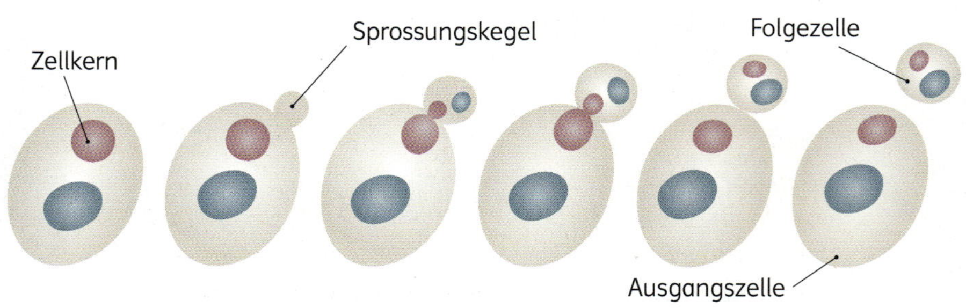

40 Hefesprossung (Schema)

Pilze sind Kommensalen und Parasiten des Menschen

Auf der Haut und den Schleimhäuten des Menschen leben diverse Pilze als Kommensalen (→ S. 55f). Zum Beispiel besiedelt der Hefepilz *Candida albicans* bevorzugt Mund und Rachen, den Verdauungstrakt und den Bereich der Geschlechtsorgane. Ist das Immunsystem beeinträchtigt (zB durch die Einnahme von Medikamenten, Erkrankungen wie Diabetes, Krebs oder AIDS, Stress), kann sich der Pilz stark vermehren und zum Parasiten werden.
Es zeigt sich das Krankheitsbild der Candidamykose, die ärztlich behandelt werden muss. Im Bereich der Mundhöhle bildet sich auf der Schleimhaut ein weißer, schmerzloser, leicht abwischbarer Belag. Die Schleimhaut selbst ist gerötet und beginnt leicht zu bluten. Breitet sich der Pilz bis in die Speiseröhre aus, kann es zu einer Entzündung verbunden mit Schmerzen beim Schlucken kommen. Candidamykose im Darmbereich verursacht wässrige Durchfälle, mitunter treten auch Darmgeschwüre und Darmblutungen auf.
Im Bereich der **Geschlechtsorgane** schwellen die Schleimhäute an, sie sind gerötet und mit einem weißen Belag überzogen. Pusteln bilden sich und starker Juckreiz tritt auf.

Eine der häufigsten Infektionskrankheiten der Haut des Menschen ist der Fußpilz. Die Haut ist gerötet, schuppt und juckt. Erreger sind Fadenpilze. Es handelt sich hierbei um fadenförmige Einzeller, die Knäuel bilden. Die Pilzzellen dringen in die Zellen der Haut ein und ernähren sich dort von Keratin (Hornsubstanz in Haut, Nägeln und Haaren) und anderen Eiweißstoffen.
Da die Fadenpilze Feuchtigkeit und Wärme brauchen, begünstigt das lange Tragen enger Schuhe das Wachstum des Fußpilzes.
Fadenpilze sind keine natürlichen Besiedler unserer Haut. Sie werden von Mensch zu Mensch über erregerhaltige Hautschüppchen, die auf dem Boden, Teppich etc. liegen, übertragen, aber auch über Schuhe und Socken. Besonders groß ist die Ansteckungsgefahr in Feuchträumen (Hallenbad, öffentliche Dusche, Sauna). Fadenpilze können auch Haare und Nägel befallen.

Pilze parasitieren auch auf Pflanzen

Pilze als Pflanzenparasiten können in der Land- und Forstwirtschaft große Schäden anrichten. So verursacht beispielsweise der Pilz *Helminthosporium* die Blattdürrekrankheit bei zB Weizen und Mais. Sie bewirkt eine geringere Fotosyntheseleistung, in der Folge sind die Getreidekörner nährstoffärmer (Kümmerkornbildung), was Ertragsverluste bedeutet.
Ein weiterer Getreidepilz ist *Claviceps purpurea*, der **Mutterkornpilz**. Die auf den Narben auskeimenden Pilzsporen bilden Myzelien, die in die Fruchtknoten wachsen. Aus diesen entwickeln sich anstelle der Getreidekörner harte, schwarzviolette **Dauermyzelien**. Diese fallen zur Erntezeit ab, überwintern im Boden und bilden im Frühjahr Sporenkörper, deren Sporen neue Pflanzen befallen. Im Mutterkorn sind Gifte enthalten, die Hautveränderungen (Blau-Rot-Verfärbung u.a.), Krämpfe, Halluzinationen und Wahnsinn verursachen. In kleinen Dosen angewendet, finden Mutterkorngifte allerdings in der Heilkunde Verwendung.

Selbst aktiv!

1. Sammle Informationen zu Maßnahmen, wie du eine Ansteckung mit Fußpilz vermeiden kannst.
2. Flechten sind keine eigene Gruppe von Lebewesen, sondern Symbiosen aus Pilzen und Algen. Recherchiere, welchen Nutzen Algen und Pilze aus ihrer Lebensgemeinschaft ziehen, und erläutere, wieso Flechten als Bioindikatoren große Bedeutung haben.

Geschlechtsorgane
Bei einer Infektion der Geschlechtsorgane muss unbedingt der Geschlechtspartner bzw. die Geschlechtspartnerin mitbehandelt werden, um ein ständiges Hin- und Herübertragen (Ping-Pong-Effekt) zu vermeiden.

Mutterkornpilz
parasitiert hauptsächlich auf Roggen

Dauermyzelien
bei *Claviceps purpurea* als Mutterkorn bezeichnet

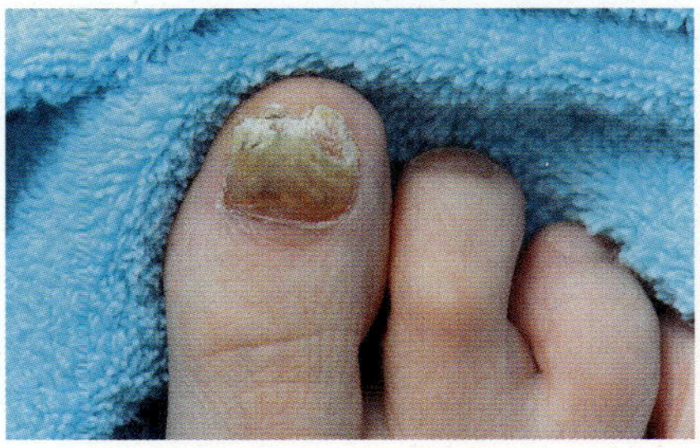
41 Nagelpilz

42 Zum Schutz vor Fußpilz im Schwimmbad Badeschuhe benutzen!

43 Von der Blattdürrekrankheit betroffene Maisblätter

44 Getreideähre mit Mutterkorn

Eutrophierung
Nähr- und Mineralstoffübersättigung, Überdüngung
eutrophos (griech.) = gut nährend, nahrhaft

Kippen des Gewässers
Aufgrund des Sauerstoffmangels nehmen anaerobe Abbauprozesse zu, es entsteht allmählich ein typischer Gestank nach Methan und Schwefel, jegliches Leben erlischt. Das Gewässer wird als tot oder umgekippt bezeichnet.

45 Fischsterben durch Sauerstoffmangel

Phosphate
enthärten nicht nur das Wasser, sondern halten auch Schmutzpartikel in Lösung und verhindern ihr Absetzen auf dem Geschirr. EU-weit sind sie in Textilwaschmitteln seit 2013 und in Geschirrspülmitteln seit 1.1.2017 verboten.

Tenside
werden als waschaktive Substanzen in Textilwaschmitteln eingesetzt, um den Schmutz aus der Wäsche zu lösen

biologisch abbaubar
sind Chemikalien, die von Lebewesen – im besten Fall bis zur vollständigen Mineralisierung – zersetzt werden können

Enzyme
lösen fett-, eiweiß- und stärkehaltige Flecken

Die Bedeutung von Mikroorganismen für ökologische Kreisläufe

Du weißt bereits, dass Mikroorganismen im Kreislauf der Stoffe in der Natur eine wichtige Rolle spielen. Sie bauen unter Verbrauch von Sauerstoff abgestorbene Pflanzen bzw. Pflanzenteile, Tierleichen und Ausscheidungsprodukte im letzten Schritt zu Kohlenstoffdioxid, Wasser und Mineralstoffen ab. Abgestorbene Biomasse und Ausscheidungen bilden auch in Gewässern natürliche Verunreinigungen. Diese werden ebenfalls von Mikroorganismen abgebaut. Die anorganischen Stoffe, die dabei gebildet werden, fördern wiederum das Pflanzenwachstum und somit die Produktion von Sauerstoff. Auf diese Weise werden die natürlichen Verunreinigungen beseitigt, das Wasser bleibt klar und sauber. Diese natürliche Selbstreinigung der Gewässer funktioniert solange das biologische Gleichgewicht nicht gestört ist.
Von außen (durch Haushalte, Industrie und Landwirtschaft) eingespeiste anorganische und organische Substanzen verursachen eine **Eutrophierung**. Diese bewirkt eine starke Algen- und Planktonvermehrung. Aufgrund dieser Überproduktion folgt durch das Absterben der Organismen (bzw. direkt über Einspeisung organischer Stoffe) eine Zunahme der organischen Abfälle, die unter Sauerstoffverbrauch von den Mikroorganismen zersetzt werden. Das Gewässer verarmt zusehends an Sauerstoff. Ist nicht mehr ausreichend Sauerstoff vorhanden, lagern sich die abgestorbenen Organismen am Grund ab und verfaulen. Es bildet sich Faulschlamm.
Fischsterben bis hin zum völligen **Kippen des Gewässers** ist in Extremfällen die Folge. Um dies zu verhindern, müssen Abwässer in Kläranlagen (→ S. 67) gereinigt werden, bevor man sie in den Wasserkreislauf zurückführt.

Wie umweltverträglich sind Waschmittel?

Die Inhaltsstoffe von Waschmitteln gelangen mit den Abwässern in Kläranlagen. Um eine Umweltbelastung möglichst gering zu halten, sind viele dieser Stoffe gesetzlichen Bestimmungen unterworfen. Zum Beispiel dürfen **Phosphate** zur Wasserenthärtung EU-weit nicht mehr eingesetzt werden, da sie zur Eutrophierung von Gewässern beitragen. Schwer abbaubare **Tenside** sind verboten, sie schäumen sehr stark und sind teilweise für Pflanzen und Tiere giftig. Es dürfen nur noch Tenside eingesetzt werden, die innerhalb kurzer Zeit mindestens zu 90 % **biologisch abgebaut** werden.
Auch umweltbelastende Duftstoffe und bestimmte **Enzyme** dürfen nicht verwendet werden.
Viele Firmen werben heute mit der Umweltfreundlichkeit ihrer Produkte. Jedes Waschmittel enthält aber Stoffe, die nicht restlos biologisch abbaubar sind. Deshalb können Waschmittel nicht umweltfreundlich, sondern nur mehr oder weniger umweltverträglich sein.

Selbst aktiv!

1. Lies die folgenden Punkte, wie auch du einen Beitrag zum Gewässerschutz leisten kannst. Überlegt anschließend in der Klasse Strategien, wie dieses Wissen über einen nachhaltigen Umgang mit unserem Wasser, deinen Mitmenschen bestmöglich vermittelt werden kann.
   a. Gehe beim Wäschewaschen sparsam mit dem Waschmittel um. Je größer die Waschmittelmenge, desto größer die Wasserbelastung!
   b. Entsorge feste Abfälle und Altöle nicht über das Abwasser – ein Liter Öl macht eine Million Liter Wasser ungenießbar!
   c. Lacke, Holzschutz- und Lösungsmittel enthalten gefährliche Substanzen und dürfen deshalb keinesfalls ins Abwasser. Sammle die Reste und entsorge sie als Sondermüll!
2. Recherchiere: Was sind Waschmittel-Baukastensysteme? Warum sind sie eine gute Alternative zu Universalwaschmitteln?
3. Recherchiere: Was sind Waschnüsse? Warum ist ihre Verwendung umstritten?

In einer Kläranlage sorgen unter anderem Mikroorganismen für die Abwasserreinigung

In der mechanischen Reinigungsstufe werden mit Rechen und Sieben (→ Abb. 48/2) gröbere Stoffe aus dem Abwasser entfernt. Kleinere Feststoffe setzen sich im Sandfang ab (→ Abb. 48/3). Im Absetzbecken (→ Abb. 48/4) sinken noch vorhandene Schwebstoffe zu Boden.
In der biologischen Reinigungsstufe sorgen wie bei der natürlichen Selbstreinigung Mikroorganismen für die Mineralisierung der organischen Stoffe: Beim Belebtschlammverfahren (Belebungsverfahren, → Abb. 48/5) wird Wasser in Klärbecken (Belüftungsbecken) durch Einblasen von Luft ständig mit Sauerstoff angereichert, was ideale Lebensbedingungen für Mikroorganismen schafft. Sie vermehren sich dadurch sehr stark und erzielen so auf kleinem Raum die Abbauleistung einer mehrere Kilometer langen natürlichen Selbstreinigungsstrecke.
Das Abwasser gelangt nun ins Nachklärbecken (→ Abb. 48/6), wo sich Schlammteilchen mit daran haftenden Mikroorganismen absetzen. Sie werden gemeinsam mit dem Schlamm aus dem Vorklärbecken zum Faulturm (→ Abb. 48/10) gepumpt. Hier wird der Schlamm von anaeroben Bakterien vergoren. Das dabei entstehende, brennbare Methangas (→ Abb. 48/11) wird wirtschaftlich (zur Energieversorgung) genutzt, der übrig gebliebene Klärschlamm wird teilweise als Dünger eingesetzt (→ Abb. 48/12).
Im Wasser gelöste Mineralsalze werden in der chemischen Reinigungsstufe behandelt (→ Abb. 48/7+8): Durch den Zusatz von Magnesium-, Eisen- und Aluminiumsalzen werden gelöste Phosphate ausgefällt (bilden mithilfe der Zusätze Flocken) und entfernt: Ammonium NH_4^+ wird durch Nitritbakterien zu Nitrit NO_2^- und dieses weiter von Nitratbakterien zu Nitrat NO_3^- oxidiert (Nitrifikation, Nitrifizierung). Das Nitrat wird unter anaeroben Bedingungen von so genannten denitrifizierenden Bakterien reduziert (Denitrifikation, Denitrifizierung). Der dabei freiwerdende Stickstoff N_2 geht in die Atmosphäre (→ S. 45). Die chemische Abwasserreinigung ist nur dann nötig, wenn die Restbelastung des Wassers so hoch ist, dass sie die Selbstreinigungskraft des Wassers übersteigt beziehungsweise das Wasser nicht in Gewässer eingeleitet, sondern dem Verbrauch zugeführt wird.

46 Abwassereinleitung

47 Kläranlage Simmering, Wien

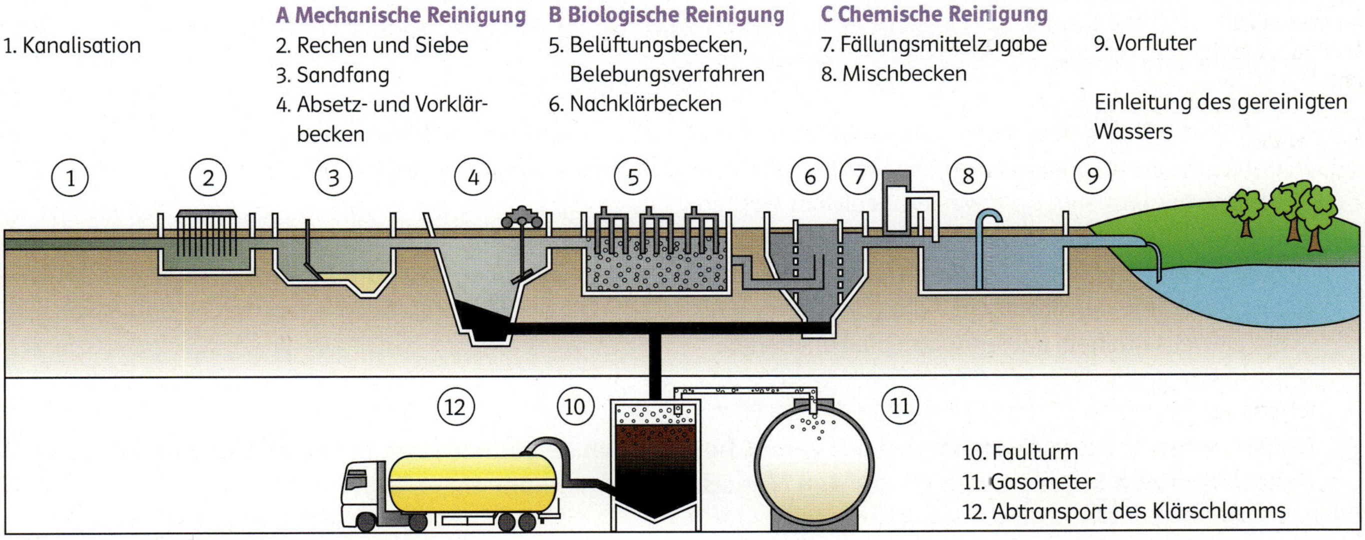

48 Schema einer dreistufigen Kläranlage

Selbst aktiv!

Recherchiere, warum der Einsatz von Klärschlamm zu Düngungszwecken häufig kritisiert wird. Informiere dich über die Klärschlammproblematik. Bewerte Kritikpunkte in Hinblick auf ökologische Aspekte.

Kompetenzcheck Mikrobiologie

Lösungen
w4e2ei

Du hast dir Wissen über die Unterschiede zwischen Pro- und Eukaryonten sowie über die Bedeutung von Mikroorganismen für ökologische Kreisläufe erarbeitet.

Folgende Kompetenzen hast du erworben ...

✓ Du kannst Prokaryonten von Eukaryonten unterscheiden.

Überprüfe dein Wissen ...

- ☐ 1. Beschreibe anhand von dir angefertigter Skizzen den Unterschied zwischen Pro- und Eukaryonten.
- ☐ 2. Die ersten Lebewesen waren Prokaryonten. Erkläre, wie man sich die Entwicklung von Prokaryonten zu Eukaryonten vorstellt.

✓ Du kannst die Besonderheiten einer Bakterienzelle beschreiben, Bakterien nach verschiedenen Kriterien einteilen und ihre speziellen Ernährungsformen voneinander unterscheiden.

Überprüfe dein Wissen ...

- ☐ 1. Fasse die Besonderheiten zusammen, die es Bakterien ermöglichen, sich an die unterschiedlichsten Lebensbedingungen anpassen zu können.
- ☐ 2. Unter Laborbedingungen werden zwei Bakterienkulturen *Escherichia coli* angelegt (Ausgangszahl 100 Bakterien/Probe, eine im warm-feuchten Milieu bei 37 °C, eine im kalt-trockenen Milieu bei 7 °C). Vermute, welche Kultur nach 20 min eine höhere Bakterenzahl aufweist, begründe deine Annahme und bestimme, mit wie viel Bakterien zu rechnen ist. Erörtere, warum sich Darmbakterien im Darm nicht unbegrenzt vermehren.
- ☐ 3. Gib einen Überblick über die am häufigsten vorkommenden Bakterienformen.
- ☐ 4. Unterscheide zwischen auto- und heterotrophen Bakterienarten anhand ausgewählter Beispiele und beweise anhand von Beispielen, dass Fäulnis und Verwesung nicht dasselbe ist.
- ☐ 5. Gib einen Überblick über die Bedeutung der Bakterien für die Umwelt mit speziellem Fokus auf den Menschen.

✓ Du weißt unterschiedliche Mikroorganismen kriteriengerecht in die Gruppe der Protisten einzuordnen.

Überprüfe dein Wissen ...

- ☐ 1. Grenze die Protisten von den übrigen Mikroorganismen ab, die du kennengelernt hast.
- ☐ 2. Unter den Protisten gibt es etliche Krankheitserreger. Beschreibe einige von ihnen und gib auch an, welcher Gruppe der Protisten sie jeweils zugeordnet werden.
- ☐ 3. Beim Mikroskopieren einer Probe Süßwasser, die du einem Tümpel entnommen hast, kannst du Folgendes erkennen: 0,3 mm großer Ciliat, pantoffelförmig, zwei sternförmige pulsierende Strukturen, zwei oval-längliche Strukturen. Bestimme den Protisten und ergänze um weitere Merkmale des Protisten. Erkläre, um welche Strukturen es sich jeweils handelt, und erläutere die Funktionen.

✓ Du verstehst, Pilze auch als Kleinstlebewesen beschreiben zu können, und hast ihre Bedeutung, ihren Nutzen und den Schaden, den sie für den Menschen bringen können, erfasst.

Überprüfe dein Wissen ...

- ☐ 1. Beschreibe anhand ausgewählter Beispiele die Bedeutung der Pilze für den Menschen.
- ☐ 2. Gib die Besonderheit an, die Pilze im Vergleich zu allen anderen Lebewesen aufweisen.
- ☐ 3. Unter Luftabschluss vergären Hefepilze Traubenzucker zu Alkohol. Erörtere, was unter Anwesenheit von Sauerstoff passiert.

Mikrobiologie

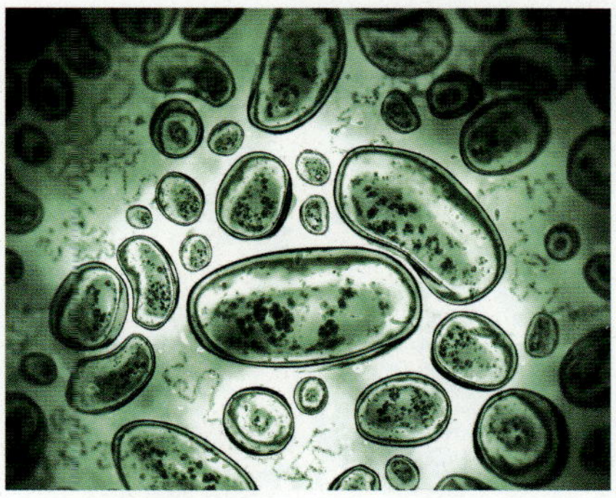

Prokaryonten (**Archaea** und **Bakterien**) sind mikroskopisch kleine, einzellige Organismen, die im Unterschied zu pflanzlichen und tierischen Zellen keinen Zellkern aufweisen. Die DNA liegt frei im Plasma.

Bakterien vermehren sich durch **Spaltung**. Unter günstigen Lebensbedingungen geschieht dies sehr rasch. Bei ungünstigen Lebensbedingungen können manche Bakterienarten als **Sporen** überdauern.
Je nachdem, ob zum Abbau energiereicher Stoffe zur Energieversorgung Sauerstoff benötigt wird oder nicht, unterscheidet man zwischen **aeroben**, **fakultativ anaeroben** und **obligat anaeroben** Bakterien.
Es gibt sowohl heterotrophe als auch autotrophe Bakterien. Heterotrophe Formen sind entweder **Saprobionten**, **Parasiten** oder **Symbionten**.
Bei autotrophen Bakterien unterscheidet man zwischen **foto-** und **chemoautotrophen** Arten.

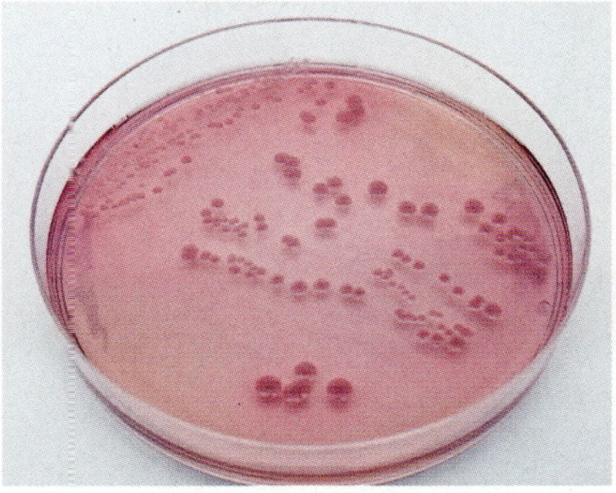

Saprobiontisch lebende Bakterien spielen eine wichtige Rolle im Kreislauf der Stoffe in der Natur. **Fäulnis- und Gärungsvorgänge** haben auch große Bedeutung bei der Herstellung von Nahrungsmitteln.
Parasitär lebende Bakterien rufen Krankheiten hervor.
Bakterien werden auch als **biologische Waffen** eingesetzt.

Protisten sind Einzeller und deren einfach gebaute vielzellige Verwandte, die nicht eindeutig den Pflanzen, Tieren oder Pilzen zuzuordnen sind.

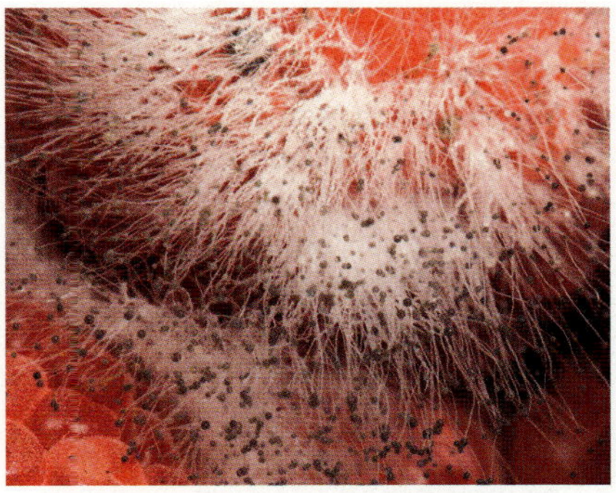

Die **Protozoa** sind **tierähnliche Protisten**. Unter ihnen gibt es viele parasitär lebende Arten.

Algen- und **Schleimpilze** sind **pilzähnliche Protisten**, die eine wichtige Rolle als Zersetzer spielen. Viele landlebende Algenpilzarten sind aber auch Pflanzenparasiten.
Algen sind **pflanzenähnliche Protisten**. Sie ernähren sich überwiegend autotroph, weshalb sie von großer ökologischer Bedeutung sind. Einzellige Algen sind Nahrungsgrundlage für viele andere Lebewesen, da sie ein wichtiger Bestandteil des **Planktons** sind.

Pilze sind heterotrophe, meist vielzellige Lebewesen. Ihre Bedeutung für den Menschen und die Natur ist vielfältig.
Saprophytische Pilze spielen eine große Rolle als **Destruenten**. Sie verderben einerseits Nahrungsmittel, andererseits werden bestimmte Arten u. a. auch zur **Herstellung von Käse**, zum Lockern bestimmter **Teige** und zur **Erzeugung alkoholischer Getränke** eingesetzt.
Die Stoffwechselprodukte bestimmter Pilze spielen als **Antibiotika** in der Medizin eine Rolle.
Diverse Pilzarten kommen aber auch als **Parasiten** bei Mensch, Tier und Pflanze vor.

Mikroorganismen spielen eine wichtige Rolle bei der **Selbstreinigung der Gewässer**.
Durch Abwässer kann es aufgrund von **Überdüngung** zu einer Störung des biologischen Gleichgewichts kommen. Abwässer müssen deshalb in **Kläranlagen** gereinigt werden, bevor sie in den **Wasserkreislauf** zurückgeführt werden.

Biotechnologie

Biotechnologie
zp33ge

Du erarbeitest dir Wissen über **biotechnische Verfahren bei der Nahrungsmittelproduktion**.

Du erlernst ...

- ☐ die Bedeutung von Mikroorganismen für die Herstellung von Brot zu erläutern (S. 70–71)
- ☐ den Einsatz von Bakterien für die Erzeugung von Käseprodukten zu beschreiben (S. 72)
- ☐ Methoden zu entwickeln, wie sich Lebensmittel konservieren lassen (S. 73)
- ☐ die biotechnische Herstellung von Säuren zu erklären (S. 74)
- ☐ den Vorgang des Brauens von Bier und Gärens von Wein unter biotechnologischen Aspekten zu erläutern (S. 75–76)
- ☐ den Einsatz von Gentechnik bei der Nahrungsmittelproduktion sowohl als Chance zu sehen als auch als Risiko für den Menschen und seine Umwelt zu hinterfragen (S. 77)

Kompetenzcheck → S. 78

Biotechnologie in der Nahrungsmittelproduktion

Getreidemehl
erhält man durch Mahlen der stärke-, eiweiß- und mineralstoffreichen Getreidekörner (Roggen, Weizen, Dinkel etc.). Wird während des Mahlvorganges ein Großteil der Kleie (Schale, Kleberschicht und Keimling; → Abb. 3) vom Mehlkörper getrennt, entsteht „weißes Mehl". Im Vollkornmehl ist die ganze Kleie mitverarbeitet. Vollkornprodukte sind aufgrund ihres höheren Mineral- und Vitamingehalts gesünder und außerdem ballaststoffreich.

Krume
das weiche Innere im Brot

Bäckerhefe
ein für den Backvorgang besonders gut geeigneter Hefestamm

Bereits vor rund 10 000 Jahren bis Mitte des 19. Jahrhunderts wurden die biologischen Eigenschaften von Mikroorganismen ohne Kenntnis der biochemischen Abläufe genutzt.
Eines der ältesten biotechnologischen Verfahren ist das Vergären von Getreidebreien, Früchten und Honig zur Gewinnung von alkoholischen Getränken. So wurde beispielsweise schon 7 000 v. Chr. in Babylonien und Ägypten Bier gebraut. Die alkoholische Gärung wurde vermutlich durch Zufall beim Lagern von Früchten entdeckt.
Vor rund 4 000 Jahren begannen die Ägypterinnen bzw. Ägypter mit dem Brotbacken. Ungefähr 170 v. Chr. gelangte die Technik der Brotherstellung über Israel und Griechenland nach Rom. Seit dem 12. Jahrhundert zählt das Brot in Mitteleuropa zu den Hauptnahrungsmitteln.

Brot, ein Getreideprodukt

Brotteig besteht im Wesentlichen aus **Getreidemehl**, Wasser und Salz. Um eine feinporige **Krume** zu erzielen, wird dem Teig ein Treibmittel zugesetzt. Bei Weizen- und Dinkelmehlprodukten wird dafür **Bäckerhefe** verwendet, Roggenmehlteige werden mit Sauerteig versetzt.

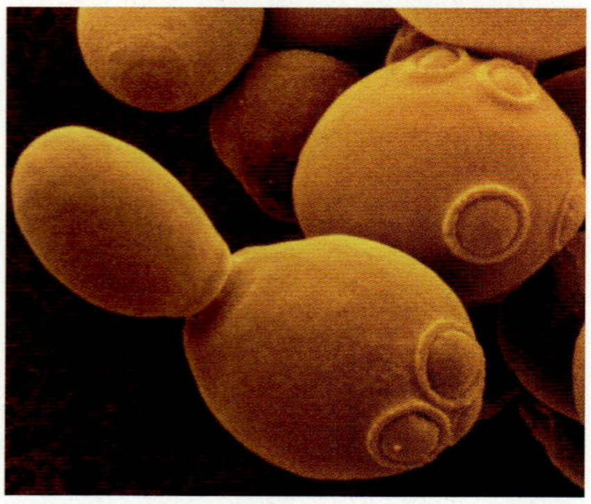

1 Bäckerhefe (*Saccharomyces cerevisiae*). Gefärbte, elektronenmikroskopische Aufnahme (~ 1600-fach vergrößert)

2 Brot zählt in Europa zu den Hauptnahrungsmitteln.

Arbeitsheft Seite 20

Hefe und Milchsäurebakterien bewirken eine biologische Teiglockerung

Wird das Mehl mit Wasser vermischt, beginnen korneigene **Amylasen** mit dem Abbau der **Stärke** zu **Maltose**. Die Hefe verfügt über das Enzym Maltase, welches die Maltose weiter in Traubenzucker spaltet. Andere Hefeenzyme bewirken nun den Abbau der Glucose zu Alkohol (alkoholische Gärung, → S. 48). Das dabei entstehende Kohlenstoffdioxid bildet Blasen im Teig und verleiht ihm so die gewünschte, lockere Beschaffenheit.

Sauerteig ist ein Gemisch aus Roggenmehl und Wasser, das mit Hefe und Milchsäurebakterien versetzt ist. Während der Sauerteigherstellung (Säuerungsphase) bauen die Milchsäurebakterien Zucker zu Milchsäure ab (Milchsäuregärung, → S. 48), gleichzeitig findet die alkoholische Gärung über die Hefe statt.

Hefe ist das Treibmittel in Weizenmehlprodukten

Weizenmehl enthält sehr viel Eiweiß, das in Verbindung mit Wasser eine klebrige Masse (Kleber, Gluten) bildet. Diese besitzt die Fähigkeit, die Gasbläschen zu binden, die bei der durch Hefe bewirkten alkoholischen Gärung entstehen.

Sauerteig ist das Treibmittel in Roggenmehlprodukten

Roggenmehl enthält keine Kleber bildenden Eiweiße, dafür aber Schleimstoffe (das sind verschiedene Polysaccharide, die unter dem Begriff Pentosane zusammengefasst werden), die ebenfalls die Kohlenstoffdioxidbläschen binden können. Die Schleimstoffe müssen erst durch die Einwirkung von Säure aktiviert werden, weshalb in Roggenmehlprodukten Sauerteig als Treibmittel verwendet wird.

Selbst aktiv!

1. Überlege, warum Amylasen erst bei Zugabe von Wasser wirksam werden. Beachte dabei, welche Art von Reaktion diese Enzyme bewirken (→ S. 41).
2. Überlege, warum man einen Germteig nicht sofort nach der Herstellung in den Ofen zum Backen geben, sondern ihn zuerst an einen warmen Ort zum „Gehen" stellen muss. Was passiert mit den Hefeenzymen beim Backvorgang?
3. Sind Backwaren, die zur Teiglockerung mit Hefe versetzt worden sind, alkoholhaltig? Begründe deine Vermutung.
4. Überlege, warum die Krume von Roggenmehlbrot, das nur mit Hefe hergestellt wurde, nicht locker ist.
5. Sauerteig kannst du leicht selbst herstellen! Verrühre in einer Schüssel 100 g Roggenmehl mit Wasser zu einem dickflüssigen Brei, den du für 24 Stunden zugedeckt an einem warmen Ort ruhen lässt. Danach rührst du noch einmal 100 g Mehl und Wasser ein und lässt den Teig erneut 24 Stunden stehen. Diese Arbeitsschritte wiederholst du so oft, bis der Teig säuerlich riecht und an der Oberfläche Blasen bildet (nach etwa drei bis fünf Tagen). Überlege: Woher stammen die Milchsäurebakterien und die Hefe in deinem Sauerteig?
6. Zum Backen wird häufig eine Mischung aus Dinatriumdisphosphat und Natriumhydrogencarbonat als Triebmittel verwendet. Recherchiere, unter welchem Namen dieses Teiglockerungsmittel besser bekannt ist und wie es wirkt.

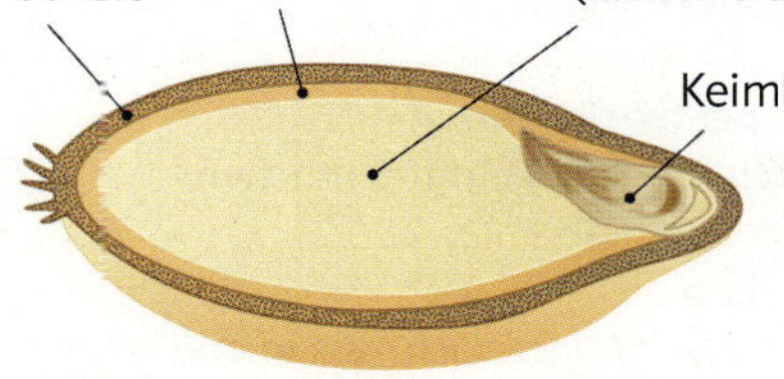

3 Aufbau eines Getreidekorns (Schema)

Amylasen
Enzyme, die Stärke abbauen (→ S. 41)

Stärke
besteht aus vielen miteinander verbundenen Traubenzuckermolekülen (→ S. 83).

Maltose
Malzzucker; besteht aus zwei miteinander verknüpften Traubenzuckermolekülen (→ S. 82)

4 Roggen

5 Weizen

6 Dinkel

Lactose
lac (lat.) = Milch

pasteurisieren
durch Erhitzen keimfrei machen

Lab
ist ein Enzymgemisch, das in den Mägen von Säugetieren vorkommt. Die auf die jeweilige Muttermilch abgestimmten Enzyme lassen das Milcheiweiß gerinnen, wodurch es erst verdaubar wird.

Labaustauschstoffe
werden entweder mikrobiell aus bestimmten Schimmelpilzkulturen, die labähnliche Enzyme erzeugen, oder mittels Biotechnologie (→ S. 77) aus gentechnisch veränderten Mikroorganismen gewonnen.

7 Durch Zugabe von Lab gerinnt die Milch.

8 Die gallertige Masse wird zerkleinert.

Selbst aktiv!

Überlege: Zur Herstellung von Milchprodukten wie Sauerrahm, Jogurt oder Käse wird die Milch mit bestimmten Milchsäurebakterienkulturen versetzt. Warum wird dafür meistens nicht unbehandelte, sondern pasteurisierte Milch verwendet?

Käseerzeugung

Lässt man Milch längere Zeit ungekühlt stehen, wird sie bald sauer und erhält eine bröckelige Konsistenz. Verursacher sind Milchsäurebakterien, die die **Lactose** (Milchzucker) zu Milchsäure vergären. Die Säure zerstört die Struktur des Milcheiweißes (Kasein), wodurch es fest wird („es gerinnt") und sich als Topfen (Käsebruch) von der als Molke bezeichneten Flüssigkeit absetzt.
In der Käserei wird die Milch, je nach gewünschtem Fettgehalt im Käse, entrahmt oder es wird Rahm zugesetzt. Danach wird die Milch, abhängig davon welche Käsesorte hergestellt werden soll, roh (zB Emmentaler) oder **pasteurisiert** weiterverarbeitet.

Milcheiweiß gerinnt durch Säure oder durch Lab

Im nächsten Arbeitsschritt wird das Milcheiweiß zum Gerinnen gebracht. Dies erfolgt entweder durch die Zugabe von Milchsäurebakterien (Säuregerinnung) oder durch den Zusatz von **Lab** (Labgerinnung).
Früher hat man für die Labgerinnung Lab verwendet, das aus den Magenschleimhäuten von Kälbern gewonnen wurde. Heute werden dafür fast ausschließlich **Labaustauschstoffe** verwendet.
Die sich bei der Gerinnung abscheidende Molke wird abgeleitet, die zurückbleibende gallertige Masse – der Käsebruch oder Topfen – wird je nach Käsesorte gröber oder feiner zerkleinert. Je feiner der Käsebruch ist, desto fester wird der Käse.
Der Bruch wird nun gerührt und erwärmt und anschließend in Formen gefüllt. Durch Wenden und Pressen wird abermals Molke entzogen. In einem nächsten Arbeitsschritt wird der Käse gesalzen. Dies verleiht dem Käse Würze, bewirkt nochmaligen Entzug von Molke sowie die Verfestigung der Rinde und hemmt das Wachstum unerwünschter Mikroorganismen bei der so genannten Hauptreifung. Für die Herstellung von Edelschimmelkäsesorten wie Camembert oder Brie werden dem Käse die entsprechenden Edelschimmelpilzkulturen zugesetzt.

Bei der Reifung wird Kasein und Fett abgebaut

Je nach Sorte muss Käse Tage, Wochen oder Monate reifen (mit Ausnahme von Frischkäsesorten wie zB Cottage Cheese und Gervais). Er wird dafür in besonderen Räumen, in denen eine bestimmte Luftfeuchtigkeit und Temperatur herrschen, gelagert. Bei der Reifung, bei der der noch körnige Käse seine typische Struktur erhält, bauen Mikroorganismen (Bakterien, Hefen und Schimmelpilze) Kasein und Fett ab, wodurch der Käse seinen typischen Geschmack erhält. Löcher im Käse entstehen durch Gasbildung (Kohlenstoffdioxid) bei der Gärung.

9 Der Käsebruch wird in Formen gefüllt.

10 Käselaibe beim Reifen

Milchsäure als Konservierungsmittel

Milchsäurebakterien können durch ihre Säurebildung die Vermehrung von unerwünschten Bakterien in Lebensmitteln verhindern. Auf diese Weise werden zB pflanzliche Lebensmittel wie Kraut und Gemüse **konserviert**.
Aber auch bei der Erzeugung von Rohwürsten, wie beispielsweise Salami, werden Milchsäurebakterien eingesetzt. Sie verleihen den Produkten nicht nur den charakteristischen Geschmack, sondern auch eine längere Haltbarkeit.

konservieren
haltbar machen
Säuren eignen sich deshalb so gut als Konservierungsmittel, da sie (wie auch hohe Temperaturen, → S. 40) die Struktur der Proteine zerstören. So werden die für die Mikroorganismen lebensnotwendigen Enzyme inaktiv.

Selbst aktiv!

1. Sommergemüse kannst du relativ einfach für den Winter konservieren. Du benötigst dafür saubere, heiß ausgewaschene Marmeladegläser, die mit einem passenden Drehdeckel gut verschließbar sind. Sie werden bis etwa 4 cm unter den Rand mit Gemüse gefüllt (eng hinein schlichten und etwas zusammendrücken). Darüber gießt du Salzwasser (15 Gramm Salz pro Liter Wasser), das du vorher aufkochen und anschließend auf Handwärme abkühlen hast lassen. Achte darauf, dass das Gemüse zur Gänze mit Salzwasser bedeckt ist. Danach verschließt du die Gläser fest und stellst sie an einen 20 bis 25 °C warmen Ort. Es ist die optimale Temperatur, damit sich die Milchsäurebakterien (sie kommen überall vor und sind somit auch auf dem Gemüse zu finden) rasch vermehren. Sie vergären den Zucker, der in dem aus dem Gemüse austretenden Saft enthalten ist, zu Milchsäure. Diese hemmt das Wachstum von Fäulnisbakterien. Stelle die Gläser nach acht bis zehn Tagen zum Reifen an einen dunklen, kühlen Ort (5 bis 10 °C; zB in den Kühlschrank). Nach etwa sechs Wochen ist dein Gemüse genussfertig. Guten Appetit!
   Beachte: Angebrochene Gläser müssen im Kühlschrank aufbewahrt und ihr Inhalt möglichst bald gegessen werden.

   Hier einige Gemüsetipps:
   - Gurken, Zwiebel, Knoblauch, Paprika, Tomaten (Paradeiser) in kleine Stücke geschnitten, nach Belieben mit Senfkörnern, Koriander, Lorbeerblätter etc. würzen
   - in Streifen geschnittene Kohlrabi, Gewürzkörner und Dille
   - in Scheiben geschnittene Gurken, Karfiolröschen, Gewürze nach Belieben
   - in Streifen geschnittene Sellerie (sofort mit Salzwasser bedecken, da sie sonst braun wird) und Karotten, nach Belieben mit Senfkörnern, Koriander, Lorbeerblätter etc. würzen

   Überlege: Warum dürfen die Gläser nicht randvoll gefüllt werden?

2. Du kannst auch Sauerkraut selbst herstellen. Recherchiere im Internet, wie das funktioniert, und beschreibe danach schriftlich die einzelnen Arbeitsschritte anhand der Abbildungen.

Melasse
Abfallprodukt aus der Zuckergewinnung

biotechnologisch hergestellter Essig
ist Gärungsessig. Daneben wird Essigsäure auch großtechnisch chemisch hergestellt. Sie findet hauptsächlich in der Farbstoff-, Klebstoff-, Kunststoff- und Kosmetikindustrie Verwendung.

11 Viele Putzmittel enthalten Zitronensäure.

12 Essig aus verschiedenen Obstsorten

13 Selbstgemachter Holunderblütensirup

Zitronen- und Essigsäureerzeugung

Zitronensäure wurde früher ausschließlich aus Zitronen gewonnen. Anfang des 19. Jahrhunderts entdeckten Wissenschafter, dass bestimmte Schimmelpilze ebenfalls Zitronensäure produzieren. Etwa 100 Jahre später hat man mit der Zitronensäuregewinnung aus **Melasse** durch den Schimmelpilz *Aspergillus niger* begonnen.
Eines der weltweit größten Unternehmen für die Herstellung und den Vertrieb von Zitronensäure hat seinen Firmensitz in Wien. Die Produktionsstätten befinden sich in Pernhofen (NÖ) nahe Laa an der Thaya, bei Mannheim (D), im Elsaß (F), auf Sumatra (Indonesien) und in Port Colborne (Kanada).
Zitronensäure und ihre Salze (Citrate) werden hauptsächlich in der Getränke-, Lebensmittel- und Kosmetikindustrie verwendet. Außerdem werden sie aufgrund ihrer kalklösenden Wirkung in Reinigungsmitteln eingesetzt. Zitronensäure und Citrate verhindern auch die Blutgerinnung, weshalb damit Blutspenden konserviert werden.

Essigsäure wurde schon in der Antike verwendet

Zu den ältesten Anwendungen biotechnischer Verfahren gehört die Essigsäuregärung. In Europa geht ihre Verwendung bis in die Antike (etwa 1200 v. Chr. bis 600 n. Chr.) zurück. Der Essig wurde aus Wein gewonnen, den man offen stehen ließ.
Mitte des 19. Jahrhunderts entdeckte der französische Chemiker Louis Pasteur, dass bestimmte Bakterien, die Essigsäurebakterien, das Sauerwerden verursachen. Damit konnte Essig kontrolliert aus Wein hergestellt werden.
Heute finden neben Wein auch viele andere Grundstoffe zur Essigherstellung Verwendung, wie zum Beispiel vergorenes Obst (Äpfel, Birnen und Himbeeren etc.).
Biotechnologisch hergestellter Essig wird als Geschmackstoff und als Konservierungsmittel eingesetzt.

Selbst aktiv!

Zitronensäure wird auch für die Herstellung von Sirup verwendet.
Sirup kannst du leicht selbst zubereiten. Probiere es doch einmal aus!
Hier ein Rezept für Holunderblütensirup:

Rühre in 1,5 Liter kochendes Wasser 1,5 Kilogramm Zucker ein. Die Zuckerlösung muss danach erkalten.
Währenddessen schüttelst du die Holunderblütendolden gut aus (25 Dolden, nicht waschen), um sie von eventuell vorhandenen kleinen Insekten zu befreien. Danach entfernst du die gröberen Stiele.
Wasche eine Zitrone, deren Schale zum Verzehr geeignet ist, und schneide sie in Scheiben.
Gib die Holunderblüten und die Zitronenscheiben in ein größeres Glasgefäß und übergieße sie mit der Zuckerlösung. Decke die Öffnung des Gefäßes mit einem Tuch ab und stelle den Behälter an einen sonnigen Platz.
Nach drei Tagen gießt du den Sirup durch ein sauberes Tuch und setzt 50 Gramm Zitronensäure (u. a. im Lebensmittelhandel, in Apotheken und Reformhäusern erhältlich) zu. Koche den Sirup nun kurz auf und fülle ihn anschließend in saubere Flaschen, die du gut verschließt. Dunkel und kühl gelagert hält sich dein Sirup circa ein Jahr lang. Geöffnete Flaschen müssen im Kühlschrank aufbewahrt und innerhalb von drei bis vier Wochen geleert werden.
Gutes Gelingen!

Bier- und Weinproduktion

Zur Herstellung von Bier, beim so genannten Bierbrauen, wird Gerste (seltener wird auch Weizen verwendet) in Wasser eingeweicht und so zum Keimen gebracht. Die Gerstenkeimlinge bilden Enzyme (Amylasen, → S. 41), die die Gerstenstärke zu Maltose und teilweise auch zu Glucose spalten. Die gekeimte Gerste (Grünmalz) wird nun getrocknet (gedarrt). Das so genannte Darrmalz wird zerkleinert und mit Wasser (50 °C bis 70 °C) zur Maische angerührt. Der Stärkeabbau durch die Amylasen wird währenddessen fortgesetzt. Maltose und Glucose werden im Wasser gelöst.

Abläutern bezeichnet das Abseihen der Maische

Der nächste Arbeitsschritt ist das Abläutern, das ist das Abseihen der Maische. Die dabei gewonnene Flüssigkeit, die Würze, wird nun mit **Hopfen** versetzt und zum Kochen gebracht. Dabei gehen die Bitterstoffe des Hopfens in Lösung. Sie verleihen dem Bier seinen charakteristischen Geschmack und seine Haltbarkeit (hemmen das Wachstum und die Vermehrung von Bakterien). Anschließend wird die Würze filtriert, abgekühlt, mit Hefe versetzt und in den Gärtank gepumpt. Dort beginnt die Hefe mit der Vergärung des Zuckers zu Alkohol unter Freisetzung von Kohlenstoffdioxid. Während dieser Hauptgärung werden etwa 70 % des Zuckers vergoren. Ist die Gärung abgeschlossen (je nach Biersorte sechs bis acht Tage), wird das Jungbier zur Nachgärung und Klärung in den Lagertank gepumpt. Nach drei bis vier Wochen hat es seinen endgültigen Geschmack erreicht.

Das Reinheitsgebot sichert die Bierqualität

1516 wurde in Bayern das Reinheitsgebot erlassen, das besagt, dass zur Herstellung von Bier nur Gerstenmalz, Hopfen und Wasser verwendet werden darf. In Deutschland hat dieses Gebot heute noch Gültigkeit, allerdings wurde es dahingehend abgeändert, dass auch die Verwendung von Weizenmalz zulässig ist.

In Österreich sind die Vorschriften für die Bierherstellung im Lebensmittelcodex B13 verankert. Demnach ist Bier ein „aus **Zerealien**, Hopfen und Wasser durch Maischen und Kochen hergestelltes, durch Hefe vergorenes, alkohol- und kohlensäurehaltiges Getränk", das keine chemischen Konservierungsstoffe und keine künstlichen Zusätze zur Geschmacksverbesserung enthalten darf.

Neben der traditionellen Verwendung von Gerste und Weizen sind in den letzten Jahrzehnten auch andere Getreide- bzw. andere Pflanzenarten, wie beispielsweise Hanf, zum Bierbrauen in Mode gekommen.

Hopfen
ist eine zweihäusige Pflanze, dh. dass männliche und weibliche Blüten(stände) auf unterschiedlichen Pflanzen vorkommen. Für die Bierproduktion werden nur die weiblichen Blütenstände verwendet.

Zerealien
Getreidekörner

14 Die Sudkessel bilden das Herzstück der Brauerei, in ihnen findet das Maischen, das Abläutern und das Würzekochen statt.

15 Malz und Wasser werden zur Maische angerührt.

Selbst aktiv!

Überlege, warum die zur Bierherstellung benötigte Hefe im Reinheitsgebot nicht erwähnt wird.

16 Hopfen, weibliche Blütenstände

17 In Lagertanks erfolgt die endgültige Reifung des Bieres.

18 Das fertige Bier wird in Flaschen gefüllt.

Rispen
Der üblicherweise verwendete Begriff „Weintraube" ist botanisch gesehen falsch, da die Beeren keine Traube sondern eine Rispe bilden (→ Abb. 19).

Schnapsherstellung
Tresterschnaps wird durch Destillation von Trester hergestellt. In Österreich wird dieser Branntwein als Trebener, in Italien als Grappa bezeichnet.

Gärung
Zur Qualitätssicherung werden heute von den meisten Weinbauern noch eigens dafür gezüchtete Hefen zugesetzt.

Alkohol
wirkt als Zellgift, indem er Wasser entzieht und die Struktur der Proteine zerstört. Deshalb wird Alkohol u.a. auch als Konservierungs- und Desinfektionsmittel eingesetzt.

19 Bau von Rispe (links) und Traube (rechts)

20 Weingarten

Traubensaft vergärt zu Wein

Ausgangsprodukt für die Weinherstellung sind Weintrauben. Nach ihrer Ernte (Weinlese) werden die Beeren von den **Rispen** abgetrennt. Nach diesem als Rebeln bezeichneten Arbeitsschritt werden die Beeren gequetscht. Dadurch entsteht die Maische, ein Gemisch aus dem Fruchtfleisch, den Schalen, den Kernen und dem Saft. Da auf den Weintrauben Hefepilze leben, ist auch Hefe in der Maische enthalten.
In der Weißweinproduktion wird nach wenigen Stunden gekeltert. Darunter versteht man das Abtrennen des Traubensaftes von den festen Bestandteilen der Maische in der so genannten Weinpresse oder Kelter.
Die als Trester bezeichneten Pressrückstände werden als Viehfutter, als Düngemittel oder aber auch zur **Schnapsherstellung** verwendet.
Der Traubensaft oder Most wird in Fässer oder Tanks gefüllt, wo unter Luftabschluss die **Gärung** stattfindet (→ S. 48).
Solange sich der Most in Gärung befindet, nennt man ihn in Österreich „Sturm". Kurz vor Gärungsende wird der noch trübe Wein als „Staubiger" bezeichnet.

Bei einem Alkoholgehalt zwischen acht und maximal fünfzehn Volumenprozent wird die Gärung gestoppt beziehungsweise hört sie von selbst auf, da der entstehende **Alkohol** die Hefepilze absterben lässt.
Der Jungwein wird nun von der abgesunkenen Hefe abgetrennt und in andere Fässer beziehungsweise Tanks zur Reifung gefüllt.
Am 11. November, am Gedenktag des heiligen Martin von Tours, wird der Jungwein „getauft" und damit zum „Heurigen".

Rotwein wird aus roten beziehungsweise blauen Trauben gewonnen. Der wichtigste Unterschied zur Weißweinherstellung besteht darin, dass bei der Rotweinproduktion die Maische vergoren und erst danach gepresst wird. Grund dafür ist, dass sich die Farbstoffe in den Schalen der Beeren befinden. Sie werden erst durch den bei der Gärung entstehenden Alkohol gelöst. Roséweine erhält man dadurch, dass die Gärung der Maische aus roten oder blauen Trauben nur solange zugelassen wird, bis der gewünschte Farbton erreicht ist, danach wird gekeltert und die Gärung nur mit dem Sturm fortgesetzt.

Selbst aktiv!

Der „Gleichgepresste" ist ein aus roten bzw. blauen Trauben hergestellter Wein, dessen Farbe jedoch auf den ersten Blick vermuten lässt, dass es sich um einen Weißwein handelt.
Überlege: Warum kann man aus roten beziehungsweise blauen Trauben einen solchen Wein produzieren und wie?

21 Alte Weinpresse, Weinmuseum Kaltern, Südtirol

22 Alte Weinfässer in einem Weinkeller

23 Ein moderner Weinkeller

Gentechnik in der Nahrungsmittelproduktion

Seit den Siebziger Jahren des vorigen Jahrhunderts spielt die **Gentechnik** eine zunehmende Rolle in der Biotechnologie. 1973 gelang es den amerikanischen Biochemikern Herbert Boyer (geb. 1936) und Stanley Cohen (geb. 1922) Gene, die für die **Antibiotikaresistenz** bestimmter Bakterien verantwortlich waren, zu isolieren und in das Erbmaterial von *Escherichia coli* (→ S. 54) einzuschleusen. In der Folge war auch *E. coli* gegen Antibiotika resistent.
Damit war der Grundbaustein für das gezielte „Umprogrammieren" des Erbmaterials (Genmanipulation) von Mikroorganismen zu Produktionszwecken gelegt.

Heute werden bereits viele gentechnisch veränderte Organismen u. a. auch in der Nahrungsmittelproduktion eingesetzt. So ist es zum Beispiel gelungen, aus Kälbermagenzellen das für die Produktion von **Chymosin** verantwortliche Gen zu isolieren und in das Erbmaterial von Mikroorganismen (hauptsächlich Hefen oder Schimmelpilzen) einzuschleusen. Diese erzeugen in der Folge Chymosin.

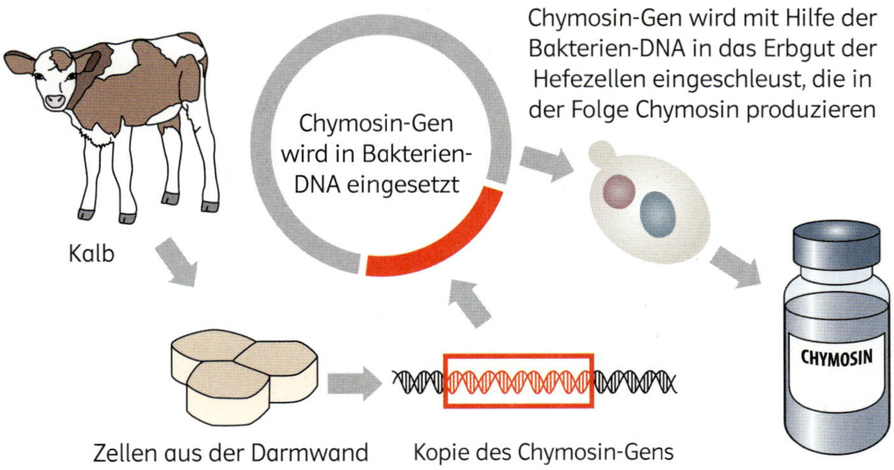

24 Gentechnisch veränderte Hefezellen produzieren Chymosin

Gentechnik – Chance und Risiko

Im Hinblick auf die steigende Weltbevölkerung könnte der Einsatz gentechnisch veränderter Organismen zur Nahrungsmittelproduktion besonders in den von Hunger bedrohten Weltregionen der Ernährungssicherheit dienen. Beispielsweise haben zwei deutsche Wissenschafter Ende des zwanzigsten Jahrhunderts mit Hilfe gentechnischer Verfahren „Golden Rice" entwickelt. Der goldgelbfarbene, stark **Provitamin A** haltige Reis soll helfen, einem weltweit verbreiteten Ernährungsproblem, dem **Vitamin-A-Mangel**, entgegenzuwirken. Derzeit befindet sich der umstrittene Einsatz der gentechnisch veränderten Reissorte noch in der Testphase.

Neben den großen Chancen, die die Gentechnik bietet und dem Profit, den sich einige Konzerne damit erhoffen, darf man allerdings nicht die damit verbundenen Risiken übersehen. Kann der Verzehr gentechnisch veränderter Lebensmittel die Gesundheit des Menschen beeinträchtigen? Welche Auswirkungen haben gentechnisch veränderte Organismen auf unsere Umwelt? Wie wirken sich gentechnische Veränderungen auf die Gesundheit von Tieren aus? Die Problematik ist groß und immer wieder werden neue Fragen aufgeworfen, die keinesfalls außer Acht gelassen werden dürfen.

Gentechnik
ist der Sammelbegriff für verschiedene molekularbiologische Techniken, die sich mit der Isolierung, Charakterisierung, Vermehrung und Neukombination sowie dem Ausschalten von Erbanlagen (Genen) auch über Artgrenzen hinweg beschäftigen.

Antibiotikaresistenz
Widerstandsfähigkeit gegen bestimmte Antibiotika

Chymosin
ist ein Labenzym (→ S. 72), das die Gerinnung von Milcheiweiß bewirkt.

Provitamin A
ist auch unter dem Namen Carotin bekannt. Bei den meisten Säugetieren (auch beim Menschen) wird aus dem mit der Nahrung aufgenommenen Carotin Vitamin A aufgebaut.

Vitamin-A-Mangel
Vitamin A ist u. a. für die Produktion des für das Sehen wichtigen Sehpurpurs notwendig. Ein Mangel an Vitamin A führt deshalb zu Sehproblemen bis hin zur Erblindung. Die meisten Betroffenen (hauptsächlich Kinder) leben in Asien.

25 Golden Rice – eine gentechnisch hergestellte Reissorte

Selbst aktiv!

Informiere dich im Internet über die gesetzlichen Bestimmungen zum Verkauf gentechnisch veränderter Lebensmittel in Österreich. Bewerte: Wie wichtig sind strenge Kontrollen und Richtlinien? Diskutiert im Klassenverband.

Lösungen
8ke4qg

Kompetenzcheck Biotechnologie

Du hast dir Wissen über biotechnische Verfahren bei der Nahrungsmittelproduktion erarbeitet.

Folgende Kompetenzen hast du erworben ...

✓ Du kannst die Bedeutung von Mikroorganismen für die Herstellung von Nahrungsmitteln erläutern.

Überprüfe dein Wissen ...

- ☐ 1. Verwendet man bei der Herstellung von Roggenbrot ausschließlich Hefe als Treibmittel, weist das gebackene Brot keine lockere Krume auf. Erkläre dieses Ergebnis und erläutere, bei welchen Brotsorten Hefe die geeignete Wahl ist, um einen lockeren Teig zu erhalten.
- ☐ 2. Was ist Sauerteig? Beschreibe seine Herstellung und gib an, wofür er verwendet wird.
- ☐ 3. Bakterien und Käse – wie passt das zusammen? Informiere dich über die Bakterien, die bei der Käseherstellung zum Einsatz kommen, und erläutere ihre Wirkweise. Erläutere Alternativen zum Einsatz von Bakterien.
- ☐ 4. Beschreibe den Weg von der Milch bis zum Käse.
- ☐ 5. Beschreibe die einzelnen Arbeitsschritte in der Bierherstellung und erläutere die Rolle des Hopfens.
- ☐ 6. Beschreibe den Weg vom Traubensaft zum Wein. Vergleiche die Herstellung von Rot- und Weißwein miteinander.

✓ Du hast Methoden entwickelt, wie sich Lebensmittel konservieren lassen.

Überprüfe dein Wissen ...

- ☐ 1. Erkläre das Verderben von Lebensmitteln durch mikrobielle Einwirkung.
- ☐ 2. Zeige anhand von Beispielen, wie du Lebensmittel haltbar machen kannst, und begründe jeweils, warum die von dir gewählte Methode funktioniert.

✓ Du kannst die biotechnische Herstellung von Säuren erklären.

Überprüfe dein Wissen ...

- ☐ 1. Zitronensäure wird in vielen Bereichen eingesetzt, so etwa in der Getränke-, Lebensmittel- und Kosmetikindustrie. Erläutere dabei die Rolle der Melasse.
- ☐ 2. Gib an, was das Ausgangsprodukt für die biotechnische Herstellung von Essig ist und welche Mikroorganismen dabei eingesetzt werden.

✓ Dir ist es möglich, Argumente, die für und gegen den Einsatz von Gentechnik bei der Nahrungsmittelproduktion sprechen, zu finden.

Überprüfe dein Wissen ...

- ☐ 1. Bewerte sowohl nach ökonomischen als auch nach gesundheitlichen sowie ethischen Kriterien den Einsatz der Gentechnik in der Produktion von Chymosin.
- ☐ 2. Informiere über „Golden Rice“ und beurteile seinen Anbau (bzw. den Einsatz der Gentechnik in der Nahrungsmittelindustrie) unter folgenden Aspekten:
  a) „Golden Rice“ kann Leben retten!
  b) „Golden Rice“, ein profitables Geschäft!
  c) „Golden Rice“, eine Gefahr für die Gesundheit!

Biotechnologie

Die Grundzutaten für **Brot** sind Getreidemehl, Wasser und Salz. Damit die **Krume** feinporig wird, muss ein Treibmittel zugesetzt werden: Weizen- und **Dinkelmehlprodukte** enthalten **Gluten**. Bei ihrer Herstellung wird deshalb Hefe verwendet. **Roggenmehl** ist **glutenfrei**. Als Treibmittel dient deshalb **Sauerteig**, ein Gemisch aus Roggenmehl und Wasser, das mit Hefe und Milchsäurebakterien versetzt ist. Die im **Sauerteig** enthaltene Milchsäure aktiviert **Schleimstoffe** im Roggenmehl, die das von den Hefepilzen produzierte Kohlenstoffdioxid binden.

Ausgangsmaterial für die **Käseproduktion** ist Milch. Durch **Milchsäure** (von **Milchsäurebakterien** durch Vergärung des Milchzuckers gebildet) gerinnt das **Milcheiweiß**. Es setzt sich als **Topfen** oder **Käsebruch** von der Molke ab. Neben dieser **Säuregerinnung** gibt es auch die **Labgerinnung**. Dazu werden im Magen von Säugetieren natürlich vorkommende **Labenzyme** oder **Labaustauschstoffe** verwendet. Der **Käsebruch** wird, je nach gewünschter Käsesorte, mehr oder weniger zerkleinert, gerührt, erwärmt und in Formen gefüllt. Durch Wenden und Pressen wird nochmals **Molke** entzogen. Salz verleiht dem Käse unter anderem Würze und hemmt das Wachstum unerwünschter Mikroorganismen. Abhängig von der Sorte muss der Käse Tage bis Monate reifen (ausgenommen Frischkäse) – durch die Tätigkeit bestimmter **Bakterien**, **Hefen** und **Schimmelpilze** erhält jede Käsesorte ihren typischen Geschmack.

Durch hohe **Temperaturen** oder **Säureeinwirkung** werden **Enzyme** durch Zerstörung der Proteinstruktur **inaktiv**. Mit beiden Methoden lassen sich deshalb Lebensmittel **konservieren**.

Säuren werden unter anderem durch die Tätigkeit bestimmter Mikroorganismen gebildet, wie zB **Milch-**, **Zitronen-** und **Essigsäure**. Sie werden nicht nur in der Nahrungsmittelproduktion verwendet, sondern zB auch in der Medizin und zur Herstellung von Reinigungsmitteln.

Eines der ältesten biotechnologischen Verfahren ist das **Vergären von Getreidebreien**, **Früchten** und **Honig** zur Gewinnung **alkoholischer Getränke**. In Österreich darf **Bier** nur aus **Zerealien**, **Hopfen**, **Wasser** und **Hefe** gebraut werden. Nach dem **Einmaischen** des Getreides wird durch **Abläutern** die **Würze** gewonnen. Sie wird mit Hopfen versetzt. Er verleiht dem Bier den typischen, leicht bitteren Geschmack und dient gleichzeitig als Konservierungsmittel. Anschließend wird Hefe hinzugegeben. In **Gärtanks** erfolgt die Vergärung des Zuckers zu Alkohol.

Ausgangsprodukt für die **Weinherstellung** ist **Traubensaft**. Bei der **Weißweinproduktion** wird er nach der Weinlese aus den gequetschten Beeren durch **Keltern** gewonnen und anschließend zur Gärung in Fässer oder Tanks gefüllt. Zusätzlich zu der im **Most** natürlich vorkommenden Hefe wird aus Gründen der Qualitätssicherung häufig noch gezüchtete Hefe zugegeben. Bei der Produktion von **Rotweinen** wird die **Maische vergoren** und erst anschließend gekeltert. Der bei der Weinproduktion anfallende **Trester** findet als Viehfutter, als Düngemittel und bei der Schnapsherstellung Verwendung.

Mit der **Gentechnik** geht die **Biotechnologie** auch in der Nahrungsmittelproduktion neue Wege. Neben den großen **Chancen**, die sich durch die Gentechnik bieten, dürfen aber keineswegs die möglicherweise damit verbundenen **Risiken** außer Acht gelassen werden.

Organsysteme des Stoffwechsels

Organsysteme des Stoffwechsels
d8aw29

Du erarbeitest dir Wissen über **Bau und Funktion der Organsysteme des Stoffwechsels (Verdauung, Atmung, Kreislauf, Ausscheidung)** sowie **deren Ausbildung in unterschiedlichen Organisationsebenen und Lebensräumen**.

Du erlernst ...

- ☐ Organsysteme nach ihrer Funktion zu unterscheiden (S. 80–140)
- ☐ die Bestandteile der Nahrung zu benennen und ihre Bedeutung für den Stoffwechsel zu erkennen (S. 82–91)
- ☐ Verdauungsvorgänge zu beschreiben und zu erklären (S. 92–97)
- ☐ verschiedene Ernährungstypen in einen Zusammenhang mit bestimmten ökologischen Faktoren zu bringen (S. 99–112)
- ☐ die Bedeutung der Atmung für den Stoffwechsel zu erkennen und verschiedene Atemsysteme miteinander zu vergleichen (S. 114–124)
- ☐ Stofftransportsysteme in der Tierwelt dem Blutkreislauf des Menschen gegenüberzustellen (S. 126–137)
- ☐ die Bedeutung der Exkretion für verschiedene Organismen in unterschiedlichen Lebensräumen zu erläutern (S. 138–140)

Kompetenzcheck → S. 141–142

Du erarbeitest dir Wissen über **gesunde und ausgewogene Ernährung**.

Du erlernst ...

- ☐ den benötigten Bedarf an Nährstoffen für den Menschen wiederzugeben und den täglichen Energiebedarf zu errechnen (S. 143–144)
- ☐ gesunde von ungesunder Ernährung zu unterscheiden (S. 145–148)
- ☐ Gefahren falscher Ernährung zu erkennen und geeignete Gesundheitsmaßnahmen zu entwickeln (S. 149–150)

Kompetenzcheck → S. 151

Bau und Funktion der Organsysteme bei Mensch und Tier

Nährstoffe
sind in der Nahrung enthaltene Stoffe, die lebensnotwendig sind: Kohlenhydrate, Fette, Proteine, Vitamine, Mineralstoffe, Wasser. Die energieliefernden Nährstoffe (Kohlenhydrate, Fette und Proteine) werden als Nährstoffe im engeren Sinne bezeichnet.

Baustoffe
Stoffe, die dem Aufbau und der Erhaltung der Körpersubstanz dienen

Wirk- und Reglerstoffe
Wirkstoffe rufen bestimmte Reaktionen im Körper hervor (zB Hormone), Reglerstoffe dienen der Steuerung von Stoffwechselvorgängen (zB Enzyme, → S. 40 f).

Betriebsstoffe
dienen der Energieversorgung

Lebewesen brauchen **Nährstoffe**. Sie dienen einerseits als **Baustoffe** sowie als **Wirk- und Reglerstoffe** (bzw. zu deren Herstellung), andererseits werden sie unter Mitwirkung von Sauerstoff als **Betriebsstoffe** benötigt.
Durch Nahrungsaufnahme gelangen Nährstoffe in den Körper, wo sie größtenteils resorbiert werden. Unter Resorption versteht man die Aufnahme der benötigten Stoffe in ein Transportmedium (zB Blut oder Lymphe; Stofftransport, → S. 126 ff), das die Stoffe in die Zellen befördert, wo sie für die Assimilation und die Dissimilation (→ S. 36 ff) gebraucht werden.
Fette, Proteine und die meisten Kohlenhydrate sind erst resorbierbar, nachdem sie in ihre kleinsten Bausteine zerlegt – also verdaut – worden sind. Nahrungsaufnahme, Verdauung und Resorption fasst man als Stoffwechselvorgang der Ernährung zusammen (→ S. 82 ff).

Durch die Atmung gelangt der für die Energieversorgung unerlässliche Sauerstoff in den Körper (→ S. 114 ff).

Bei den diversen Stoffumwandlungsprozessen entstehen auch Abfallstoffe, die aus dem Körper ausgeschieden werden müssen (Ausscheidung, → S. 138 ff).

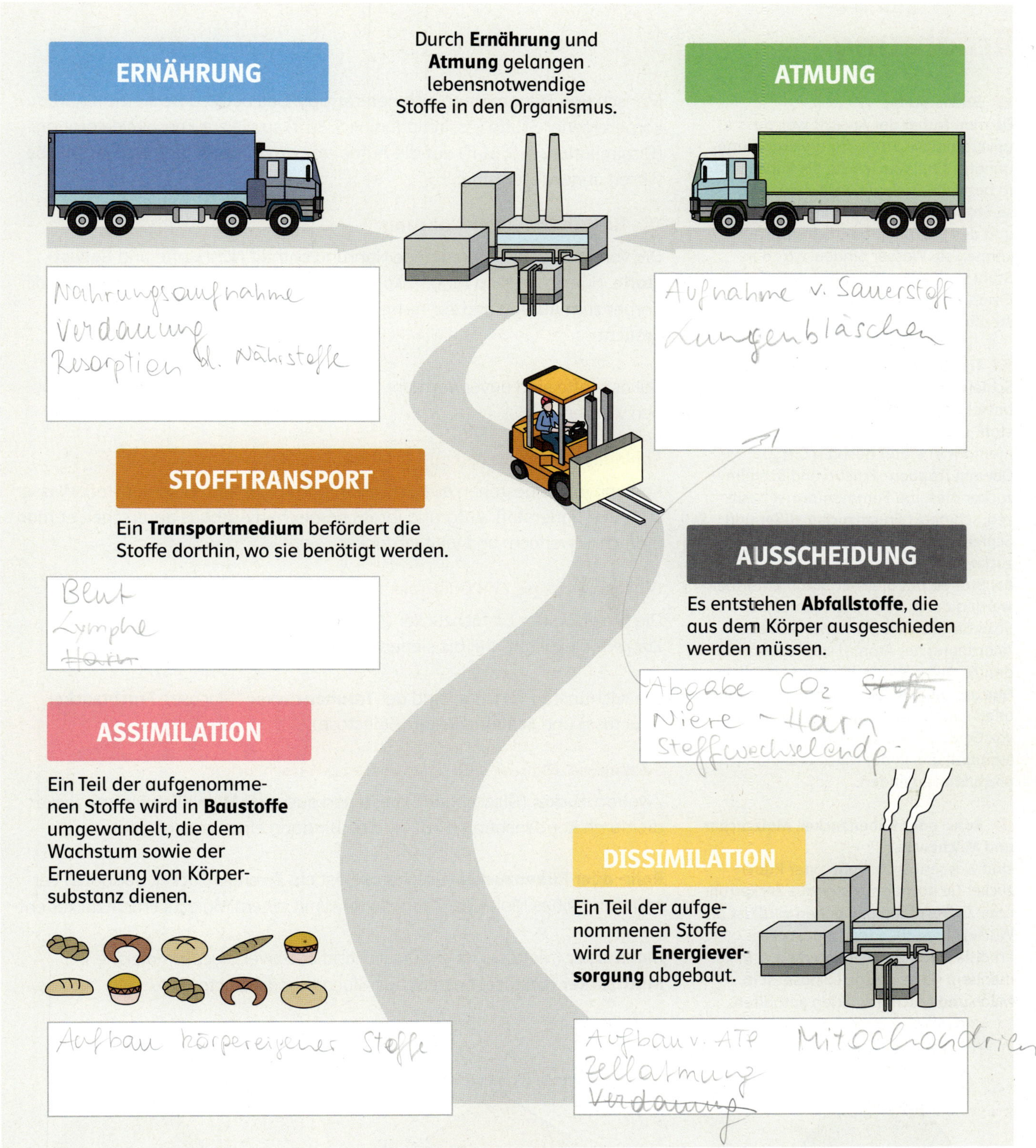

1 Übersicht über die Stoffwechselvorgänge bei Mensch und Tier am Beispiel der Aufgabenbereiche einer Fabrik

Selbst aktiv!

Erinnere dich, was du bereits über die Stoffwechselvorgänge im menschlichen Organismus weißt und setze folgende Begriffe inhaltlich richtig in die farbigen Kästchen in Abb. 1 ein.

Aufnahme von Sauerstoff – Blut – Resorption der Nährstoffe – Aufbau von ATP – Aufbau körpereigener Stoffe – Nahrungsaufnahme – Abgabe von Kohlenstoffdioxid – Niere – Stoffwechselendprodukte – Zellatmung – Verdauung – Lymphe – Harn – Lungenbläschen – Mitochondrien

Arbeitsheft Seite 21, 22

Ernährung

Mensch und Tier ernähren sich heterotroph. Das heißt, dass sie zum Aufbau körpereigener Stoffe (Assimilation, → S. 36 ff) sowie zur Energieversorgung (Dissimilation, → S. 36 ff) auf die Aufnahme organischer Stoffe anderer Lebewesen angewiesen sind.

Die Bestandteile der Nahrung

Die vom Körper aufgenommene Nahrung enthält Nährstoffe und **Ballaststoffe**. Nährstoffe sind für den Körper verwertbare Stoffe, also Stoffe, die der Körper zum Aufbau und zur Aufrechterhaltung seiner Lebensfunktionen braucht.

Ballaststoffe sind unverwertbare Stoffe, die über den Darm wieder abgegeben werden.

Kohlenhydrate bestehen aus Zuckermolekülen

Kohlenhydrate bestehen aus den chemischen Elementen Kohlenstoff, Wasserstoff und Sauerstoff. Aufgrund ihres chemischen Aufbaus unterscheidet man Einfach-, Zweifach- und Vielfachzucker.

Glucose, Fructose und Galactose sind Einfachzucker

Die Moleküle der Einfachzucker (Monosaccharide) bestehen aus einem Zuckermolekül mit drei bis sieben Kohlenstoffatomen.

Die wichtigsten Vertreter sind der **Traubenzucker** (Glucose), **Fruchtzucker** (Fructose) und **Schleimzucker** (Galactose).

Saccharose, Maltose und Lactose sind Zweifachzucker

Zweifachzucker (Disaccharide) bestehen aus zwei Molekülen Einfachzucker, die durch Kondensation (→ S. 41) eine Bindung eingegangen sind.

Rohr- oder Rübenzucker (Saccharose) ist ein Zweifachzucker, der durch Verknüpfung eines Moleküls Traubenzucker mit einem Molekül Fruchtzucker entsteht.
Malzzucker (Maltose) ist ein Disaccharid aus zwei Glucosemolekülen.
Milchzucker (Lactose) besteht aus Glucose und Galactose.

Ballaststoffe
Da man früher der Ansicht war, dass unverdauliche Stoffe für die Ernährung unnötig sind, wurden sie als Ballaststoffe bezeichnet. Heute weiß man, dass diese Stoffe u. a. die Darmtätigkeit anregen und deshalb unentbehrlich sind. Auch können sie Wasser binden, was den Stuhl weicher macht. Ballaststoffarme Ernährung ist eine der Ursachen für Verstopfung und Darmträgheit.

Traubenzucker, Fruchtzucker und Schleimzucker
bestehen aus 6 Kohlenstoff-, 12 Wasserstoff- und 6 Sauerstoffatomen. Ihre Summenformel lautet deshalb $C_6H_{12}O_6$. Obwohl Trauben-, Frucht- und Schleimzucker dieselbe Summenformel besitzen, schmeckt Fruchtzucker süßer und Schleimzucker weniger süß als Traubenzucker. Unterschiedliche Eigenschaften bei Stoffen mit gleicher Summenformel werden durch ihre unterschiedliche Struktur (durch die unterschiedliche Anordnung der Atome) verursacht. Alle drei Zuckerarten sind in Wasser löslich. Glucose und Fructose kommen u. a. in allen süßen Früchten sowie im Honig vor. Galactose ist als Milchzuckerbestandteil u. a. in der Milch und in Milchprodukten zu finden.

Rohr- oder Rübenzucker, Malzzucker und Milchzucker
sind wasserlöslich. Rohr- oder Rübenzucker (je nachdem, ob er aus Zuckerrohr oder Zuckerrüben gewonnen wird) ist als Würfel-, Kristall- oder Staubzucker erhältlich. Malzzucker kommt u. a. in keimendem Getreide vor. Lactose ist in Milch und Milchprodukten enthalten.

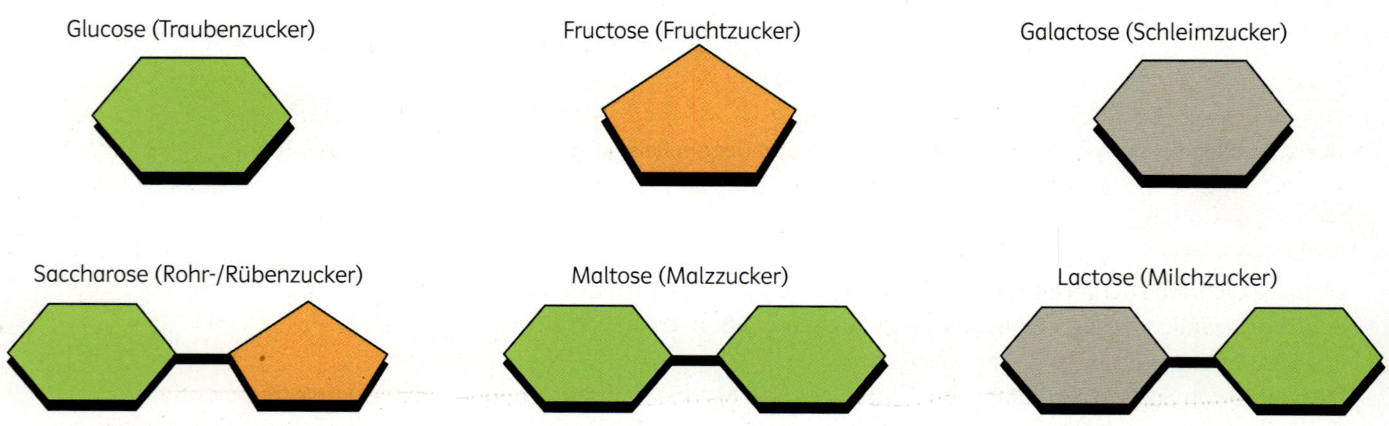

2 Monosaccharide (obere Reihe) und Disaccharide (untere Reihe)

Arbeitsheft
Seite 21, 22, 23, 24

Stärke, Glykogen und Zellulose sind Vielfachzucker

Vielfachzucker (Polysaccharide) sind lange Molekülketten, die durch Kondensation vieler Einfachzucker entstehen.
Ein Beispiel für ein Polysaccharid ist **Stärke**. Sie besteht aus 300 bis 3000 Glucosemolekülen. Nahrungsmittel, die sehr stärkereich sind, sind zB Getreidekörner, Erdäpfel und Hülsenfrüchte.
Ein anderes Polysaccharid ist **Glykogen**. Es ist aus etwa 100000 Glucosemolekülen aufgebaut. Der Körper kann nur eine bestimmte Menge an Kohlenhydraten in Form von Glykogen speichern. Wird keine Nahrung aufgenommen, reicht der Vorrat für etwa 36 Stunden, ohne dass auf andere Reserven (zB Fett) zurückgegriffen werden muss.
Zellulose wird aus 8000 bis 12000 Glucosemolekülen gebildet.

Kohlenhydrate haben im Körper verschiedene Aufgaben

Traubenzucker spielt im Stoffwechsel eine wichtige Rolle als Energielieferant (→ S. 46ff). Glucosemoleküle, die unser Körper nicht sofort zur Energieversorgung benötigt, werden zu Glykogen verknüpft und so als Reservestoff vorwiegend in der Leber und in der Muskulatur gespeichert. Bei Bedarf wird das Glykogen wieder in Traubenzucker zerlegt.
Fructose entsteht als Zwischenprodukt in der ersten Teilreaktion der Zellatmung (Glykolyse, → S. 46). Mit der Nahrung aufgenommener Fruchtzucker kann in die Glykolyse eintreten und somit auch zur Energieversorgung herangezogen werden. Überschüssig aufgenommene Kohlenhydrate werden in der Leber zu Fett umgebaut und im Fettgewebe gespeichert.
Galactose ist unter anderem in der Muttermilch enthalten. Sie spielt eine wichtige Rolle für die Entwicklung des Säuglings. Der Schleimzucker ist aber auch Bestandteil der **Glykokalix**.
Kohlenhydrate sind unter anderem auch am Aufbau von Knorpeln und Knochen beteiligt.

Zellulose ist für den Menschen unverwertbar, da die nötigen Enzyme für die Verdauung fehlen. Sie ist dennoch als Ballaststoff ein wichtiger Bestandteil der Nahrung.

Stärke, Glykogen und Zellulose
schmecken nicht süß und sind nur schwer oder gar nicht in Wasser löslich. Stärke wird in Pflanzen als Reservestoff gespeichert, Glykogen im tierischen und menschlichen Körper. Wasserunlösliche Stoffe, also auch Polysaccharide, sind osmotisch inaktiv (→ S. 25).
Dies ist für die Zellen wichtig, da sie sonst durch ständige Wasseraufnahme platzen würden.
Die Wasserunlöslichkeit der Zellulose, die Hauptbestandteil von pflanzlichen Zellwänden ist, ist Voraussetzung für ihre Funktion als Gerüstsubstanz.

Glykokalix
Schleimschicht, die den Membranen der Zellen von Mensch und Tier aufgelagert ist; ist u.a. für den Kontakt der Zellen untereinander zuständig

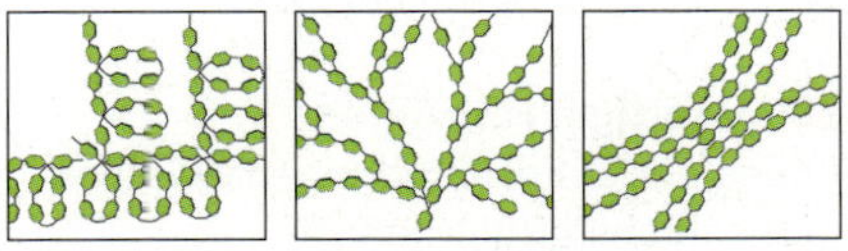

3 Struktur von Stärke, Glykogen und Zellulose

4 Stärke kann mit einer Iodkaliumiodidlösung nachgewiesen werden.

Selbst aktiv!

Mit einer Iodkaliumiodidlösung (Lugol'sche Lösung) lässt sich Stärke nachweisen. Das Iod geht mit der Stärke eine Verbindung ein, was durch einen schwarz- bis blauvioletten Farbumschlag erkennbar ist.
Führe unten beschriebenen Versuch zum Nachweis von Stärke in folgenden Lebensmitteln durch:
Kartoffel, Nudeln, Reis.
Besorge dir eine Kaliumiodidlösung (frage dazu deine/n Biologie- oder Chemielehrer/in oder kaufe in der Apotheke eine Betaisodona-Wundlösung, die du mit Wasser leicht verdünnst).
Bereite zunächst eine Vergleichsprobe vor, die dir helfen soll, deine Ergebnisse zu interpretieren. Für diese löst du etwas Maisstärke (Maizena) in Wasser auf (du musst fest schütteln, da die Stärke nur sehr schwer in Wasser löslich ist) und versetzt anschließend das Gemisch mit etwas Iodkaliumiodidlösung. Sie färbt sich aufgrund des hohen Stärkegehalts violett.

1. Für den Nachweis von Stärke in Kartoffeln halbierst du einen Erdapfel und tropfst etwas Iodkaliumiodidlösung auf die Schnittfläche. Interpretiere das Ergebnis.
2. Zum Nachweis von Stärke in Nudeln und Reis bringst du Wasser in zwei kleineren Töpfen zum Kochen. In einen Topf gibst du ein paar Nudeln, in den anderen etwas Reis hinein. Nudeln sowie Reis müssen einige Minuten kochen. Nimm danach die Töpfe vom Herd und warte bis das Kochwasser abgekühlt ist. Versetze nun etwas Kochwasser aus jedem Topf mit Iodkaliumiodidlösung. Interpretiere die Ergebnisse. In welcher der Proben kannst du Stärke nachweisen?

Arbeitsheft
Seite 21, 22, 24

Fette bestehen aus Fettsäureglycerolestern

Wie die Kohlenhydrate bestehen auch die Fette aus den chemischen Elementen Kohlenstoff, Wasserstoff und Sauerstoff.
Fette sind Gemische aus **Fettsäureglycerolestern**.

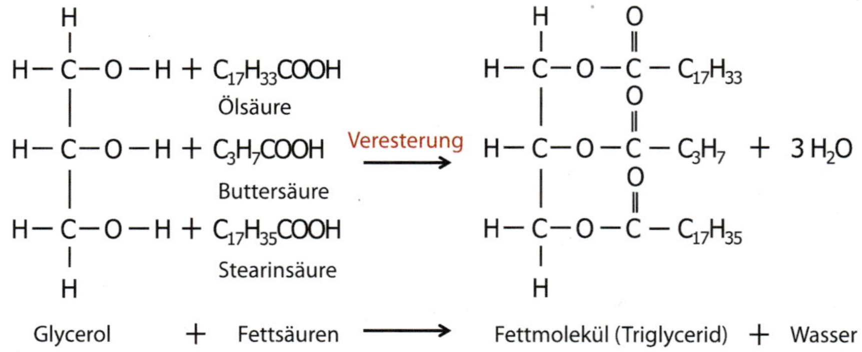

5 Fettmoleküle sind Fettsäureglycerolester.

Es gibt feste, weiche und flüssige Fette

Nach ihrer Konsistenz unterscheidet man feste, weiche und flüssige Fette (Öle). Die Beschaffenheit ist abhängig von den darin enthaltenen Fettsäuren: Feste Fette wie zB **Kokosfett** enthalten langkettige, überwiegend **gesättigte Fettsäuren**. Weiche Fette (zB **Butter**) enthalten viele kurzkettige und mäßig viele **ungesättigte Fettsäuren**. Flüssige Fette (**Olivenöl**, **Sonnenblumenöl** …) enthalten überwiegend ungesättigte Fettsäuren.

Öle werden durch Kaltpressung, Heißpressung oder Extraktion gewonnen. Bei der Kaltpressung werden die fettreichen Früchte oder Samen der entsprechenden Pflanzen zermahlen und anschließend gepresst. Dabei tritt das Öl aus. Der Pressrückstand, der so genannte Öl- oder Presskuchen, wird u. a. als Futtermittel für Nutztiere verwendet.
Bei der Heißpressung erfolgt das Auspressen unter Wärmezufuhr, was zu einer höheren Ausbeute führt. Das heißgepresste Öl wird anschließend raffiniert – Stoffe, die den Geschmack des Öles beeinträchtigen, es trüben oder verderben könnten, werden mit chemischen und physikalischen Methoden entfernt.
Die häufigste Art der Ölgewinnung ist die Extraktion. Dabei wird das Öl mit Hilfe eines Lösungsmittels aus den zerkleinerten Früchten beziehungsweise Samen herausgelöst. Durch starkes Erhitzen des Öles wird anschließend das darin enthaltene Lösungsmittel verdampft, danach wir das Öl raffiniert.

Selbst aktiv!

Recherchiere die Vorteile, Öle durch Heißpressung und Extraktion zu gewinnen. Was ist der Grund dafür, dass aber kaltgepresste Öle oft als gesünder gelten?

Fettsäureglycerolester
Allgemein sind Ester chemische Verbindungen zwischen Alkohol und Säure, die unter Abspaltung von Wasser entstehen und nach den beteiligten Reaktionspartnern benannt werden. Fettsäureglycerolester werden durch chemische Reaktion des Alkohols Glycerol mit verschiedenen Fettsäuren gebildet. Sie werden auch als Triglyceride bezeichnet, da ein Glycerolmolekül jeweils drei Fettsäuremoleküle an sich gebunden hat.

Kokosfett
wird aus dem getrockneten Fruchtfleisch der Kokosnuss durch Auspressen gewonnen. Es schmilzt bei 20 bis 23 °C. Eiskonfekt enthält zB Kokosfett. Der Kühleffekt im Mund bei seinem Genuss entsteht dadurch, dass das darin enthaltene Kokosfett der Mundhöhle Wärme (Energie!) zum Schmelzen entzieht.

gesättigte Fettsäuren
haben nur Einfachbindungen zwischen den Kohlenstoffatomen

Butter
wird hauptsächlich aus Kuhmilch hergestellt. Lässt man frisch gemolkene Milch zwei Tage stehen, setzt sich das darin enthaltene Fett oben ab. Es wird als Obers, Sahne oder süßer Rahm bezeichnet. Das Fett wird abgeschöpft bzw. abzentrifugiert und geschlagen. Dabei verbindet sich das Fett zu einer weichen Masse, die in Formen gefüllt bzw. geformt und abgepackt wird.

ungesättigte Fettsäuren
Neben Einfachbindungen haben ungesättigte Fettsäuren auch eine oder mehrere Mehrfachbindung(en) zwischen den Kohlenstoffatomen.

Olivenöl
wird aus dem Fruchtfleisch und den Kernen von Oliven gewonnen

Sonnenblumenöl
wird aus den Samen der Sonnenblume gewonnen

6 Zerkleinern von Kürbiskernen

7 Pressen der zerkleinerten Kürbiskerne

8 Abfüllen des gewonnenen Öles

Arbeitsheft
Seite 21, 22 25

Fette haben wichtige Aufgaben in unserem Körper

Mit der Nahrung aufgenommene Fette werden unter Mitwirkung von Enzymen in Glycerol und Fettsäuren gespalten und in **körpereigenes Fett** umgebaut (Baustoff). Eine bestimmte Menge an Fett ist lebenswichtig, beispielsweise als Wärmeschutz oder als Schutz vor Druck und Stoß.
Bei Bedarf kann Körperfett in Glycerol und Fettsäuren zerlegt und zur Energieversorgung weiter abgebaut werden. Fette sind somit auch Energielieferanten (→ S. 36 ff).
Fettlösliche Vitamine (→ S. 88) können nur in Anwesenheit von Fett vom Körper aufgenommen werden.

Fett ist nicht gleich Fett

Fette mit einem hohen Anteil an gesättigten Fettsäuren gelten als ungesund, da sie, in größeren Mengen konsumiert, die **Blutfettwerte**, insbesondere die **LDL-Cholesterolwerte**, erhöhen.
Einen hohen Gehalt an gesättigten Fettsäuren weisen unter anderem **Junkfood**, Fertiggerichte, fettes Fleisch, fette Wurstsorten (zB Salami), Schmalz, Käse, Schlagobers, fettes Salzgebäck (zB Chips) und Schokolade auf.
Ungesättigte Fettsäuren haben keinen Einfluss auf das LDL-Cholesterol und können außerdem aufgrund ihrer Mehrfachbindung(en) durch die Verdauungsenzyme leichter zerlegt werden.
Einfach ungesättigte Fettsäuren (haben eine Mehrfachbindung im Molekül) sind reichlich in fettem Fisch, Oliven, Olivenöl, Avocados und Nüssen enthalten.
Auch mehrfach ungesättigte Fettsäuren (haben zwei bis mehrere Mehrfachbindungen im Molekül) bewirken normale Blutfettwerte. Unter anderem sind sie zum Aufbau der Zellmembranen notwendig, spielen eine Rolle bei der Leitfähigkeit der Nerven, wirken entzündungshemmend und sollen neueren Studien zufolge sogar Depressionen vorbeugen (die Ursachen sind allerdings weitgehend unbekannt).
Manche der mehrfach ungesättigten Fettsäuren können nicht im Körper synthetisiert werden. Diese so genannten essenziellen Fettsäuren müssen mit der Nahrung aufgenommen werden. Sie lassen sich in zwei Gruppen einteilen, in die Omega-3-Fettsäuren (zB Linolsäure) und die Omega-6-Fettsäuren (zB Linolensäure). Pflanzliche Fette haben einen höheren Gehalt an essenziellen Fettsäuren als tierische und sind somit gesünder. Omega-3-Fettsäuren sind in größerer Menge in Raps-, Leinsamen-, Soja- und Walnussöl, aber auch im Fett von Fischen (zB Forelle, Tunfisch, Lachs, Hering) enthalten, Omega-6-Fettsäuren kommen vor allem in Sonnenblumen- und Maisöl vor.

Transfette sind ungesund

Durch bestimmte chemische Verfahren können die in Ölen enthaltenen ungesättigten Fettsäuren in gesättigte umgewandelt werden. Die Fette erhalten dadurch eine feste Konsistenz (streichfähig), sind länger haltbar und können höher erhitzt werden. Die durch diese „Fetthärtung" entstandenen so genannten Transfette dienen in der Lebensmittelindustrie hauptsächlich zur Herstellung von Margarine, Fertiggerichten, Süßigkeiten (zB Kekse, Kuchen, Donuts, Plunder- und Blätterteigprodukte wie Croissants und Topfengolatsche ...), Suppenwürze, Chips, Popcorn und Brotaufstrichen. In vielen Imbissständen und Speiselokalen werden Transfette zum Frittieren verwendet.
Der Konsum von Lebensmitteln, die gehärtete Fette enthalten, ist bestmöglich zu reduzieren, da sie LDL begünstigen und so das Risiko einer Herz- und Kreislauferkrankung erhöhen. Laut Bundesministerium für Gesundheit ist es auch nicht auszuschließen, dass der Konsum von Transfetten in Zusammenhang mit bestimmten Krebsformen und Diabetes steht.

körpereigenes Fett
Die meisten der zum Aufbau von körpereigenem Fett benötigten Fettsäuren können durch Umbau der aufgenommenen Fettsäuren synthetisiert werden.

Blutfettwerte
Blutfette sind Cholesterol (siehe unten), Triglyceride (→ S. 84) und Phospholipide (→ S. 24). Triglyceride werden als Bestandteile des Fettes mit der Nahrung aufgenommen, entstehen aber auch durch Umwandlung aus überschüssigen Kohlenhydraten. Phospholipide sind wichtige Bestandteile der Zellmembranen. Sie werden sowohl im Körper synthetisiert als auch mit der Nahrung aufgenommen (u. a. Fette, Eidotter und Pflanzensamen).

LDL-Cholesterolwerte
Cholesterol (früher: Cholesterin) ist eine fettähnliche Substanz, die in der Leber produziert und abgebaut wird (→ S. 94). Da Cholesterol wasserunlöslich ist, wird es im Blut mit Hilfe von Lipoproteinen (Verbindungen aus Fett, fettähnlichen Stoffen und Proteinen) befördert. Nach ihrer Dichte unterscheidet man LDL (Low Density Lipoproteins) und HDL (High Density Lipoproteins). LDL befördert Cholesterol dorthin, wo es benötigt wird. Zellen, die Cholesterol brauchen, bilden in ihren Membranen Rezeptoren aus, die LDL aufnehmen und einschleusen. Ist ausreichend Cholesterol in der Zelle, stoppt die LDL-Rezeptor-Synthese und damit die Aufnahme weiteren Cholesterols. Gesättigte Fettsäuren bewirken eine verminderte Aktivität der LDL-Rezeptoren, wodurch sich der LDL-Gehalt im Blut erhöht. HDL transportiert nicht mehr benötigtes Cholesterol zum Abbau in die Leber (wodurch der Gesamtcholesterolspiegel sinkt). Wird Cholesterol mit der Nahrung aufgenommen, drosselt dies die körpereigene Produktion, wodurch der Cholesterolspiegel im Blut mehr oder weniger konstant bleibt. Durch falsche Ernährung sammelt sich viel LDL im Blut an und es kommt zur Ablagerung an den Innenwänden der Blutgefäße (Arteriosklerose, → S. 137). Dies hat Durchblutungsstörungen, mitunter aber auch einen Schlaganfall oder Herzinfarkt (→ S. 137) zur Folge. Cholesterolreiche Nahrungsmittel sind zB Wurst, Fleisch, Butter, fetter Käse und Schlagobers. Pflanzliche Lebensmittel sind cholesterolfrei.

Junkfood
Lebensmittel, die aufgrund ihres hohen Fett-, Salz- oder Zuckergehalts ungesund sind; zB Pommes frites, Burger, Chips.

Arbeitsheft
Seite 21, 22, 25

Aminosäuren
20 verschiedene Aminosäuren sind am Aufbau der Proteine beteiligt. Jede Aminosäure enthält u. a. eine Carboxylgruppe (-COOH) und eine Aminogruppe ($-NH_2$). Aminosäuren verbinden sich untereinander jeweils durch Verknüpfung der Carboxylgruppe der einen Aminosäure mit der Aminogruppe der anderen unter Abspaltung von Wasser. Diese Art der Bindung wird Peptidbindung genannt. Jeweils zwei miteinander verbundene Aminosäuren werden als Dipeptide, viele miteinander verbundene als Polypeptide bezeichnet. Proteine sind Polypeptide.

Actin und Myosin
sind für die Muskelkontraktionen notwendig

Hämoglobin
Blutfarbstoff der roten Blutkörperchen (→ S. 134)

Antikörper
Stoffe, die im Körper zur Abwehr von Krankheitserregern gebildet werden

Selbst aktiv!

Recherchiere, wie die 20 Aminosäuren, die die Proteine aufbauen, heißen. Schreibe die Namen in alphabetischer Reihenfolge auf.

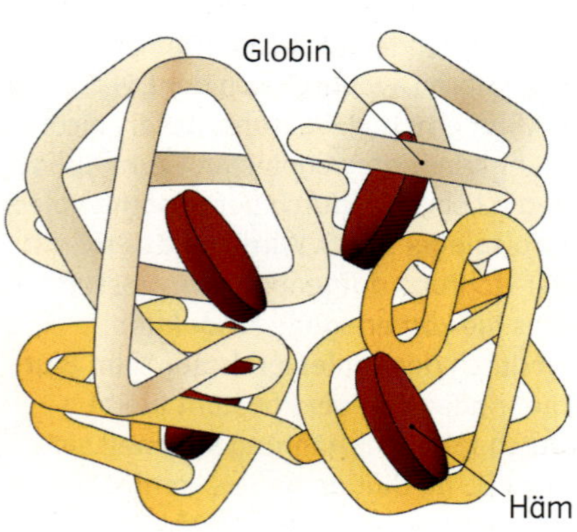

10 Hämoglobinmolekül

Proteine sind Polypeptide

Eiweiße oder Proteine sind lange Molekülketten (100 bis mehrere 1000 Einzelmoleküle), die durch Kondensation (→ S. 41) aus den kohlenstoff-, wasserstoff-, sauerstoff- und stickstoffhaltigen **Aminosäuren** entstehen.

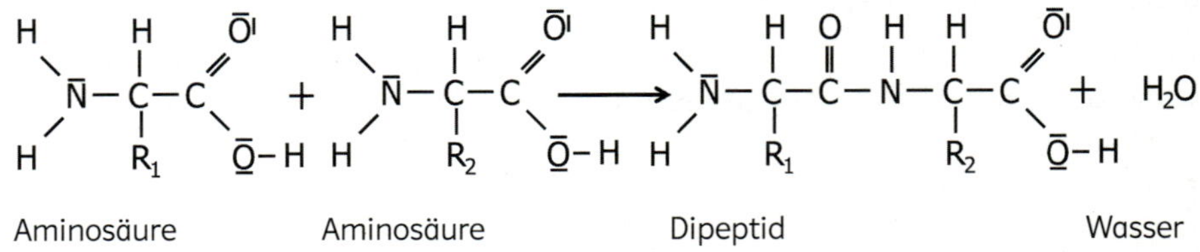

9 Peptidbindung

Es gibt eine außerordentlich große Zahl verschiedener Proteine. Einerseits hat jeder Organismus seine körpereigenen Eiweißstoffe, andererseits sind sie auch im Körper selbst unterschiedlich gebaut. So ist beispielsweise ein Protein der Haut anders zusammengesetzt als ein Muskelprotein.
Proteine unterscheiden sich durch die Abfolge der Aminosäuren. So wie man aus den 26 Buchstaben unseres Alphabets unzählige verschiedene Wörter und Sätze bilden kann, werden aus nur 20 Aminosäuren unzählige Eiweißstoffe synthetisiert. Eine bestimmte Abfolge der Aminosäuren ist also charakteristisch für ein bestimmtes Protein.
Die Eiweißstoffe liegen aber nicht nur in ihrer so genannten Primärstruktur als einfache Aminosäureketten vor. Auch bilden sie in Falten gelegte oder schraubig gedrehte Ketten (Sekundärstruktur), die durch räumliche Verdrehung weitere komplizierte Strukturen bilden können (Tertiär- und Quartärstruktur).
Fibrilläre Proteine bestehen aus langgestreckten Molekülen. Beispiele für solche Eiweißstoffe sind zum Beispiel **Actin und Myosin**, die den Hauptanteil der Muskulatur bilden.
Globuläre Proteine haben eine knäuelartige Struktur. Zu dieser Protein-Gruppe gehören zB das **Hämoglobin** und die Gammaglobuline (**Antikörper**).

Säuren und Hitze zerstören die Eiweißstruktur

Durch die Einwirkung von Säuren sowie durch starke Erwärmung verlieren Proteine irreversibel ihre Struktur und damit auch ihre biologische Funktion. Durch diesen als Denaturierung bezeichneten Vorgang flockt das Eiweiß aus, man sagt es „gerinnt" (→ S. 72 f).
Eiklar gerinnt beispielsweise bei über 65 °C, Bluteiweiß bereits bei 42,6 °C. Die Milchhaut, die sich bei abgekochter Milch bildet, besteht aus Milcheiweiß, das bei 100 °C denaturiert wird.
Das Verderben von Lebensmitteln ist auf die Tätigkeit darin enthaltener Enzyme oder auf Mikroorganismen (Bakterien etc.) zurückzuführen. Das Haltbarmachen von Lebensmitteln beruht auf der Tatsache, dass Eiweiß unter dem Einfluss von Hitze bzw. Säure seine biologische Funktion verliert. Die Enzyme werden so inaktiv, Mikroorganismen sterben ab. Auch das Keimfreimachen von Geräten (zB Arztbesteck) funktioniert nach diesem Prinzip.

Selbst aktiv!

1. Überlege: Wer bewirkt das Sauerwerden von Milch und weshalb hat sauer gewordene Milch eine bröckelige Konsistenz?
2. Versetze etwas Milch mit Essig und beobachte, was passiert. Erläutere die Ursache für das Beobachtete.
3. In der Werbung als „biologisch aktiv" angepriesene Waschmittel enthalten Proteasen. Überlege: Was könnten diese Enzyme beim Waschvorgang bewirken? Warum wird bei solchen Waschmitteln meist eine Waschtemperatur von maximal 60 °C empfohlen?

Arbeitsheft
Seite 21, 22, 26

Proteine sind für unseren Körper sehr wichtig

Mit der Nahrung aufgenommene Proteine werden unter Mitwirkung von Enzymen in Aminosäuren gespalten und in **körpereigene Proteine** umgebaut (Baustoff). Proteine sind als Baustoff beispielsweise am Aufbau von Muskeln, Sehnen, Haut und Knochen beteiligt.

Überschüssig aufgenommenes Eiweiß kann zur Energiebereitstellung abgebaut werden (→ S. 36ff).

Im Blut übernehmen Proteine Transportfunktion, indem sie Mineralstoffe, Vitamine, Fettsäuren und Sauerstoff im Körper verteilen.

Andere Bluteiweißstoffe wiederum regulieren durch ihre hohe Wasserbindungsfähigkeit den Wasserhaushalt im Gewebe (Reglerstoff). Als Reglerstoffe spielen Proteine auch als Hormone und Enzyme eine wichtige Rolle im Stoffwechselgeschehen.
Proteine sind auch als Antikörper bei der Abwehr von Krankheitserregern von Bedeutung.

Essenzielle Aminosäuren müssen mit der Nahrung aufgenommen werden

So wie der Körper nicht alle lebensnotwendigen Fettsäuren synthetisieren kann, gibt es auch Aminosäuren, die der menschliche Körper zum Aufbau von körpereigenem Eiweiß braucht, aber nicht durch Umbau aus anderen Aminosäuren herstellen kann. Solche **essenziellen Aminosäuren** müssen unbedingt mit der Nahrung aufgenommen werden.

körpereigene Proteine
Die meisten der zum Aufbau von körpereigenen Proteinen benötigten Aminosäuren können durch Umbau der aufgenommenen Aminosäuren synthetisiert werden.

essenzielle Aminosäuren
Beim Menschen sind acht der zwanzig Aminosären essenziell: Isoleucin, Leucin, Lysin, Methionin, Phenylalanin, Threonin, Tryptophan und Valin. Bei Säuglingen kommen noch Histidin und Arginin dazu. Essenzielle Aminosäuren sind in Fleisch, Fisch, Milch, Eiern und Käse, aber auch in allen pflanzlichen Nahrungsmitteln enthalten.

11 Ausgewogene Ernährung zur Deckung des Bedarfs an essenziellen Aminosäuren

Selbst aktiv!

Die Phenylketonurie (PKU) ist eine Störung im Eiweißstoffwechsel. Sie bewirkt, dass eine der Aminosäuren, die mit der Nahrung aufgenommen wird, nicht richtig abgebaut werden kann. Der Grund dafür ist, dass das für den Abbau zuständige Enzym aufgrund einer Veränderung in den Erbanlagen defekt aufgebaut wird und daher seine Funktion verliert. Die Folgen dieser Störung machen sich bereits in den ersten Lebenswochen durch schwere geistige Schäden, Lähmungen und Krämpfe bemerkbar. Daher werden in Österreich und vielen anderen Ländern Neugeborene auf diese (mittels Phenylketonurie-Test) und andere Stoffwechselerkrankungen hin untersucht. Ist das Ergebnis des PKU-Tests positiv, wird sofort eine PKU-Therapie durchgeführt, um eine normale geistige Entwicklung des Kindes zu ermöglichen. Die Therapie besteht aus einer speziellen eiweißarmen Diät (keine Milch- und Milchprodukte, kein Fleisch …) und regelmäßigen Kontrollen des Enzymgehaltes im Blut.
Du erfährst den Namen der Aminosäure, die bei PKU nicht abgebaut werden kann, wenn du die markierten Buchstaben von oben nach unten liest. Umlaute werden als Umlaute geschrieben.

_ _ _ _ _ _ _ ☐ _ _ Proteine, die der Abwehr von Krankheitserregern dienen
_ _ _ _ ☐ _ _ _ _ _ _ Verfahren zur Erzeugung von Transfetten
_ _ _ ☐ _ _ _ _ Molekül, das durch Kondensation aus zwei Aminosäuremolekülen entsteht
_ _ ☐ _ _ _ _ _ _ _ essenzielle Fettsäure
_ _ ☐ _ _ _ _ _ Alkohol, Bestandteil von Fettmolekülen
_ _ _ ☐ _ _ _ _ _ _ _ fettähnliche Substanz, die in der Leber gebildet wird
_ _ _ ☐ _ _ _ _ _ _ _ _ _ Zerstörung der Proteinstruktur
_ _ _ _ _ ☐ _ _ _ _ Protein, das im Blut Sauerstoff transportiert
☐ _ _ _ _ ein Muskelprotein
_ _ _ ☐ _ _ _ _ _ _ ungesunde Fette
_ _ _ _ ☐ _ ein Muskelprotein
_ _ _ ☐ _ _ _ _ _ _ _ Bausteine der Proteine

Arbeitsheft Seite 21, 22, 26

Vitamine sind im Körper unentbehrlich

Vitamine sind chemische Verbindungen, die vorwiegend als Bestandteile von Enzymen (Coenzyme, → S. 40 f) bei Stoffwechselreaktionen wirksam sind. Vitamine sind somit für das Wachstum und die Aufrechterhaltung bestimmter Körperfunktionen unentbehrlich.

Vitamine beziehungsweise ihre Vorstufen (**Provitamine**) werden von Pflanzen und Mikroorganismen synthetisiert. Sie sind somit praktisch in allen pflanzlichen Lebensmitteln enthalten. Tierische Organismen nehmen Vitamine oder Provitamine mit der Nahrung oder durch symbiontische, vitaminproduzierende Darmbakterien auf. Dadurch sind auch tierische Lebensmittel vitaminreich.

Der Tagesbedarf an Vitaminen liegt unter zehn Milligramm. Eine Ausnahme bildet **Vitamin C** mit einem Tagesbedarf von 75 Milligramm. Vitamin C stimuliert Körper-Abwehrkräfte, ist an Bildung und Erhaltung von Binde- und Stützgewebe (Knochen, Knorpel, Zahnbein) beteiligt und beschleunigt den Heilungsprozess von Wunden und Knochenbrüchen.

Der Vitaminbedarf kann in besonderen Fällen erhöht sein, zB in der Schwangerschaft, während der Stillzeit oder bei älteren oder kranken Menschen.

Eine vernünftige, abwechslungsreiche, gemischte Ernährung schützt einerseits vor **Hypovitaminosen** und verhindert andererseits **Hypervitaminosen**. Da durch eine ausgewogene Ernährung Vitaminmangel praktisch nicht vorkommt, ist die zusätzliche Vitaminversorgung durch die Einnahme von Vitaminpräparaten nicht nur überflüssig, sondern zum Teil sogar gesundheitsgefährdend (Überdosierung!).

Nach ihrer Löslichkeit unterscheidet man **fettlösliche Vitamine** (Vitamine A, D, E, K) und **wasserlösliche Vitamine** (Vitamine B1, B2, Niacin, Folsäure, Pantothensäure, B6, Biotin, B12, C).

Mit wenigen Ausnahmen sind Vitamine empfindlich gegen den Einfluss von Hitze, Sauerstoff und Licht. Am stärksten werden dadurch die Vitamine A und C beeinträchtigt.

Provitamine
Mit der Nahrung aufgenommen werden sie im Körper zu Vitaminen umgewandelt. So ist das zB in Karotten vorkommende Carotin die Vorstufe zu Vitamin A (→ S. 77).

Vitamin C
Eine bekannte Vitamin-C-Mangel-Krankheit ist Skorbut (Symptome: u. a. Blutungen an Zahnfleisch, Haut und Schleimhäuten). Skorbut trat früher besonders bei Seeleuten aufgrund der besonders Vitamin-C-armen Ernährung (kein frisches Obst und Gemüse!) auf.

Hypovitaminosen
Krankheitssymptome aufgrund einer Vitaminunterversorgung

Hypervitaminosen
Krankheitsymptome aufgrund von Vitaminüberdosierungen

fettlösliche Vitamine
können nur in Anwesenheit von Fett im Darm resorbiert werden

wasserlösliche Vitamine
verursachen im Gegensatz zu den fettlöslichen, die aufgrund der Fettlöslichkeit im Körper gespeichert werden, keine Hypervitaminosen, da sie über die Nieren (Harn) ausgeschieden werden.

Selbst aktiv!

Recherchiere, in welchen Lebensmitteln bestimmte Vitamine vorkommen und welche Symptome jeweils bei Über- bzw. Unterdosierung auftreten. So kannst du herausfinden, welche Kästchen zusammengehören. Schraffiere die zusammengehörigen jeweils mit der gleichen Farbe.

- Vitamin D umfasst eine Gruppe von Wirkstoffen, die als Calciferole bezeichnet werden. Vitamin D fördert im Dünndarm die Aufnahme von Calcium ins Blut sowie die Einlagerung von Calcium in die Knochen.
- keine Hypervitaminosen, da wasserlöslich
- Hypovitaminosen: Müdigkeit, Appetitlosigkeit und Verdauungsstörungen, Beriberi (Krankheit, die durch Flüssigkeitsansammlung im Gewebe Ödeme, Nervenlähmung und Herzmuskelschwäche charakterisiert ist)
- Hypervitaminosen: nicht bekannt
- Hypovitaminosen: nicht bekannt

- Die Wirkung von Vitamin E in unserem Körper ist weitgehend ungeklärt. Als gesichert gilt, dass es Stoffe, die unter Einfluss von Sauerstoff leicht zerstörbar sind, schützt, so zum Beispiel Fettsäuren und Vitamin A.
- in hoher Konzentration in Leber, Eiern, Hefe, Weizen, Mais und Grüngemüse
- keine Hypervitaminosen, da wasserlöslich
- Hypovitaminosen: Haut-, Schleimhaut- und Nervenstörungen sowie Anämie
- keine Hypervitaminosen, da wasserlöslich

- Vitamin B1 spielt als Enzymbestandteil eine wichtige Rolle beim Abbau von Traubenzucker zur Energiegewinnung.
- Hypovitaminosen: bei Jugendlichen Rachitis (Krankheit, bei der infolge Calciummangels die Knochen irreversibel verformt werden), bei Erwachsenen Knochenerweichung durch Entkalkung
- Vorkommen: in Vollkornprodukten, Schweine- und Hühnerfleisch
- Vorkommen: Pilze, Nüsse und Innereien wie Leber, Niere und Herz
- Hypovitaminosen: Verminderung der roten Blutkörperchen (Anämie oder Blutarmut), Trübung der Augenlinsen (grauer Star) und Hautentzündungen

- Vitamin B2 wirkt als Enzymbestandteil u. a. auch bei der Zellatmung mit.
- Vitamin B6 ist notwendig für eiweißumbauende Stoffwechselvorgänge.
- Vorkommen: in fast allen Lebensmitteln enthalten, in Weizenkeimöl, Sojabohnen, Schwarzwurzeln und Himbeeren ist der Vitamin-E-Gehalt besonders hoch
- Vorkommen: Fisch, Kalbfleisch, Milch, Eier und Pilze
- Hypervitaminosen: Calciumablagerungen in den Blutgefäßen, in der Lunge und in der Niere

Arbeitsheft
Seite 21, 22

Mineralstoffe kommen in allen Lebensmitteln vor

Mineralstoffe haben im Körper wesentliche Aufgaben zu erfüllen. Sie sind zB am Aufbau von Knochen, Knorpeln und Zähnen sowie an der Regelung des Wasserhaushalts im Körper beteiligt. Sie halten den **pH-Wert** im Blut (pH 7,38–7,44) und in den Zellen (pH 7,28) konstant und spielen eine wichtige Rolle bei der **Erregungsleitung** in Nerven- und Muskelzellen.

Da Mineralstoffe vom Körper nicht selbst erzeugt werden, ist ihre regelmäßige Aufnahme mit der Nahrung unerlässlich. Mineralstoffe kommen in unterschiedlicher Menge praktisch in allen Lebensmitteln vor. Deshalb wird mit einer vernünftigen, ausgewogenen Ernährung der Bedarf an Mineralstoffen gedeckt. Durch einseitige Ernährung, Medikamente, schwere Krankheiten oder heftigen Brechdurchfall können Mangelerscheinungen, aber auch Symptome erhöhter Mineralstoffwerte auftreten.

Nur ein Teil der in der Nahrung enthaltenen Mineralstoffe wird vom Körper resorbiert. Der Tagesbedarf eines bestimmten Mineralstoffes gibt an, welche Menge täglich mit der Nahrung zugeführt werden muss, um den tatsächlichen Bedarf des Körpers zu decken. Unser Körper benötigt beispielsweise täglich ein Milligramm Eisen. Da aber durchschnittlich nur etwa 10 % der zugeführten Menge resorbiert werden, liegt der Tagesbedarf mindestens 10-mal so hoch. In besonderen Fällen, etwa in der Schwangerschaft oder während der Stillzeit, ist der Bedarf an Mineralstoffen erhöht.

Nach ihrem Bestand im Körper und dem Tagesbedarf unterscheidet man **Mengenelemente** und **Spurenelemente**. Zu den Mengenelementen zählen Calcium, Magnesium, Kalium, Natrium, Chlor und Phosphor. Zu den Spurenelementen zählen Eisen, Kupfer, Iod, Fluor, Zink, Kobalt, Mangan und Molybdän.

pH-Wert
gibt an, wie stark sauer oder basisch eine Lösung ist. Lösungen mit pH 7 sind weder sauer noch basisch, sie sind neutral (zB Wasser). Lösungen mit pH < 7 sind sauer, > 7 sind basisch.

Erregungsleitung
Durch bestimmte Reize werden in bestimmten Sinneszellen elektrische Impulse (Erregungen) ausgelöst. Diese werden über Nerven zum Gehirn geleitet (Erregungsleitung), zB Licht ► Lichtsinneszellen in den Augen ► Sehnerv ► Gehirn. Ebenso werden Befehle, die das Gehirn gibt (Erregungen) über Nerven an die Erfolgsorgane weitergeleitet.

Mengenelemente
müssen auch in „größerer" Menge (in Gramm- und Zehntelgramm-Mengen!) zugeführt werden

Spurenelemente
benötigen wir nur in Millionstel bis Hundertstelgramm-Mengen, also in Spuren

Selbst aktiv!

Recherchiere und erstelle eine Tabelle wie in Abb. 12 für Calcium und Kalium.

Mineralstoff	Vorkommen	Mangelerscheinungen	Überdosierung
Magnesium ist für die Erregbarkeit von Nerven und Muskeln von Bedeutung. Außerdem ist es Bestandteil diverser Enzyme. Der Tagesbedarf wird mit 0,35 g angegeben.	Magnesium kommt in größerer Menge in allen grünen Gemüsesorten und in Sojabohnen vor.	Magnesiummangel führt zu Muskelzuckungen, Zittern, Herzjagen, Krämpfen und einer Abnahme des Körpergewichts.	Magnesiumüberschuss verursacht Muskelschwäche, gestörte Reflexe, Herzrhythmus- und Blasenfunktionsstörungen und Verstopfung.
Alle Stoffwechselvorgänge benötigen **Phosphor**. Es ist auch Bestandteil des Skeletts und der Erbsubstanz in den Zellkernen. Ein Erwachsener benötigt ca. 1300 mg pro Tag.	Milch und Milchprodukte sowie Hülsenfrüchte sind besonders reiche Phosphorquellen.	Mangelsymptome sind Muskelschwäche und Knochenleiden.	Überdosierung kann zu Nierenschäden führen.
Natrium und **Chlor** sind an der Regulation des Blutdruckes und des Wasserhaushalts im Körper beteiligt. Natrium ist außerdem für die Erregbarkeit von Zellen, Chlor für die Salzsäurebildung im Magen von Bedeutung. Der empfohlene Tagesbedarf beträgt für Natrium etwa 3 g, für Chlor 3 bis 5 g.	Bestandteile des normalen Speisesalzes	Natriummangel führt zu Appetitlosigkeit, Kopfschmerzen, Durst, Erbrechen, Wasser- und Gewichtsverlust und vermindertem Blutdruck. Unterdosierungen von Chlor führen zu verminderter Salzsäureproduktion.	Erhöhte Natriumzufuhr über längere Zeit kann Bluthochdruck und Wasseransammlung im Gewebe verursachen. Überdosierungen von Chlor führen zu erhöhter Salzsäureproduktion.
Iod ist am Aufbau des Schilddrüsenhormons Thyroxin beteiligt. Der tägliche Bedarf wird mit 0,2 mg angegeben.	Iodhältige Nahrungsmittel sind Seefisch, Fleisch, Salat und iodiertes Speisesalz.	Bei ungenügender Iodaufnahme entwickelt sich der so genannte Iodmangelkropf, verbunden mit einer Veränderung der Struktur und Funktion der Schilddrüse.	Iodüberdosierung kann einen Kropf und eine Schilddrüsenüberfunktion verursachen.
Fluor härtet den Zahnschmelz und vermindert Karies. Der Tagesbedarf ist mit 1 mg gedeckt.	Seefisch, schwarzer Tee, Sojabohnen und Kartoffeln enthalten reichlich Fluor.	Zahnerkrankungen	Überdosierung führt zu Erbrechen und Krämpfen.

12 Wichtige Mineralstoffe, ihr Vorkommen in der Nahrung und Symptome bei Unter- bzw. Überdosierung

Arbeitsheft Seite 21, 22

Alter	Wasserbedarf (pro kg Körpermasse pro Tag)
Säuglinge	120–180 ml
1–3	115–125 ml
4–6	100–110 ml
7–9	90–100 ml
10–12	75–85 ml
13–14	50–60 ml
15–18	40–50 ml

13 Der Wasserbedarf des Menschen

14 Wasser ist lebensnotwendig.

extrazellulär
in den Zellzwischenräumen und im Blutplasma (→ S. 136)
Krankhafte Wasseransammlungen in den Zellzwischenräumen (zB bei eingeschränkter Herz- oder Nierenfunktion) werden als Ödeme bezeichnet.

transzellulär
sonstige Körperbereiche, in denen sich Flüssigkeit befindet, zB Magen, Darm, Gallenblase, Gelenke, Gehirn

feste Nahrung
Der Wassergehalt in Nahrungsmitteln ist unterschiedlich. Obst, Gemüse und Fisch sind mit über 75% am wasserreichsten. Geflügel, Fleisch und Wurst enthalten über 50% Wasser, Brot, Backwaren sowie Eier und Käse 25–50%.

Durst
Durch Wasserverlust wie auch durch Salzkonsum steigt die Salzkonzentration im Blut an, wodurch den Zellen Wasser entzogen wird (Konzentrationsausgleich, → S. 25). Bestimmte Zellen im Hypothalamus (Bereich des Zwischenhirns) registrieren die Veränderungen, was einerseits Durst auslöst, andererseits die Hirnanhangdrüse veranlasst, ein Hormon auszuschütten, das die Harnausscheidung über die Nieren drosselt.

Ohne Wasser gäbe es kein Leben

Unser Körper besteht bis zu 65% aus Wasser. Davon befinden sich etwa zwei Drittel in den Zellen (intrazellulär), der Rest ist **extrazellulär** und **transzellulär**. Ein Neugeborenes hat einen etwas höheren Wassergehalt, bei alten Menschen ist er etwas niedriger (→ Abb. 13).
Pro Kilogramm Körpermasse scheidet ein Erwachsener täglich 20 bis 45 ml Wasser aus. Das sind bei zB 60 kg durchschnittlich etwa 2,5 Liter Wasser pro Tag. 60% davon (1,5 l) werden über den Harn ausgeschieden, 4% (0,1 l) über den Stuhl, 20% (0,5 l) über die Haut und die restlichen 16% (0,4 l) über die Lunge. Dieser Wasserverlust muss durch Wasserzufuhr ausgeglichen werden. Circa 0,3 l Wasser entstehen täglich im Körper beim Abbau der Nährstoffe zur Energieversorgung (→ S. 36 ff). Der Rest muss aufgenommen werden. Ein erwachsener Mensch mit einer Körpermasse von 60 kg sollte demnach circa 2,2 l Wasser aufnehmen. Etwa ein Drittel davon ist, bei gemischter Kost, in der **festen Nahrung** enthalten. Mindestens 1,5 l müssen somit an Flüssigkeit zugeführt werden.
Starkes Schwitzen steigert den Wasserbedarf. Salzige Speisen erhöhen den Salzgehalt im Blut, wodurch ebenfalls vermehrt Wasser benötigt wird (**Durst**). Da bei Kindern, speziell bei Säuglingen, die Stoffwechselvorgänge erhöht sind und die Stoffwechselendprodukte verdünnter ausgeschieden werden, haben sie einen höheren Wasserbedarf (pro kg Körpermasse pro Tag) als Erwachsene.

Die Aufgaben des Wassers im Körper sind vielseitig

Nährstoffe können nur in Wasser gelöst im Darm resorbiert, also aufgenommen werden. Als Transportmittel befördert das Wasser die Nährstoffe in Blut, Lymphe und Gewebsflüssigkeit zu den Zellen. Der Stoffaustausch zwischen Zellen und Blut wäre ohne Wasser als Lösungsmittel nicht möglich. Stoffwechselendprodukte werden zu den Ausscheidungsorganen transportiert. Wasser dient aber auch als Wärmeregler. Bei hohen Temperaturen oder anstrengenden Tätigkeiten wird es durch die Schweißdrüsen abgegeben. Es verdunstet an der Körperoberfläche, dabei wird Wärme verbraucht, der Körper kühlt ab.

Selbst aktiv!

1. Berechne, wie viel Wasser du insgesamt täglich zu dir nehmen musst (Getränke und Nahrung zusammen), damit dein Bedarf gedeckt ist.
2. Überprüfe den unterschiedlichen Wassergehalt in Nahrungsmitteln. Schneide aus einer geschälten Kartoffel einen Streifen mit ca. 2 x 2 x 6 cm aus. Wiege den Erdapfelstreifen ab und lege ihn anschließend zum Trocknen an einen warmen Ort (zB im Backrohr). Wiege ihn erneut ab und vergleiche die beiden Ergebnisse. Wiederhole den Versuch mit einer Scheibe Brot, einer Semmel und einem geschälten Apfel. Wie groß sind die jeweiligen Differenzen im Masseverlust? Erörtere die Ursachen für die unterschiedlichen Ergebnisse.

Arbeitsheft
Seite 21, 22

Bioaktive Substanzen haben gesundheitsfördernde Wirkungen

Als bioaktive Substanzen werden in Nahrungsmitteln enthaltene Stoffe bezeichnet, die zwar nicht lebensnotwendig sind, jedoch gesundheitsfördernde Wirkungen, zB als **Radikalfänger**, aufweisen.
Die bereits erwähnten Ballaststoffe (→ S. 82 f) gehören genauso dazu wie **sekundäre Pflanzenstoffe** und Inhaltsstoffe von Milchsäureprodukten (Jogurt, Sauermilch, Sauerkraut …).
Die sekundären Pflanzenstoffe lassen sich nach ihrer chemischen Struktur und ihren Eigenschaften in neun Gruppen einteilen. Ihre Vorkommen sowie ihre Wirkungen sind in der Tabelle in Abb. 16 zusammengefasst.
Milchsäure erleichtert die Aufnahme bestimmter Mineralstoffe (zB Calcium) aus dem Darm ins Blut. Milchsäurebakterien beeinflussen die Darmflora positiv, indem sie zB das Wachstum krankheitserregender Keime unterdrücken. Auch wird Milchsäureprodukten zugeschrieben, dass sie verdauungsfördernd, krebsvorbeugend, immunstärkend und krankheitserregend sind.

Ausgewogene Ernährung ist wichtig

Um sich ausgewogen und gesund zu ernähren, sollten alle Nährstoffe in ausreichender Menge und in einem bestimmten Verhältnis zueinander aufgenommen werden. Der Energiebedarf eines Menschen ist von unterschiedlichen Faktoren abhängig. Welche Faktoren dies sind, wie sich der individuelle Energiebedarf berechnen lässt und wie eine gesunde Ernährung aussieht, erfährst du auf den Seiten 143–150.

Radikalfänger
sind Stoffe, die Zellen vor freien Radikalen schützen. Freie Radikale sind Atome oder Moleküle, die aufgrund ungepaarter Elektronen besonders reaktionsfreudig sind und deshalb Zellen durch chemische Reaktionen schädigen können.

sekundäre Pflanzenstoffe
sind in Pflanzen vorkommende Stoffe, die nicht wie die primären Pflanzenstoffe (Kohlenhydrate, Fette, Proteine) dem Aufbau der Zellen und der Energieversorgung dienen, sondern andere Aufgaben erfüllen (zB Duft- und Farbgebung, Schutzstoffe vor Parasiten, Wachstumsstoffe)

15 Ausgewogene Ernährung ist wichtig!

Sekundäre Pflanzenstoffgruppe	Vorkommen	Wirkungen
 Carotinoide	Tomaten, Paprika, Marillen, Broccoli, Spinat, Salat …	schützen Haut und Gewebe vor Sauerstoffradikalen; Provitamin A
Polyphenole (Phenolsäuren und Flavonoide) 	in fast allen Pflanzen	krebsvorbeugend, infektions- und entzündungshemmend
 Phytosterine	fettreiche, pflanzliche Lebensmittel (Pflanzenöle, Sonnenblumenkerne, Nüsse, Sojabohnen)	senken LDL (→ S. 85) und schützen somit vor Herz- und Kreislauferkrankungen
Glucosinolate 	Kohlgewächse wie Kresse, Kren, Senf und Kohl	krebsvorbeugend, infektionshemmend
 Sulfide	Liliengewächse wie Knoblauch, Zwiebel und Spargel	krebsvorbeugend, Schutz vor freien Radikalen, infektions- und entzündungshemmend, immunsystemstärkend, regulieren den Blutdruck, cholesterolsenkend, verdauungsfördernd
Protease-Inhibitoren 	Pflanzensamen wie Bohnen, Erbsen und Getreide	krebsvorbeugend, entzündungshemmend, senken den Blutzuckerspiegel
 Terpene	Pfefferminze, Kümmel, Zitrusöl	krebsvorbeugend, verdauungsfördernd, appetitanregend
Phytoöstrogene 	Sojabohnen, Getreide	krebsvorbeugend (Gebärmutterkrebs, Prostatakrebs, Brustkrebs)
 Saponine	Erbsen, Linsen, Sojabohnen	krebsvorbeugend, infektionshemmend, immunsystemstärkend, cholesterolsenkend

16 Sekundäre Pflanzenstoffe, ihr Vorkommen und ihre Wirkungen

Arbeitsheft Seite 21, 22

Incisivi
incisivus (lat.) = einschneidend

Prämolaren
prae (lat.) = vor, voran, voraus

Molaren
mola (lat.) = Mühle

Canini
canus (lat.) = Hund

Parodontium
para (griech.) = entlang, neben,
odontos (griech.) = Zähne

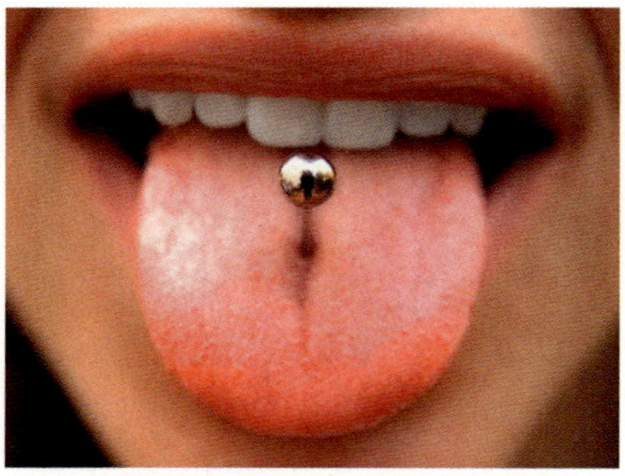

17 Zungenpiercing

Die Verdauung des Menschen

Unser Körper muss die meisten Nahrungsstoffe (Ausnahmen sind Vitamine, Mineralstoffe, Traubenzucker und Wasser) erst in ihre Bestandteile zerlegen, um sie verwerten zu können. Dies geschieht durch physikalische (Kauen der festen Nahrung) und chemische Prozesse (Mitwirkung von Verdauungsenzymen). Einen Überblick über den Weg der Nahrung durch den menschlichen Körper findest du in Abb. 20, chemische Verdauungsprozesse in Abb. 28.

Die Verdauung beginnt in der Mundhöhle mit dem Kauen

In der Mundhöhle findet zunächst die Zerkleinerung der festen Nahrung statt. Das menschliche Gebiss ist ein Kaugebiss. Die scharfkantigen Schneidezähne (**Incisivi**) dienen dem Abbeißen der Nahrung, während die Vormahlzähne (**Prämolaren**) und die Mahlzähne (**Molaren**) mit ihren breiteren und spitzhöckerigen Kronen zum Zerquetschen und Zermahlen der Nahrung dienen. Zwischen den Schneide- und den Vormahlzähnen sitzen die spitzeren Eckzähne (**Canini**). Bindegewebsfasern verankern die Zähne fest in den Zahnfächern der Kiefer. Die Fasern sind einerseits im Zahnzement, andererseits am Kieferknochen befestigt. Man bezeichnet diesen Aufhängeapparat in der Fachsprache als **Parodontium**. Beim Zahnziehen wird der Zahn zunächst gedreht, wodurch die Fasern abreißen. So kann er leichter entfernt werden.

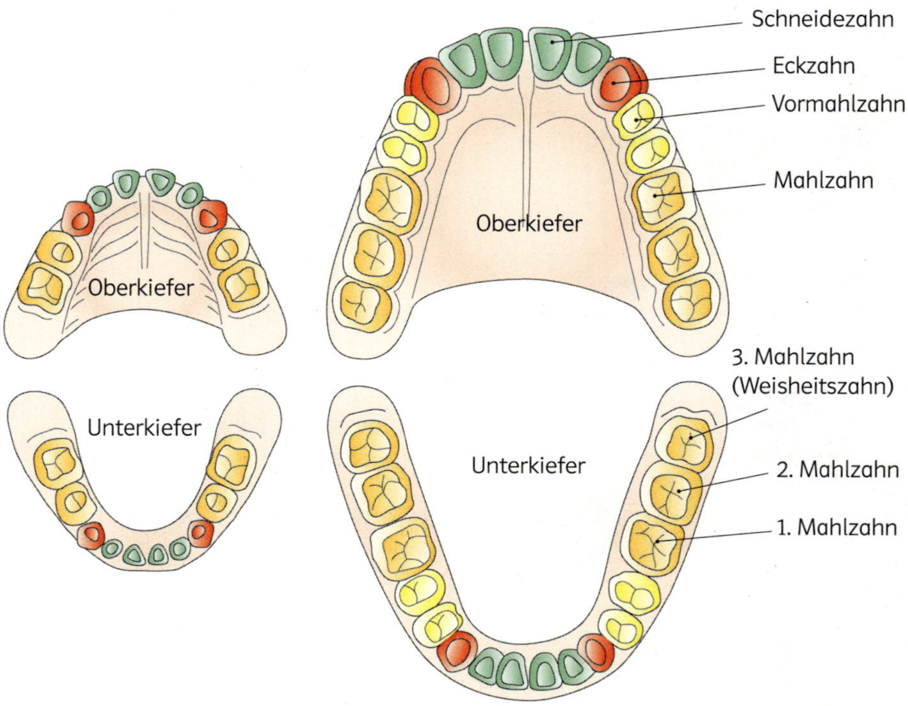

18 Milch- und Dauergebiss des Menschen (Schema)

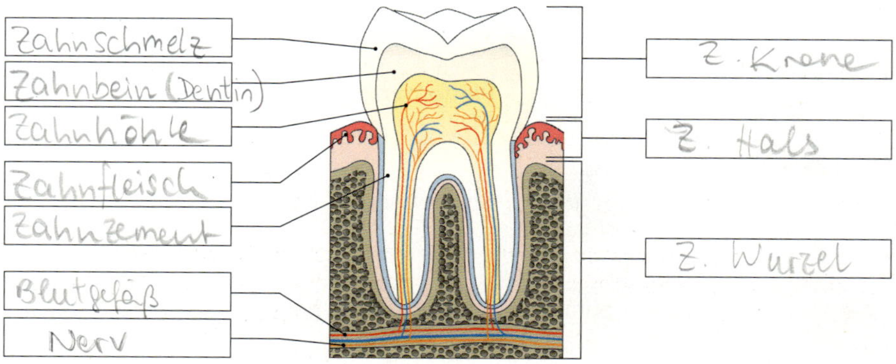

19 Längsschnitt durch einen Zahn (Schema)

Selbst aktiv!

1. Diskutiert im Klassenverband, was Gründe dafür sein könnten, dass Zahnärztinnen und Zahnärzte vom Tragen eines Piercings im Mundbereich warnen. Bildet dazu eine Diskussionsrunde, bei der ihr euch in folgende zwei Interessensgruppen aufteilt: die erste Gruppe möchte sich ein Lippen- bzw. Zungenpiercing stechen lassen, die zweite Gruppe vertritt die Meinung einer Zahnärztin bzw. eines Zahnarztes, der davon abrät.
2. Wiederhole: Wie ist ein Zahn aufgebaut? Beschrifte dazu Abb. 19 mit den richtigen Begriffen: Blutgefäß, Nerv, Zahnbein, Zahnfleisch, Zahnhals, Zahnhöhle, Zahnkrone, Zahnschmelz, Zahnwurzel, Zahnzement

Arbeitsheft
Seite 27

① Auch die chemische Zerlegung der Nahrungsstoffe beginnt bereits in der **Mundhöhle.**
Während die Nahrung gekaut wird, …

② … sondern die **Speicheldrüsen** (Ohrspeichel-, Unterkieferspeichel- und Unterzungenspeicheldrüsen) den Speichel ab, der einerseits die Bissen gleitfähig macht und andererseits das Enzym Ptyalin enthält, das Stärke zu Malzzucker abbaut.

③ Durch den Schluckvorgang (→ S. 94) gelangt der Speisebrei in die **Speiseröhre**. In der Speiseröhre werden keine Enzyme zugeführt, sie hat ausschließlich Transportfunktion. Durch Muskelkontraktionen befördert sie den Nahrungsbrei, in dem die Enzyme des Speichels weiterwirken, in den …

④ … **Magen** (→ S. 94). Drüsenzellen in der Magenwand sondern Salzsäure (HCl) und Magensaft ab. Er enthält eiweiß- und fettverdauende Enzyme. Die Salzsäure wirkt bakterientötend und spielt außerdem eine wichtige Rolle bei der Eiweißverdauung, indem sie die Proteine denaturiert und die eiweißspaltenden Enzyme des Magensaftes aktiviert. Durch den Magensaft werden die der Magenwand anliegenden Schichten des Speisebreies angedaut, während weiter innen die Verdauung durch das Ptyalin der Mundhöhle fortgesetzt wird. Die angedauten äußeren Lagen werden durch Kontraktionen der muskulösen Magenwand in den unteren Teil des Magens befördert, die nächste Schicht wird angedaut. Dieser Vorgang wiederholt sich bis der gesamte Mageninhalt mit Magensaft vermischt ist. Anschließend wird der Magenbrei durch Muskelkontraktionen …

Pepsin + Lipase

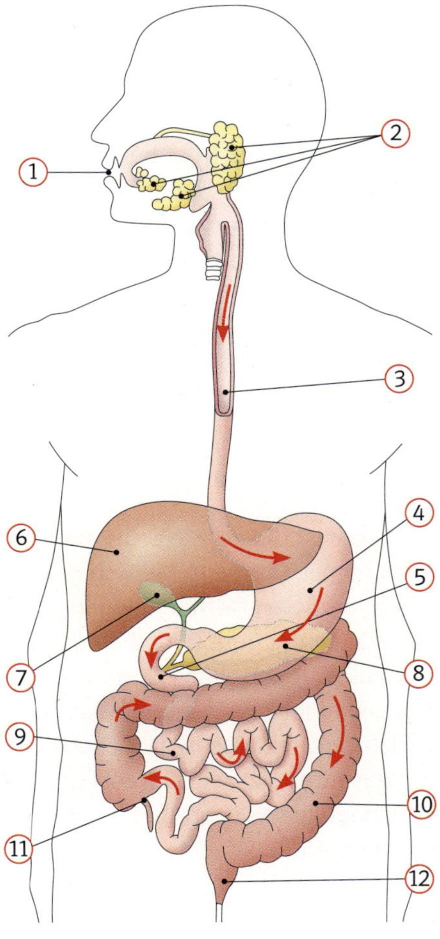

⑤ … in den ersten Abschnitt des Dünndarms, den **Zwölffingerdarm**, befördert. Drüsenzellen in der Darmwand sondern Darmsaft ab. Er enthält kohlenhydrat- und eiweißverdauende Enzyme. Zusätzlich münden die Sekrete der Leber und der Bauchspeicheldrüse (Galle und Bauchspeichel) in den Zwölffingerdarm. Kontraktionen der Darmmuskulatur (→ Abb. 25) bewirken neben dem Weitertransport des Nahrungsbreies auch eine intensive Durchmischung mit den Enzymen.

Proteasen & Peptidasen

⑥ Die von der **Leber** (→ S. 94) produzierte Galle enthält keine Verdauungsenzyme, spielt aber trotzdem bei der Fettverdauung eine wichtige Rolle. Das Sekret wird …

⑦ … in der **Gallenblase** gespeichert und bei Bedarf abgegeben.

⑧ Der von der **Bauchspeicheldrüse** (→ S. 95) produzierte Bauchspeichel enthält kohlenhydrat-, eiweiß- und fettspaltende Enzyme.

⑨ Im **Dünndarm** (→ S. 95) wird der größte Teil der gelösten Nährstoffe und Vitamine resorbiert.

Amylase, Maltase
Lipasen, Disaccharidasen

⑩ Die weitgehend unverdaulichen Reste werden vom Dünndarm weiter in den **Dickdarm** (→ S. 96) befördert. Der noch relativ flüssige Darminhalt wird durch Wasser- und Mineralstoffresorption auf ein Drittel bis ein Viertel seines Volumens eingedickt und der Kot geformt.

⑪ Unterhalb der Einmündung des Dünndarms in den Dickdarm befindet sich der **Blinddarm** (→ S. 96).

⑫ Durch Kontraktionen der muskulösen Dickdarmwand wird der Darminhalt in den Endabschnitt des Dickdarmes, den **Mastdarm** (→ S. 96), befördert und über den After abgegeben.

20 Der Weg der Nahrung beim Menschen (Schema)

Arbeitsheft Seite 27

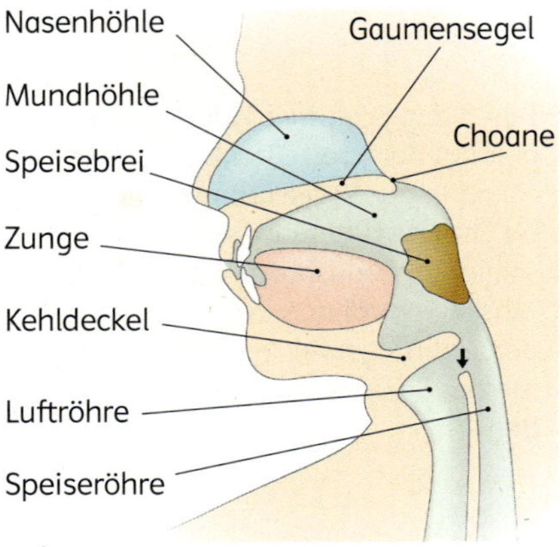

21 Schluckvorgang (Schema)

Galle
emulgiert Fette, dh. sie zerlegt sie in feinste Tröpfchen. Fettverdauende Enzyme können am emulgierten Fett besser einwirken (Oberflächenvergrößerung, → S. 95). Die Galle aktiviert auch die Enzyme der Bauchspeicheldrüse.
Aus unterschiedlichen Ursachen (zB durch Überernährung, mangelnde Bewegung, Schwangerschaft, Diabetes) können Bestandteile der Galle zu so genannten Gallensteinen auskristallisieren (häufig in der Gallenblase). Verstopfen die mehr oder weniger großen Gebilde die ableitenden Gallenwege, kommt es durch den Rückstau der Galle zu heftigen Schmerzen im Oberbauch, die häufig in den Rücken ausstrahlen. Treten solche Gallenkoliken häufiger auf, sollten die Steine (häufig erfolgt dies operativ gemeinsam mit der Gallenblase) entfernt werden.

Rote Blutkörperchen
haben eine Lebensdauer von etwa 120 Tagen, danach werden sie in der Leber oder in der Milz abgebaut. Beim Abbau des Hämoglobins (→ S. 86) entsteht u. a. Bilirubin. Dieses wird mit der Galle in den Darm ausgeschieden (verleiht der Galle und dem Kot die gelb-bräunliche Farbe) und über die Nieren mit dem Harn (Gelbfärbung!).

22 Operativ entfernte Gallensteine

Beim Schlucken wird die Luftröhrenöffnung verschlossen

Anschließend an die Mundhöhle befindet sich der Rachen. In ihn münden die so genannten Choanen (Nasenrachengänge), die die Nasenhöhle mit dem Rachen verbinden.
Beim Schlucken schiebt die Zunge den Speisebrei nach hinten, das Gaumensegel wird dabei angehoben und verschließt die Choanen. Berührt der Brei die Rückseite des Rachens, wird der Schluckreflex ausgelöst. Die Zungenmuskulatur hebt den Kehlkopf, wodurch der Kehldeckel nach unten auf die Luftröhrenöffnung gedrückt wird und die Luftröhre damit verschließt. Der Speisebrei kann so nur in die Speiseröhre gelangen (→ Abb. 21). Nach dem Schlucken werden die Atemwege wieder freigegeben, indem sich der Kehlkopf senkt und dadurch der Kehldeckel wieder nach oben geht.

Der Magen wird von Magenmund und Pförtner verschlossen

Der Magen ist eine hornförmige Ausweitung des Verdauungstraktes. Sein Fassungsvermögen beträgt bei einem erwachsenen Menschen 1,6 bis 2,4 Liter. Der Mageneingang (Magenmund) und der Magenausgang (Pförtner) sind mit Schließmuskeln versehen. Beim leeren Magen liegen die schleimüberzogenen Magenwände aneinander. Sie werden erst durch die aus der Speiseröhre ankommenden Bissen auseinander gedrängt, die Magenwand liegt also immer dem Inhalt an. Der von der Magenschleimhaut abgesonderte Magenschleim verhindert eine Selbstverdauung des Magens.
Ist die Schleimhaut aus irgendwelchen Gründen geschädigt, kann ein Magengeschwür entstehen.

Die Leber ist die größte Drüse der Wirbeltiere

Die Leber ist die größte Drüse bei Wirbeltieren und damit auch im menschlichen Körper. Das beim Menschen etwa 1,5 kg schwere Organ besteht aus einem größeren rechten und einem kleineren linken Lappen. Seine braunrote Farbe zeigt die gute Durchblutung. Die Leber ist an vielen Stoffwechselreaktionen beteiligt und damit unser wichtigstes Stoffwechselorgan: Über eine große Vene, die Pfortader, gelangt Blut aus dem Verdauungstrakt, der Milz und der Bauchspeicheldrüse in die Leber. Das Blut enthält viele Stoffe (Einfachzucker, Aminosäuren, Nukleinsäuren, Fettsäuren und Fette), die hier auf-, um- und abgebaut, gespeichert und bei Bedarf oder zur Ausscheidung ins Blut abgegeben werden.

Im Folgenden sind die wichtigsten Funktionen der Leber zusammengefasst:
- der unter dem Einfluss des Hormons Insulin (→ Bauchspeicheldrüse, S. 95) gesteuerte Aufbau von Glykogen (→ S. 83) aus Glucose
- der unter dem Hormon Glukagon gesteuerte Abbau von Glykogen zu Glucose (→ S. 95)
- die Umwandlung überschüssiger Kohlenhydrate zu Fett
- die Speicherung von Glykogen, Eiweiß und Vitaminen (A, B12)
- die Synthese von Aminosäuren sowie die Verwertung der aus der Verdauung stammenden, über das Blut zugeführten Aminosäuren
- die Synthese diverser Bluteiweißstoffe
- der Umbau von Eiweiß zu Kohlenhydraten
- der Ab- und Umbau giftiger Stoffwechselprodukte (zB die Bildung von Harnstoff aus dem beim Abbau von Eiweiß freiwerdenden und für den Körper giftigen Ammoniak) sowie zugeführter Stoffe (zB Medikamente, Alkohol)
- die Synthese von Cholesterol (→ S. 85), das u. a. am Aufbau der Zellmembranen, bestimmter Hormone etc. beteiligt ist
- die Bildung der **Galle** (unter Hilfestellung des Cholesterols) und
- der Abbau der **roten Blutkörperchen**

Arbeitsheft Seite 27

Die Bauchspeicheldrüse produziert Bauchspeichel und Hormone

Die leicht S-förmig gekrümmte, etwa 15 cm lange und 70 g schwere Bauchspeicheldrüse wird auch als Pankreas bezeichnet. Sie hat einerseits die Funktion als Verdauungsdrüse, indem sie den enzymhältigen Bauchspeichel produziert und in den Zwölffingerdarm abgibt, andererseits als Hormondrüse, indem sie die Hormone Insulin und Glukagon synthetisiert. Beide Hormone sind wichtig für den Zuckerhaushalt des Körpers. Wird mit der Nahrung vermehrt Zucker aufgenommen, bewirkt Insulin den Aufbau von Glykogen. Sinkt der Blutzuckerspiegel, regelt das Glukagon den Abbau von Glykogen zu Traubenzucker. Dadurch wird im Blut ein Glucosegehalt zwischen 65 und 110 mg/dl (Normalwert) erreicht.

Dünndarmzotten vergrößern die resorbierende Fläche

Der beim erwachsenen Menschen vier bis fünf Meter lange Dünndarm besteht aus den drei Abschnitten **Zwölffingerdarm** (Duodenum), Leerdarm (Jejunum) und Krummdarm (Ileum). Die **muskulöse Darmwand** lässt auf der Innenseite dichtgestellte, schleimhautüberzogene Ringfalten erkennen (→ Abb. 25). Die Zahl der Ringfalten nimmt dickdarmwärts ab, im Krummdarm fehlen sie.
Die gesamte Dünndarmschleimhaut ist, um die Gesamtoberfläche der resorbierenden Flächen zu vergrößern (**Oberflächenvergrößerung**), von den so genannten Dünndarmzotten besetzt. Sie erhält dadurch ein samtartiges Aussehen. Die Zotten sind in den beiden ersten Abschnitten des Dünndarms (Zwölffingerdarm und Leerdarm) sehr dicht und bis 1,2 Millimeter hoch. Im anschließenden Abschnitt, dem Krummdarm, werden sie kürzer und seltener. Jede einzelne Darmzotte ist von einem feinen Blutgefäßnetz und einem Lymphgefäß durchzogen. Während der Verdauung sind die Darmzotten stark durchblutet. Gelöste Kohlenhydrate und Aminosäuren treten durch die Zotten- und Blutgefäßwand ins Blut über, verdaute Fette gelangen in die Lymphe.

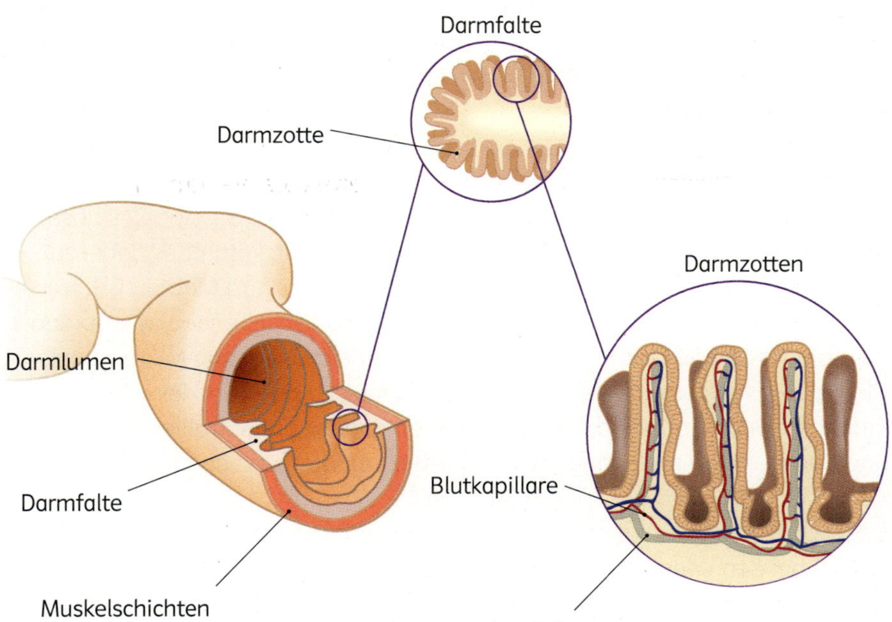

25 Bau des Dünndarms (Schema)

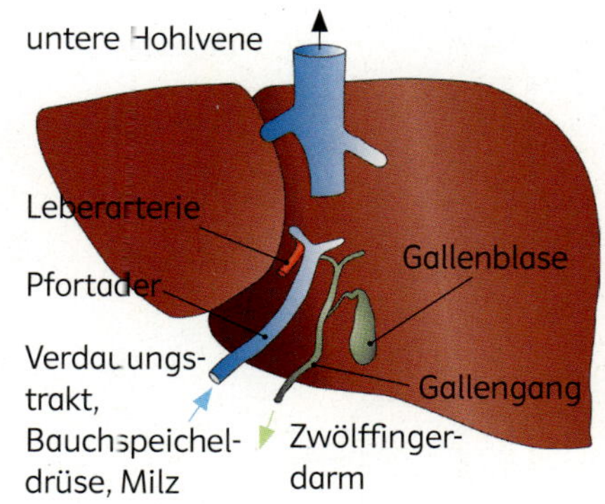

23 Leber und Gallenblase (Schema)

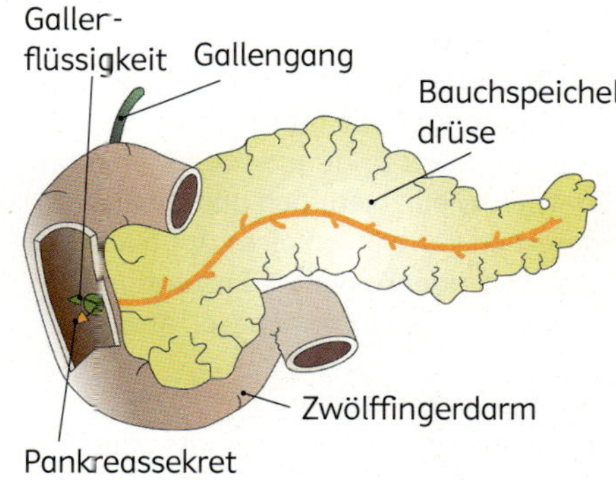

24 Bauchspeicheldrüse (Schema)

Zwölffingerdarm
ist hufeisenförmig und ca. 30 Zentimeter lang. Frühere Anatomen gaben ihm den Namen, da er nach ihrer Ansicht zwölf Fingerbreiten lang war.

muskulöse Darmwand
Die Darmwand besteht u.a. aus zwei Schichten glatter Muskelzellen. Sie bewirken die so genannte Darmperistaltik: Durch Kontraktion der Ringmuskulatur (innen) verengt sich und durch Kontraktion der Längsmuskulatur (außen) verkürzt sich der Darm. Dadurch wird der Darminhalt afterwärts geschoben.

Oberflächenvergrößerung
ist ein wichtiges biologisches Prinzip, das in verschiedensten biologischen Bereichen zu beobachten ist. Durch Faltung, Windung, Verzweigung oder Verlängerung wird die Oberfläche eines Körpers vergrößert.
Oberflächenvergrößerung zeigt sich überall dort, wo Stoffe aufgenommen und/oder abgegeben werden und wo Stoffe einwirken. Beispiele, die im Zusammenhang mit der Ernährung stehen, finden wir beim Bau der inneren Dünndarmwand und bei der Emulgierung der Fette durch die Galle.

Selbst aktiv!

Überlege, was der Grund dafür sein könnte, dass der Krummdarm keine Ringfalten und nur noch spärlich Darmzotten aufweist. Begründe deine Überlegung.

Arbeitsheft
Seite 27

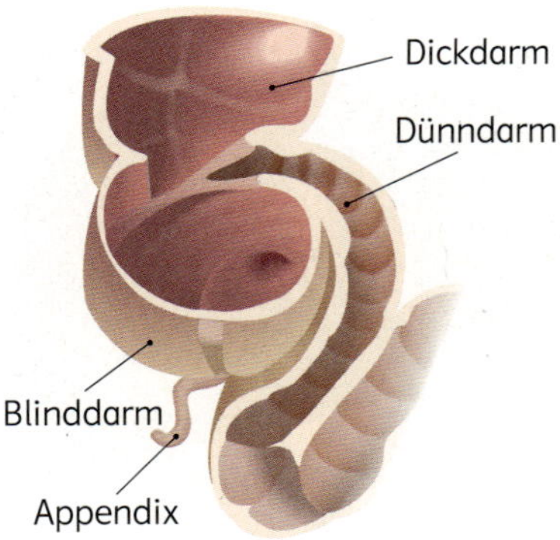

26 Blinddarm und Appendix (Schema)

Appendix
Im Wurmfortsatz kommt es häufig zu Entzündungen, die oft fälschlich als Blinddarmentzündungen bezeichnet werden. Medizinerinnen und Mediziner sprechen korrekt von einer Appendizitis, also von einer Appendix-Entzündung.
appendicis (lat.) = Anhängsel, Anhang

Immunreaktionen
Abwehrreaktionen des Körpers gegen körperfremde Stoffe

Kolon
colon (lat.) = Darm, Wurst

Rektum
(intestinum) rectum (lat.) = gestreckter, gerader Darm

Darmlumen
Lumen bezeichnet das Innere eines Hohlorgans (zB von Magen, Darm …)

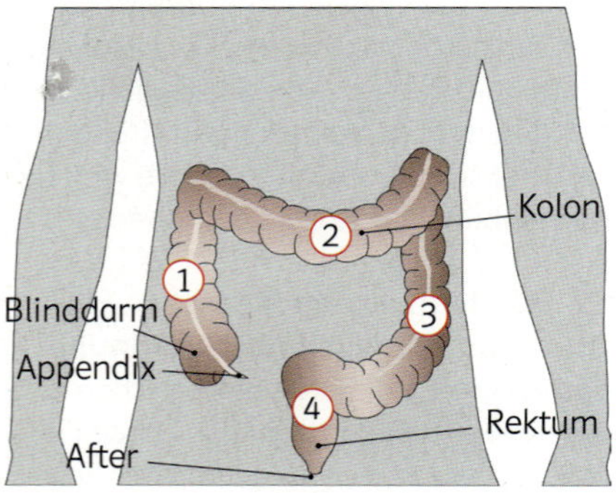

27 Dickdarm des Menschen (Schema)

Selbst aktiv!

Die Darmflora synthetisiert auch Biotin, ein Vitamin aus dem Vitamin-B-Komplex. Es wird durch die Darmwand resorbiert und somit für den Menschen verfügbar gemacht. Recherchiere: Welche Wirkungen hat Biotin? Welche Vitamine gehören noch zu dieser Gruppe?

Beim Menschen ist der Blinddarm reduziert

An der Stelle, an der der Dünndarm in den Dickdarm mündet, verhindern zwei Schleimhautfalten den Rückfluss des Dickdarminhaltes in den Dünndarm. Unterhalb der Einmündung des Dünndarms in den Dickdarm befindet sich eine blind endende Aussackung, der Blinddarm. Nichtwiederkäuende Pflanzenfresser (→ S. 112) haben lange Blinddärme, in denen die Zerlegung der schwer verdaulichen Zellulose unter Mithilfe von Mikroorganismen stattfindet. Der menschliche Blinddarm ist auf ein 6 bis 8 cm langes Darmstück reduziert. Der daran hängende 2 bis 20 cm lange und etwa bleistiftdicke Wurmfortsatz (**Appendix**) ist vermutlich das Überbleibsel eines zurückgebildeten Blinddarms und somit ein so genanntes rudimentäres Organ. Der Appendix enthält Schleim oder Darminhalt, manchmal ist er aber auch teilweise oder vollkommen verschlossen. Die Schleimhaut des Wurmfortsatzes enthält reichlich Lymphozyten (→ S. 135), Zellen, die eine Rolle bei **Immunreaktionen** spielen.

Selbst aktiv!

Ein rudimentäres Organ ist ein Organ, das im Zuge der Evolution, also im Laufe der stammesgeschichtlichen Entwicklung eines Lebewesens, seine ursprüngliche Funktion verloren hat und deshalb (größtenteils) zurückgebildet worden ist. Überlege, worauf der rudimentäre Blinddarm beim Menschen schließen lassen könnte.

Im Dickdarm werden Wasser und Mineralstoffe resorbiert

Der Dickdarm ist bei einem erwachsenen Menschen etwa 1,2 bis 1,4 Meter lang. Sein Anfangsteil, als Grimmdarm oder **Kolon** bezeichnet, steigt an der rechten Bauchhöhlenwand auf (aufsteigender Teil, Abb. 27/1), biegt unterhalb der Leber zur linken Bauchhöhlenwand ab (querliegender Teil, Abb. 27/2), zieht dort wieder nach unten (absteigender Teil, Abb. 27/3) und geht schließlich, etwa in der Mitte des Unterbauches, über eine S-förmige Schleife (S-förmig gekrümmter Teil, Abb. 27/4) in den Endabschnitt des Dickdarms, den Mastdarm (**Rektum**) über.

Im Dickdarm leben Bakterien und Pilze (Darmflora; → S. 64), die für ihren eigenen Energiebedarf restliche Eiweißstoffe und Kohlenhydrate (v. a. Zellulose) abbauen. Abhängig von der aufgenommenen Nahrung kommt es dabei zu mehr oder weniger starker Gasbildung, hauptsächlich wird Methan CH_4 freigesetzt (Blähungen!). Weiters unterdrücken die im Darm lebenden Mikroorganismen die Vermehrung von Fremdkeimen (krankheitserregende Mikroorganismen) durch Konkurrenz. Bei gestörter Darmflora, zB aufgrund längerer Einnahme von Antibiotika, können sich Fremdkeime unkontrolliert vermehren und Darmfunktionsstörungen sowie Darmentzündungen verursachen.

Der Dickdarm ist beim Menschen dicker als der Dünndarm, bei manchen Tieren, zB bei den Wiederkäuern, ist er allerdings dünner.
Der Name Dickdarm leitet sich allerdings nicht von der Weite des **Darmlumens** ab, sondern gibt vielmehr einen Hinweis auf eine seiner Hauptfunktionen: Durch die Resorption von Wasser und von darin gelösten Mineralstoffen wird der noch relativ flüssige Darminhalt auf ein Drittel bis ein Viertel seines Volumens eingedickt und der Kot geformt.
Durch Bakterientätigkeit entstandene Eiweißabbauprodukte geben dem Kot den charakteristischen Geruch, Abbauprodukte des Hämoglobins verursachen u. a. die typische Färbung (→ S. 94). Die Darmschleimhaut sondert Sekrete als Gleit- und Schmiermittel ab. Durch peristaltische Bewegungen wird der Darminhalt in Richtung After befördert.

Arbeitsheft
Seite 27

Darmabschnitt	Wirkstoff	Aufgabe	Bausteine
Mundhöhle	Ptyalin (Amylase)	spaltet Stärke in	Maltose
Rachen Speiseröhre	Transport des eingespeichelten Nahrungsbreis in Richtung Magen; Speichelenzym Ptyalin wirkt weiter, es werden keine zusätzlichen Enzyme abgesondert		
Magen	Salzsäure	denaturiert Proteine aktiviert Pepsin tötet Bakterien ab	
	Pepsin (Protease)	spaltet Proteine in	kürzere Aminosäuren-verbindungen (Peptide)
	Lipase	spaltet flüssige Fette in	Fettsäuren und Glycerol
Dünndarm	Galle	emulgiert Fette und aktiviert Enzyme der Bauchspeicheldrüse	
	Amylase	spaltet Stärke in	Maltose
	Maltase	spaltet Maltose in	Glucose
	Proteasen	spalten Proteine in	Peptide
	Lipasen	spalten emulgiertes Fett in	Fettsäuren und Glycerol
	Disaccharidasen	spalten Disaccharide in	Monosaccharide
	Peptidasen	spalten Peptide in	Aminosäuren
	Resorption der gelösten Nährstoffe und Vitamine		
Dickdarm	Aufschluss des restlichen Nahrungsbreis durch die Darmflora; Resorption von Wasser sowie von darin gelösten Mineralstoffen und Vitaminen; Kotbildung		

28 Übersicht über Verdauung und Resorption beim Menschen

Arbeitsheft
Seite 27

Selbst aktiv!

Praktikum „Biologisch aktives“ Brot backen

Beim Brotbacken kannst du dein biologisches Wissen testen.
Du braucht dazu 250 g Roggenvollkornmehl vermischt mit 250 g Weizenvollkornmehl, ca. 10 g Salz, etwas Brotgewürz, 1 Würfel Germ (frisch), ca. 3/8 l lauwarme Milch (sollte der Teig zu fest sein, dann etwas mehr) und eine Prise Zucker. Außerdem benötigst du eine Kastenform (30 cm lang), die mit etwas Olivenöl ausgefettet ist, ein Lichtmikroskop, eine Pipette, einen Objektträger und ein Deckglas.

Gib etwa die Hälfte der lauwarmen Milch mit einer Prise Zucker in eine größere Tasse und bröckle den Germwürfel hinein. Nach etwa einer viertel Stunde entnimmst du mit einer Pipette etwas Milch und gibst einen Tropfen auf den Objektträger. Lege vorsichtig das Deckglas darauf.

Verknete nun in einer Schüssel das Mehl, das Salz, das Brotgewürz, die restliche Milch und die Milch-Germ-Mischung mit einem Knethaken zu einem Teig. Decke die Schüssel mit einem Tuch ab und stelle sie an einen warmen Ort. Dort lässt du den Teig solange rasten, bis er etwa das Doppelte seines Volumens erreicht hat (etwa 90 Minuten).

Während du wartest, dass der Teig weiterverarbeitet werden kann, kannst du selbst „biologisch aktiv“ werden:

1. Betrachte den Milchtropfen unter dem Mikroskop. Beschreibe, was du siehst und fertige eventuell auch eine Skizze davon in deinem Biologieheft an.

   ....

2. Überlege: Warum muss die Milch, in die du die Hefe einbröckelst, lauwarm sein?

   ....

3. Überlege: Warum hast du Zucker in die Milch getan?

   ....

4. Finde eine Erklärung, warum der Teig an Volumen zunimmt.

   ....

5. Überlege: Könntest du zur Herstellung deines Brotes auch nur Roggenmehl bzw. nur Weizenmehl verwenden? Begründe deine Antworten.

   ....

   ....

6. Begründe, warum du Vollkornmehl und nicht Weißmehl verwenden sollst.

   ....

Knete nun den Teig nochmals durch, fülle ihn in die geölte Kastenform und lasse ihn nochmals etwa 20 Minuten zugedeckt rasten. Anschließend stellst du die Form in das vorgeheizte Backrohr und lässt den Teig bei ca. 190 °C ungefähr 50 Minuten backen.
Lass dir das ausgekühlte Brot gut schmecken. Besonders gut ist es mit Butter und frischem Schnittlauch.

7. Stell dir vor, dass dein Buttervollkornbrot mit Schnittlauch deinen Verdauungstrakt durchwandert. Beschreibe in deinem Biologieheft, was in jedem Abschnitt mit seinen Bestandteilen passiert.

Ernährung im Tierreich

Genauso wie der Mensch sind auch Tiere auf die Aufnahme organischer Stoffe als Nahrung angewiesen. Durch Nahrungskonkurrenz haben sich im Laufe der Evolution recht unterschiedliche Ernährungstypen entwickelt.
Man unterscheidet zwischen Tieren, die sich mit toter Biomasse versorgen, und solchen, die sich von lebenden Planzen oder Tieren ernähren (Übersicht auf S. 106).

Saprophagen ernähren sich von toter Biomasse

Detritivoren ernähren sich von organischen Abfallstoffen (mehr oder weniger zersetzten Tier- und Pflanzenresten) aus dem Substrat, in oder auf dem sie leben. Beispiele dafür sind Regenwürmer, die meisten **Doppelfüßer** und diverse Seegurkenarten.

Die Hauptnahrung der **Nekrophagen** sind Tierleichen. Bekannte Vertreter sind u. a. Geier, Streifen- und Tüpfelhyänen sowie die meisten **Aaskäfer**.

Koprophagen, wie zum Beispiel der **Heilige Pillendreher**, fressen den noch nährstoffreichen Kot anderer Tiere.

Durch die Verwertung toter Biomasse spielen die gemeinsam als **Saprophagen** bezeichneten Aas-, Kot- und Substratfresser eine wichtige Rolle im Stoffkreislauf der Natur.

29 Regenwurm (*Lumbricus terrestris*)

30 Riesentausendfüßer (*Archispirostreptus gigas*)

31 Ananas-Seegurke (*Thelenota ananas*)

32 Gänsegeier (*Gyps fulvus*)

33 Gemeiner Totengräber (*Nicrophorus vespillo*)

34 Heiliger Pillendreher (*Scarabaeus sacer*) mit Kotkugel

Detritivoren
Detritusfresser, Substratfresser
detritus (lat.) = das Abreiben,
vorare (lat.) = gierig fressen

Doppelfüßer
Tausendfüßer, bei denen jeweils zwei Körpersegmente miteinander verschmolzen sind. Jedes Doppelsegment ist mit zwei Beinpaaren ausgestattet.

Nekrophagen
Aasfresser
nekros (griech.) = Leichnam,
phagos (griech.) = der Fresser

Aaskäfer
Einer der bekanntesten Vertreter dieser Käferfamilie ist der Totengräber, der sich von toten Kleinsäugern ernährt. Die Käfer werden vom Aasgeruch angelockt. Männchen und Weibchen paaren sich und vertreiben andere Aaskäferpaare. Das „Siegerpaar" beginnt nun damit, den Tierkadaver zu unterhöhlen, wodurch dieser immer mehr einsinkt – er wird sozusagen begraben. Von diesem „Grab" aus gräbt das Weibchen einen Seitengang, in den sie Eier ablegt. Nach wenigen Tagen schlüpfen die Larven. Sie werden vom Muttertier mit Aas gefüttert, das durch Verdauungssäfte verflüssigt worden ist. Nach der dritten Häutung kriechen die Larven in den Kadaver und fressen selbstständig davon.

Koprophagen
Kotfresser
kopros (griech.) = Mist, Kot, Schmutz

Heiliger Pillendreher
Käfer aus der Familie der Blatthornkäfer, im Mittelmeerraum, in Afrika, Kleinasien und Teilen Südamerikas verbreitet. Der Käfer formt aus dem Kot pflanzenfressender Säugetiere große Kugeln und vergräbt sie, um sie später zu fressen. Nach der Paarung dienen die Kotkugeln auch der Eiablage. So sind schlüpfende Larven sofort mit Nahrung versorgt.

Saprophagen
sapros (griech.) = faul

35 Tüpfelhyäne (*Crocuta crocuta*)

Prädatoren
Räuber; praedatio (lat.) = Raub

Herbivoren
Pflanzenfresser; herba (lat.) = Pflanze, Gras

Carnivoren
Fleischfresser; carnis (lat.) = Fleisch

Omnivoren
Allesfresser; omnis (lat.) = alle

Neuntöter
Sperlingsvogel, der seine Beute auf Dornen oder anderen spitzen Gegenständen aufspießt

Ameisenlöwe
Larve der Ameisenjungfer, einem Netzflügler, der trockene Lebensräume bevorzugt. Die Insektenlarve gräbt Trichter in den Sand, in die die Beutetiere hineinfallen.

Prädatoren ernähren sich von lebender organischer Substanz

Alle Tiere, die sich von lebender organischer Substanz ernähren, werden als **Prädatoren** bezeichnet. Je nach Art der Nahrung beziehungsweise nach den anatomischen Anpassungsmerkmalen der Tiere an die entsprechende Nahrung unterscheidet man zwischen den pflanzenfressenden **Herbivoren**, den fleischfressenden **Carnivoren** und den allesfressenden **Omnivoren**.
Es lassen sich unterschiedliche Arten der Nahrungsbeschaffung und der Nahrungsaufnahme beobachten. Beispiele sind im Folgenden angeführt.

Es gibt Sammler, Weidegänger und Jäger

Zu den Sammlern zählt man Tiere, die überschüssige Nahrung für den späteren Verzehr aufbewahren, meistens um sie vor Nahrungskonkurrenten zu sichern beziehungsweise um Wintervorräte anzulegen. Typische Sammler sind Eichhörnchen, Hamster und **Neuntöter**.

Weidegänger schaben oder beißen am Boden festsitzende Tiere oder Pflanzen mit speziell dazu ausgebildeten Mundwerkzeugen ab. Die bekanntesten Beispiele für Weidegänger sind neben den Wiederkäuern die Schnecken, die mit ihrer mit feinen Zähnchen besetzten Zunge, der Raspelzunge, den Boden abweiden, und die Seeigel, die mit einem komplizierten Kauapparat aus Kalkspangen und Muskeln algenbewachsene Felsküsten abgrasen.

Jäger erbeuten und töten andere Tiere. Hetzjäger, wie der Wolf, jagen ihre Beute so lange, bis sie ermüdet, eingeholt und erlegt werden kann. Schleichjäger, zum Beispiel Füchse, jagen die Beute durch Anschleichen und Anspringen. Lauerjäger warten gut getarnt auf ihre Opfer, die dann durch einen Blitzangriff überrascht werden. Ein Beispiel hierfür sind Krabbenspinnen, die häufig auf Blüten und Blättern den Blütenbesuchern auflauern. Tiere, die so wie der **Ameisenlöwe** zum Beutefang eine Falle errichten, werden als Fallensteller bezeichnet.
Unter den Vögeln gibt es auch noch Ansitzjäger. Sie halten von einem erhöhten Aussichtspunkt, einer Warte oder dem Ansitz, Ausschau nach Beute.

36 Neuntöter (*Lanius collurio*) mit aufgespießter Maus

37 Wanderfalke (*Falco peregrinus*) mit Beute

38 Seeigel

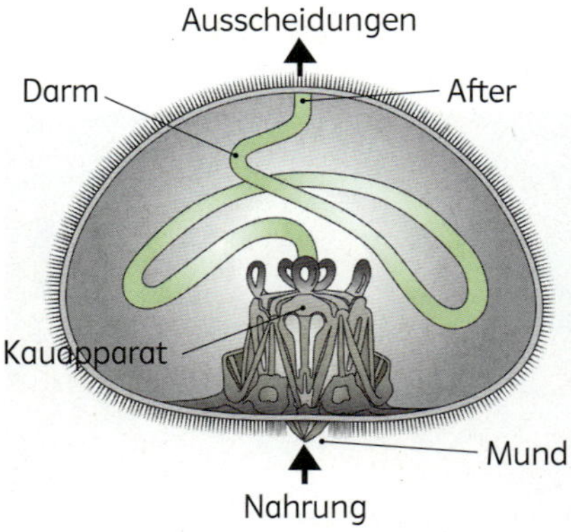

39 Seeigel, Kauapparat (Schema)

40 Raspelzunge (Ausschnitt, REM)

41 Ameisenlöwe (*Myrmeleon formicarius*)

42 Krabbenspinne (*Misumena vatia*)

Arbeitsheft Seite 28

Absorbierer nehmen über die Haut Nahrung auf

Absorbierer ernähren sich von gelösten Stoffen, die sie über ihre Körperoberfläche, über die Haut, aufnehmen. Ein Beispiel dafür ist der **Bandwurm**.

Filtrierer und Strudler sieben Nahrung aus dem Wasser

Filtrierer leben im Wasser, wo sie mit Hilfe eines Siebapparates Plankton heraussehen. Bartenwale beispielsweise, wie etwa der Grauwal, filtern mit Hilfe von Hornplatten, die vom Oberkiefer herabhängen, mit den so genannten Barten, Plankton aus dem Wasser.

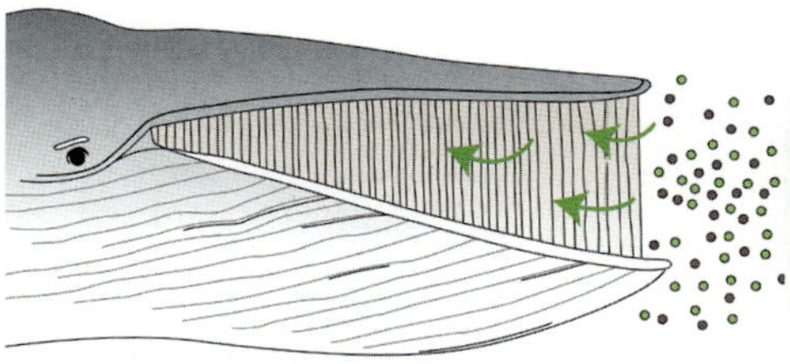
43 Walbarten (Schema)

44 Barten des Grauwals

Als Strudler werden diejenigen Filtrierer bezeichnet, die das Wasser, aus dem sie die Nahrung seihen, mithilfe von Wimpern oder Geißeln herbei- bzw. durch ihren Körper strudeln. Zum Beispiel erzeugen Muscheln zum Gasaustausch an den Kiemen durch Schlagen von **Wimpern** einen Wasserstrom durch die Mantelhöhle. Im Wasser schwebendes Plankton und zersetztes Pflanzenmaterial bleibt dabei in den Kiemen hängen. Die Nahrungsteilchen werden von Schleim umhüllt und mithilfe von Wimpern zur Mundöffnung befördert.

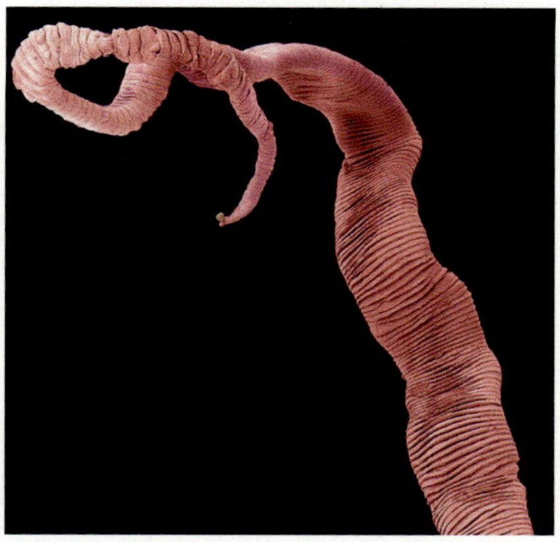
45 Bandwurm

Absorbierer
absorptio (lat.) = das Aufsaugen

Bandwurm
lebt als Endoparasit (→ S. 57) im Darm von Wirbeltieren und entzieht diesen Nahrung

Filtrierer
filtrare (lat.) = durchseihen

Wimpern
An den Kiemen, Mantelflächen und im Mundbereich von Muscheln befinden sich zahlreiche Wimpern (→ S. 20), die das Plankton durch die Mantelhöhle befördern.

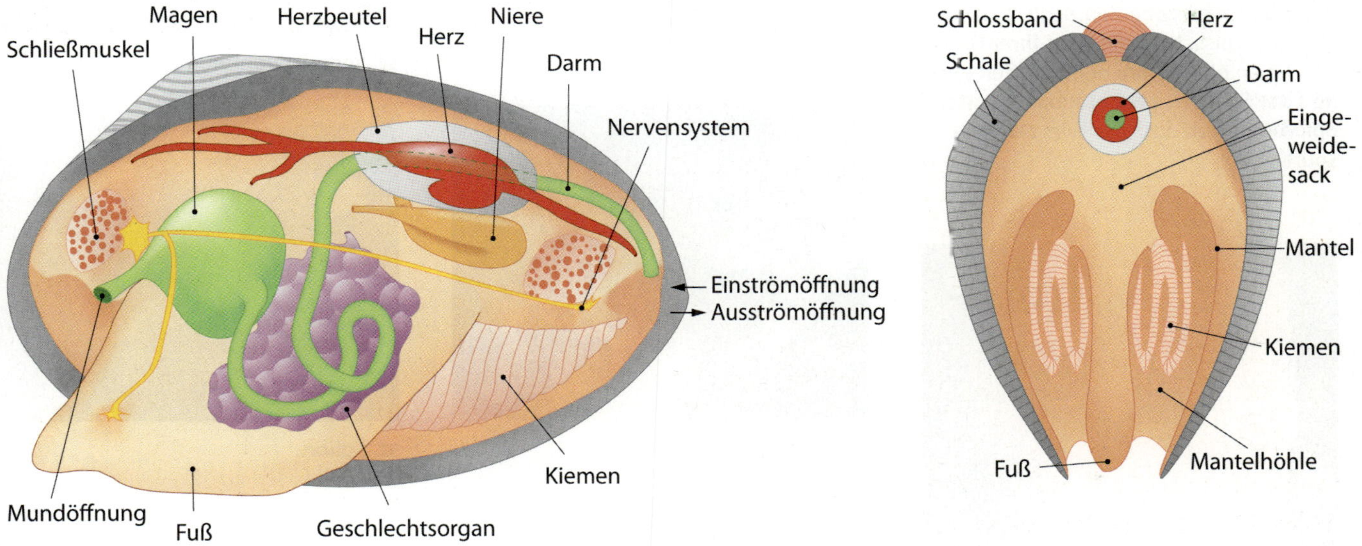

46 Körperbau einer Teichmuschel (Schema; links im Querschnitt, rechts im Längsschnitt)

Selbst aktiv!

1. Recherchiere: Wieso werden Bandwürmer nicht im Wirtsdarm verdaut?
2. Gelangen die Eier des Fuchsbandwurmes oder des Hundebandwurmes in den Körper des Menschen, können sie Echinokokkose, eine lebensgefährliche Erkrankung, hervorrufen. Recherchiere: Wie entwickeln sich die beiden oben genannten Bandwürmer? Wie können ihre Eier vom Menschen aufgenommen werden? Welche Symptome verursacht die Echinokokkose?

Arbeitsheft Seite 28

Sauger ernähren sich von Körper- und Pflanzensäften

Sauger haben speziell ausgebildete Mundwerkzeuge, mit denen sie Körpersäfte anderer Tiere beziehungsweise Pflanzensäfte saugen. Viele sind Parasiten, da sie ihren so genannten „Wirt“ mehr oder weniger schädigen. Weibliche **Stechmücken**, **Zecken**, **Blutegel** und **Vampirfledermäuse** sind Beispiele für Blutsauger. Pflanzenläuse stechen die nährstoffleitenden Gefäße (Phloem, → S. 157) von Pflanzen an und saugen mit ihrem Saugrüssel von der nährstoffreichen Flüssigkeit. Nektarsauger, wie etwa Schmetterlinge und die in Nord- und Südamerika beheimateten Kolibris, sind keine Parasiten, im Gegenteil: Durch den Besuch verschiedener Blüten übertragen sie Pollen (Bestäubung, → S. 173 f).

Stechmücken
haben die Mundwerkzeuge zu einem Stechrüssel mit Saugrohr umgebildet. Beim Stich in die Haut spritzt die Mücke Speichel in die Einstichstelle. Er enthält einen Stoff, der die Blutgerinnung während des Saugaktes verhindert.

Zecken
ritzen die Haut ihres Wirtes (Wirbeltier, Mensch) mit den Kieferklauen auf und stecken anschließend ihren Saugrüssel hinein. Auch sie injizieren gerinnungshemmenden Speichel, der zusätzlich noch ein Mittel enthält, das die Einstichstelle lokal betäubt.

Blutegel
Die in schlammigen, stehenden Süßgewässern lebenden Blutegel saugen sich mithilfe ihrer zwei an der Körperunterseite befindlichen Saugnäpfe an ihrem Wirt (Säugetier, Mensch) fest. Anschließend schneiden sie mit ihren Kiefern, die mit scharfen Kalkzähnchen besetzt sind, ein Loch in die Haut ihres Wirtes. Auch der Speichel der Egel enthält blutgerinnungshemmende Stoffe.

Vampirfledermäuse
Die in Südamerika und der südlichen USA lebenden Vampirfledermäuse ernähren sich von Vogelblut und vom Blut anderer Säugetiere, vornehmlich von Rindern. Bevor sie mit den Schneide- und Eckzähnen zubeißen, schlecken sie an der Einbissstelle die Haut ihrer Opfer ab. Neben blutgerinnenden Stoffen enthält der Speichel ein Betäubungsmittel, das verhindert, dass der Wirt den Biss spürt.

47 Stechmücke; Stech-Saugrüssel

48 Zecke; Kieferklauen

49 Blutegel

50 Vampirfledermaus

51 Blattläuse

52 Kolibri

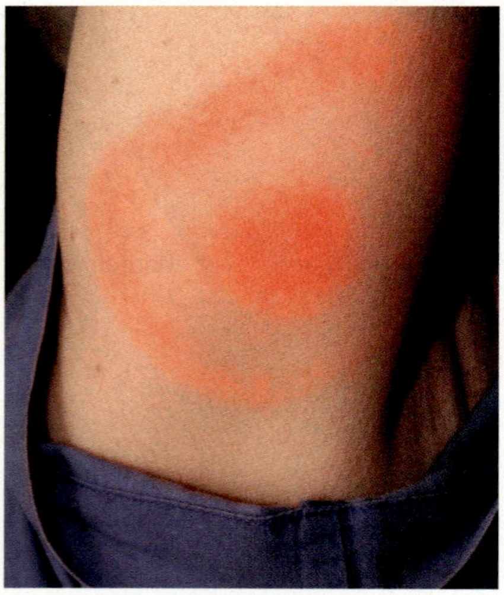

53 Ein Symptom welcher Krankheit, die von einem von Zecken übertragenen Erreger ausgelöst wurde, könnte das sein?

Selbst aktiv!

Sauger können Krankheitserreger übertragen. Mit der Tsetsefliege und der Malariamücke (→ S. 60) hast du bereits zwei Beispiele kennen gelernt. Recherchiere:

1. Mit welchen Krankheitserregern kann man durch Zeckenstiche infiziert werden. Welche Symptome rufen die betreffenden Krankheiten hervor?
2. Wer waren die Krankheitserreger und -überträger der Großen Pest von Wien im Jahre 1679? Welcher Mann wird in diesem Zusammenhang besonders erwähnt? Lies die Sage dazu nach. Halte eventuell ein Referat darüber.

Arbeitsheft Seite 28

Selbst aktiv!

Kleine eigenwarme Tiere haben im Verhältnis zu ihrem Volumen eine größere Oberfläche als große eigenwarme Tiere. Das kannst du leicht überprüfen, indem du zwei unterschiedlich große Würfel miteinander vergleichst: Ein Würfel mit 1 cm Kantenlänge hat ein Volumen von 1 cm^3 und eine Oberfläche von 6 cm^2. Das Verhältnis Volumen zu Oberfläche beträgt also 1:6. Ein Würfel mit der Kantenlänge von 2 cm hat ein Volumen von 8 cm^3 und eine Oberfläche von 24 cm^2. Das Verhältnis Volumen zu Oberfläche ist mit 1:3 also geringer. Daher geben kleine Tiere relativ mehr Wärme an die Umgebung ab als große, was den Energiebedarf erhöht. Das kleinste Säugetier und somit der Säuger mit dem höchsten Energieumsatz hat eine Körperlänge von 4,5 cm und eine Masse von 1,5–2 g. Um den Energiestoffwechsel aufrecht zu erhalten, muss er daher nahezu pausenlos fressen.
Seinen Namen erfährst du, wenn du folgendes Rätsel löst. In Klammer ist jeweils in fetter Schrift an erster Stelle angegeben, wie viele Buchstaben der gesuchte Begriff hat. Die weiteren Zahlen geben dir an, den oder die wievielten Buchstaben du im Wort für die gesuchte Lösung brauchst. Hintereinander unten eingesetzt ergeben die Buchstaben die Lösung. Recherchiere anschließend, welchen Gebisstyp dieses Tier besitzt und zu welcher Ordnung es gehört.

Der Ameisenlöwe ist ein Jäger und zwar ein (**13**/5/8). Muscheln sind nach der Art der Nahrungsaufnahme (**8**/3/4). Stechmücken und Blutegel sind (**6**/1). Mandibeln heißen die (**10**/5/6) der Gliederfüßer (zB der Insekten). Quallen, Lurche und Schlangen sind Beispiele für (**9**/1/2/3/8). Canini heißen die (**8**/4). Das Rind ist ein (**11**/1/5/11). (**5**/3) sind zahnlose Wirbeltiere. Organismen, die sich von toter Biomasse ernähren, heißen (**11**/1/3). Pflanzenfresser werden auch (**10**/5) genannt. Der Wolf ist ein (**9**/3/4). Der Unterkiefer der Gliederfüßer wird auch als (**7**/1/2) bezeichnet. Schnecken weiden mithilfe der (**11**/8) den Boden ab. Lebewesen, die wie der Bandwurm gelöste Stoffe über die Körperoberfläche aufnehmen, sind (**11**/3).

LÖSUNG: _

Tiere haben unterschiedliche Verdauungssysteme

Wie beim Menschen muss auch bei Tieren die aufgenommene Nahrung zuerst in resorbierbare Bausteine zerlegt werden, die dann für die Energieversorgung und für die Synthese körpereigener Stoffe zur Verfügung stehen. Je nachdem wo Verdauungsvorgänge stattfinden, unterscheidet man zwischen der **intrazellulären** und der **extrazellulären** Verdauung.

Schwämme verdauen intrazellulär

Schwämme sind Strudler. Durch Geißelschlag der Kragengeißelzellen einerseits und aufgrund des **Bernoulli-Effekts** andererseits wird Wasser mit darin verteilten Nahrungspartikeln über winzige Poren in den Zentralraum gesogen und über die Ausströmöffnung wieder abgegeben. Die herbeigestrudelte Nahrung wird in die Kragengeißelzellen aufgenommen (**Phagozytose**), teilweise verdaut und an frei bewegliche Zellen (Wanderzellen) weitergegeben. In ihnen wird die intrazelluläre Verdauung fortgesetzt, anschließend verteilen sie die verdauten Stoffe an alle anderen Zellen des Schwammkörpers.

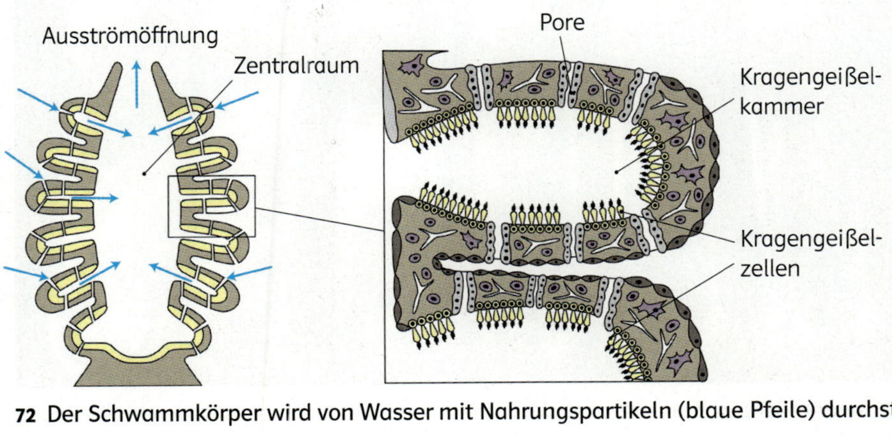

72 Der Schwammkörper wird von Wasser mit Nahrungspartikeln (blaue Pfeile) durchströmt.

intrazellulär
Die intrazelluläre Verdauung findet innerhalb der Zelle statt.
intra (lat.) = innerhalb,
cellula (lat.) = die Zelle

extrazellulär
Die extrazelluläre Verdauung findet entweder außerhalb des Körpers (Außenverdauung) oder im Körper in Darmsäcken oder Darmkanälen statt (→ S. 108 f).
extra (lat.) = außerhalb

Bernoulli-Effekt
Der Druck in Flüssigkeiten oder Gasen sinkt mit steigender Strömungsgeschwindigkeit. Das an der Ausströmöffnung des Schwammkörpers vorbeifließende Wasser bewirkt an dieser Stelle eine Druckverminderung. Dadurch entsteht über der Ausströmöffnung ein Unterdruck, der Wasser aus dem Zentralraum nachzieht (Sogwirkung).

Phagozytose
Aufnahme fester Nahrungspartikel in den Zellleib von Einzellern (Amöben, Geißeltierchen etc.; → S. 61 f) oder in besondere, dafür bestimmte Zellen bei Mehrzellern
phagein (griech.) = essen,
cytos (griech.) = Zelle

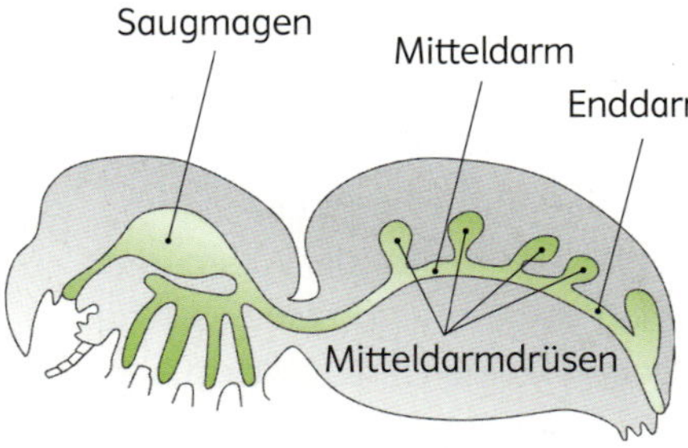

73 Verdauungstrakt einer Spinne (Schema)

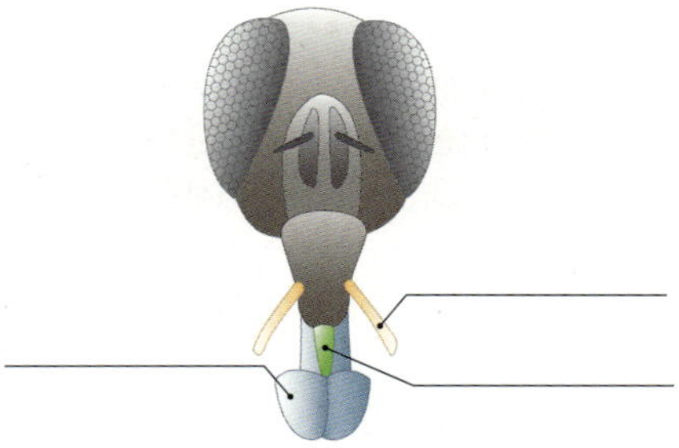

74 Mundwerkzeuge der Stubenfliege (Schema)

Selbst aktiv!

In Abbildung 74 sind die Mundwerkzeuge der Stubenfliege schematisch dargestellt. Beschrifte die Abbildung analog zu „Selbst aktiv!" Seite 103. Überlege, welche Struktur hier völlig zurückgebildet ist.

Mitteldarmdrüsen
sind verästelte, drüsenreiche Blindschläuche im mittleren Darmabschnitt der Krebse, Spinnentiere und Weichtiere, die aufgrund ihrer Funktion mit Leber und Bauchspeicheldrüse der Wirbeltiere verglichen werden können.

Saugmagen
Der Magen ist an großen Muskeln aufgehängt. Kontrahieren sich diese, wird der Magen erweitert und die verdaute Nahrung dadurch eingesogen.

Maden
beinlose Larven der Zweiflügler (Fliegen, Mücken …)

76 Goldfliege (*Lucilia sericata*)

Die Außenverdauung erfolgt außerhalb des Körpers

Bei der Außenverdauung beginnt die Zersetzung der Nahrung außerhalb des Körpers, so etwa bei den Spinnen. Aufgrund der engen Mundöffnung können diese nur flüssige Nahrung aufnehmen. Deshalb werden zunächst Enzyme, die in den **Mitteldarmdrüsen** produziert werden, ausgewürgt und in die Beute eingespritzt. Die verflüssigte Nahrung wird dann mit dem als **Saugmagen** ausgebildeten Vorderdarm aufgenommen.
Auch Stubenfliegen müssen feste Nahrung zuerst verflüssigen, um sie anschließend aufsaugen zu können. Sie betupfen dazu die Nahrung mit dem kissenförmigen Ende ihrer Mundwerkzeuge. Enzyme in dem dabei austretenden Speichel lösen die Stoffe. Erst dann wird die Nahrung mit den beiden Lippenkissen wie mit einem Schwamm aufgesogen.
Bei Seesternen befindet sich nach einer kurzen Speiseröhre ein sackförmiger Magen, dessen mundwärts gelegener Teil aus dem Körper heraus über die Beute (Muscheln, Schnecken, Würmer …) gestülpt werden kann. Der dahinterliegende Magenabschnitt produziert einen Verdauungssaft, der über die Beute gegossen wird. Ist die Nahrung verdaut, wird der ausgestülpte Magenabschnitt zusammen mit den verdauten Stoffen wieder eingestülpt.

75 Seestern in Bauchlage (links) und in Rückenlage (rechts)

Außenverdauende Maden helfen bei Wundheilung

Goldfliegenlarven ernähren sich von Aas. Die Nahrung wird außerhalb des Körpers durch einen Verdauungssaft, der von den **Maden** abgegeben wird, verdaut und anschließend aufgenommen.
In Labors keimfrei gezüchtete Goldfliegenlarven werden zur Behandlung von offenen, schlecht heilenden Wunden eingesetzt (Madentherapie, Biochirurgie). Die Larven, die einzeln oder über so genannte Bio-Bags (Kunststoffmembranen, in die die Maden eingeschlossen sind) auf die Wunden gegeben werden, ernähren sich von abgestorbenem Gewebe, Wundsekreten und Verkrustungen, die den Heilungsprozess behindern. Sie säubern sozusagen die Wunden, u.a. auch von Bakterien. Die Maden produzieren antibakteriell wirkende Stoffe, die Bakterien abtöten und anschließend ebenfalls verdaut werden.

77 Keimfrei gezüchtete Maden (links einzelne freie Maden, rechts Maden in Bio-Bags)

Niederentwickelte Tiere haben ein Gastrovaskularsystem

Je höher ein Tier entwickelt ist, desto komplizierter ist sein Verdauungssystem. So besitzen die auf einer relativ niederen Entwicklungsstufe stehenden Hohltiere (Polypen, Quallen) lediglich einen Darmsack, der den ganzen Körper durchzieht. Die Darmwand besteht aus Drüsenzellen und begeißelten Nährzellen. Die Drüsenzellen sondern Verdauungsenzyme in das Sackinnere ab. Dort erfolgt die Zerlegung der über die Sacköffnung (Mund) aufgenommenen Nahrung in kleinere Partikel (Vorverdauung). Durch Geißelschlag der Nährzellen werden diese im Körper verteilt, von den Nährzellen aufgenommen und fertig verdaut. Extra- und intrazelluläre Verdauung laufen hier also nebeneinander ab.
Unverdauliche Stoffe werden über die Mundöffnung, die gleichzeitig **After** ist, wieder abgegeben.

Ein Darmsystem, das neben der Verdauung auch die Verteilung der verdauten Stoffe im Körper (Stofftransport) übernimmt, wird als **Gastrovaskularsystem** bezeichnet.

After
wird auch als Anus bezeichnet

Gastrovascularsystem
gastros (griech.) = Bauch,
vasis (lat.) = Gefäß

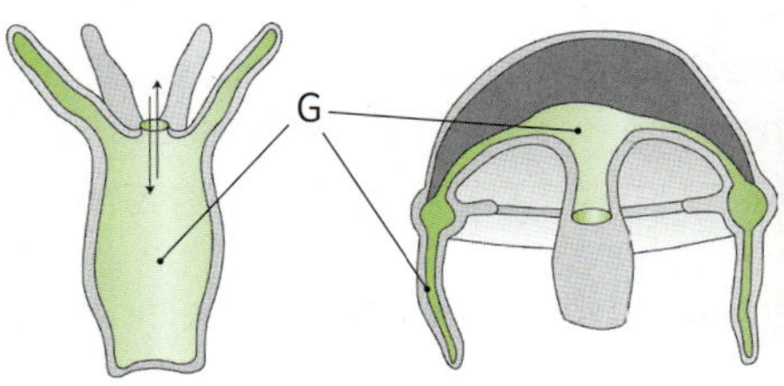

78 Gastrovaskularsystem der Hohltiere (G)

79 Ohrenquallen (*Aurelia aurita*); 20–30 cm Durchmesser

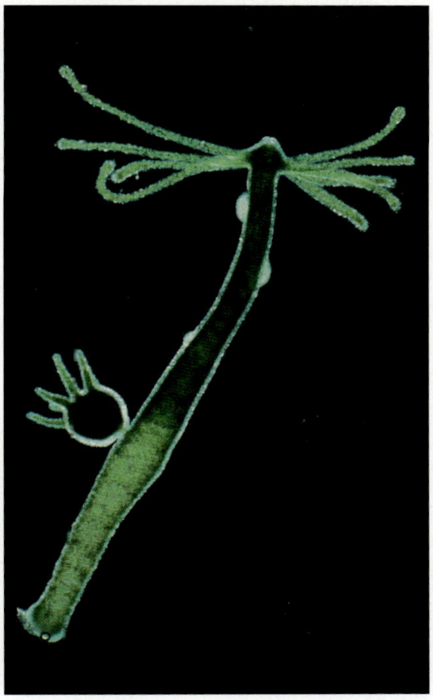

80 Süßwasserpolyp (*Hydra viridissima*); 10–15 mm lang

Auch Saugwürmer, wie beispielsweise der Große Leberegel, der in der Leber von Rindern, Schafen, Schweinen, Menschen und anderen Säugern parasitiert, haben ein Gastrovaskularsystem. Es ist stark verzweigt und ebenfalls afterlos.

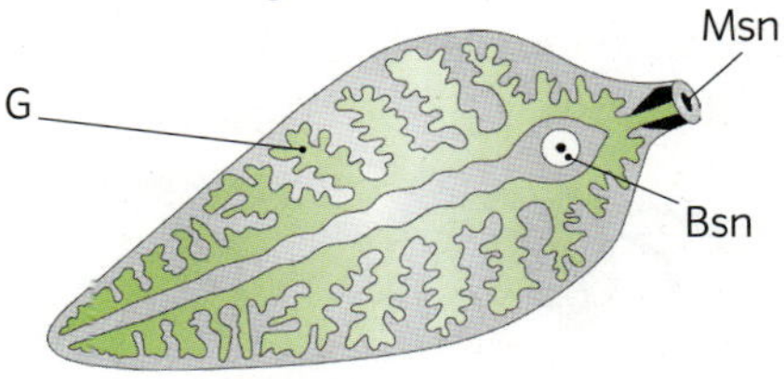

81 Gastrovaskularsystem (G) des Großen Leberegels; Mundsaugnapf (Msn), Bauchsaugnapf (Bsn)

In einem Darmkanal erfolgt der Nahrungstransport nur noch in eine Richtung

Ringelwürmer (zB Regenwurm, → S. 99) haben bereits einen durchgehenden, unverzweigten, gestreckten Darmkanal mit Mund und After, der nur noch der Verdauung und der Resorption und nicht mehr zusätzlich der Verteilung der Nährstoffe im Körper dient. Für diese Aufgabe ist ein Blutgefäßsystem zuständig (→ S. 127).

Da die Nahrung nur mehr in eine Richtung, vom Mund bis zum After, transportiert wird, können verschiedene Darmbereiche unterschiedliche Aufgaben übernehmen: Im Schlund (eine Erweiterung des Darmkanals hinter der Mundöffnung) wird die Nahrung angefeuchtet und gleitfähig gemacht. Durch die darauffolgende Speiseröhre erfolgt der Transport in eine nächste Darmerweiterung, den Kropf. Hier wird die Nahrung gesammelt bevor sie im Muskelmagen mithilfe aufgenommener Sandkörnchen fein zerrieben und anschließend in den Mitteldarm gepresst wird. Dort findet die eigentliche Verdauung mithilfe von Verdauungsenzymen sowie die Resorption der verwertbaren Stoffe statt.

Unverdauliche Nahrungsbestandteile werden durch peristaltische Muskelbewegungen (→ S. 95) in den Enddarm befördert und durch den After abgegeben.

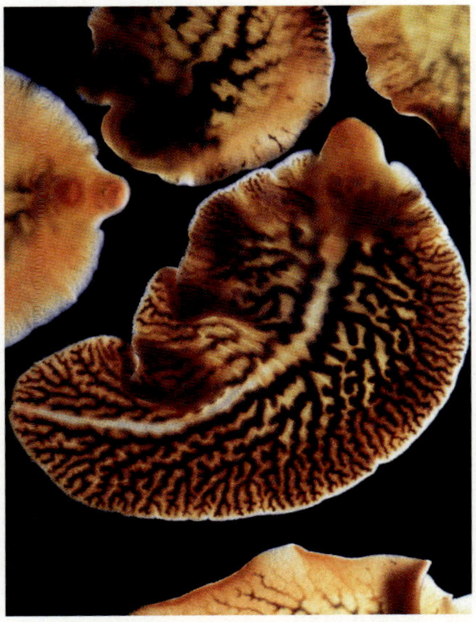

82 Großer Leberegel (*Fasciola hepatica*); bis 3 cm lang

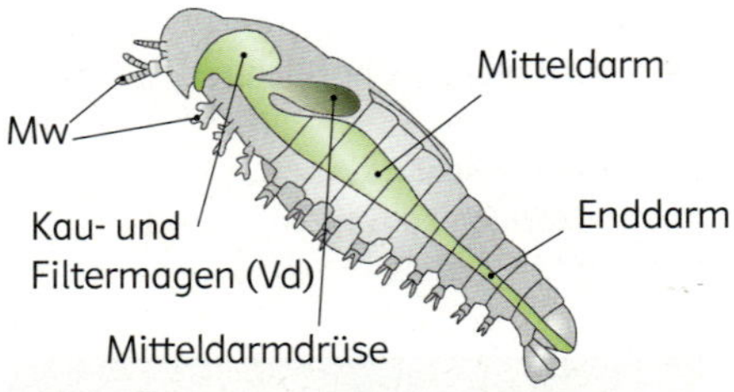

83 Verdauungstrakt eines Krebses; Mundwerkzeuge (Mw), Vorderdarm (Vd)

84 Europäischer Hummer (*Homarus gammarus*); durchschnittlich bis 30 cm lang

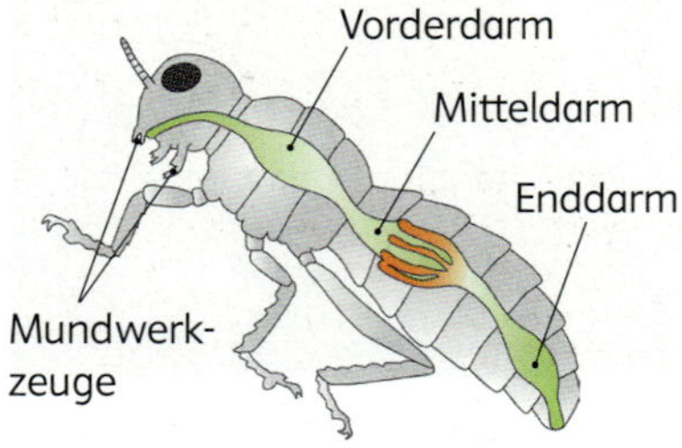

85 Verdauungstrakt eines Insekts

86 Gemeine Wespe (*Vespula vulgaris*); ca. 1,5 cm lang

Gliederfüßer
Insekten, Spinnentiere, Krebstiere, Tausendfüßer

Chitinleisten, Chitinzähne
Chitin ist ein zelluloseähnliches Polysaccharid.

Blindschläuche
Die meisten Tiere können Zellulose nicht in Glucose zerlegen, da ihnen die nötigen Enzyme fehlen. Auch viele Insekten sind dazu nicht fähig. Deshalb beherbergen sie in den Blindschläuchen symbiontische Mikroorganismen, die bei der Verdauung der pflanzlichen Nahrung helfen.

sezernieren
secernere (lat.) = absondern

Der Gliederfüßerdarm gliedert sich in drei Hauptabschnitte

Der Darm der **Gliederfüßer** besteht aus drei Hauptabschnitten: Vorder-, Mittel- und Enddarm.
Krebse haben den Vorderdarm häufig als zweiteiligen Kau- und Filtermagen ausgebildet. Die mit den Scheren (→ S. 103) und Mundwerkzeugen zerkleinerte Nahrung gelangt durch peristaltische Bewegungen der Speiseröhre in den Kaumagen, der mit **Chitinleisten** und **-zähnen** ausgekleidet ist. Durch Muskelkontraktionen der Magenwand wird sie weiter zerkleinert. Aus großen, verzweigten, paarig angelegten Mitteldarmdrüsen (→ S. 108) wird bei Erschlaffung der Kaumagenmuskulatur enzymhältiger Verdauungssaft angesogen. Der weitgehend verdaute Nahrungsbrei gelangt in den mit Borsten ausgestatteten Filtermagen, wo eine Auftrennung in flüssige und feste Bestandteile erfolgt. Die verdaulichen flüssigen Stoffe kommen zur Endverdauung und Resorption in die Mitteldarmdrüsen, die unverdaulichen Reste werden durch Mitteldarm und Enddarm zum After befördert und dort abgegeben.

Bei den Spinnentieren ist der Vorderdarm aufgrund der Außenverdauung zum Saugmagen umfunktioniert (→ S. 108). Die verflüssigte Nahrung gelangt von diesem in die reichlich verzweigten Mitteldarmdrüsen, die zusätzlich zur Enzymproduktion auch Nährstoffe resorbieren und speichern. Sind genügend Nährstoffe gespeichert, kommen die Tiere auch mehrere Monate ohne Nahrung aus. Unverdauliche Nahrungsbestandteile werden in einer Aussackung des Enddarmes (Kloake) gesammelt und von dort durch den After abgegeben.

Bei den Insekten beginnt der Vorderdarm mit einer Mundhöhle, in die ein oder zwei Paar Speicheldrüsen münden. Die anschließende Speiseröhre ist bei vielen Insekten zu einem Kropf (Nahrungsspeicher) oder bei Insekten mit kauend-beißenden Mundwerkzeugen zu einem Kaumagen (mit Chitinleisten und Chitinzähnen) umfunktioniert. Der kurze Mitteldarm ist mit Drüsenzellen ausgekleidet, die Verdauungsenzyme absondern (Mitteldarmdrüsen fehlen!). Er ist oft sackartig zum Magen erweitert und kann, besonders bei pflanzenfressenden Arten, **Blindschläuche** besitzen. Endverdauung und Resorption finden im Mitteldarm statt. Als letzter Abschnitt folgt der Enddarm.
Bienen haben den Vorderdarm zum so genannten Sozialmagen ausgebildet, der Inhalt wird bei Bedarf zur Fütterung von Stockgenossen herausgewürgt.

Weichtiere haben eine große Mitteldarmdrüse

Bei Schnecken, Muscheln und Tintenfischen besitzt der Mitteldarm eine große Mitteldarmdrüse, die Verdauungsenzyme **sezerniert**.
Bei den Schnecken wird die Nahrung zunächst im Magen mithilfe der Mitteldarmdrüsenenzyme vorverdaut und schließlich zur Endverdauung in die Mitteldarmdrüse befördert, die die Nährstoffe resorbiert.
Bei den Tintenfischen erfolgen die Verdauung und die Resorption nur im Mitteldarm und nicht in der Mitteldarmdrüse.

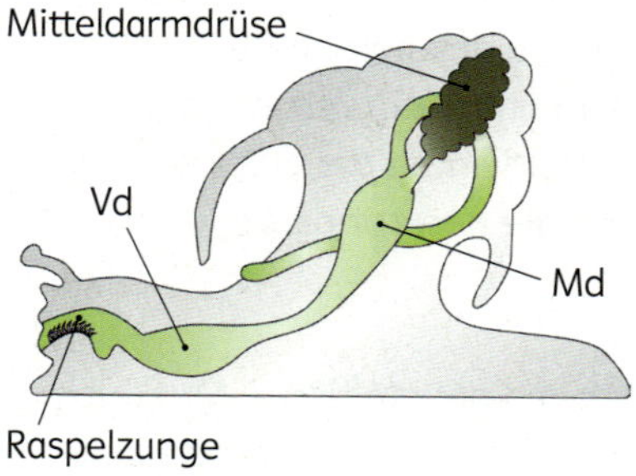

87 Verdauungstrakt einer Schnecke; Vorderdarm (Vd), Mitteldarm (Md)

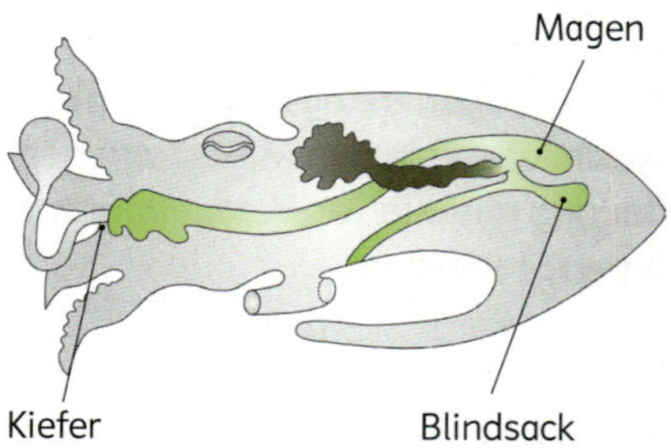

88 Verdauungstrakt eines Tintenfisches

Wirbeltiere haben ein hoch entwickeltes Verdauungssystem

Bei den Wirbeltieren gliedert sich der Verdauungskanal in den Kopfdarm (Mundhöhle und Schlund) und den Rumpfdarm, der wiederum drei Abschnitte aufweist: Vorderdarm (Speiseröhre und Magen), Mitteldarm (Dünndarm) und Enddarm (Dickdarm).

Die Zerlegung der einzelnen Nährstoffe (Kohlenhydrate, Fette, Eiweiße) beginnt in unterschiedlichen Teilen des Verdauungstraktes (→ dazu S. 97): Während die Kohlenhydratverdauung in der Mundhöhle bzw. im oberen Magenabschnitt und die Zerlegung der Proteine im unteren Magenabschnitt beginnt, finden die Fett- und die Endverdauung der Kohlenhydrate und Proteine im Dünndarm unter Mitwirkung der Bauchspeichelenzyme und der Lebersekrete statt.
Im Dünndarm erfolgt auch die Resorption der Nährstoffe.

Bei den Wirbeltieren findet man häufig Speicheldrüsen mit unterschiedlichen Funktionen. Bei Giftschlangen produzieren sie Gifte, bei den Vögeln sezernieren sie einen Speichel, der als Kittsubstanz beim Nestbau Verwendung findet. Verdauungsenzyme sind nur im Speichel von Säugetieren, Vögeln und einigen Froschlurchen enthalten.

Der Muskelmagen dient Vögeln zum Zerkleinern von Körnern

An Besonderheiten beim Verdauungssystem bei Wirbeltieren sei zunächst der Verdauungstrakt der körnerfressenden Vögel (zB Hühner, Tauben, verschiedene Singvögel) erwähnt.
Die meist unzerkleinerte Nahrung wird im Kropf (eine Ausweitung der Speiseröhre) durchweicht. Von dort gelangt sie in den aus zwei Abschnitten bestehende Magen. Der erste Abschnitt, der Drüsenmagen (entspricht dem Säugermagen), produziert und sezerniert Verdauungssäfte. Im anschließenden kräftigen Muskel- oder Kaumagen findet eine mechanische Zerkleinerung der Nahrung mithilfe von Sandkörnern oder Steinchen (werden als Ersatz für fehlende Zähne mit der Nahrung aufgenommen) sowie eine Durchmischung mit den Enzymen statt.
Anschließend wird der Nahrungsbrei an die folgenden Darmabschnitte zur weiteren Verdauung und Resorption abgegeben.

Fleisch und Insekten fressende Vögel besitzen anstelle des Muskelmagens einen dünnwandigen Magen, in dem sehr starke Verdauungsenzyme wirken. Unverdauliche Nahrungsreste wie Knochen, Federn, Haare oder die Chitinpanzer der Insekten, werden als so genanntes **Gewölle** ausgewürgt.

89 Giftschlangen produzieren in ihren Speicheldrüsen Gift.

90 Speichel dient u. a. als Kittsubstanz beim Nestbau.

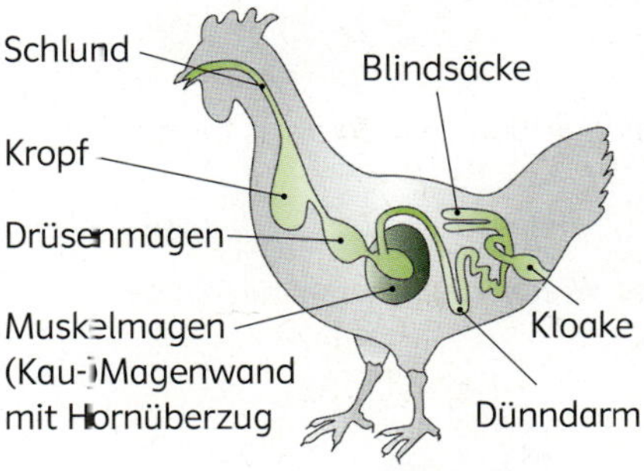

91 Verdauungstrakt eines Huhnes

Gewölle
Auch Katzen würgen ein Gewölle aus. Bei diesem handelt es sich allerdings um eigene unverdaute Haare.

92 Gewölle eines Waldkauzes

93 Waldkauz (*Strix aluco*); bis 45 cm groß

94 Hühner sind Körnerfresser.

95 Rinder sind Wiederkäuer.

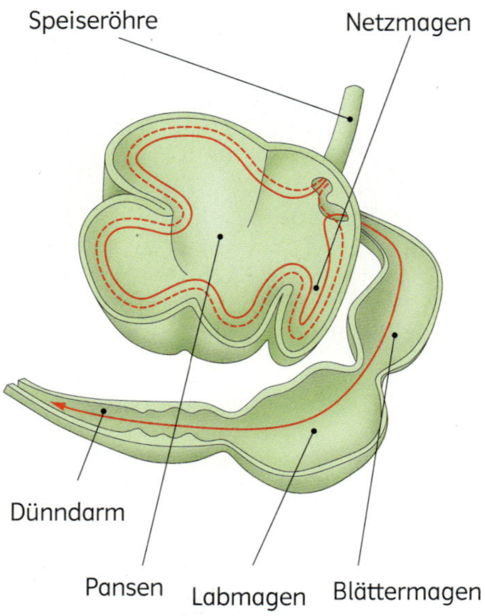

96 Wiederkäuermagen des Rindes

97 Links: Koala, Verdauungstrakt eines Pflanzenfressers; rechts: Kojote, Verdauungstrakt eines Fleischfressers

Pflanzenfresser verbringen viel Zeit mit der Aufnahme und der Verdauung der Nahrung

Herbivoren fehlen die Enzyme zur Zerlegung von Zellulose zu Glucose, die sie zur Deckung ihres Energiebedarfs benötigen (→ dazu auch S. 110). Aus diesem Grund beherbergen sie im Verdauungstrakt Mikroorganismen, die für ihre eigene Energieversorgung Zellulose verdauen.
Pflanzenkost ist energiearm, weshalb Pflanzenfresser große Mengen davon aufnehmen müssen, um ihren Energiebedarf decken zu können. Beispielsweise benötigt ein 600 kg schweres Rind täglich 50 bis 60 kg Grünfutter.
Zur Verdauung besitzen Pflanzenfresser deshalb besondere Erweiterungsräume (spezielle Mägen, Blinddärme).

Wiederkäuer haben einen mehrteiligen Magen

Wiederkäuende Pflanzenfresser (zB Rind, Schaf, Ziege, Reh- und Rotwild) besitzen einen meist aus vier Abschnitten bestehenden Magen: Das Futter wird bei der Nahrungsaufnahme nur flüchtig gekaut, gelangt anschließend über die Speiseröhre in den bei Rindern bis zu 200 Liter fassenden Pansen und wird eingefeuchtet. Die zellulosespaltenden Symbionten beginnen mit ihrer Tätigkeit. Vom Pansen gelangen kleine Futtermengen in den Netzmagen, in dem daraus Nahrungsballen geformt und nach einer Ruhephase durch Aufstoßen wieder ins Maul befördert werden.
Der Nahrungsbrei wird dort wiedergekaut und anschließend abermals in den Pansen geschluckt. Nach weiterer Aufbereitung kommt er in den Blättermagen, wo durch Wasserresorption eine Eindickung stattfindet. Im Labmagen findet durch Verdauungssäfte die letzte chemische Aufbereitung statt.
Ein Vorteil des Wiederkäuens ist, dass durch das Schlucken der unzerkauten Nahrung die Aufnahme großer Nahrungsmengen in relativ kurzer Zeit erfolgen kann. Dies ist deshalb wichtig, weil die Tiere während der Nahrungsaufnahme den Kopf nahe am Boden halten und dadurch Feinde oft nicht rechtzeitig erkannt werden können. Ist der Pansen voll, sucht sich der Wiederkäuer einen ruhigen, geschützten Platz zur Verdauung der Nahrung. Durch das Wiederkäuen kann die Pflanzenkost bestmöglich aufgeschlossen werden.

Nichtwiederkäuende Pflanzenfresser haben meistens lange Blinddärme

Nichtwiederkäuende Pflanzenfresser besitzen meistens lange Darmtrakte mit Blinddärmen, in denen Zellulose spaltende Bakterien ihre Arbeit verrichten.

Als Besonderheit ist noch die Verdauung bei den Hasen und Kaninchen erwähnenswert: Diese fressen den im Blinddarm erzeugten, ausgeschiedenen Kot nochmals und scheiden ihn erst nach erneuter Passage durch den Verdauungstrakt, nach nochmaliger Verdauung und Resorption, endgültig aus. Auf diesem Weg werden der Nahrung zweimal Nährstoffe entzogen.

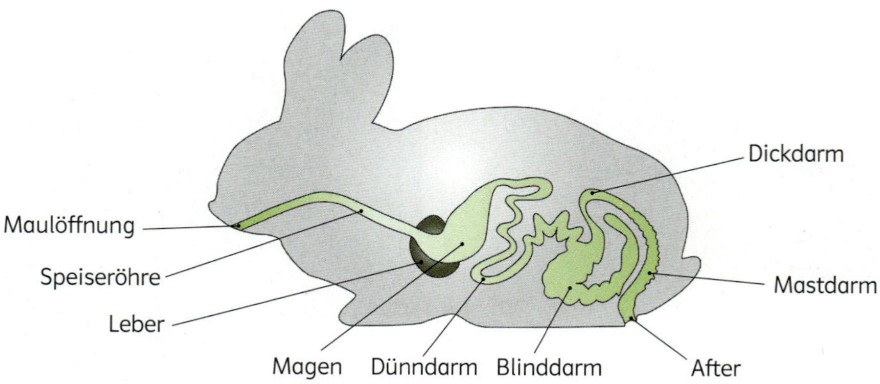

98 Verdauungstrakt eines Kaninchens (Schema)

Selbst aktiv!

Beantworte folgende Fragen zur Ernährung von Mensch und Tier.
Markiere die richtigen Antworten (auch mehrere sind möglich). Setze die Buchstaben links neben den richtigen Antworten fortlaufend in den untenstehenden Text ein, um ihn zu vervollständigen.

1. Tiere und Menschen speichern Kohlenhydrate in Form von …

R	Stärke	S	Zellulose	O	Glykogen	P	Einfachzucker

2. Zu den Zweifachzuckern gehören unter anderem …

A	Galactose	E	Maltose	S	Saccharose	O	Lactose

3. Welche Aussagen treffen auf essenzielle Aminosäuren zu?

P	Der Körper braucht sie zum Aufbau von körpereigenen Proteinen.	H	Sie müssen unbedingt mit der Nahrung aufgenommen werden.	F	Sie sind in allen Lebensmitteln enthalten.	M	Der Körper kann sie selbst synthetisieren.

4. Fette …

A	sind Gemische aus Fettsäureglycerolestern.	N	mit hohem Anteil an gesättigten Fettsäuren sind gesünder.	G	können zur Energieversorgung abgebaut werden.	S	bestehen aus Aminosäuren.

5. Welche Aussagen über Vitamine treffen zu?

U	Vitamin A und D sind fettlöslich.	O	Vitamine können nur in Anwesenheit von Fett im Darm resorbiert werden.	S	Vitamin C stimuliert u.a. die Abwehrkräfte des Körpers.	C	Carotin ist das Provitamin A.

6. Im Milchgebiss des Menschen …

A	gibt es insgesamt 8 Mahlzähne.	M	fehlen die Mahlzähne.	R	fehlen die Vormahlzähne.	D	fehlen die Weisheitszähne.

7. Keinen durchgehenden Darmkanal haben …

E	Regenwürmer	I	Saugwürmer	A	Quallen	P	Polypen

8. Mitteldarmdrüsen …

Y	kommen bei Krebsen, Spinnentieren und Weichtieren vor.	L	lassen sich von der Funktion her mit der Leber und der Bauchspeicheldrüse der Wirbeltiere vergleichen.	O	sind häufig auch Orte der Resorption.	G	kommen bei allen Gliederfüßern und Weichtieren vor.

9. Welche der genannten Tiere haben keine langen Blinddärme?

R	Wölfe	U	Rinder	Ö	Pferde	S	Katzen

10. Eine Rolle bei der Fettverdauung spielen bzw. spielt …

C	die Enzyme des Darmsaftes.	D	die Galle.	H	die Magensäure.	U	Lipasen.

11. Was trifft auf den Seeigel zu?

O	Zerkleinerer	D	Weidegänger	E	Kauapparat	T	Gastrovaskularsystem

12. Bei welchen der genannten Tiere beginnt die Verdauung der Nahrung außerhalb des Körpers?

N	Kreuzspinne	K	Großer Leberegel	U	Stubenfliege	M	Seestern

Der medizinische Fachausdruck für die Speiseröhre ist _ _ _ _ _ _ _ _ _ _. Ein Schließmuskel am Ende der Speiseröhre, die _ _ _ _ _ _, verhindert, dass Speisebrei aus dem Magen in die Speiseröhre zurückfließen kann. Ein weiterer Schließmuskel, der Pförtner – in der Fachsprache wird er als _ _ _ _ _ _ _ bezeichnet – reguliert am Magenausgang den Durchtritt der Nahrung in den Zwölffingerdarm. Der Fachausdruck für diesen Darmabschnitt ist _ _ _ _ _ _ _ _.

Atmung

99 Atmen ist zur Energieversorgung des menschlichen Körpers notwendig.

Luft
Zusammensetzung:
circa 78 % Stickstoff
21 % Sauerstoff
0,04 % Kohlenstoffdioxid
Rest: u. a. Edelgase
Ausgeatmete Luft enthält nur etwa 17 % Sauerstoff, dafür ist der Anteil an Kohlenstoffdioxid höher (etwa 4 %).

Zirkulation
Strömung
circus (lat.) = Kreis

respiratorisch
respirare (lat.) = zurückblasen, Atem holen

Bei der Fotosynthese der grünen Pflanzen (→ S. 42 ff) wird neben dem energiereichen Produkt Glucose auch Sauerstoff erzeugt.
Die meisten Lebewesen beziehen die Energie für ihre Lebensvorgänge durch den so genannten oxidativen Abbau des Zuckers in CO_2 und H_2O (Zellatmung, → S. 46 f). Bei diesem biochemischen Prozess wird die im Traubenzucker gebundene Energie durch die chemische Zerlegung des Zuckers unter Einwirkung von Sauerstoff (Oxidation) freigesetzt.

Atmung als lebensnotwendiger Prozess

Der für die Energieversorgung benötigte Sauerstoff muss zunächst aus der Umgebung (Luft, Wasser) vom Körper aufgenommen werden. Im Körper wird er direkt oder mithilfe von Körperflüssigkeiten (Blut und Lymphe) zu den Organen (Geweben, Zellen) transportiert und an diese abgegeben.
In den Zellen findet dann die Energiefreisetzung (Zellatmung) statt. Das bei der Zellatmung entstehende CO_2 wird auf umgekehrtem Weg von den Zellen abgegeben und ausgeschieden. Der Gasaustausch (O_2/CO_2) wird als äußere Atmung bezeichnet.

Der Gasaustausch beruht auf Diffusion

Der Gasaustausch zwischen der **Luft** (beziehungsweise dem Wasser) und dem Transportmedium (beziehungsweise den Zellen, bei direktem Gasaustausch ohne Transportmedium) beruht auf Diffusion (→ S. 24).
Die Gase bewegen sich entsprechend dem Konzentrationsgefälle:
Der O_2-Gehalt des Außenmediums (Luft, Wasser) ist größer als im Transportmedium beziehungsweise in den Zellen. O_2 wird aufgenommen (diffundiert nach innen). Der CO_2-Gehalt im Transportmedium beziehungsweise in den Zellen ist größer als im Außenmedium. CO_2 wird abgegeben (diffundiert nach außen).

Damit fortwährend Diffusion stattfinden kann, muss das Konzentrationsgefälle aufrechterhalten werden. Durch **Zirkulation** des Transportmediums, Verbrauch von O_2 im Körper und Erneuerung der Atemluft beziehungsweise des Atemwassers wird dies gewährleistet.
Die Diffusionsgeschwindigkeit und die Menge der diffundierten Stoffe sind auch abhängig von der Dicke und Größe der Austauschfläche. Je geringer die Dicke der Austauschfläche, desto besser ist die Diffusion. Je größer die **respiratorische** Fläche (zB Darmschleimhaut S. 115, Kiemenblättchen S. 116, Lungenbläschen S. 121), desto intensiver ist der Gasaustausch (Oberflächenvergrößerung!).

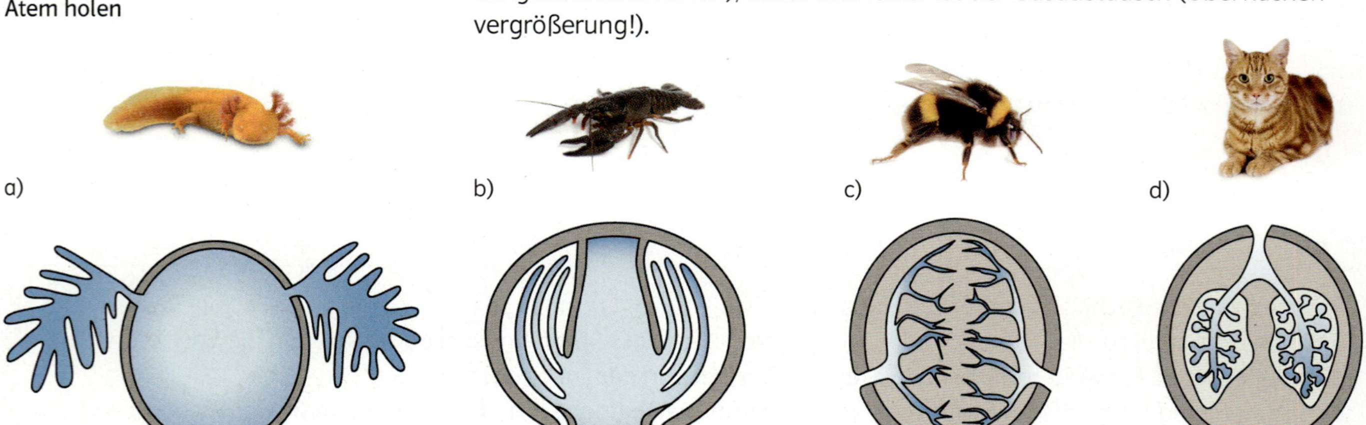

100 Atmungssysteme: äußere Kiemen (a), innere Kiemen (b), Tracheen (c), Lunge (d)

Arbeitsheft
Seite 30, 31

Atmungssysteme im Tierreich

Die unterschiedlichen Organismen haben als Anpassung an ihren Lebensraum (Wasser oder Land) und abhängig von ihrer Körpergröße unterschiedliche Atmungssysteme entwickelt (→ Abb. 100).
Bei sehr kleinen Lebewesen, deren Oberfläche im Verhältnis zur Masse relativ groß ist, erfolgt der Gasaustausch über die Körperoberfläche.
Mit zunehmender Körpergröße reicht dies allein nicht mehr aus, da die sauerstoffverbrauchende Körpermasse ungleich stärker zunimmt als die Körperoberfläche. Größere Lebewesen haben deshalb zusätzlich Atmungsorgane ausgebildet: Äußere und innere Kiemen dienen dem Gasaustausch im Wasser, luftatmende Tiere haben Tracheen oder Lungen.

Hautatmung ist O_2-Aufnahme über die Körperoberfläche

Zum Nahrungserwerb durchströmen Schwämme ihren Körper mit Wasser (→ S. 107). Dieses enthält nicht nur Nahrungspartikel, sondern auch Sauerstoff, der in die Zellen diffundiert. Gleichzeitig wird von den Zellen Kohlenstoffdioxid an das Wasser abgegeben. Durch die Wasserzirkulation und die Zellatmung bleibt das Konzentrationsgefälle aufrechterhalten.
Bei höher organisierten Lebewesen, wie beispielsweise dem Regenwurm, übernimmt eine strömende Körperflüssigkeit, das Blut, diese Funktion. Der **Hautmuskelschlauch** des Regenwurms ist dicht von **Blutkapillaren** durchzogen. Aus dem **Feuchtigkeitsfilm**, der den Wurmkörper umgibt, diffundiert Sauerstoff in die feinen Blutgefäße, die sich im Körperinneren zu Ringgefäßen vereinigen. Diese münden wiederum in ein Bauch- und ein Rückengefäß. Ringgefäße mit Herzfunktion im vorderen Bereich des Wurmkörpers pumpen das Blut im Rückengefäß kopfwärts und im Bauchgefäß nach hinten (→ S. 127). Dadurch gelangt der **Sauerstoff** in alle Körperbereiche. Kohlenstoffdioxid wird auf umgekehrtem Weg ausgeschieden. Regenwürmer haben ein geschlossenes Blutkreislaufsystem. Weitere reine Hautatmer sind Hohltiere, Plattwürmer (zB Bandwürmer und Saugwürmer), **Fadenwürmer**, ein Teil der Ringelwürmer (Regenwurmverwandte) sowie viele Larven diverser Wirbelloser.

Darm- und Enddarmatmung gehören zur Hautatmung

Fische decken 10 bis 30 % ihres Sauerstoffbedarfes durch Hautatmung, den Rest durch Kiemenatmung (→ S. 116). Es gibt Fischarten, die zusätzlich O_2 durch die Darmschleimhaut aufnehmen können. Einer von diesen ist der auch in Österreich beheimatete **Europäische Schlammpeitzger**. Der Fisch aus der Ordnung der Karpfenartigen lebt im schlammigen Boden langsam fließender oder stehender Gewässer. Von Zeit zu Zeit kommt er zum Luftschlucken an die Wasseroberfläche, der Gasaustausch findet im Darm statt. Die Darmatmung ermöglicht es ihm, auch in sehr sauerstoffarmen Gewässern zu leben.
Verschiedene Wenigborster (Regenwurmverwandte), Ruderfußkrebse und Libellenlarven decken ihren Sauerstoffbedarf durch Enddarmatmung. Durch Wimpernschlag oder Muskelkontraktionen wird Wasser in den Enddarm gestrudelt beziehungsweise gepumpt, der als respiratorische Fläche dient.

Hautmuskelschlauch
Beim Regenwurm ist die Haut mit den darunterliegenden Ring- und Längsmuskeln verwachsen. Dieser so genannte Hautmuskelschlauch dient der Fortbewegung des Tieres.

Blutkapillaren
Kapillaren oder Haargefäße sind sehr feine Röhrchen; capillus (lat.) = Haar

Feuchtigkeitsfilm
Hautatmung funktioniert nur in feuchtem Milieu. Der Luftsauerstoff diffundiert zuerst in das Wasser und von dort in die Kapillaren.

Sauerstoff
Gase lösen sich ganz gut in Wasser. Die Löslichkeit ist allerdings abhängig von Druck und Temperatur (sie steigt mit abnehmender Temperatur und zunehmendem Druck). Sind im Wasser Feststoffe gelöst, vermindert dies die Gaslöslichkeit, selbst wenn das Konzentrationsgefälle hoch ist. Aus diesem Grund löst sich nur wenig Sauerstoff in den Körperflüssigkeiten. Um dennoch eine ausreichende Sauerstoffversorgung des Körpers zu gewährleisten, gibt es im Blut die roten Blutkörperchen (→ S. 134), die den Sauerstoff an sich binden und durch das Blutgefäßsystem im Körper verteilen. Kohlenstoffdioxid wird auch zum Teil von den roten Blutkörperchen befördert, der andere Teil wird gelöst im Blut und in der Lymphe transportiert.

Fadenwürmer
sind drehrunde, meist langgestreckte fadenförmige Würmer, die die verschiedensten Lebensräume (feuchte Erde, Meeresboden, Süßwasser etc.) besiedeln. Unter ihnen findet man auch Schmarotzer, wie beispielsweise die unter anderem in Schweinen parasitierenden Trichinen.

Europäischer Schlammpeitzger
kann aufgrund seiner Haut- und Darmatmung für kurze Zeit auch außerhalb des Wassers überleben

101 Libellenlarve

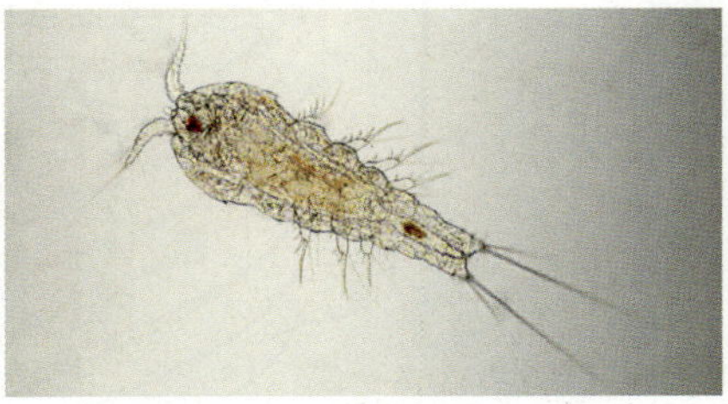

102 Hüpferling (*Cyclops sp.*), ein Ruderfußkrebs, wird bis 3 mm lang

103 Europäischer Schlammpeitzger (*Misgurnus fossilis*), wird bis 30 cm lang

Arbeitsheft Seite 30

Knochenfische
haben im Gegensatz zu den Knorpelfischen (Haie, Rochen und Seekatzen), deren Skelett aus Knorpel besteht, ein teilweise oder vollständig verknöchertes Skelett.

Kiemenblättchen
Die große Anzahl der Kiemenblättchen führt zu einer beachtlichen Vergrößerung der respiratorischen Fläche.

104 Kiemendeckel

Selbst aktiv!

Begründe, warum dem schnell schwimmenden Schwertfisch (maximale Geschwindigkeit um die 100 km/h), wenn er in einem Aquarium gehalten würde, der Erstickungstod droht.

Die meisten im Wasser lebenden Tiere haben Kiemen

Da der Sauerstoffgehalt des Wassers mit nur etwa 3 % weit unter dem der Luft (21 % Sauerstoff) liegt, ist die Vergrößerung der respiratorischen Fläche bei Wasserbewohnern besonders wichtig. Kiemen, die typischen Atmungsorgane der meisten im Wasser lebenden Tiere (Muscheln, Kiemenschnecken, Tintenfische, Seeigel, Seesterne, Fische etc.), haben eine große Oberfläche. Es handelt sich hierbei um stark durchblutete, dünnwandige Ausstülpungen der Körperoberfläche. Wegen ihrer Zartwandigkeit liegen die Kiemen oft geschützt in Körperhohlräumen.

Die Kiemen der Knochenfische sind in der Kiemenhöhle durch den Kiemendeckel geschützt

Bei den **Knochenfischen** liegen die zarten, reichlich von sehr fein verzweigten Blutgefäßen durchzogenen **Kiemenblättchen** rechts und links der Mundhöhle geschützt in Kiemenhöhlen. Diese werden nach außen durch die beweglichen Kiemendeckel verschlossen, mit der Mundhöhle stehen sie durch Kiemenspalten in Verbindung. Die Wände zwischen den Kiemenspalten werden von den knöchernen Kiemenbögen gestützt, sie tragen auch die Kiemenblättchen.

Obwohl der Sauerstoffgehalt der Luft wesentlich höher ist als im Wasser, können Kiemenatmer an Land nicht leben. Die feinen Kiemen verkleben sofort an der Luft. Die respiratorische Fläche wird dadurch so stark verkleinert, dass nicht mehr genügend Sauerstoff diffundieren kann.

Um eine optimale Sauerstoffaufnahme erzielen zu können, muss das Wasser im Kiemenbereich ständig erneuert werden.
Bei den meisten Fischen erfolgt die Erneuerung des Atemwassers durch einen Saug- und Druckmechanismus. Über die Mundöffnung wird das Wasser bei geschlossenen Kiemendeckeln angesogen und anschließend seitlich durch die Kiemenspalten und die Kiemendeckel nach außen gepresst.

Fische in schnell fließenden Gewässern müssen weniger ventilieren als solche in eher ruhigen oder stehenden Gewässern. Schnell schwimmende Fische wie Tunfische oder Makrelen versorgen ihre Kiemenhöhlen mit Frischwasser allein durch Offenhalten des Mauls beim Schwimmen.

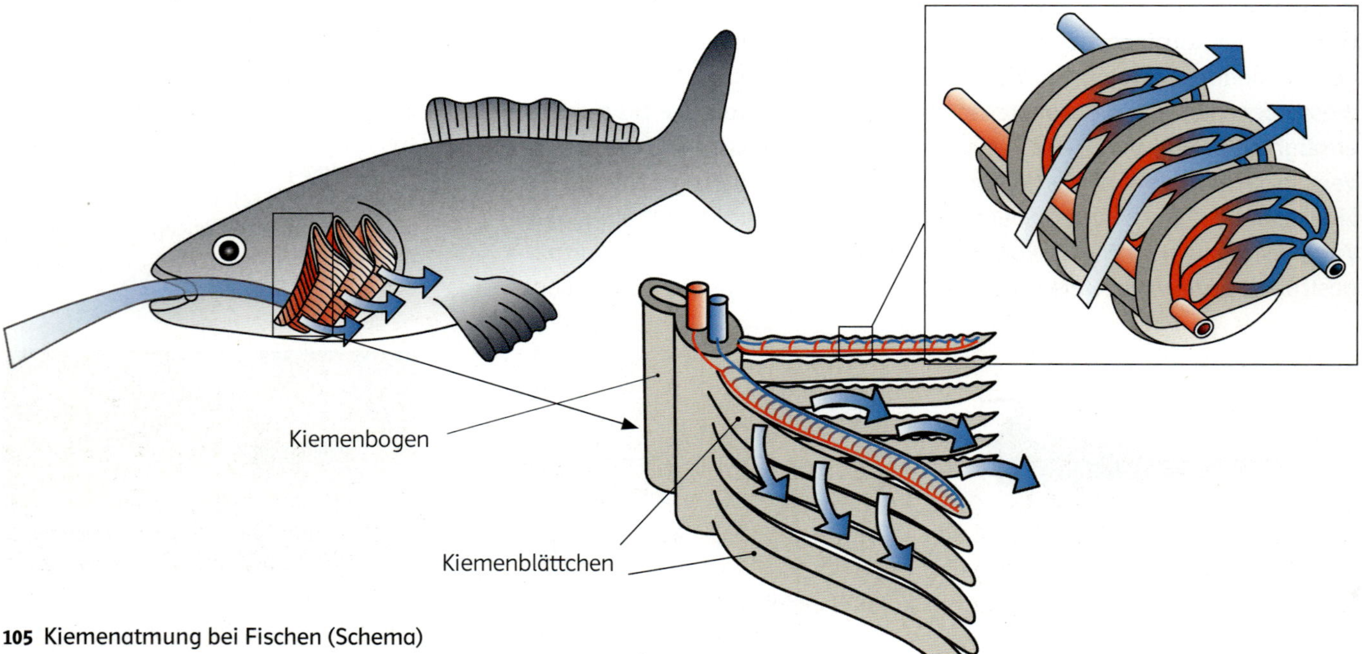

105 Kiemenatmung bei Fischen (Schema)

Arbeitsheft
Seite 30

Haie und Rochen haben keine Kiemendeckel

Haiarten, die in der freien Wasserzone leben, schwimmen mit offenem Maul. Dabei strömt Wasser hinein und durch die Kiemenspalten wieder hinaus. Die Tiere müssen also ständig schwimmen, um ihren Sauerstoffbedarf decken zu können.
Bodenlebende Haie haben hinter jedem Auge ein Spritzloch, über das sie Wasser ansaugen. Über einen Kanal wird es in die Kiemen geleitet und durch die Kiemenspalten hinausgepresst.
Manche Haiarten, wie etwa der Dornhai, können auf beide Weisen atmen.
Auch Rochen nehmen Atemwasser durch zwei hinter den Augen liegende Spritzlöcher auf und geben es durch die bauchwärts liegenden Kiemen wieder ab.

108 Der weiße Hai (*Carcharodon carcharias*) muss ständig schwimmen, um genügend Sauerstoff zu bekommen.

106 Atlantischer Ammenhai (*Ginglymostoma cirratum*), ein bodenlebender Knorpelfisch

107 Dornhai (*Squalus acanthias*)

109 Blaupunktrochen (*Taeniura lymma*)

Manche Fische haben Schwimmblasen mit Lungenfunktion

Fische, die in zeitweise austrocknenden oder in seichten Gewässern leben (zB Lungenfische), haben zusätzlich zu den Kiemen eine Schwimmblase mit Lungenfunktion ausgebildet. Diese dient als Atemhilfseinrichtung für die Atmung ohne Wasser. Die durch verschiedene Strukturen (Falten, Lamellen) vergrößerte Innenwand des Organs ist stark durchblutet. Hier findet der Gasaustausch statt. Die Luftatmung erfolgt nur bei Bedarf.

110 Afrikanischer Lungenfisch (*Protopterus sp.*)

Insekten-, Amphibien- und Fischlarven haben häufig äußere Kiemen

Äußere Kiemen sind büschelartige Körperanhänge am Kopf (bei Amphibien- und **Fischlarven**) oder am Hinterleib (bei Insekten), die dem Gasaustausch dienen. Da sie nicht wie die inneren Kiemen durch Atembewegungen aktiv von Atemwasser umspült werden, ist der Gasaustausch allerdings nicht optimal gegeben. Aus diesem Grund haben die meisten dieser Tiere im **Adultstadium** andere Atmungsorgane ausgebildet.

Fischlarven
Jungfische, die bereits aus den Eiern schlüpfen noch bevor die Entwicklung ihrer Organe abgeschlossen ist, werden als Larven bezeichnet.

Adultstadium
Erwachsenenstadium
adultus (lat.) = erwachsen

Selbst aktiv!

1. Überlege, warum Fischernetze für bestimmte Haie zur Todesfalle werden können.
2. Überlege, warum es im Sommer oder nach Einleitung von warmem Wasser in Gewässer (zB Kühlwasser aus Kraftwerken) vermehrt zu Fischsterben kommt.
3. Mitte des vorigen Jahrhunderts wurden in den polaren Meeren um die Antarktis herum Fischarten entdeckt, deren Körperflüssigkeit keine roten Blutkörperchen aufweist. Finde eine Erklärung dafür, warum diese Eisfische dort trotzdem überleben können.
4. Recherchiere: Welche Besonderheit weist der Axolotl auf? Was versteht man unter Neotenie?

111 Der Axolotl (*Ambystoma mexicanum*), ein in Mexiko beheimateter Schwanzlurch, behält zeitlebens die äußeren Kiemen.

Arbeitsheft Seite 30

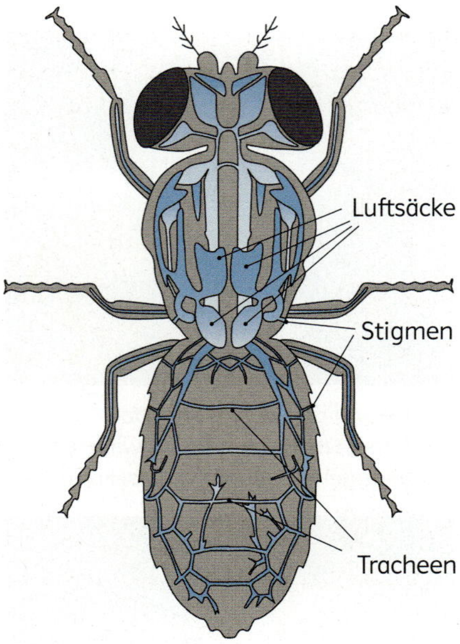

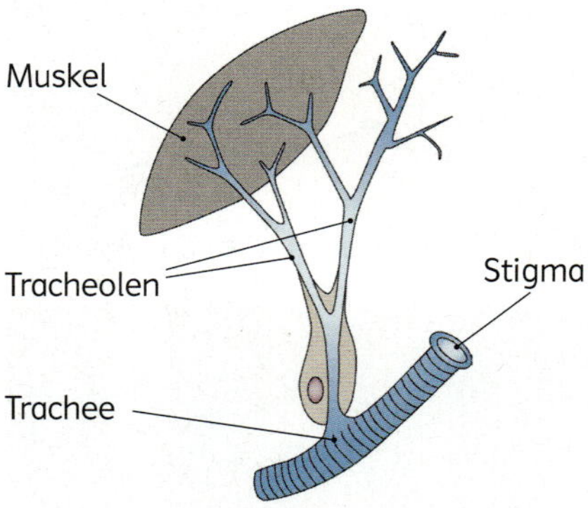

112 Tracheensystem (Schema)

Tracheen
Trachea (lat.) = Luftröhre

Buchlungen
sind dünne Hautsäckchen, die im vorderen Bereich des Hinterleibs bauchwärts in eine Höhle ragen, in die Luft von außen gelangt. Von innen werden sie mit Hämolymphe (→ S. 126 f) umspült.

Tracheenkiemen
sind dünnwandige, faden- oder blattförmige Ausstülpungen der Haut, die von zahlreichen Tracheen durchzogen sind. Der Sauerstoff diffundiert durch die Wand der Tracheenkiemen, deren feine Tracheen mit dem Tracheensystem, das den ganzen Körper durchzieht, in Verbindung stehen (geschlossenes Tracheensystem).

Selbst aktiv!

Beobachte die Atembewegungen (rhythmische Hinterleibsbewegungen) einer Wespe. Beschreibe, was du siehst.

Tracheenatmung funktioniert ohne Transportmedium

Insekten, Tausendfüßer und Spinnentiere atmen mit **Tracheen**. Dies sind röhrenförmige Einstülpungen der Haut. Sie beginnen mit den verschließbaren Atemlöchern (Stigmen) an der Körperoberfläche und durchziehen den ganzen Körper, dabei verästeln sie sich immer mehr zu feinen, blind endenden Gefäßen, die als Tracheolen bezeichnet werden. In diesen Endverzweigungen findet der Gasaustausch statt.

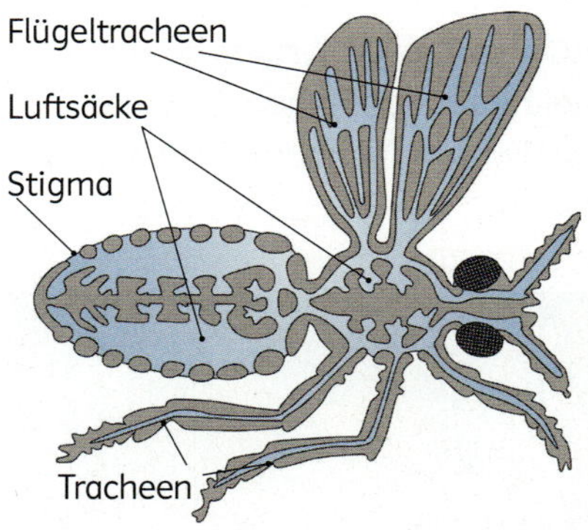

113 Fluginsekt mit Luftsäcken (Schema)

114 Tracheen sind in häutigen Flügeln gut sichtbar.

Da der Sauerstoff durch das Tracheensystem direkt zu den Organen (Geweben, Zellen) gebracht wird, benötigen Tracheenatmer kein Transportmedium. Der Transport der Atemluft beruht in erster Linie auf Diffusion.
Bei größeren Tracheenatmern ist allerdings aufgrund der zu langen Diffusionsstrecken die optimale Sauerstoffversorgung nicht mehr gewährleistet. Aus diesem Grund wird die Ventilation der Atemluft in den Tracheen durch aktive Pumpbewegungen (Muskelkontraktion) unterstützt. Durch Verkürzung oder Abflachung werden die Tracheen zusammengedrückt, wodurch die Atemluft ausgepresst wird. Erschlafft die Muskulatur, dehnen sich die Tracheen passiv wieder aus, dabei wird Luft in die Tracheen eingesogen.
Diese Atembewegungen lassen sich bei vielen Insekten sehr gut mit freiem Auge beobachten.
Fluginsekten haben zur optimalen Sauerstoffversorgung einzelne Tracheenabschnitte zu Luftreservoiren (Luftsäcken) umgebildet.
Spinnen und Skorpione haben zusätzlich **Buchlungen** ausgebildet.

Auch Tracheenatmer können unter Wasser leben

Viele Insekten bzw. deren Larven sowie die Wasserspinne haben Möglichkeiten gefunden, sich als Luftatmer unter Wasser aufzuhalten.
Ein Teil der wasserlebenden Insekten kommt von Zeit zu Zeit an die Wasseroberfläche, um die Atemluft im Tracheensystem zu erneuern. Andere wiederum haben „Schnorchel" (Atemröhren) ausgebildet, die sie bei Bedarf aus dem Wasser strecken. Wasserspinnen nehmen eine Luftblase mit in die Tiefe. Einige haben auch **Tracheenkiemen** ausgebildet.

115 Wasserspinne (*Argyroneta aquatica*) mit Luftblase

116 Wasserskorpion (*Nepa cinerea*) mit Atemröhre am Hinterleib

Arbeitsheft
Seite 30

Landlebende Wirbeltiere haben Lungen

Amphibien decken ihren Sauerstoffbedarf zu einem großen Teil durch Hautatmung. Dies ermöglicht ihnen einen längeren Aufenthalt unter Wasser sowie eine Überwinterung eingegraben in Schlamm. Der Gasaustausch erfolgt in dieser Zeit ausschließlich über die Haut.
Zusätzlich haben Lurche, wie alle landlebenden Wirbeltiere, Lungen ausgebildet. Lungen sind gut durchblutete Einstülpungen der Körperoberfläche oder Ausstülpungen des Vorderdarms. Vergleicht man die Lungen verschiedener Wirbeltiere, kann man erkennen, dass die Größe der respiratorischen Fläche, und damit die Leistungsfähigkeit beim Gasaustausch, im Laufe der Evolution zugenommen hat. So sind die Lungen der Echten Salamander und der **Molche** glatte, sackartige Ausstülpungen des Vorderdarms, während schwanzlose Lurche (Frösche, Kröten, Unken) und Reptilien bereits eine Zunahme der resorbierenden Fläche durch Faltung aufweisen.

Molche
Bei einigen Molcharten (zB Grottenolm) findet man zeitlebens Kiemenatmung.

Vögel haben Hochleistungslungen

Die leistungsfähigsten, mit einem perfekten Ventilationsmechanismus ausgestatteten Atmungsorgane im Tierreich besitzen die Vögel. Ihre relativ kleinen Lungen bestehen aus den Lungenpfeifen, einem System zusammenhängender Röhren, die dicht von feinen Blutgefäßen umsponnen sind. Hier findet der Gasaustausch statt. Von jedem Lungenflügel zweigen mehrere Luftsäcke ab, die zwischen der Muskulatur und sogar in den hohlen Röhrenknochen liegen. Die Luftsäcke haben Blasebalgwirkung. Beim Einatmen gelangt ein Teil der O_2-reichen Atemluft direkt in die hinteren Luftsäcke, der andere Teil strömt in die Lunge (Gasaustausch!) und von dort in die vorderen Luftsäcke. Beim Ausatmen wird die O_2-arme Luft aus den vorderen Luftsäcken direkt in die Bronchien (→ S. 120) geleitet, während die O_2-reiche Luft aus den hinteren Luftsäcken durch die Lungen strömt (Gasaustausch). Im Gegensatz zur Säugerlunge, die abwechselnd O_2-reiche Luft aufnimmt und O_2-arme Luft abgibt (→ S. 120), gelangt bei den Vögeln auch beim Ausatmen O_2-reiche Luft in die Lunge. Die Atmung der Vögel ist dadurch effektiver.

117 Respiratorische Fläche: Amphibien

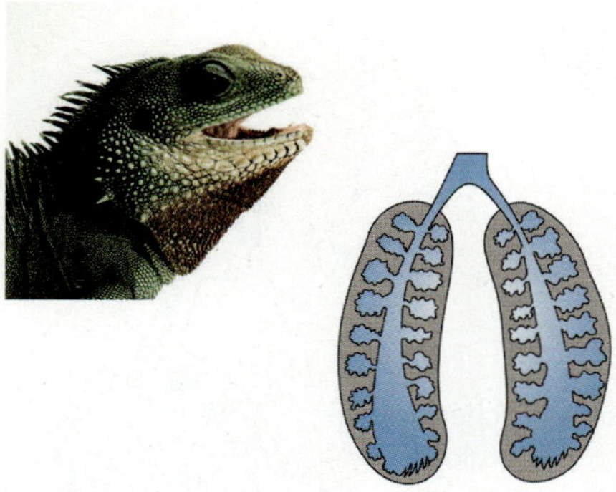
118 Respiratorische Fläche: Reptilien

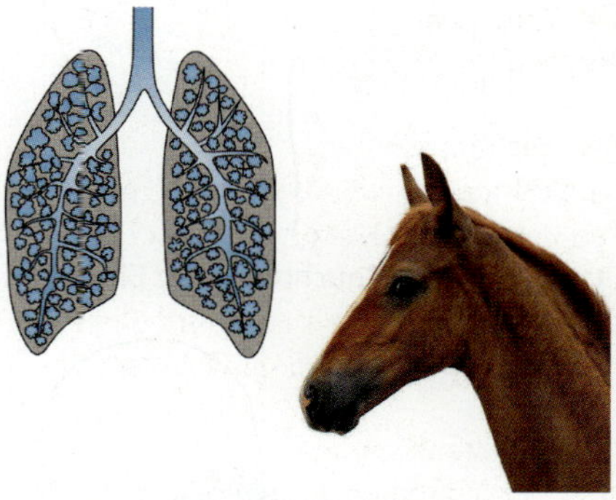
119 Respiratorische Fläche: Säuger

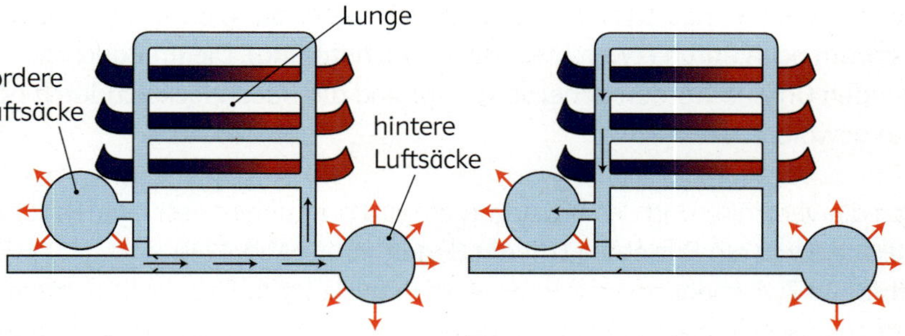

Beim Einatmen gelangt ein Teil der O_2-reichen Atemluft direkt in die hinteren Luftsäcke, der andere Teil strömt in die Lunge (Gasaustausch!) und von dort in die vorderen Luftsäcke. Die Luftsäcke nehmen dabei an Volumen zu.

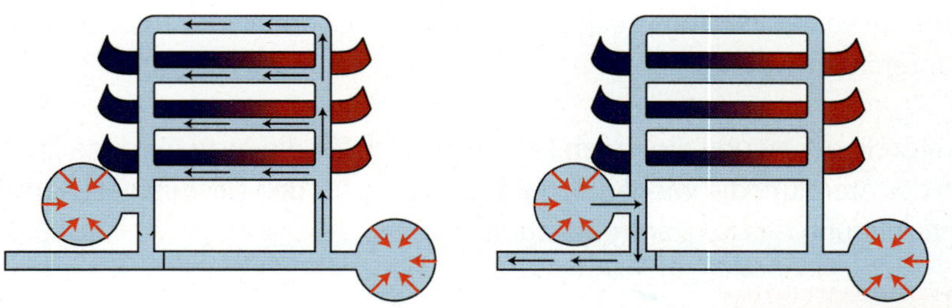

Beim Ausatmen kontrahieren die Luftsäcke. Dadurch wird die O_2-arme Luft aus den vorderen Luftsäcken direkt in die Bronchien geleitet, während die O_2-reiche Luft aus den hinteren Luftsäcken durch die Lunge strömt (Gasaustausch).

120 Atemvorgänge in der Vogellunge (Schema)

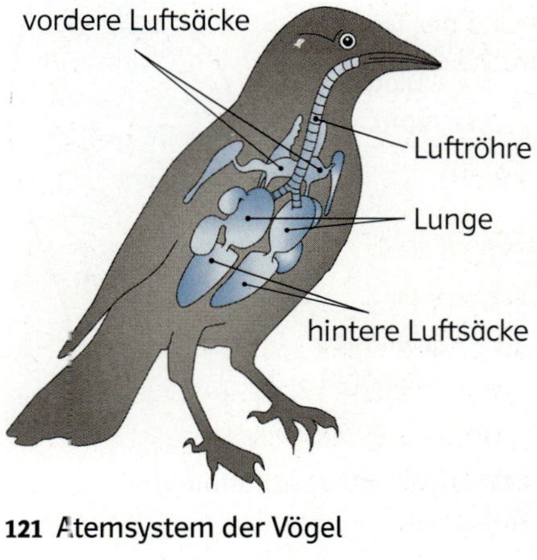

121 Atemsystem der Vögel

Arbeitsheft Seite 30

Bronchien
Äste der Luftröhre (→ Abb. 127)
bronchos (griech.) = Luftröhre

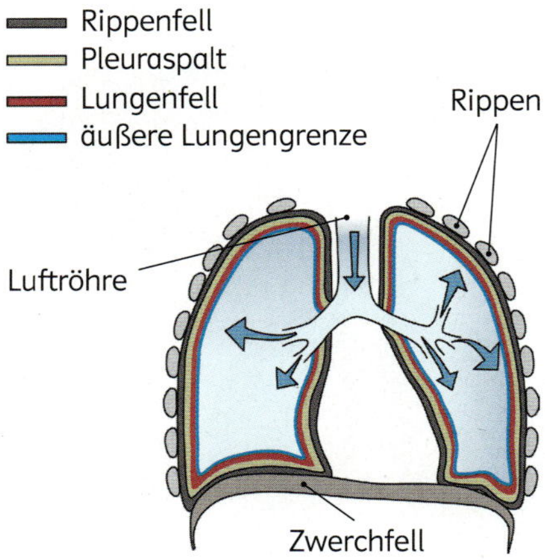

122 Längsschnitt durch den menschlichen Brustraum

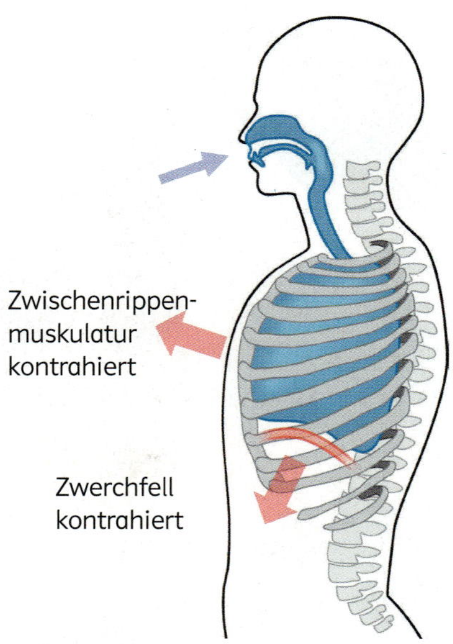

123 Brust- und Bauchatmung / Einatmen

Animation
4tj6h2

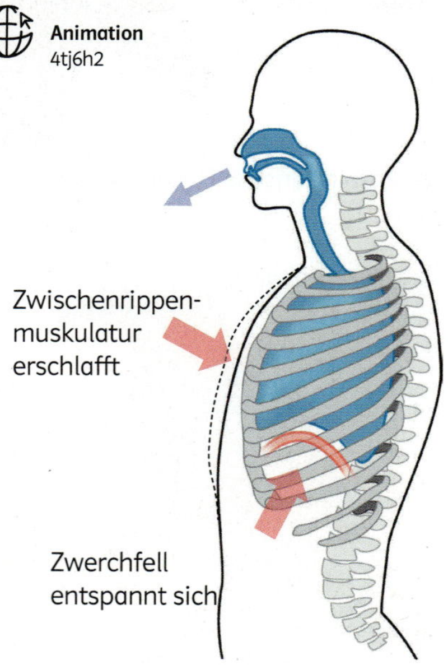

124 Brust- und Bauchatmung / Ausatmen

Die Lunge des Menschen

Die Lunge der Säuger soll im Folgenden am Beispiel der menschlichen Lunge demonstriert werden.

Die Lunge liegt gut geschützt im Brustraum, der durch das muskulöse Zwerchfell vom Bauchraum getrennt ist. Sie besteht aus einem rechten und einen linken Lungenflügel. Der linke ist etwas kleiner. Im unteren vorderen Bereich befindet sich eine Einbuchtung, die Raum für das Herz schafft.
Beide Lungenflügel sind von einer feuchten Haut, dem Lungenfell, überzogen. Es geht an der Stelle in das Rippenfell über, an der die beiden **Bronchien** in die Lunge führen. Das Rippenfell kleidet den Brustkorb von innen aus. Lungen- und Rippenfell werden gemeinsam als Brustfell bezeichnet.
Der Spaltraum zwischen Rippen- und Lungenfell, die Pleurahöhle (Pleuraspalt), ist luftdicht abgeschlossen. Die beiden Häute können dadurch nicht auseinandergezogen, sondern aufgrund ihrer feuchten Beschaffenheit lediglich gegeneinander verschoben werden.
Da die Lunge keine Muskulatur besitzt, ist sie nicht selbst aktiv beweglich.

In der Pleurahöhle herrscht gegenüber der Außenluft ein Unterdruck. Deshalb wird die elastische Lunge durch den äußeren Luftdruck an die Wand des Brustkorbs gedrückt und muss somit passiv jeder Bewegung des Brustraumes folgen.

Zwischenrippenmuskulatur und Zwerchfell spielen bei der Atmung eine wichtige Rolle

Für die Mechanik der Atmung und somit für die Durchlüftung der Lungen sind die Zwischenrippenmuskulatur und das Zwerchfell, das sich kuppelförmig in den Brustraum wölbt, zuständig.

Durch Kontraktion der Zwischenrippenmuskulatur werden die Rippen gehoben, wodurch der Brustraum nach vorne und seitlich erweitert wird (Brustatmung).
Durch Kontraktion des Zwerchfells flacht sich dieses ab und vergrößert den Brustraum nach unten (Zwerchfell- oder Bauchatmung). Die im Bauchraum liegenden Organe werden dabei verdrängt und die Bauchdecke dadurch nach vorne gewölbt.

Durch die Vergrößerung des Brustraumes wird die Lunge passiv gedehnt und zieht dabei wie ein Blasebalg Luft ein (Einatmen, → Abb. 123).
Erschlaffen Zwischenrippen- und Zwerchfellmuskulatur wird das Brustraumvolumen passiv wieder verkleinert: Einerseits durch die Elastizität der Lungen, andererseits nehmen die verdrängten Bauchorgane wieder ihren Platz ein.
Durch die Verkleinerung des Brustraumes nimmt auch das Lungenvolumen wieder ab, wodurch Luft wieder ausgepresst wird (Ausatmen, → Abb. 124). Das Ausatmen kann allerdings auch durch aktives Anspannen der Bauchmuskulatur unterstützt werden.

Das ständige Aus- und Einatmen ist unerlässlich für die fortwährende Erneuerung der Atemluft, die wiederum Voraussetzung für den Gasaustausch (Aufrechterhaltung des Konzentrationsgefälles!) ist.

Selbst aktiv!

Recherchiere: Was ist ein so genannter Pneumothorax? Erkläre in deinen eigenen Worten, was bei einem Pneumothorax passiert.

Arbeitsheft Seite 32

Der Gasaustausch erfolgt durch die Wand der Lungenbläschen

Durch die Nase beziehungsweise durch den Mund gelangt die Atemluft in die 10 bis 12 cm lange, im Durchmesser etwa 2 cm weite Luftröhre. Diese gabelt sich im oberen Teil des Brustraumes in die beiden Bronchien, die in den rechten und den linken Lungenflügel führen. Hier verästeln sich die Bronchien immer weiter zu feinsten Zweigen, den Bronchiolen, die schließlich in den dünnwandigen Lungenbläschen enden.

Die im Durchmesser circa 0,2 mm kleinen **Lungenbläschen** sind von einem Netz feinster Blutgefäße umsponnen. Durch die Wand der Lungenbläschen erfolgt der Gasaustausch zwischen der eingeatmeten Luft und dem Blut. Die Gesamtheit der Lungenbläschen bildet eine Fläche von 100 bis 150 m^2. Die dicht von Blutgefäßen umsponnenen Bläschen verursachen die schwammige Beschaffenheit der Lunge. Ihre hellrote Farbe ist ein Hinweis auf die starke Durchblutung.

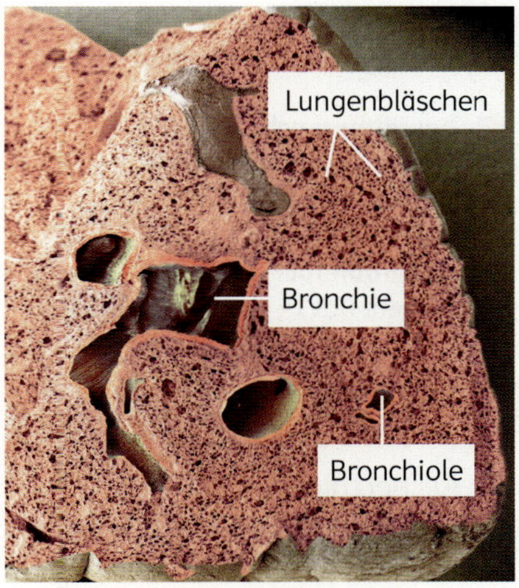

125 Querschnitt durch die Lunge (mikroskopische Aufnahme)

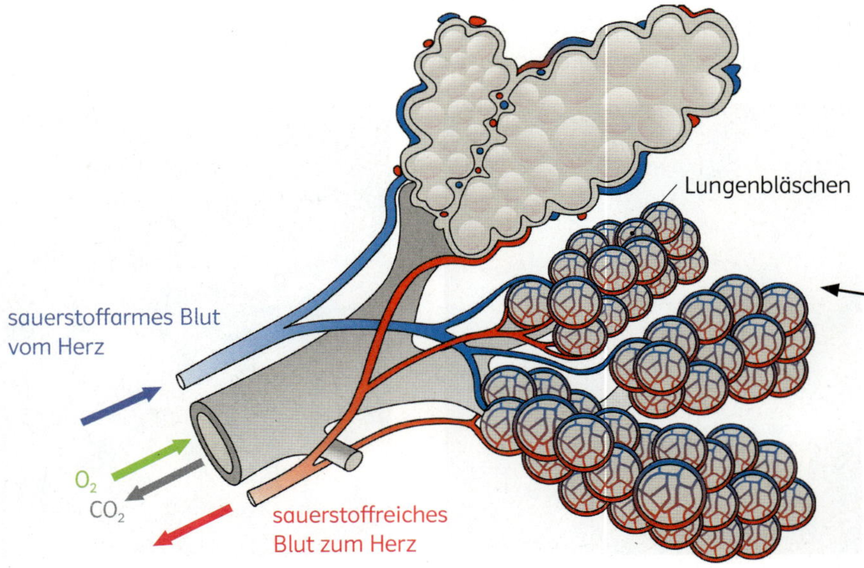

126 Gasaustausch und Lungenbläschen (Schema)

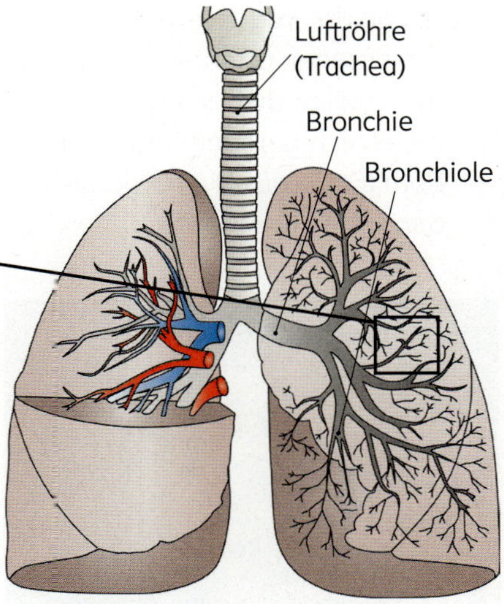

127 Bau der Lunge (Schema)

Das Atemzentrum steuert die Atmung

Die Atmung wird von einem Atemzentrum im Gehirn unwillkürlich (willentlich nicht beeinflussbar) gesteuert. Maßgebend dafür sind der CO_2- und der O_2-Gehalt des Blutes. Steigt der CO_2-Gehalt im Blut, sinkt damit sein pH-Wert, da das Kohlenstoffdioxid im Blut Kohlensäure bildet: $CO_2 + H_2O \rightarrow H_2CO_3$.

Dadurch wird das Ausatmen angeregt. CO_2 wird abtransportiert, der pH-Wert steigt wieder an. Sinkt der Sauerstoffgehalt im Blut, wird das Atemzentrum zum Einatmen aktiviert. Neben dieser unwillkürlichen Steuerung kann die Atmung willkürlich gesteigert oder geschwächt werden.

Lungenbläschen
werden in der Fachsprache Alveolen genannt
alveolus (lat.) = kleine Wanne

Der Mensch hat etwa sechs Liter Lungenvolumen

Bei einem erwachsenen Menschen beträgt das Lungenvolumen etwa sechs Liter. Normalerweise ist die Lunge mit rund vier Liter Luft gefüllt. Davon wird in Ruhe nur ein halber Liter (normales Atemvolumen) ausgewechselt. Bei stärkster Einatmung können zusätzlich zwei Liter Luft aufgenommen werden (Einatmungsreservevolumen). Ebenso können bei stärkster Ausatmung 2,5 Liter über die normale Ausatmung hinaus ausgeatmet werden (Ausatmungsreservevolumen). Selbst bei stärkster Ausatmung befindet sich noch etwa ein Liter Luft (Restluft) in der Lunge, die auch bei vollster Anstrengung nicht ausgepresst werden kann. Vom Gesamtvolumen können also etwa fünf Liter willentlich ventiliert werden (Vitalkapazität).

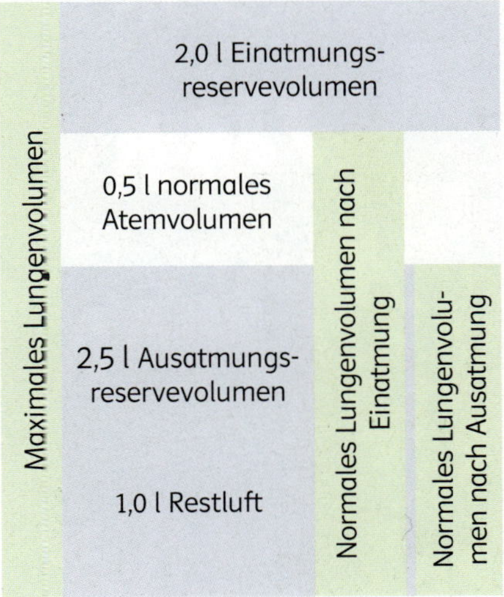

128 Lungenvolumen

Arbeitsheft Seite 32

Atemfrequenz
Zahl der Atemzüge pro Minute

Zigarettenrauch
besteht u. a. aus Kohlenstoffmonoxid, Teer und Nikotin

komprimierbar
comprimere (lat.) = zusammendrücken

Selbst aktiv!

1. Recherchiere:
   Welche weiteren gesundheitlichen Gefahren bzw. Konsequenzen birgt der Konsum von Zigaretten?
2. Informiere dich über das österreichische Rauchverbot in geschlossenen öffentlichen Räumen. Hältst du persönlich gesetzlich geregelte Rauchverbote für vernünftig? Diskutiert darüber in der Klasse.

131 Menschenturm

In Ruhe atmet ein erwachsener Mensch etwa 16-mal pro Minute

Die **Atemfrequenz** und die Tiefe der Atemzüge sind vom Sauerstoffbedarf abhängig. Ein erwachsener Mensch atmet in Ruhe etwa 16-mal pro Minute, das Atemminutenvolumen beträgt demnach acht Liter.
Bei Leistungssteigerung (erhöhter Energie- und dadurch O_2-Bedarf) werden die Atemzüge tiefer und die Atemfrequenz erhöht, das Atemminutenvolumen nimmt zu.

Die Selbstreinigung der Lunge übernehmen Flimmerhärchen

Die mit Schleimhaut ausgekleideten Atemwege sind mit feinen Härchen (Flimmerhärchen) besetzt. Diese befördern eingeatmete Schmutzpartikel wieder nach außen.

Zigarettenrauch zerstört diese Flimmerhärchen, wodurch die Selbstreinigung der Atemwege beeinträchtigt wird.
Zusätzlich bewirkt der Rauch eine vermehrte Schleimproduktion in der Lunge, was das Auftreten von Infektionen begünstigt.

129 Rauchen gefährdet die Gesundheit!

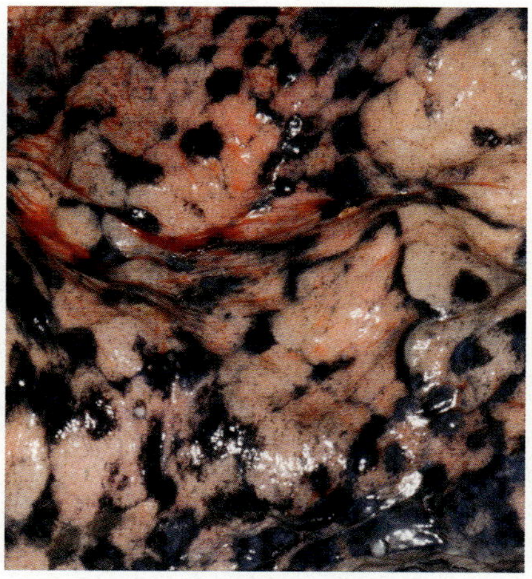

130 Gewebe einer Raucherlunge mit schwarzen Einlagerungen (v. a. Teer)

In höheren Lagen ist die Sauerstoffaufnahme eingeschränkt

Die Gashülle der Erde (Atmosphäre) besteht aus 78 % Stickstoff, 21 % Sauerstoff und 0,04 % Kohlenstoffdioxid. Der Rest sind Edelgase, Wasserstoff, Methan u. v. a. m. Gase bestehen wie alle Stoffe aus kleinsten Teilchen (Moleküle, Atome, Ionen), die Masse haben und deshalb Gewichtskraft ausüben.

Betrachte Abb. 130. Auf welche Person(en) wird der größte Druck ausgeübt? Natürlich auf die bei Nummer 1. Nach oben hin nimmt der Druck ab. Wenn du dieses Modell auf die Gasteilchen der Atmosphäre überträgst, wird es dir nicht schwer fallen zu verstehen, warum der Luftdruck mit zunehmender Höhe sinkt.
Gase sind **komprimierbar** (der Abstand der Teilchen wird dabei verringert), deshalb ist durch den größeren Druck in tieferen Luftschichten auch die Dichte der Gasteilchen (die Konzentration) größer. Durch den geringeren Druck in höheren Luftschichten sind die Abstände zwischen den Gasteilchen, die das Bestreben haben, sich auszubreiten, größer und damit die Dichte beziehungsweise die Konzentration geringer. In höheren Lagen ist deshalb die Sauerstoffaufnahme eingeschränkt. So stehen zB in 4 000 m Höhe nur noch 60 % des in Meereshöhe vorkommenden Sauerstoffs zur Verfügung. Auf 5 500 m sind es etwa 50 %, auf dem Gipfel des höchsten Berges der Erde, dem Mount Everest (mit 8 848 m), nur noch 30 %.

Der Körper passt sich an ein verringertes Sauerstoffangebot an

Fährst du mit einer Seilbahn auf einen 3000 bis 3500 m hohen Berg, wird dein Körper auf den Sauerstoffmangel mit einer erhöhten Atemfrequenz reagieren. Gleichzeitig wird auch die Zahl der Herzschläge erhöht, damit das Blut rascher durch den Körper gepumpt wird und der Sauerstoff schneller in die Zellen gelangt.
Hältst du dich länger in dieser Höhenlage auf, beginnt sich der Körper anzupassen, indem mehr rote Blutkörperchen gebildet werden, die Sauerstoff transportieren. Dadurch können sich Atem- und Herzschlagfrequenz wieder normalisieren.
Die Anpassung beziehungsweise die Zeit, die dafür benötigt wird, ist individuell verschieden.
Es gibt Menschen, die bereits ab 2000 m Symptome der **Höhenkrankheit** aufweisen.
Willst du weiter über 3000 m aufsteigen, ist eine Anpassung unbedingt erforderlich. Erfahrene Bergsteigerinnen und Bergsteiger empfehlen dafür nicht mehr als 300 Höhenmeter pro Tag zu überwinden.

Bergsteigen in extremen Höhen ist lebensgefährlich

Ab einer Höhe von 5000 m steigt die Gefahr, ein **Höhen-Lungenödem** oder ein **Höhen-Hirnödem** zu erleiden. Unter anderem können sich auch **Blutgerinnsel** bilden.
Ab 7500 m beginnt die so genannte Todeszone. Ein Aufenthalt hier ohne zusätzlichen Sauerstoff ist lebensbedrohlich.
Trotzdem gibt es Menschen, die trotz Risiken einen Aufstieg in solche Höhen, ohne Sauerstoffflaschen, wagen. So gelang es 1978 **Peter Habeler** und **Reinhold Messner** als ersten, den höchsten Berg der Erde, den Mount Everest (8850 m), ohne Sauerstoffgeräte zu besteigen. **Gerlinde Kaltenbrunner** ist die erste Frau, die alle 14 Gipfel der Welt über 8000 m ohne künstlichen Sauerstoff bestiegen hat.

132 Der Mount Everest (8848 m) liegt in Nepal an der Grenze zu China.

Selbst aktiv!

Peter Habeler schreibt in seinem Buch „Der einsame Sieg" über die Erstbesteigung des Mount Everests ohne Sauerstoffgerät. Lies das Buch und halte eventuell ein Referat darüber.
Interessant dazu ist auch der Dokumentarfilm „Mount Everest – Todeszone" von Messner und Habeler, der als DVD im Handel erhältlich ist.

Höhenkrankheit
Ein Komplex mehrerer Symptome (u.a. Kopfschmerzen, Schwindel, Erbrechen, Appetitlosigkeit, Schlafstörungen), der bei Menschen, die sich in großer Höhe befinden, auftreten kann.

Höhen-Lungenödem
Durch den Sauerstoffmangel kommt es zu einer Erhöhung des Blutdrucks im Lungenkreislauf (→ S. 129). Dadurch kann es zu einem Flüssigkeitsaustritt aus den Blutgefäßen in die Lungenbläschen kommen (Lungenödem), die Sauerstoffaufnahme wird zusätzlich behindert. Die Sauerstoffunterversorgung führt zu einer gestörten Hirnfunktion. Letztendlich tritt der Tod ein.

Höhen-Hirnödem
Der Sauerstoffmangel verursacht einen gestörten Flüssigkeitshaushalt, was zu Gehirnschwellungen (Hirnödemen) führen kann. Durch den Druck, der dabei auf das Gehirn ausgeübt wird, kommt es zu Koordinationsproblemen und Wahnvorstellungen bis hin zu Bewusstlosigkeit und Tod.

Blutgerinnsel
Durch die zusätzliche Bildung von roten Blutkörperchen wird die Dichte des Blutes und damit die Gefahr eines Blutgerinnsels (→ S. 135) erhöht.

Peter Habeler
(geb. 1942), Extrembergsteiger aus dem Zillertal (T)

Reinhold Messner
(geb. 1944), Extrembergsteiger aus Südtirol

Gerlinde Kaltenbrunner
(geb. 1970), Extrembergsteigerin aus Kirchdorf an der Krems (OÖ)

133 Peter Habeler war einer der beiden Erstbesteiger des höchsten Gipfels der Welt ohne zusätzlichen Sauerstoff.

kollabieren
collabor (lat.) = zusammenbrechen

134 Kaiserpinguine können bis zu 20 Minuten unter Wasser bleiben.

Spezielle Anpassungen von Lungenatmern

Tauchende Vögel können trotz Lungenatmung längere Zeit unter Wasser bleiben.
Die Ursache dafür liegt in einer Reduktion der Herzschlagfrequenz und einer Drosselung der Sauerstoffzufuhr zu den Organen, ausgenommen Gehirn, Herz und Nieren. Dadurch wird der momentane Sauerstoffbedarf auf ein Minimum reduziert.

Ähnliche Anpassungen lassen sich auch bei tauchenden Säugetieren wie beispielsweise Seehunden beobachten. Seehunde binden zusätzlich große Mengen Sauerstoff im Muskelgewebe, was ihnen einen Aufenthalt unter Wasser bis zu einer halben Stunde ermöglicht.
Wale können aufgrund des Sauerstoffes im Muskelgewebe sogar bis zu eineinhalb Stunden tauchen. Zusätzlich besitzen sie ein relativ großes Blutvolumen; das Blut wird vor dem Abtauchen stark mit Sauerstoff angereichert. Besonders ist auch das Atemverhalten der Wale kurz vor dem Abtauchen: Die Tiere atmen ein paarmal kräftig durch und tauchen erst dann nach heftigem Ausatmen (!), also mit ausgeatmeten Lungen, unter. Ohne Luftpolster in den Lungen **kollabieren** diese in größeren Tiefen. Damit verhindern Wale die von Tauchern gefürchtete Taucherkrankheit.

Selbst aktiv!

In den Text über die Taucherkrankheit sind ein paar Buchstaben zu viel hineingerutscht. Reihe sie aneinander, dann erfährst du, von hinten nach vorne gelesen, den medizinischen Namen der Taucherkrankheit:

_ _ _ _ _ _ _ _ _ _ _ _ _ _ _ _

Die Taucherkrankheitt

Gase sind unter erhöhtem Druck leichter löslich. Beim Tauchen erhöht siich der Druck der Atemgase in der Lunge mit zuneehmender Wassertiefe. Dadurchh diffundiert auch Stickkstoff aus der Lunge ins Blut und löst sich dort. Taucht ein Taucher auf, wird der Druck verminndert, der Stickstoff wird wieder abgegeben. Geschieht das Auftaauchen vorschriftsmäßig langsam, unterr Einhaltung von Pausen, erfolgt die Stickkstoffabgabe durch die Lunnge. Bei zu raschem Aufsteigen perlt der Stickstoff, vergleichbar mit dem Ausperlen von COO_2 beim Öffnen einer Flasche mit einem kohlensäurehältigen Getränk, durch die starke Druckverminderung im Blut aus. Als Anzeichen der Krankheit treten Schmerzen in den Gelenken, Juckreiz und Senssibilitätsausfälle auf. Die Stickstoffbläschen können den Blutabflusss in kleinen Gefäßen versperren und somit zu schweren Schädigungen (zB Gehirnschäden) durch Sauerstoffunterversorgung führen. Als Behandlungsmaßnahme muss die bzw. der Betroffene schnellstens in eine so genannte Überdruckkammer gebracht werden. Durch diie Erhöhung des Umgebungsdrucks wird das Gas wieder in Lösung gebracht.
Bei den kollabierten Lungen der Waale ist eine Diffusion von Sticckstoff nicht möglich.

135 Taucherinnen und Taucher müssen sich beim Tauchen der Gefahr einer Taucherkrankheit immer bewusst sein.

136 Die Taucherkrankheit muss schnellstens mit der Überdruckkammer behandelt werden.

Arbeitsheft
Seite 30

Selbst aktiv!

Muskelzellen besitzen ein Protein, das, ähnlich dem Hämoglobin der roten Blutkörperchen, Sauerstoff binden kann. Auf diese Weise wird O_2 im Muskelgewebe gespeichert und bei Bedarf abgegeben. Tauchende Säugetiere weisen in ihrer Muskulatur einen hohen Gehalt dieses Proteins auf, weshalb es ihnen möglich ist so lange unter Wasser zu bleiben.

Löse das Rätsel. Umlaute werden als Umlaute geschrieben. Die markierten Buchstaben ergeben den Namen des sauerstoffbindenden Muskelproteins.

Lösung: ___ ___ ___ ___ ___ ___ ___ ___ ___
1 2 3 4 5 6 7 8 9

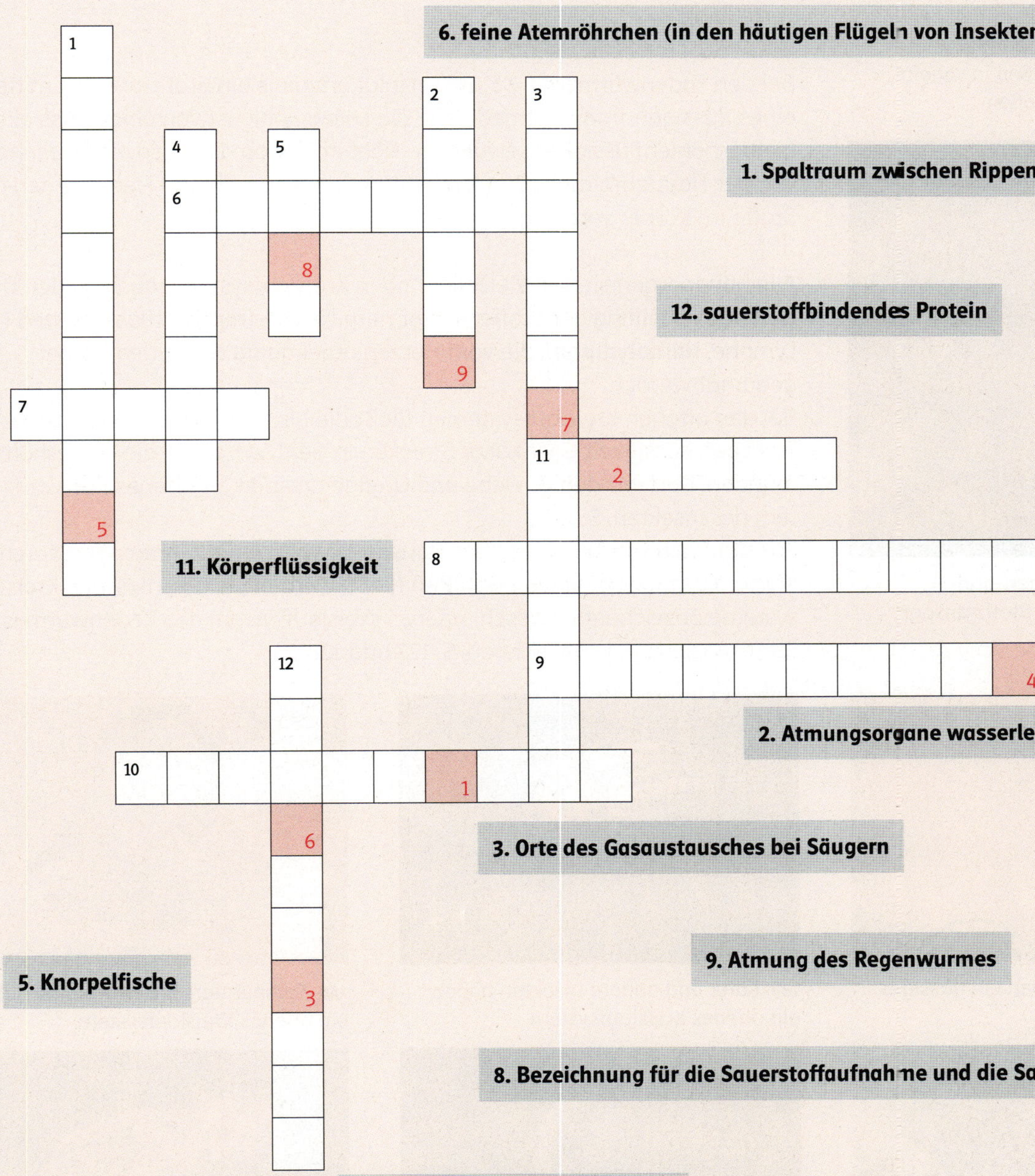

6. feine Atemröhrchen (in den häutigen Flügeln von Insekten gut sichtbar)

1. Spaltraum zwischen Rippen- und Lungenfell

12. sauerstoffbindendes Protein

11. Körperflüssigkeit

2. Atmungsorgane wasserlebender Tiere

3. Orte des Gasaustausches bei Säugern

9. Atmung des Regenwurmes

5. Knorpelfische

8. Bezeichnung für die Sauerstoffaufnahme und die Sauerstoffabgabe

10. Sonderform der Hautatmung

7. Tiere mit Hochleistungslungen

4. verschließbare Atemlöcher (u. a. bei Insekten)

Stofftransport

Stoffwechselprodukte
sind Stoffe, die durch Ab-, Um- und Aufbau in den Körper aufgenommener Stoffe, also bei Stoffwechselreaktionen, entstehen.

Hämolymphe
Körperflüssigkeit der Gliederfüßer; enthält keine roten Blutkörperchen
haima (griech.) = Blut,
lympha (lat.) = klares Wasser

Gefäße
Die Transportflüssigkeit und die in den Zellzwischenräumen befindliche Gewebsflüssigkeit fließen in voneinander getrennten Gefäßen.

137 Bei den Schwämmen sind Wanderzellen für den Stofftransport zuständig.

Nur eine regelmäßige Versorgung aller Gewebe mit Nährstoffen und Sauerstoff gewährleistet deren Funktion. In den Zellen erzeugte **Stoffwechselprodukte** müssen abtransportiert werden. Je höher ein Organismus organisiert ist, desto aufwändiger ist sein Transportsystem.

Stofftransportsysteme im Tierreich

Bei den Schwämmen erfolgt der Transport von Stoffen durch die amöboid beweglichen Wanderzellen (→ S. 107).

Das Gastrovaskularsystem der Hohltiere und der Plattwürmer (→ S. 109) übernimmt neben der Verdauung und der Resorption auch die Aufgabe der Stoffverteilung.

Bei den Fadenwürmern (→ S. 115) erfolgt erstmals ein Stofftransport mittels eines flüssigen Transportmediums. Die Leibeshöhle ist von einer Flüssigkeit (Leibeshöhlenflüssigkeit) erfüllt, die Nährstoffe vom Darm sowie Sauerstoff von der Haut aufnimmt. Durch die Körperbewegungen der Tiere werden die Stoffe im Körper verteilt.

Alle höher organisierten Vielzeller haben Kreislaufsysteme ausgebildet. Die gezielte Verteilung der Stoffe erfolgt mithilfe von Transportflüssigkeiten (Blut, Lymphe, **Hämolymphe**), die vom Herzen regelmäßig durch den Körper gepumpt werden.
Bei den offenen Kreislaufsystemen fließt die als Hämolymphe bezeichnete Transportflüssigkeit über kurze Strecken in Gefäßen, die in die Leibeshöhle münden. Dort werden Gewebe und Organe umspült (→ offenes Kreislaufsystem der Insekten, S. 127).
Kreislaufsysteme, bei denen die Transportflüssigkeit auf ihrem Weg durch den Körper stets innerhalb von **Gefäßen** fließt, werden als geschlossene Kreislaufsysteme bezeichnet (→ geschlossenes Kreislaufsystem des Regenwurmes und Stofftransport bei Wirbeltieren, S. 127 und 128).

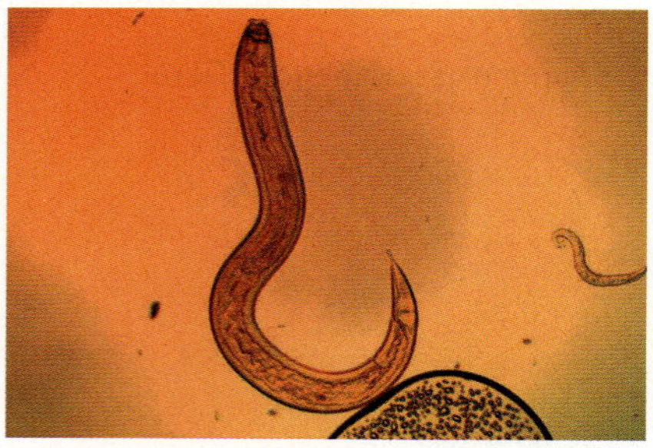

138 Fadenwürmer haben ein flüssiges Transportmedium.

139 Käfer und andere Insekten haben ein offenes Kreislaufsystem.

140 Spinnentiere (zB Skorpione) haben ein offenes Kreislaufsystem.

141 Muscheln und andere Weichtiere haben ein offenes Kreislaufsystem.

142 Regenwürmer haben ein geschlossenes Kreislaufsystem.

143 Auch Wirbeltiere haben ein geschlossenes Kreislaufsystem.

Arbeitsheft
Seite 33

Insekten haben ein offenes Kreislaufsystem

Das sehr einfache Transportsystem der Insekten besteht aus nur einem langgestreckten, nach beiden Richtungen offenen, **kontraktilen Rückengefäß**, das durch seitliche Öffnungen Hämolymphe aus der Leibeshöhle ansaugt und nach vorne zum Kopf pumpt (→ Abb. 144). Von dort gelangt sie in die Leibeshöhle, wo sie durch dünne Bindegewebshäutchen im Rücken-, Bauch- und Beinbereich durch den Körper geleitet wird. Während sie wieder nach hinten fließt, umspült sie alle Gewebe und Organe.

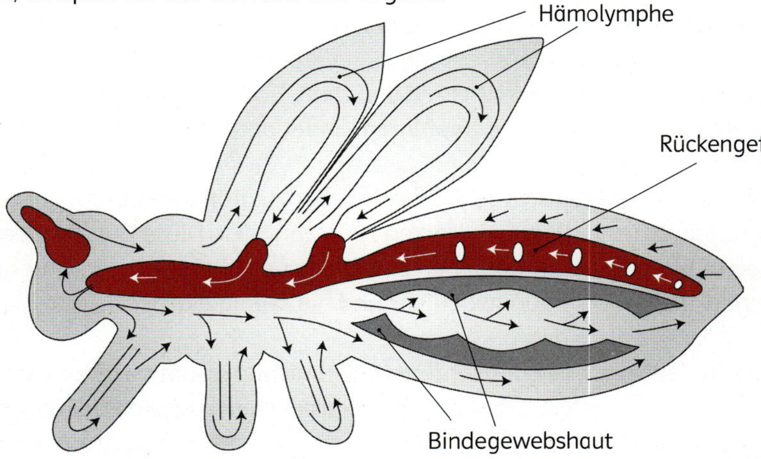

144 Stofftransport bei den Insekten (Schema)

Regenwürmer haben ein geschlossenes Kreislaufsystem

Das relativ einfach gebaute Transportsystem des Regenwurms besteht im Wesentlichen aus einem Rücken- und einem Bauchgefäß sowie Quergefäßen, die je Segment die beiden miteinander verbinden. Das Rückengefäß und einige der Querverbindungen zeigen Herzfunktion: Durch Kontraktion wird das Blut im Rückengefäß von hinten nach vorne gepumpt. Im Bauchgefäß strömt es in die umgekehrte Richtung.

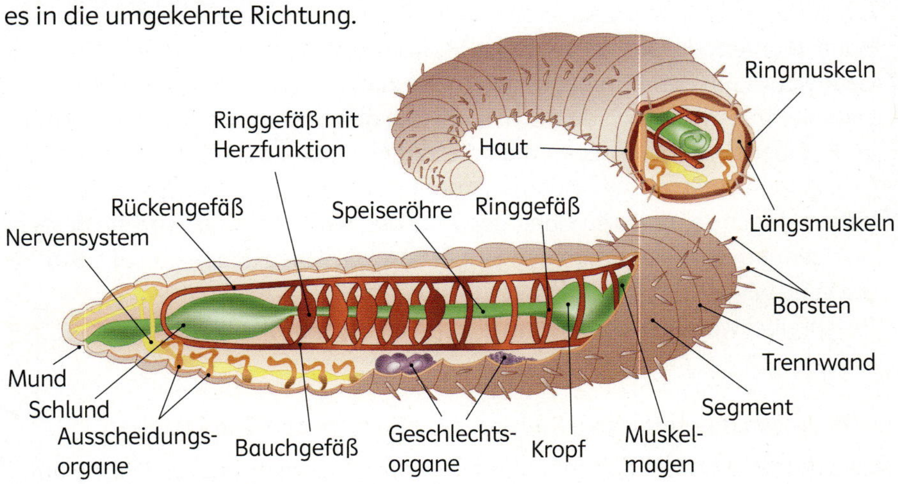

145 Bauplan eines Regenwurms

kein Kreislaufsystem	offenes Kreislaufsystem	geschlossenes Kreislaufsystem

146 Stoffkreisläufe im Tierreich

kontraktiles Rückengefäß
entlang des Rückens verlaufendes Gefäß mit Herzfunktion
contrahere (lat.) = zusammenziehen

Selbst aktiv!

1. Recherchiere: Wie funktioniert der Stofftransport bei den folgenden unten abgebildeten Tieren?

Beschreibe ihn in deinem Biologieheft und fertige Skizzen (ähnlich Abb. 144) dazu an.

2. Die Vertreter der im Folgenden angeführten Tiergruppen besitzen kein, ein offenes oder ein geschlossenes Kreislaufsystem zum Stofftransport: Fadenwürmer, Gliederfüßer, Nesseltiere (Polypen und Quallen), Plattwürmer, Ringelwürmer, Schwämme, Stachelhäuter (zB Seeigel, Seesterne), Weichtiere und Wirbeltiere. Ordne sie richtig in nebenstehende Tabelle ein.

Arbeitsheft Seite 33

Arterien
sind Gefäße mit vom Herzen wegleitender Strömungsrichtung. Da in ihnen der Herzschlag (Puls) zu spüren ist, nennt man sie auch Schlag- oder Pulsadern. Bei Leichen sind die Arterien meist blutleer, weshalb sie ursprünglich für luftführende Gefäße gehalten wurden.

Kapillaren
capillus (lat.) = Haar

Venen
sind Blutgefäße, in denen das Blut in Richtung Herz strömt.
Im Gegensatz zu den Arterien bleiben die Venen der Leichen mit Blut gefüllt.

Vorhof
Das Herz der Fische hat nur einen Vorhof, das der übrigen Wirbeltiere hat zwei.

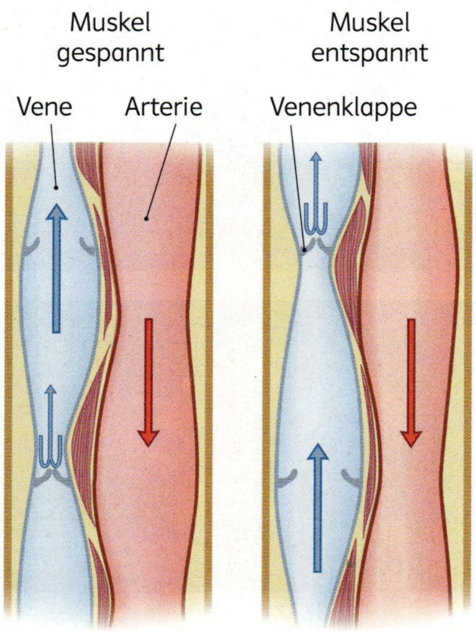

147 Bluttransport in den Venen (Schema)

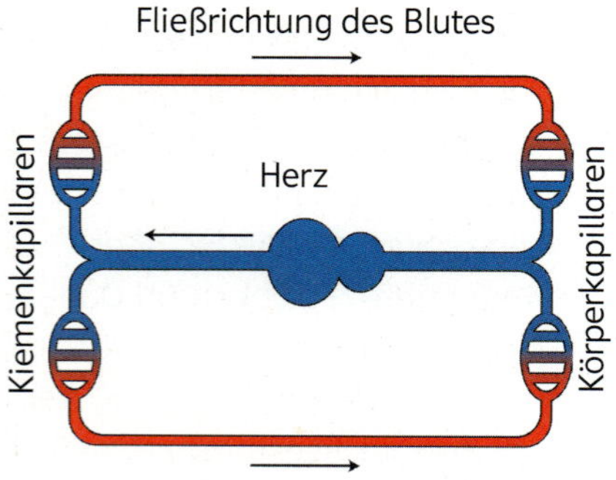

148 Blutkreislauf der Fische (Schema)
rot = sauerstoffreiches Blut,
blau = sauerstoffarmes Blut

Wirbeltiere haben ein geschlossenes Kreislaufsystem

Bei den Wirbeltieren erfolgt der Stofftransport in zwei Gefäßsystemen: in einem Blut- und in einem Lymphgefäßsystem.
Das Blutgefäßsystem ist als geschlossenes Kreislaufsystem mit einem zentral gelegenen Herzen ausgebildet.

Die Blutgefäße, die das Blut vom Herzen wegführen, werden als **Arterien** bezeichnet. Ihre Wände sind relativ dick, elastisch und muskulös, um dem vom Herzen ausgehenden hohen Druck Stand zu halten. Die Gefäße durchziehen, sich immer feiner verzweigend, den ganzen Körper, wobei der Druck mit zunehmender Entfernung vom Herzen abnimmt. In den feinsten Endverzweigungen, den Haargefäßen oder **Kapillaren**, findet der Stoffaustausch statt.

Die Kapillaren vereinigen sich schließlich wieder zu größeren Gefäßen, die das an Sauerstoff verarmte Blut zum Herzen zurückbringen. Diese Gefäße werden als **Venen** bezeichnet. Sie unterliegen einem wesentlich geringeren Druck als die Arterien, weshalb sie dünnwandiger und nur wenig elastisch sind.

Der Druck in den Venen reicht allerdings allein nicht aus, um das Blut dem Herzen zuzuführen. Unterstützend wirken hierbei die Pulswellen der meist sehr eng anliegenden Arterien, die Tätigkeit benachbarter Skelettmuskeln sowie bei Fischen die Sogwirkung des **Vorhofes** des Herzens, bei allen anderen Wirbeltieren die Sogwirkung des rechten Vorhofes (→ Herz, S. 130 f). Klappen, die in die Venen eingebaut sind, so genannte Venenklappen, verhindern ein Zurückfließen des Blutes.

Selbst aktiv!

Mit einem einfachen Versuch lässt sich das Prinzip einer Venenklappe demonstrieren. Eine Versuchsperson umfasst einen Gegenstand fest mit der Hand. Währenddessen wird ihr eine Stoffbinde knapp oberhalb des Ellbogengelenks um den Arm gebunden (nicht zu fest). Die Venen an der Arminnenseite treten dadurch deutlich hervor. An den Stellen, wo sich zwei Gefäße zu einem vereinigen, kann man die Venenklappen als Knoten erkennen. Drückt man einen dieser Knoten mit dem Finger nieder und streicht mit einem Finger der anderen Hand der Vene herzwärts entlang, wird sie damit blutleer gemacht. Hebt man den Finger von der Venenklappe ab, füllt sich die Vene wieder mit Blut.
Beschreibe, was während der einzelnen Versuchsschritte passiert.

Fische haben das einfachste Kreislaufsystem unter den Wirbeltieren

Das einfachste Kreislaufsystem unter den Wirbeltieren weisen die Fische auf. Ihr Herz besteht aus einem Vorhof und einer Herzkammer (→ Abb. 148).

Die Herzkammer pumpt sauerstoffarmes Blut in die Kiemengefäße (Kiemenkapillaren), wo Kohlenstoffdioxid abgegeben und Sauerstoff aus dem Atemwasser aufgenommen wird. Das nun mit Sauerstoff angereicherte Blut strömt zu allen Organen weiter, wo im Bereich der Körperkapillaren der Stoffaustausch stattfindet.

Das nun wieder an Sauerstoff verarmte und dafür mit Kohlenstoffdioxid angereicherte Blut sammelt sich in Venen, die es schließlich wieder zum Herzen, in den Vorhof bringen. Damit beginnt der Kreislauf von neuem.

Amphibienherzen haben zwei Vorhöfe

Während Fische einen **einfachen Blutkreislauf** aufweisen, haben alle anderen Wirbeltiere einen **doppelten Blutkreislauf**.

Das Herz der Amphibien besteht aus zwei Vorhöfen und einer Herzkammer. Der rechte Vorhof nimmt das sauerstoffarme Blut aus dem Körper auf, der linke Vorhof nimmt sauerstoffreiches Blut von der Lunge auf.
In der Herzkammer vermischen sich sauerstoffarmes und -reiches Blut, das von hier in die Lunge (Lungenkreislauf) und in den Körper (Körperkreislauf) gepumpt wird (→ Abb. 149).

Auch Reptilien haben noch Mischblut

Bei den Reptilien kommt es ebenfalls zu einer Mischung von sauerstoffarmem und -reichem Blut (→ Abb. 150). Da die Kammer jedoch eine teilweise Trennung aufweist, ist die Durchmischung nicht so stark wie bei den Amphibien. Von der Kammer zweigen drei Arterienstämme ab. Von dem Gefäß, das aus dem sauerstoffreicheren linken Kammerbereich wegführt, zweigen die Kopfschlagadern ab. Über das mittlere Gefäß fließt das Mischblut in den Körper. Das linke Gefäß, die Lungenarterie, bringt das sauerstoffarme Blut aus dem rechten Kammerbereich in die Lunge.

einfacher Blutkreislauf
Gasaustausch und Versorgung des Körpers mit Nährstoffen und Sauerstoff sind hintereinander geschaltet

doppelter Blutkreislauf
Gasaustausch und Versorgung des Körpers mit Nährstoffen und Sauerstoff sind in zwei parallel geschaltete, über das Herz miteinander verbundene Kreislaufbereiche (Lungenkreislauf und Körperkreislauf) getrennt.

Lungenkreislauf
Weg des Blutes:
Herz ▸ Lunge ▸ Herz

Körperkreislauf
Weg des Blutes:
Herz ▸ Körper ▸ Herz

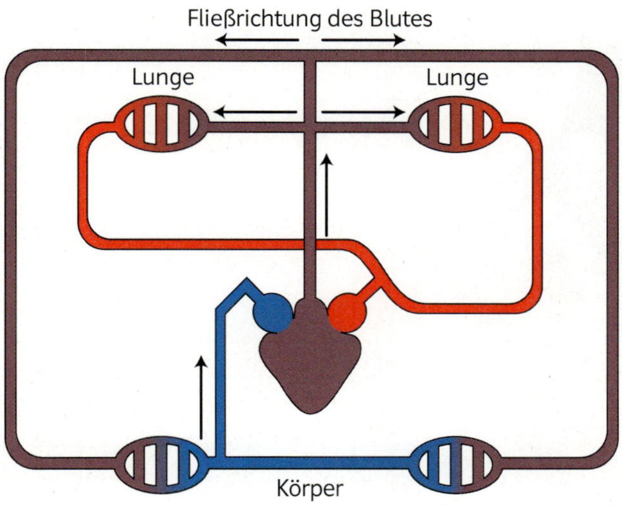

149 Blutkreislauf der Amphibien (Schema);
rot = sauerstoffreiches Blut, blau = sauerstoffarmes Blut,
violett = Mischblut

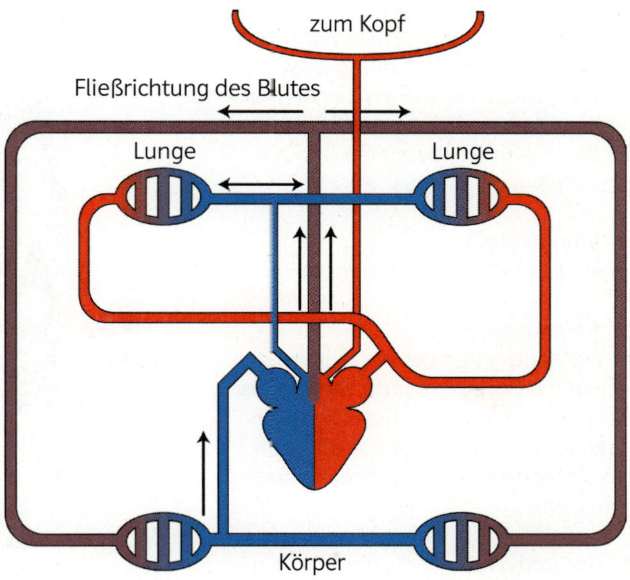

150 Blutkreislauf der Reptilien (Schema);
rot = sauerstoffreiches Blut, blau = sauerstoffarmes Blut,
violett = Mischblut

Die Herzkammer der Säuger und Vögel ist vollständig getrennt

Bei Vögeln und Säugetieren erfolgt aufgrund der vollständigen Trennung der Herzkammer auch eine vollständige Trennung von **Lungen-** und **Körperkreislauf** (→ Abb. 151).

Von der mit sauerstoffarmem Blut gefüllten rechten Herzkammer zweigt die Lungenarterie ab, die das Blut zum Gasaustausch in die Lunge bringt. Von dort gelangt das sauerstoffreiche Blut durch die Lungenvenen in den linken Vorhof.
Von der linken, mit sauerstoffreichem Blut gefüllten Herzkammer zieht die Aorta weg (bei Vögeln nach rechts, bei Säugern nach links). Von ihr zweigen Gefäße ab, die den gesamten Körper mit sauerstoffreichem Blut versorgen.

Von den Organen gelangt das sauerstoffarme Blut wieder in den rechten Vorhof.

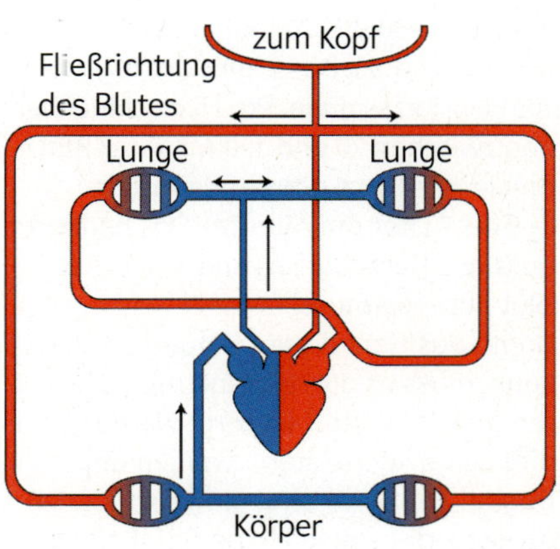

151 Blutkreislauf der Säuger (Schema);
rot = sauerstoffreiches Blut,
blau = sauerstoffarmes Blut

Segelklappen
sind bindegewebige, dreieckige, in die Kammern hineinragende Häute, die am Rand der Öffnung Vorhof/Herzkammer entspringen. In der rechten Herzhälfte befinden sich drei, in der linken Herzhälfte zwei. Von den freien Rändern entspringen Sehnenfäden, die an der inneren Kammerwand befestigt sind. Bei der Kammerkontraktion werden die Klappen wie Segel vom Blut aufgebläht. Sie legen sich dabei so dicht aneinander, dass ein Rückstrom ausgeschlossen ist. Die Sehnenfäden verhindern ein Zurückschlagen der Klappen in die Vorhöfe.

Taschenklappen
sind dreiklappig und werden bei der Kontraktion der Kammermuskulatur durch den Druck des Blutes auseinandergepresst (die Klappen sind den Arterien zugewendet), das in der Folge ungehindert in die Arterien strömen kann. Bei Erschlaffung der Herzmuskulatur (Druck des Blutes in Arterienrichtung lässt nach) drückt das zurückweichende Blut auf die Klappen, die sich wie Taschen mit Blut füllen und damit die Öffnung verschließen.

Vorhofsystole
systole (lat.) = das Zusammenziehen

Kammersystole
Bei der Kontraktion der Herzkammern schlägt die Herzspitze nach vorne gegen die Brustwand, was als Herzschlag zu hören ist. Der zweite Herzton wird von den sich schließenden Taschenklappen verursacht.

Vorhofdiastole
diastole (lat.) = das Auseinanderziehen

Kammermuskulatur
In Ruhe bzw. bei leichter Tätigkeit schlägt das Herz eines erwachsenen Menschen 60- bis 70-mal in der Minute (Herzfrequenz). Das ergibt am Tag etwa 100 000 Herzschläge. Pro Herzschlag werden zwischen 70 und 100 Milliliter Blut durch jede Herzkammer befördert (= 5 bis 7 Liter pro Minute). Das bedeutet, dass das Herz täglich rund 8 000 Liter Blut pumpen muss.
Damit das Herz diese Leistung erbringen kann, muss es ausreichend mit Nährstoffen und Sauerstoff versorgt werden. Um dies zu gewährleisten, zweigen am Beginn der Aorta zwei größere Arterien ab, die sich in viele kleine Gefäße aufspalten und als feines Kapillarnetz den ganzen Herzmuskel überziehen (Herzkranzgefäße).

Der Blutkreislauf des Menschen

Um die notwendige Leistung, das Blut mit großem Druck in den Körperkreislauf zu pumpen, erbringen zu können, ist die muskulöse Wand der linken Herzkammer kräftiger ausgebildet als die der rechten.

Herzklappen verhindern ein Zurückfließen des Blutes

Das menschliche Herz ist ein etwa faustgroßer Hohlmuskel. Zwischen den Vorhöfen und den Herzkammern sind **Segelklappen**, am Beginn der Körper- und der Lungenarterie **Taschenklappen** als Verschlusseinrichtungen vorhanden. Sie bestimmen die Fließrichtung des Blutes.

Selbst aktiv!

Wiederhole, was du in der Unterstufe zum Aufbau des menschlichen Herzens gelernt hast. Beschrifte anschließend Abb. 152 selbstständig mit folgenden Begriffen:
linker Vorhof – rechter Vorhof – linke Herzkammer – rechte Herzkammer – Segelklappe – Segelklappe – Taschenklappe – Taschenklappe – Lungenvenen – Lungenarterien – Aorta – Aortenbogen – Herzscheidewand – untere Körpervene – obere Körpervene – muskulöse Herzwand

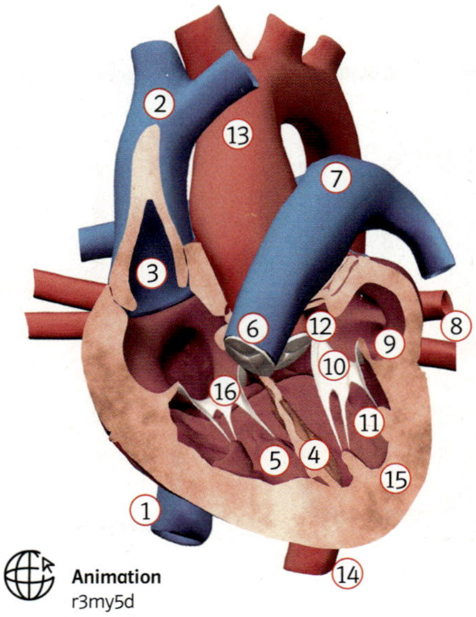

Animation
r3my5d

1	
2	
3	
4	
5	
6	
7	
8	
9	
10	
11	
12	
13	
14	
15	
16	

152 Der Bau des menschlichen Herzens (Schema)

Vorhöfe und Herzkammern kontrahieren abwechselnd

Eine Herzaktion (Herzperiode) beginnt mit der Kontraktion der Vorhöfe (**Vorhofsystole**). Die Segelklappen öffnen sich dabei und Blut strömt in die Herzkammern.
In der Folge kontrahiert die Herzkammermuskulatur (**Kammersystole**). Die Segelklappen schließen sich, wodurch ein Zurückfließen des Blutes verhindert wird. Bei maximaler Kontraktion der Kammermuskulatur öffnen sich die Taschenklappen durch den Druck des Blutes. Von der rechten Hauptkammer wird das Blut durch die Lungenarterie in die Lunge gedrückt. Die linke Hauptkammer presst das Blut durch die Aorta in den Körper. Während der Kammerkontraktion entspannen sich die Vorhöfe (**Vorhofdiastole**), ihr Innenraum vergrößert sich und Blut wird aus den Körper- bzw. Lungenvenen angesogen. Wenn die **Kammermuskulatur** erschlafft, schließen sich die Taschenklappen. Für einen Bruchteil von Sekunden legt das Herz eine Ruhepause (Vorhof- und Kammerdiastole) ein. Danach beginnt mit der Kontraktion der Vorhöfe eine neue Herzperiode.

Arbeitsheft
Seite 34

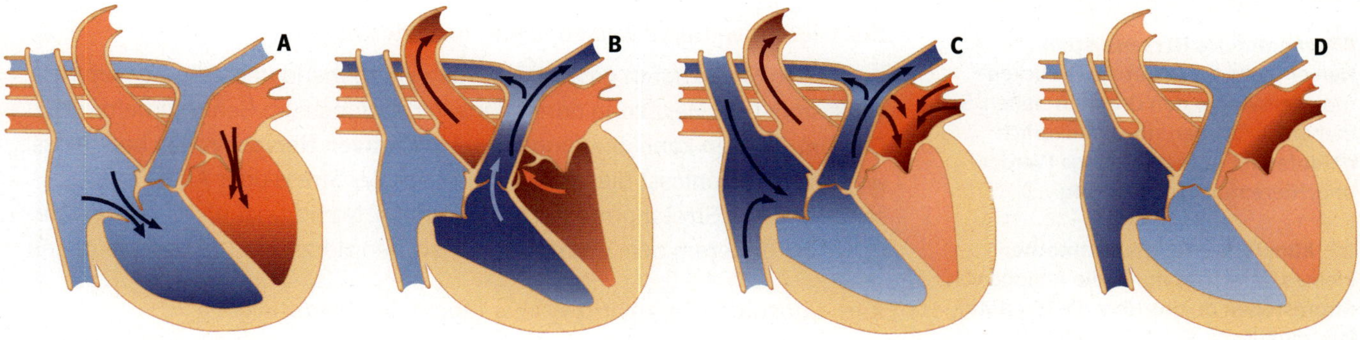

153 Die Phasen des Herzschlages

Selbst aktiv!

Überlege, wie sich Vorhöfe, Herzkammern, Segel- und Taschenklappen in den Phasen A–D (Abb. 153) verhalten. Gib dazu in der Tabelle jeweils an: Diastole/Systole, geöffnet/geschlossen.

	Vorhöfe	Herzkammern	Segelklappen	Taschenklappen
A				
B				
C				
D				

Die Herztätigkeit wird vom Sinusknoten gesteuert

An der Einmündung der oberen Hohlvene in den rechten Vorhof befinden sich besondere Zellen, die die Herztätigkeit (Herzrhythmus) steuern. Sie werden in ihrer Gesamtheit als **Sinusknoten** bezeichnet. Vom Sinusknoten erzeugte elektrische Impulse breiten sich über beide Vorhöfe aus (→ Abb. 154) und veranlassen diese gleichzeitig zur Kontraktion. Die Impulse gelangen auch zum so genannten AV-Knoten (**Atrioventrikularknoten**). Von dort aus werden die Impulse über spezielle Muskelfasern (HIS-Bündel und Purkinje-Fasern) zur Herzspitze und in die Kammerwände geleitet. Die Kammern werden dadurch kontrahiert.
Die elektrischen Impulse, die durch den Herzmuskel laufen, können über **Elektroden** an der Haut aufgezeichnet werden (**Elektrokardiogramm**).
Die spezifischen Zacken und Wellen im EKG (→ Abb. 155) werden mit Buchstaben versehen. Die P-Welle beispielsweise ist die Aufzeichnung der Erregung der Vorhöfe durch den Sinusknoten. Der QRS-Komplex ist die Aufzeichnung der Kammererregung. Die Erregungsrückbildung der Kammern ist aus der T-Welle abzulesen. Mit ihr ist eine elektrische Herzaktion beendet, nach einer kurzen Pause beginnt eine neue.

Sinusknoten
Schrittmacher der Herzbewegung, natürlicher Herzschrittmacher

Atrioventrikularknoten
atrium (lat.) = Vorhof,
ventriculus (lat.) = Kammer

Elektroden
elektrisch leitende Teile (zB Metallplättchen), die den elektrischen Strom von einem Medium auf ein anderes übertragen

Elektrokardiogramm
kurz EKG, ist die Aufzeichnung aller elektrischen Aktivitäten der Herzmuskelfasern
kardia (griech.) = Herz,
gramma (griech.) = Geschriebenes

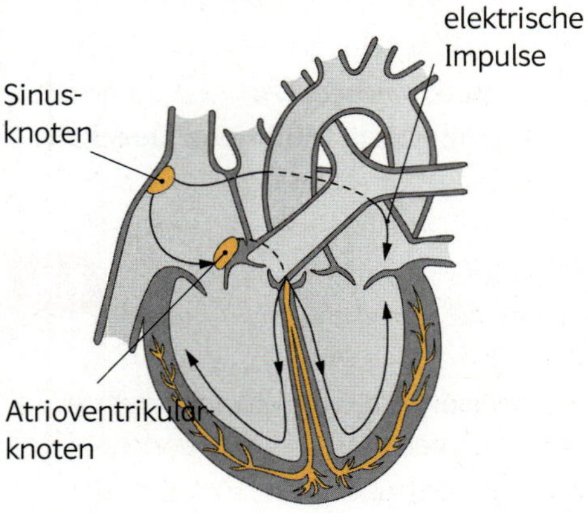

154 Die Koordination des Herzrhythmus

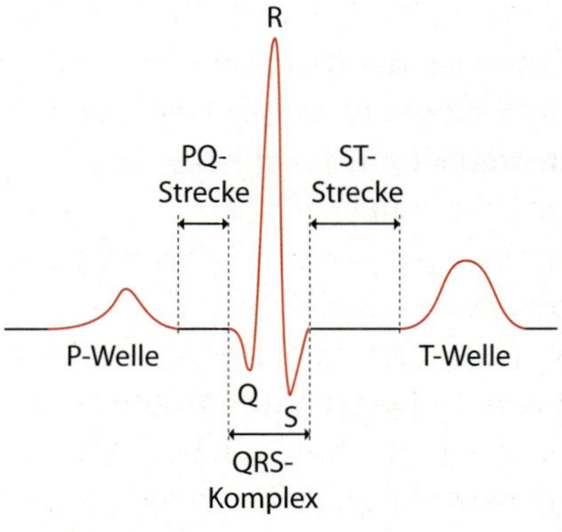

155 EKG-Bild

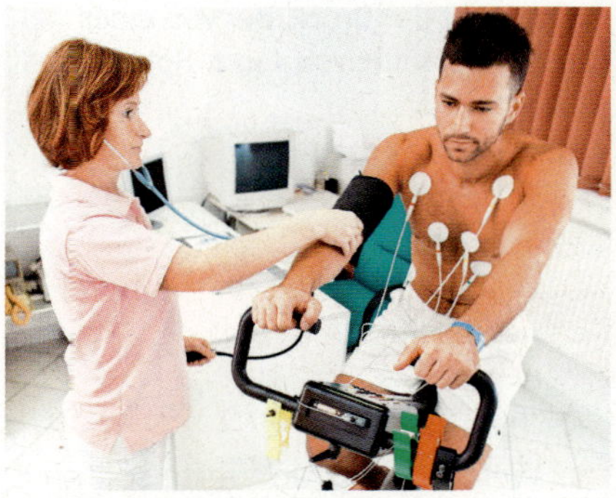

156 Ein Belastungs-EKG ist die Aufzeichnung der Herztätigkeit bei körperlicher Belastung.

Arbeitsheft Seite 34

vegetatives Nervensystem
Nerven, die vom Gehirn über Rückenmarksnerven zu den Organen ziehen. Sie dienen der Steuerung unwillkürlich ablaufender Körpervorgänge (Verdauung, Nierenfunktion, Atmung ...).

künstlicher Herzschrittmacher
kleines Gerät, das durch die Abgabe von Stromstößen an das Herz die Herztätigkeit regelt

Das vegetative Nervensystem beeinflusst das Herz

Durch den Sinusknoten arbeitet das Herz weitgehend unabhängig vom Nervensystem (das Herz kann damit ohne Verbindung zum Gehirn arbeiten). Der Sinusknoten kann allerdings vom **vegetativen Nervensystem** beeinflusst werden. So veranlasst dieses beispielsweise bei Stress oder Angst die Ausschüttung von Stresshormonen (zB Adrenalin, Noradrenalin). Diese stimulieren unter anderem den Sinusknoten dazu, den Herzschlag zu beschleunigen.

Auch künstliche Herzschrittmacher regeln die Herztätigkeit

Arbeitet der natürliche Herzschrittmacher nicht richtig, treten Herzrhythmusstörungen auf. Gelingt es nicht, diese medikamentös zu behandeln, ist es sinnvoll, einen **künstlichen Herzschrittmacher** einzupflanzen.

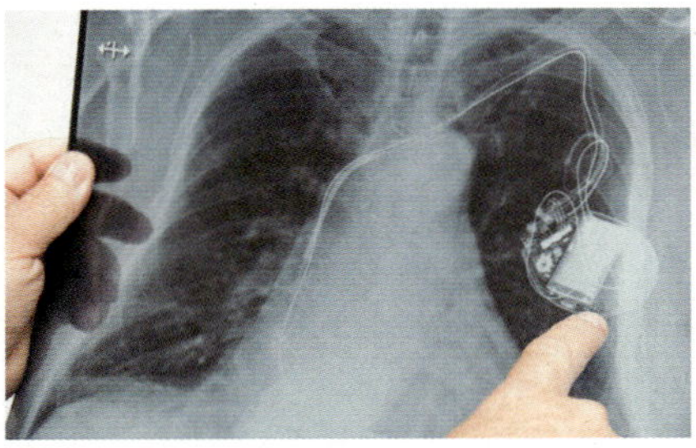

157 Künstlicher Herzschrittmacher, auf Röntgenbild sichtbar

Selbst aktiv!

Recherchiere: Wie genau funktioniert ein künstlicher Herzschrittmacher? Woher erhält er die Energie zum Abgeben der Stromstöße?

158 Mechanisches Blutdruckmessgerät

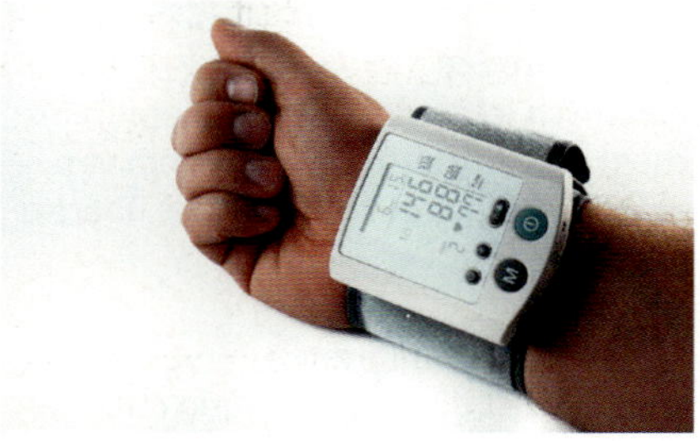

159 Digitales Blutdruckmessgerät

Bei der Blutdruckmessung werden zwei Werte ermittelt

Das Blut übt auf die Gefäßwände einen Druck aus, dessen Höhe mit einem Blutdruckmessgerät festgestellt werden kann. Durch die Pumptätigkeit des Herzens ergeben sich dabei zwei Werte – der systolische und der diastolische Druck.
Bei mechanischen Messgeräten wird eine Manschette üblicherweise um den Oberarm gelegt und so lange aufgeblasen bis der so erzeugte Druck, den Blutdruck in der Arterie übersteigt. Die Arterie wird dabei geschlossen – es ist kein Puls mehr feststellbar.
Aus der Manschette wird nun langsam Luft abgelassen. Das Blut beginnt wieder zu fließen. Sobald der Blutdruck den von der Manschette ausgeübten Druck übersteigt, wird dies registriert – Klopfgeräusche werden hörbar (bei mechanischen Geräten über ein Abhörgerät, ein so genanntes Stethoskop): Es ist der höhere, durch die Kontraktion der Herzkammern verursachte Druck (systolischer Druck). Die Manschette wird nun vollständig entlüftet. Sobald das Blut wieder ungehindert durch die Arterie fließt, ist das Klopfgeräusch nicht mehr zu hören. Der Druck, der zu diesem Zeitpunkt registriert wird, ist der diastolische Blutdruck – der Druck, der bei erschlafften Herzkammern auf die Blutgefäße ausgeübt wird.

Digitale Blutdruckmessgeräte, die zumeist am Handgelenk angelegt werden, messen die Schwingungen der Arterienwände beim Ausdehnen und Erschlaffen. In einem Minicomputer werden aus den übermittelten Daten der systolische und der diastolische Wert errechnet und auf einem Display angezeigt.

Entgegen der üblichen Maßeinheit für den Druck – Pascal (Pa) – ist innerhalb der EU der Blutdruck in der früher üblichen Maßeinheit **Millimeter Quecksilbersäule** (mmHg) anzugeben.

Millimeter Quecksilbersäule
1 mmHg ist der Druck, der von einer Quecksilbersäule von 1 mm Höhe erzeugt wird.
1 mmHg ≙ 133,322 Pa

Selbst aktiv!

Recherchiere:
1. Welche Blutdruckwerte sollten Erwachsene und Jugendliche in deinem Alter aufweisen? Ab wann spricht man von Bluthochdruck?
2. Welche Ursachen kann Bluthochdruck haben?
3. Wieso sollte Bluthochdruck unbedingt behandelt werden?

Arbeitsheft Seite 34

Das Blut ist im Körper unterschiedlich verteilt

Da die Blutmenge im Körper (5 bis 6 Liter beim erwachsenen Menschen) für eine gleichmäßige Versorgung des Körpers nicht ausreicht, ist sie in den verschiedenen Körperorganen dem jeweiligen Bedarf angepasst (→ Abb. 160).

Ruhende Organe werden weniger durchblutet, um tätige ausreichend versorgen zu können. Zusätzlich speichern Leber und Milz Blut aus dem Kreislauf, das sie, wenn nötig, wieder an ihn abgeben (**Pfortadersystem**).
Das Herz kann das Minutenvolumen (Blutmenge, die pro Minute durch das Herz bewegt wird) steigern oder vermindern.
Arterien und Venen können sich erweitern oder verengen und dadurch den Strömungswiderstand verändern.

Organe	Körpermassenanteil	Anteil Gesamtblutstrom
Gehirn	2%	13%
Herzkranzgefäße	0,4%	4%
Pfortadersystem	4%	24%
Nieren	0,4%	19%
Muskeln, sonstige Organe	93%	40%

160 Blutverteilung im menschlichen Körper

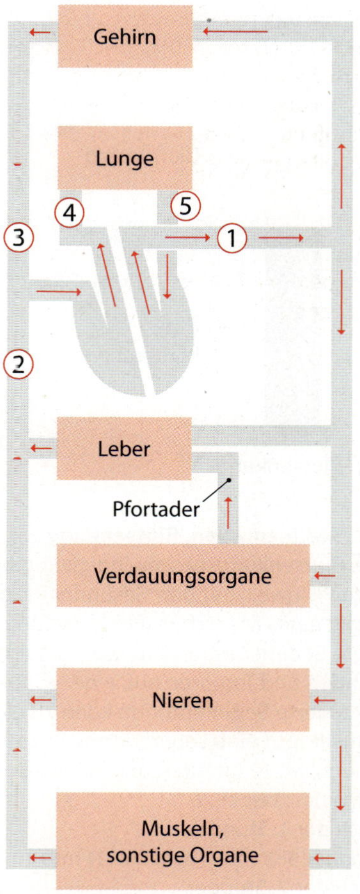

161 Blutkreislauf (Schema)

Selbst aktiv!

Male in Abb. 161 alle schematisch dargestellten Bereiche, die O_2-reiches Blut enthalten, rot, alle Bereiche, die O_2-armes Blut enthalten, blau an. Gib weiters an, welche Gefäße (mit Zahlen gekennzeichnet) hier verlaufen.

1	**3**
2	**4**
5	

Selbst aktiv!

Überlege: Welches Blut (O_2-reich/O_2-arm) transportieren die Arterien, welches die Venen im Körper- und im Lungenkreislauf?

Gefäßerweiterung und -verengung in der Haut dienen der Temperaturregelung

Erweiterung und Verengung der Blutgefäße in der Haut tragen zur Regulierung der Körpertemperatur bei. Ist der Körper zu warm, erweitern sich die Arterien und Venen, wodurch sie stärker durchblutet werden. Dadurch wird an der Körperoberfläche mehr Wärme abgegeben. Bei Kälte verengen sich die Blutgefäße zum Schutz vor zu großem Wärmeverlust.

Beim anaphylaktischen Schock erweitern sich die Blutgefäße

Bei einem anaphylaktischen Schock, der schlimmsten Form einer allergischen Reaktion (→ S. 148), kommt es aufgrund einer überschießenden Freisetzung von Histamin zu einer Gefäßerweiterung im ganzen Körper. Die Blutmenge reicht nicht aus, um alle Organe gleichzeitig versorgen zu können. Zusätzlich vermindert sich das Blutvolumen im Blutgefäßsystem, da es durch das Histamin auch zu einer erhöhten Durchlässigkeit der Blutgefäße und damit zu einem Flüssigkeitsaustritt ins Gewebe kommt. In der Folge tritt der Tod durch Organversagen ein.
Bei einem anaphylaktischen Schock muss als lebensrettende Maßnahme sofort **Adrenalin** (zB **intramuskulär** in den Oberschenkel) verabreicht werden. Es verengt die Blutgefäße. Der Flüssigkeitsverlust wird durch eine Kochsalzlösung-Infusion ersetzt.

Pfortadersystem
Kreislaufsystem der Verdauungsorgane und der Leber
Das sauerstoffarme, aber nährstoffbeladene Blut aus dem Darmbereich wird nicht direkt über die Hohlvene zum Herzen transportiert. Es wird zunächst in einer großen Vene, der Pfortader gesammelt, die es in die Leber befördert. Dort fließt es erneut durch ein Kapillarnetz, wobei Nährstoffe an die Leberzellen abgegeben werden. Erst dann gelangt das Blut über die Lebervene in die untere Hohlvene.

Adrenalin
Hormon der Nebennieren (Hormondrüsen, die den Nieren aufsitzen

intramuskulär
in einen Skelettmuskel gespritzt
intra (lat.) = innerhalb,
musculus (lat.) = Muskel

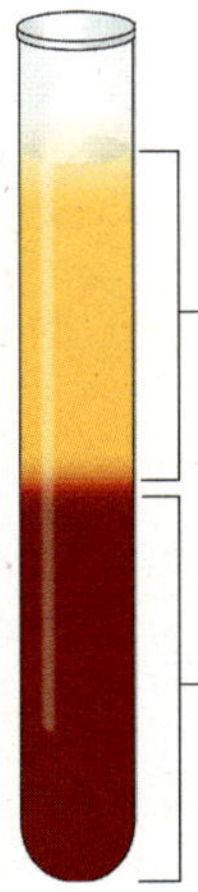

162 Blutsenkung

Sedimentation, Blutsenkung
Die Blutsenkungsgeschwindigkeit gibt einen Hinweis auf den Gesundheitszustand eines Menschen. Eine beschleunigte Sedimentation tritt u. a. bei Entzündungen und Tumoren auf, eine verzögerte Sedimentation kann zB ein Hinweis auf eine Lebererkrankung sein. Normalwerte für die Blutsenkungsgeschwindigkeit sind
nach der 1. Stunde:
Männer 3–8 mm, Frauen 6–11 mm
nach der 2. Stunde:
Männer 5–18 mm, Frauen 6–20 mm

Erythrozyten
rote Blutkörperchen
erythros (griech.) = rot

Leukozyten
weiße Blutkörperchen
leukos (griech.) = weiß

Thrombozyten
Blutplättchen
thrombos (griech.) = geronnenes Blut

Kohlenstoffmonoxid
entsteht bei der unvollkommenen Verbrennung organischen Materials (zB Benzin, Holz, Öl, Erdgas, Tabak)

Gasdurchlauferhitzer, Gasthermen
Geräte zur Warmwasseraufbereitung

163 Auch das Rauchen einer Wasserpfeife ist ungesund!

Blut besteht aus Blutplasma und Blutkörperchen

Blut hat feste und flüssige Bestandteile. Lässt man frisches (nicht geronnenes) Blut unter Luftabschluss stehen, sinken die festen Bestandteile (Blutkörperchen) in der Flüssigkeit (Blutplasma) allmählich zu Boden (**Sedimentation**, **Blutsenkung**, → Abb. 162).
Bei den Blutkörperchen unterscheidet man **Erythrozyten**, **Leukozyten** und **Thrombozyten**. Sie haben unterschiedliche Aufgaben (→ Abb. 165).

Erythrozyten transportieren Sauerstoff und Kohlenstoffdioxid

Die Erythrozyten sind etwa 8,5 µm kleine runde Scheibchen, die vom strömenden Blut fortbewegt werden. Die kernlosen Zellen haben eine Lebensdauer von 100 bis 120 Tagen. Sie werden ständig aus den im roten Knochenmark sitzenden, kernhaltigen Bildungszellen (Knochenmarkstammzellen) nachproduziert.
Mit wenigen Ausnahmen (zB Kamel, Lama) sind runde, kernlose Erythrozyten charakteristisch für Säugetiere. Bei allen anderen Wirbeltieren kommen meist ovale, kernhaltige rote Blutkörperchen vor.
Durch den im Zellkörper eingelagerten Farbstoff Hämoglobin (→ S. 86) sind die Erythrozyten für die rote Farbe des Blutes verantwortlich. Jedes Hämoglobinmolekül besitzt vier Eisenatome, die Sauerstoff und Kohlenstoffdioxid unbeständig (labil) binden können. Die Bindung von Sauerstoff erfolgt in der Lunge. Von dort gelangen die sauerstoffbeladenen Blutkörperchen zu den Geweben, wo der Sauerstoff abgegeben und dafür Kohlenstoffdioxid ins Blut aufgenommen wird. Allerdings nehmen die roten Blutkörperchen nur einen Teil des Kohlenstoffdioxids auf, der größere Teil des Gases wird im Blut gelöst zur Lunge befördert. In der Lunge findet abermals ein Gasaustausch statt.
Bei Neugeborenen ist die Zahl der Erythrozyten mit 6 bis 7 Millionen pro mm^3 Blut höher als bei Erwachsenen (4,5 bis 5,5 Mio/mm^3). Kurz nach der Geburt erfolgt eine Reduktion. Das beim Abbau der roten Blutkörperchen erzeugte Bilirubin (→ S. 94) kann die Haut des Säuglings gelb färben (Neugeborenengelbsucht).

Kohlenstoffmonoxid blockiert die Erythrozyten

In Anwesenheit von **Kohlenstoffmonoxid** bindet das Hämoglobin 200- bis 300-mal mehr Kohlenstoffmonoxid als Sauerstoff. Da es sich hier um eine beständige (stabile) Bindung handelt, können diese Blutkörperchen keinen Sauerstoff mehr transportieren.
Sind etwa 10 % der Erythrozyten durch Kohlenstoffmonoxid blockiert, kommt es zu einer Leistungsminderung des Körpers. Darüber hinaus treten mehr oder weniger starke Vergiftungserscheinungen auf (starke Kopfschmerzen, Abgeschlagenheit und Atemnot bis hin zu Herzrhythmusstörungen, Wahnvorstellungen und Krampfanfällen). Stehen 50 % der roten Blutkörperchen nicht mehr für den Sauerstofftransport zur Verfügung, kommt es zur Bewusstlosigkeit. In der Folge tritt der Tod ein.
Kohlenstoffmonoxid ist ein geruchloses Gas. Das bedeutet, dass der Körper vor der Einatmung nicht gewarnt wird. Dadurch kommt es immer wieder zu Unfällen mit Kohlenstoffmonoxidvergiftungen, etwa in Wohnungen, in denen das gefährliche Gas aus schadhaften **Gasdurchlauferhitzern** und **Gasthermen** austreten kann, oder in zu wenig durchlüfteten Garagen (Autoabgase enthalten Kohlenstoffmonoxid).
Im Blut von Zigaretten- oder Zigarrenrauchern bzw. -raucherinnen sind bis zu 10 % der Erythrozyten durch Kohlenstoffmonoxid blockiert. Da der Tabakrauch von Wasserpfeifen noch größere Mengen an Kohlenstoffmonoxid enthält als der Tabakrauch von Zigaretten und Zigarren, kommt es hier immer wieder zu Vergiftungserscheinungen.

Leukozyten dienen der Abwehr von Krankheitserregern

Leukozyten haben einen Zellkern und dienen der **Abwehr von Krankheitserregern**. Während die roten Blutkörperchen das Gefäßsystem nicht verlassen, sind die Leukozyten in der Lage, in die Gewebsflüssigkeit einzuwandern. Sie können sich selbstständig amöboid fortbewegen, weshalb sie keine feste Form haben. Auch in der Lymphe kommen sie zahlreich vor. Abhängig von ihrer Größe, ihrer Kernform, ihrer Färbbarkeit und ihrem Entstehungsort unterscheidet man Granulozyten, Monozyten und Lymphozyten. Die Aufgabe der 8 bis 14 µm kleinen Granulozyten und der etwas größeren Monozyten (12 bis 20 µm) besteht darin, jegliche Art von Krankheitserregern und Fremdstoffen durch Phagozytose (→ S. 107) unschädlich zu machen (unspezifische Abwehr). Bei den Granulozyten kann man, wenn man sie mit bestimmten Farbstoffen behandelt, feine Körnchen (Granula) im Plasma erkennen.
Die 7 bis 10 µm kleinen Lymphozyten sind nur wenig amöboid beweglich. Sie spielen bei der Bildung der Antikörper (Immunglobuline, → S. 136) und damit bei der gezielten Bekämpfung bestimmter Krankheitserreger (spezifische Abwehr) eine Rolle. Auch die Leukozyten werden im roten Knochenmark produziert.

Thrombozyten sind am Wundverschluss beteiligt

Thrombozyten sind 1 bis 3 µm kleine, kernlose Zellbruchstücke. Ihre Zahl pro mm^3 Blut beträgt 150 000 – 400 000. Sie werden von ihren Stammzellen im roten Knochenmark (Knochenmarksriesenzellen) ständig abgeschnürt. Bei Verletzung eines Blutgefäßes werden Stoffe freigesetzt, die eine Verengung des Gefäßes an der betroffenen Stelle bewirken. Durch den Luftkontakt ballen sich die Thrombozyten zusammen und verkleben die Wunde (Blutstillung). Gleichzeitig setzen sie ein Enzym frei, das die Blutgerinnung auslöst. Die Blutgerinnung ist ein außerordentlich komplizierter, in mehreren Phasen ablaufender Vorgang, an dem **Blutgerinnungsfaktoren** beteiligt sind. Dabei fällt das Bluteiweiß **Fibrinogen** als faseriges Gerüst (**Fibrin**) aus. In diesem bleiben neben Thrombozyten auch rote und weiße Blutkörperchen hängen und verschließen so die Wunde.
Fehlt ein Blutgerinnungsfaktor, kann die Blutgerinnung verzögert oder wie bei der **Hämophilie** überhaupt nicht stattfinden. Bei einer ernsthaften Blutung wird deshalb einem Hämophilie-Kranken eine Infusion mit dem fehlenden Gerinnungsfaktor verabreicht.
Eine übermäßige Produktion des an der Blutgerinnung beteiligten Enzyms Thrombin kann zur Entstehung eines **Blutgerinnsels** innerhalb eines Gefäßes führen. Gefäßverengung oder -verstopfung sind die Folgen.

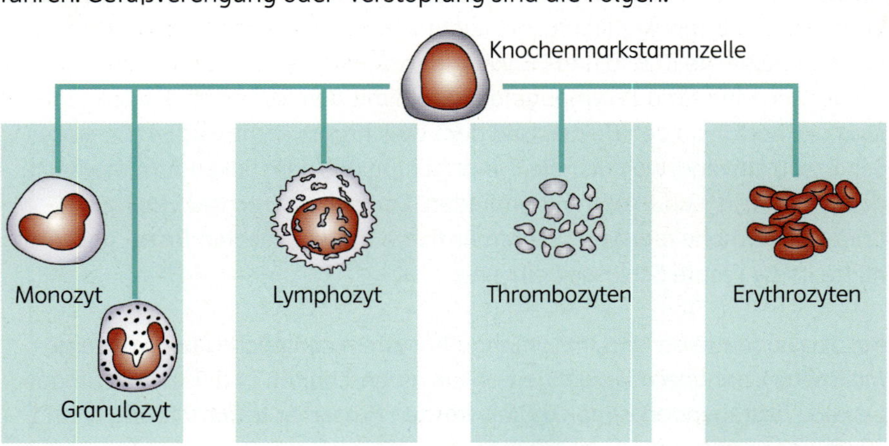

165 Übersicht über die festen Blutbestandteile und ihre Funktionen

Abwehr von Krankheitserregern
Die Zahl der Leukozyten (4 800 – 10 000/mm^3 Blut) steigt bei Erkrankungen oft um ein Mehrfaches an. Bei Leukämie (Blutkrebs) werden unkontrolliert massenhaft unreife und somit funktionslose weiße Blutkörperchen produziert.

Blutgerinnungsfaktoren
verschiedene Stoffe, die unterschiedliche Phasen der Blutgerinnung bewirken

Fibrinogen, Fibrin
Fibrinogen ist ein Bluteiweiß, das in der Leber gebildet wird. Unter Einwirkung von u. a. Thrombin, einem Enzym, wird es in das Protein Fibrin umgewandelt.

Hämophilie
Erbkrankheit, bei der die Blutgerinnung gestört ist; hauptsächlich sind Männer betroffen
haima (griech.) = Blut,
philos (griech.) = freundlich

Blutgerinnsel
wird auch als Thrombus bezeichnet. Die Bildung eines Thrombus wird Thrombose genannt.

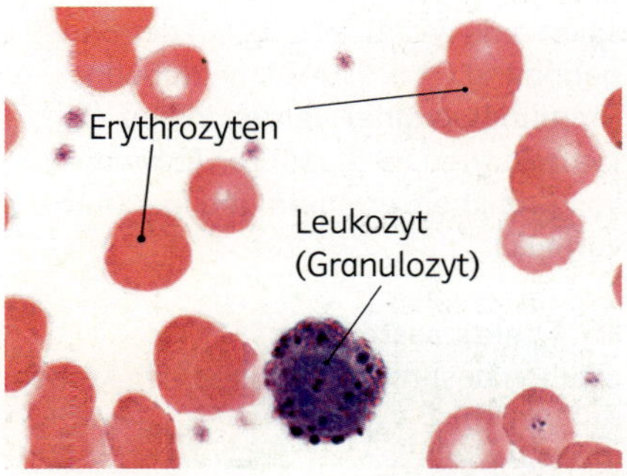

164 Gefärbter Blutausstrich unter dem Mikroskop betrachtet

Selbst aktiv!

Wiederhole, was du in der Unterstufe über die Blutgruppen des Menschen und den Rhesusfaktor gelernt hast, bzw. recherchiere:
1. Welche Blutgruppen unterscheiden wir? Wodurch unterscheidet sich das Blut der verschiedenen Blutgruppen?
2. In welchem Fall kann es zu einer Rhesusunverträglichkeit in der Schwangerschaft kommen?
3. Welche Faktoren steigern das Risiko einer Thrombose?

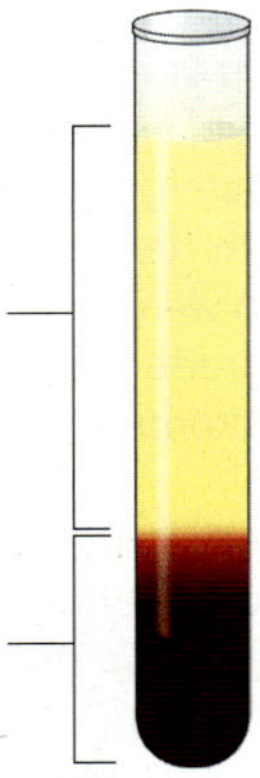

166 Blutgerinnung

Albumine
Proteine, die in der Leber synthetisiert werden. Sie haben Transportfunktion (für Fettsäuren, Harnsäure, Vitamin C, Medikamente etc.) und dienen als Eiweißreserve (Aufbau und Wachstum). Gemeinsam mit den Salzen regeln sie die Konstanthaltung des pH-Wertes und des Wassergehaltes im Blut.

Globuline
Die ebenfalls in den Leberzellen produzierten α- und β-Globuline transportieren Metallionen, Vitamine, Hormone und Enzyme. Das β-Globulin Fibrinogen spielt eine wichtige Rolle bei der Blutgerinnung (→ S. 135). Die γ-Globuline (Immunglobuline) werden in den Lymphozyten (→ S. 135) zur Abwehr von Krankheitserregern gebildet (Antikörper).

Funktionsstoffe
erfüllen bestimmte Aufgaben im Körper

Lymphe
lympha (griech.) = Quellwasser

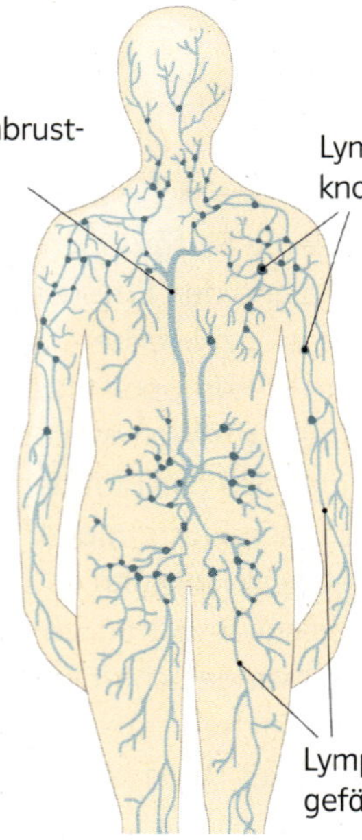

167 Lymphgefäßsystem

Blutplasma besteht hauptsächlich aus Wasser

Das schwach gelbliche Blutplasma besteht zu 90 bis 95 % aus Wasser.
Darin enthalten sind Glucose (Blutzucker), Fette und fettähnliche Stoffe, Stickstoffverbindungen (zB Aminosäuren, Harnstoff), Milchsäure (entsteht durch Muskelarbeit) und Salze. Salze sowie die aus dem Zellstoffwechsel stammenden Eiweißstoffe **Albumine** und **Globuline** kommen auch als **Funktionsstoffe** vor.

Zentrifugiert man geronnenes Blut, setzt sich unten der so genannte Blutkuchen (Blutkörperchen mit Fibrin) ab. Die darüberstehende Flüssigkeit, das Blutserum, enthält alle im Blutplasma vorkommenden Stoffe, mit Ausnahme der Blutgerinnungsfaktoren.

Das Blut ist mit einem pH-Wert von 7,38 bis 7,44 schwach basisch.

Selbst aktiv!

Überlege: Was ist der Unterschied zwischen Blutplasma und Blutserum? Warum enthält Blutserum keine Blutgerinnungsfaktoren?

Im Lymphgefäßsystem strömt die Lymphe

Der Stofftransport aus den Blutkapillaren in die Zellzwischenräume und von dort weiter in die Zellen (bzw. umgekehrt) erfolgt immer über Flüssigkeiten. Eine Schlüsselrolle übernimmt dabei die die Zellzwischenräume ausfüllende Gewebsflüssigkeit.

Aus den Kapillaren tritt Wasser mit darin gelösten Stoffen („Ernährungsflüssigkeit") in die Gewebsflüssigkeit über. Diese gibt die Stoffe weiter an die Zellen ab und nimmt dafür Stoffwechselprodukte und Kohlensäure (Kohlenstoffdioxid in Wasser gelöst) auf, die wiederum in die Blutbahn gelangen. Da etwas mehr Flüssigkeit von den Kapillaren in das Gewebe abgegeben als resorbiert (wiederaufgenommen) wird, entsteht im Gewebe ein Flüssigkeitsüberschuss.
Dieser wird von dem zweiten, den Körper durchziehenden Gefäßsystem, dem Lymphgefäßsystem, aufgenommen, und als **Lymphe** wieder dem Blutkreislauf zugeführt.

Die überschüssige Flüssigkeit sammelt sich in den feinen, blind im Gewebe beginnenden Lymphkapillaren, die allmählich in die immer größer werdenden Lymphgefäße, die in Bau und Funktion den Venen ähneln, übergehen. Schließlich mündet das Lymphgefäßsystem mit dem Lymphbrustgang (entlang der Aorta von den Beinen und dem Bauchraum kommend) in die linke Schlüsselbeinvene, wo auch die Lymphgefäße aus dem linken Arm sowie die der linken Brust- und Kopfhälfte münden. Der kleinere rechte Lymphgang bringt die Lymphe aus dem rechten Arm und aus der rechten Brust- und Kopfhälfte in die rechte Schlüsselbeinvene.

Bei den Säugetieren sind im Lymphgefäßsystem zahlreiche kleine (wenige Millimeter), annähernd kugelige Gebilde eingeschaltet. In diesen aus Bindegewebe bestehenden Lymphknoten werden Bakterien bekämpft und Fremdstoffe herausgefiltert.

Lymphknoten kommen vereinzelt auch bei Vögeln und Krokodilen vor, bei den restlichen Wirbeltieren fehlen sie.

Erkrankungen des Herz-Kreislauf-Systems sind lebensgefährlich

Herz- und Kreislauferkrankungen sind in Österreich die Todesursache Nummer 1. Sie entstehen in erster Linie durch Bluthochdruck, zu wenig Bewegung, falsche Ernährung (→ S. 143 ff), Rauchen und Schadstoffbelastung.

Bei der Arteriosklerose sind die Arterien verengt

Arteriosklerose ist eine Verengung der Arterien, die durch Ablagerungen von diversen Stoffen wie zB Cholesterol (→ S. 85) an den Gefäßinnenwänden entsteht.
Durch die **Verengung** steigt der Blutdruck und die Beanspruchung der Gefäßwände nimmt zu. Dadurch kann es zu kleinen Rissen in der Aderinnenhaut und in der Folge zu Gewebewucherungen kommen. Diese verengen die Gefäße zusätzlich.
Durch die Arteriosklerose kommt es in den betroffenen Körperteilen beziehungsweise Organen zu Durchblutungsstörungen. Dies bewirkt eine Unterversorgung mit Sauerstoff und Nährstoffen und führt damit zu einer unzureichenden Energiebedarfsdeckung. Durch den **Sauerstoffmangel** in den entsprechenden Körperbereichen wird das Knochenmark angeregt, mehr rote Blutkörperchen zu bilden. Das Blut wird dadurch dickflüssiger und fließt deshalb schlechter durch die Gefäße, besonders dort, wo Gefäßverengungen auftreten. An diesen Stellen können sich Blutgerinnsel (→ S. 135) bilden, die die Gefäße komplett verschließen. Aufgrund der Unterversorgung mit Sauerstoff und Nährstoffen sterben die betroffenen Gewebe ab. Dies kann in lebenswichtigen Organen (zB **Gehirn, Herz**) zum Tod führen.
Bei Raucherinnen und Rauchern kommt es oft zu einem schleichenden Gefäßverschluss in den Beinen (Raucherbein), meist beginnend in den Zehen. Das Gewebe stirbt dadurch ab, die Zehen müssen im schlimmsten Fall amputiert werden.

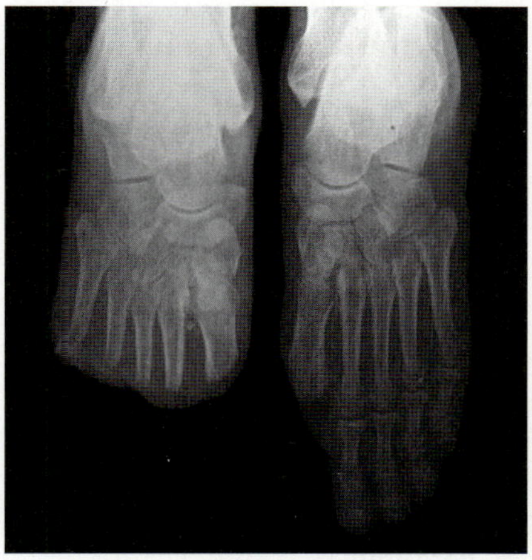

168 Oft hilft bei Raucherbeinen nur mehr die Amputation (hier Röntgenbild nach der Amputation aller Zehen des rechten und der großen Zehe des linken Beines).

Verengung
Eine Verengung der Blutgefäße erfolgt u. a. auch unter dem Einfluss des Stresshormons Adrenalin (→ S. 133), das auch durch Nikotin, also beim Rauchen, freigesetzt wird. Raucherinnen bzw. Raucher leiden deshalb oft an Bluthochdruck, der wiederum das Festsetzen von Stoffen wie Cholesterol an den Gefäßinnenwänden, und damit Arteriosklerose, begünstigt.

Sauerstoffmangel
Bei Raucherinnen und Rauchern wird der Sauerstoffmangel aufgrund der mit Kohlenstoffmonoxid blockierten Erythrozyten (→ S. 134) verstärkt.

Gehirn, Herz
Eine plötzlich auftretende Durchblutungsstörung im Gehirn wird als Schlaganfall bezeichnet. Meistens wird sie durch ein Blutgerinnsel verursacht, das ein Hirngefäß oder eine Halsschlagader verstopft. Mitunter wird ein Gehirnschlag aber auch durch einen Riss in der Wand eines Gehirngefäßes mit anschließender Gehirnblutung ausgelöst. Je nach betroffenem Gehirngebiet kommt es zu Gefühllosigkeit und/oder Lähmungserscheinungen, zu Beeinträchtigungen beim Sehen oder Sprechen bis hin zu Bewusstlosigkeit und Tod.
Wird ein Herzkranzgefäß durch ein Blutgerinnsel verschlossen, kommt es zu einem Herzinfarkt. Symptome dafür können unter anderem Herzstechen, ein Engegefühl im Brustbereich, Schmerzen, die über die linke Schulter und in den linken Arm ausstrahlen, und Übelkeit sein.
Diese Warnungen des Körpers muss man ernst nehmen, denn bei einem Herzinfarkt ist rasche ärztliche Hilfe überlebensnotwendig!

Selbst aktiv!

1. Überlege, welche Gründe es dafür gibt, dass Herz- und Kreislauferkrankungen besonders häufig in Industrieländern auftreten.
2. Worauf beruht das Sprichwort „Ein voller Bauch studiert nicht gern"?
3. Recherchiere: Verschiedene schmerzstillende Medikamente enthalten den Wirkstoff Acetylsalicylsäure. Warum dürfen solche Präparate nicht vor und kurz nach einem chirurgischen Eingriff eingenommen werden?
4. Zähle die Zahl deiner Atemzüge und Herzschläge (Puls) pro Minute. Anschließend machst du 30 Kniebeugen und ermittelst wieder Atemfrequenz und Puls. Vergleiche die Ruhewerte mit den Werten nach der Anstrengung. Was kannst du feststellen? Begründe das Ergebnis.

Ausscheidung

Exkretion
excernere (lat.) = ausscheiden, absondern

Ammoniak
bewirkt eine Veränderung des pH-Wertes und stört die Zellatmung

Harnstoff
ist sehr gut in Wasser löslich

Harnsäure
Harnsäure kommt auch in geringen Mengen im Säugerurin vor. Bedingt durch ihre schlechte Wasserlöslichkeit kann die Harnsäure in der Niere Kristalle bilden (Nierensand, Nierensteine). Erhöhte Harnsäurewerte im Blut können zu Ablagerungen in den Gelenken (Gicht) führen.

Protonephridien
protos (griech.) = erster,
nephros (griech.) = Niere

169 Seeigel scheiden Ammoniak (Ammoniumionen) direkt aus.

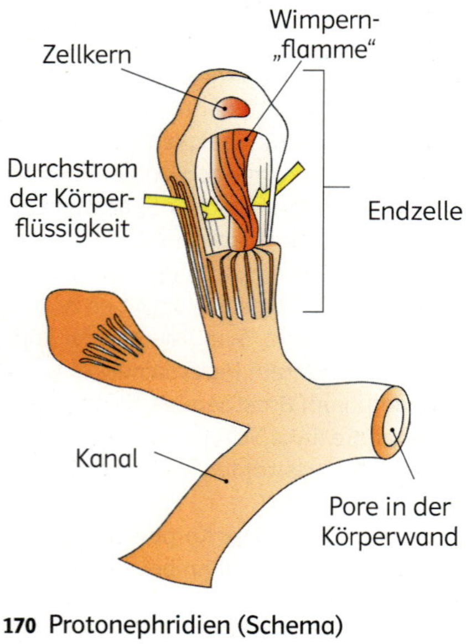

170 Protonephridien (Schema)

Beim Ab-, Auf- und Umbau von Stoffen in den Zellen entstehen u. a. auch Stoffwechselprodukte, die nicht mehr benötigt werden, die die osmotischen Verhältnisse der Zellen stören und die zum Teil sogar giftig sind. Diese als Exkrete bezeichneten Stoffe müssen aus dem Körper befördert werden (**Exkretion**).

Exkretion im Tierreich

Beim Abbau der Kohlenhydrate und Fette entstehen im Wesentlichen Wasser und Kohlenstoffdioxid. Die Ausscheidung von Kohlenstoffdioxid erfolgt über die Atmungsorgane, während Wasser zusätzlich über die Haut und über die Ausscheidungsorgane abgegeben wird. Beim Abbau der Proteine entsteht durch die Abspaltung von Stickstoff **Ammoniak** NH_3 (bildet in Wasser gelöst Ammoniumionen NH_4^+).
Dieser wirkt als starkes Zellgift und muss deshalb rasch entfernt oder durch Umwandlung in andere Moleküle entgiftet werden.

Die meisten wasserlebenden Tiere scheiden Ammoniak aus

Die Abgabe von Ammoniak verläuft bei Wasser- und Landtieren unterschiedlich.
Viele Wassertiere (wasserlebende Wirbellose, die meisten Knochenfische und Amphibienlarven) können Ammoniak relativ rasch über die Atmungsorgane ausscheiden.
Bei Knochenfischen werden Ausscheidungsprodukte auch über die Urniere (→ S. 139) abgegeben (zB Wasser bei Süßwasserfischen oder überschüssige Ionen bei Salzwasserfischen).

Bei landlebenden Tieren und manchen Fischen erfolgt die Umwandlung von Ammoniak in Harnstoff oder Harnsäure

Säuger, die meisten Amphibien sowie Knorpelfische und manche Knochenfische bilden in der Leber aus Ammoniak **Harnstoff**. Dieser wird als Teil des Urins ausgeschieden. Bei landlebenden Schnecken, den Insekten, Spinnen, Reptilien, Vögeln und den Vertretern einiger Amphibienarten wird Ammoniak in **Harnsäure** umgewandelt und in einem stark konzentrierten Harn (wasserarmer Brei) aus dem Körper befördert.

Protonephridien sind einfach gebaute Ausscheidungsorgane

Fast alle vielzelligen Lebewesen haben Ausscheidungsorgane ausgebildet. Sie fehlen nur bei Schwämmen, Hohltieren und Stachelhäutern. Bei ihnen werden die Exkrete von unspezialisierten Zellen oder Geweben ausgeschieden. Die ursprünglichsten Exkretionsorgane, die beispielsweise bei den Plattwürmern zu finden sind, sind die **Protonephridien** (→ Abb. 170).
Es handelt sich hierbei um verzweigte Kanälchen, in denen die Stoffwechselendprodukte gesammelt und über gemeinsame Ausführungskanäle nach außen geleitet werden.

Die Endverzweigungen der Kanälchen sind durch besonders gestaltete Zellen verschlossen. In der Mitte dieser Endzellen befindet sich ein aus vielen Geißeln gebildetes Organ (Wimpernflamme), das durch Hin- und Herbewegung in der Zelle einen Unterdruck erzeugt. Dadurch wird Körperflüssigkeit angesaugt. Feine Spalten in der Zellwand der Endzelle wirken als Filter (Harnbildung). Auf seinem Weg durch das Kanalsystem (Protonephridialsystem) können dem Harn noch verwertbare Stoffe entzogen werden (Resorption über die Wände des Kanalsystems).

Arbeitsheft
Seite 35

Ringelwürmer, Weichtiere, Krebstiere haben Metanephridien

Metanephridien, die Ausscheidungsorgane der Ringelwürmer, der Krebstiere und vieler Weichtiere, bestehen aus teilweise stark gewundenen Kanälchen, die offen mit einem bewimperten Trichter in der Leibeshöhle beginnen und mit einer Öffnung nach außen münden. Vor der Ausmündung sind die Kanälchen zu Harnbläschen erweitert.
Bei den Ringelwürmern (zB Regenwurm) kommt in jedem Körpersegment ein Paar Metanephridien vor (→ Abb. 171). Aus dem geschlossenen Blutgefäßsystem werden Ausscheidungsstoffe in die Leibeshöhlenflüssigkeit abgegeben und von dort über die Metanephridien abgeleitet (Primärharn).
Im gewundenen, von feinsten Blutgefäßen umsponnenen Teil der Metanephridien erfolgt eine Resorption noch brauchbarer Stoffe. Der so entstandene Sekundärharn wird vor der Ausscheidung in Harnbläschen gesammelt.

Bei den Weichtieren (zB Schnecke) beginnen die paarweise angelegten Ausscheidungsorgane (Wimpertrichter) im Herzbeutel (Höhle, die das Herz umschließt) und münden in der Mantelhöhle (→ Abb. 172).

Insekten haben Malpighi'sche Gefäße

Bei den Insekten, Tausendfüßern und vielen Spinnentieren haben im Körper blind endende Ausstülpungen des Darmes (**Malpighi'sche Gefäße**) Ausscheidungsfunktion (→ Abb. 174). Die Exkrete werden in gelöster Form von den Malpighi'schen Gefäßen aufgenommen und nach einer Wasserresorption im Enddarm in fester Form ausgeschieden.

Wirbeltiere haben Nieren ausgebildet

Die niederste Entwicklungsstufe der Niere, die Vorniere, findet man bei den Haien (→ Abb. 173 links). Von einem harnableitenden Gefäß (Vornierengang) zweigen nephridienähnliche Kanälchen mit Wimpertrichtern ab. In unmittelbarer Nähe der Trichter bildet das Blutgefäßsystem **Kapillarknäuel** aus. Diese geben die Ausscheidungsstoffe in die Körperflüssigkeit ab, die von den Wimpertrichtern aufgenommen und über den Vornierengang, wo die Resorption verwertbarer Stoffe erfolgt, in die Kloake abgeleitet werden.

Bei der für Knochenfische und Amphibien charakteristischen Urniere (→ Abb. 173 rechts) umschließt der Anfangsteil des Nierenkanälchens als **Bowman'sche Kapsel** das Gefäßknäuel. Die Exkrete gelangen damit direkt aus dem Blut in die Niere. Zusätzlich bilden die Nierenkanälchen für die Reinigung der Körperflüssigkeit Seitenverzweigungen mit offenen Wimpertrichtern aus. Im Sammelkanal (Urnierengang) werden noch brauchbare Stoffe resorbiert.

Bei Reptilien, Vögeln und Säugern ist die Nachniere, ein kompaktes Ausscheidungsorgan, ausgebildet. Sie wird kurz als Niere bezeichnet.

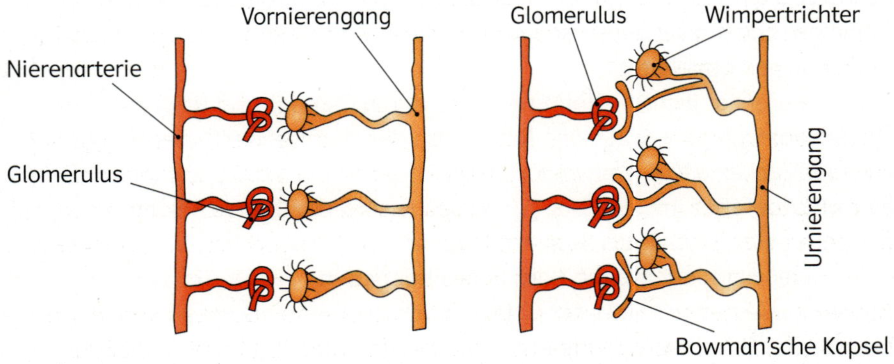

173 Vorniere (links) und Urniere (rechts) im Vergleich (Schema)

Metanephridien
meta (griech.) = nach

Malpighi'sche Gefäße
benannt nach ihrem Entdecker, dem italienischen Anatomen Marcello Malpighi (1628–1694)

Kapillarknäuel
wird in der Fachsprache als Glomerulus (Mz. Glomeruli) bezeichnet
glomeris (lat.) = Knäuel

Bowman'sche Kapsel
benannt nach ihrem Entdecker, dem britischen Augenarzt und Anatomen William Bowman (1816–1892)

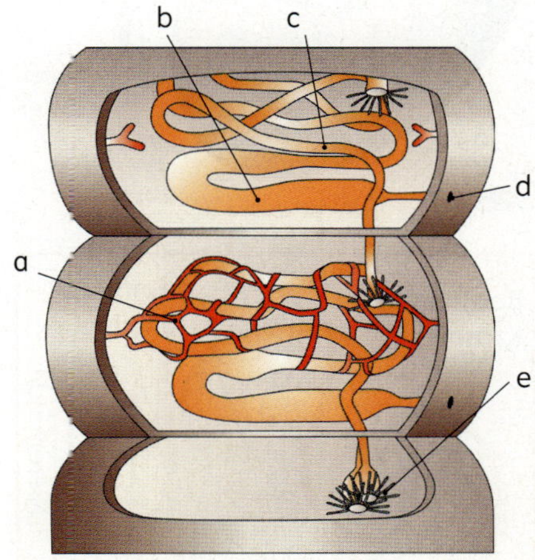

171 Metanephridien beim Regenwurm (Schema); a) Netz von Blutgefäßen, b) Harnbläschen, c) Sammelkanal, d) Ausmündung, e) Wimpertrichter

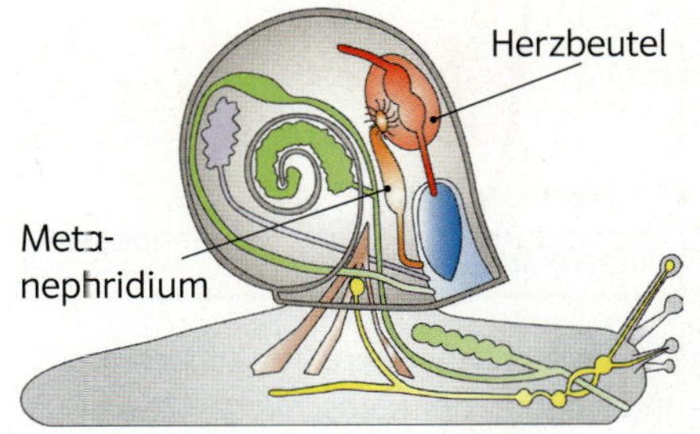

172 Schnecke, innere Organe (Schema)

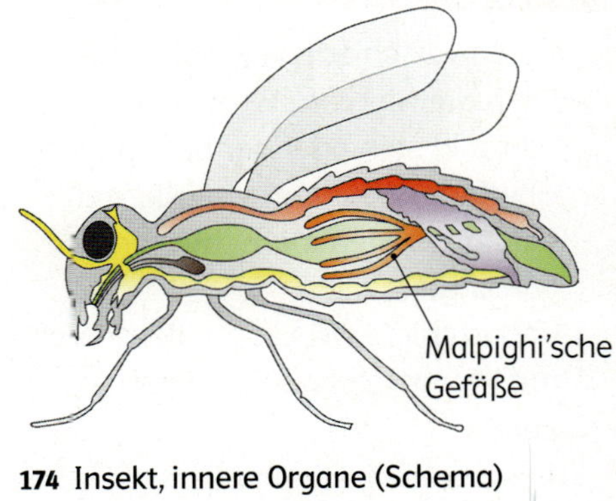

174 Insekt, innere Organe (Schema)

Arbeitsheft Seite 35

Bauchschlagader
Aorta im Bereich der Bauchhöhle

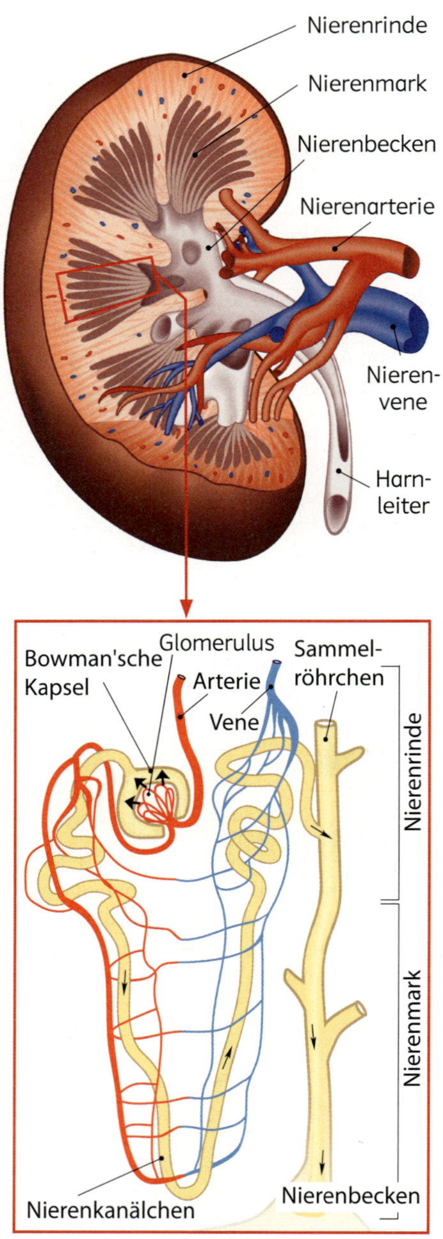

175 Menschliche Niere im Querschnitt und Feinbau der menschlichen Niere (Schema)

Selbst aktiv!

Durch verschiedene Krankheiten kann die Nierenfunktion eingeschränkt sein oder gar aussetzen. Überlege: Welche Konsequenzen hat das für den menschlichen Organismus?
Recherchiere: Wie kann Menschen mit Nierenversagen geholfen werden?

Die Niere des Menschen

Im Folgenden werden Lage und Bau der Niere am Beispiel der menschlichen Niere erklärt (→ Abb. 175).

An der Rückwand der Bauchhöhle liegt beiderseits der Wirbelsäule je eine Niere, die an Bändern aufgehängt und in Fett eingepolstert ist (Schutzfunktion). Die Nieren sind etwa 11 cm große, bohnenförmige Organe und weisen eine dunkelbraunrote Farbe auf, was auf eine kräftige Durchblutung schließen lässt. Zu jeder Niere zweigt von der **Bauchschlagader** ein starkes Blutgefäß, die Nierenarterie, ab. Ein zweites Gefäß, die Nierenvene, verlässt die Niere und mündet in die untere Hohlvene. Die Nierenarterie bringt das mit Ausscheidungsstoffen angereicherte Blut in die Niere, die Nierenvene führt das gereinigte Blut wieder in den Kreislauf zurück.

Bei einem Längsschnitt durch die Niere kann man eine äußere körnig erscheinende Schicht (Nierenrinde) und eine darunter liegende gestreifte Schicht (Nierenmark) erkennen. Im Inneren befindet sich ein trichterförmiger Hohlraum, das Nierenbecken, von dem der Harnleiter wegführt.
Das Nierenmark ragt mit kegelförmigen Fortsätzen (Nierenpyramiden) in das Nierenbecken hinein.

Die Niere ist aus Nierenelementen zusammengesetzt

Die Nieren sind aus Nierenelementen aufgebaut (→ Abb. 175 unten). Ein Nierenelement besteht aus einem Kapillarknäuel (Glomerulus, → S. 139), welches von der Bowman'schen Kapsel umhüllt wird, und aus einem abzweigenden Nierenkanälchen.
Das Nierenkanälchen ist zunächst gewunden und zieht dann in der so genannten Nierenschleife gerade nach unten und wieder nach oben. Dort knäuelt sich das Kanälchen erneut auf und mündet in ein Sammelröhrchen. Das Nierenkanälchen ist reich von Blutgefäßen umsponnen. Die Bowman'sche Kapsel mit dem Glomerulus sowie die gewundenen Teile des Nierenkanälchens liegen in der Nierenrinde, weshalb diese körnig erscheint. Die Nierenschleifen und die Sammelröhrchen lassen das Nierenmark gestreift erscheinen. Die Sammelröhrchen münden auf der Spitze einer Nierenpyramide ins Nierenbecken.

Primärharn wird über das Nierenkanälchen, Sekundärharn wird über das Sammelröhrchen abgeleitet

Das in die Bowman'sche Kapsel eintretende Blutgefäß verzweigt sich in der Kapsel zu einem Knäuel aus Kapillaren (Glomerulus).
Da das aus der Bowman'schen Kapsel austretende Blutgefäß einen geringeren Querschnitt als die hineinführende Arterie aufweist, entsteht ein Staudruck, der bewirkt, dass Substanzen wie beispielsweise Wasser, Traubenzucker, Kochsalz und andere Salze, Aminosäuren sowie Harnstoff aus dem Blut in die Bowman'sche Kapsel gepresst werden. Dieser Primärharn wird durch das Nierenkanälchen abgeleitet.
In den Nierenkanälchen erfolgt teilweise durch Osmose und teilweise durch aktiven Transport (→ S. 25) eine Resorption der noch verwertbaren Stoffe (Wasser, Zucker, Salze, Aminosäuren) durch die Wand des Kanälchens und eines Blutgefäßes ins Blut. Der auf diese Weise verbleibende Sekundär- oder Endharn gelangt über das Sammelröhrchen ins Nierenbecken. Von dort wird er über den Harnleiter in die Harnblase abgegeben.
Täglich fließen etwa 1500 Liter (!) Blut durch die Nieren. Daraus werden 150 bis 170 Liter Primärharn gebildet. Nach der Resorption bleiben 1 bis 2 Liter Endharn übrig.

Arbeitsheft
Seite 35, 36

Lösungen
g8469q

Kompetenzcheck Organsysteme bei Mensch und Tier

Du hast dir Wissen über Bau und Funktion der Organsysteme des Stoffwechsels (Verdauung, Atmung, Kreislauf, Ausscheidung) sowie deren Ausbildung in unterschiedlichen Organisationsebenen und Lebensräumen erarbeitet.

Folgende Kompetenzen hast du erworben …

✓ Du kannst die verschiedenen Organsysteme ihrer Funktion nach unterscheiden.

Überprüfe dein Wissen …

- ☐ Gib einen Überblick über die Stoffwechselvorgänge bei Mensch und Tier und führe die jeweils dafür zuständigen Organsysteme sowie die daran beteiligten Organe an. Bereite die Informationen tabellarisch auf.

✓ Du kannst die Bestandteile der Nahrung benennen und ihre Bedeutung für den Stoffwechsel erkennen.

Überprüfe dein Wissen …

- ☐ **1.** Gib einen Überblick über die Zusammensetzung der Nahrung. Erkläre in diesem Zusammenhang die Begriffe Nähr- und Ballaststoffe und informiere über ihre Bedeutung für den menschlichen Körper.
- ☐ **2.** Traubenzucker ist unser wichtigster Energielieferant. Zellulose besteht aus Traubenzucker. Begründe, warum dieses Polysaccharid für unsere Energieversorgung aber keine Rolle spielt.
- ☐ **3.** Argumentiere, warum sich Rinder ausschließlich von zellulosehaltiger Kost ernähren können.
- ☐ **4.** Durch welchen Versuch lässt sich beweisen, dass Erdäpfel (Kartoffel-)Stärke enthalten.
- ☐ **5.** Informiere über Bedeutung und Ursprung des Glykogens im menschlichen und tierischen Organismus.
- ☐ **6.** „Fett ist nicht gleich Fett". Diskutiere diese Aussage in Hinblick auf Gesundheitsaspekte.
- ☐ **7.** Erläutere den Chemismus von Proteinen.
- ☐ **8.** Zwei Phänomene: Klumpende Milch bei Zugabe von Apfelessig und Bilden einer „Milchhaut" bei Erhitzen von Milch. Diskutiere mögliche Zusammenhänge zwischen diesen beiden Vorgängen.

✓ Dir ist es möglich, die Verdauungsvorgänge zu beschreiben und zu erklären.

Überprüfe dein Wissen …

- ☐ **1.** Schildere den Weg der Nahrung durch den menschlichen Körper und beschreibe den Bau und die Funktion der einzelnen Abschnitte des Verdauungstraktes. Erörtere den Zusammenhang zwischen Struktur und Funktion.
- ☐ **2.** Gib einen Überblick über die Verdauungsenzyme und ihre Wirkungen.
- ☐ **3.** Interpretiere die Aussage „Gut gekaut ist halb verdaut!". Überlege, mit welchem biologischen Prinzip sich die Bedeutung des Kauens erklären lässt.
- ☐ **4.** Informiere über die Wirkung der Galle. Welches biologische Prinzip steckt dahinter?

✓ Du kannst verschiedene Ernährungstypen in einen Zusammenhang mit bestimmten ökologischen Faktoren bringen.

Überprüfe dein Wissen …

- ☐ **1.** Zeige anhand von Beispielen auf, welche wichtige ökologische Rolle den Saprophagen zukommt.
- ☐ **2.** Innerhalb der Klasse der Insekten lassen sich unterschiedliche Mundwerkzeuge beobachten. Überlege, warum.
- ☐ **3.** Gib einen Überblick über die verschiedenen Gebisstypen innerhalb der Säuger. Zeige die ihrer Nahrung entsprechenden Anpassungen auf.
- ☐ **4.** Der Panda hat ein Raubtiergebiss, ernährt sich jedoch fast ausschließlich pflanzlich. Überlege, welche Gründe dafür verantwortlich sein könnten.

Kompetenzcheck

✓ Du erkennst die Bedeutung der Atmung für den Stoffwechsel und kannst den Vorgang des Atmens beschreiben.

Überprüfe dein Wissen ...

- ☐ **1.** Zähle die Aufgaben eines Atmungssystems auf und lege dar, wofür Lebewesen Sauerstoff benötigen.
- ☐ **2.** „Ohne Sauerstoff gibt es kein Leben!“ Bewerte diese Aussage nach ihrer Richtigkeit.
- ☐ **3.** Entwirf einen Versuch, mit dem du nachweisen kannst, dass das Gas, das wir ausatmen, Kohlenstoffdioxid enthält.

✓ Du kannst verschiedene Atemsysteme miteinander vergleichen.

Überprüfe dein Wissen ...

- ☐ **1.** Stelle die verschiedenen Atmungssysteme einander gegenüber und erläutere, wovon es abhängt, welche Organismen welche Atmungssysteme ausgebildet haben.
- ☐ **2.** Welches biologische Prinzip kannst du erkennen, wenn du verschiedene Atmungsorgane vergleichst?
- ☐ **3.** Vergleiche die Atemvorgänge in der Vogellunge mit denen in der Säugerlunge und zeige die Unterschiede auf.
- ☐ **4.** Erkläre die Bedeutung des Pleuraspalts und begründe, warum es lebensbedrohlich ist, wenn Luft, etwa durch eine Stichverletzung, in den Pleuraspalt gelangt.

✓ Du kannst Stofftransportsysteme in der Tierwelt dem Blutkreislauf des Menschen gegenüberstellen.

Überprüfe dein Wissen ...

- ☐ **1.** Zähle die Funktionen eines Stofftransportsystems im Tierreich und beim Menschen auf.
- ☐ **2.** Unterscheide zwischen **a)** Hämolymphe und Blut, **b)** offenem und geschlossenem Blutkreislauf. Nenne Tiere, die kein Kreislaufsystem besitzen, und begründe diese Tatsache.
- ☐ **3.** Gib an, welche Tiergruppen Hämolymphe anstelle von Blut besitzen, und begründe diese Tatsache.
- ☐ **4.** Erkläre Bau und Funktion des menschlichen Herzens anhand einer Skizze und begründe, warum die Herzmuskulatur der linken Seite stärker ist als die der rechten.
- ☐ **5.** Erörtere, welche Folgen ein Loch in der Herzscheidewand für einen Menschen hat.
- ☐ **6.** Bei einem anaphylaktischen Schock muss dem Patienten bzw. der Patientin unter anderem sofort eine Kochsalzlösung-Infusion verabreicht werden. Begründe diese Tatsache und erkläre, warum nicht Wasser infundiert werden darf. Nenne weitere lebensrettende Maßnahmen.
- ☐ **7.** Beschreibe die Zusammensetzung des Blutes und erkläre in diesem Zusammenhang, was passiert, wenn Kohlenstoffmonoxid eingeatmet wird. Gib Beispiele für diesbezügliche Gefahrenquellen an.
- ☐ **8.** Erkläre, was eine Thrombose ist, und begründe, weshalb sie lebensbedrohlich sein kann.

✓ Du kannst die Bedeutung der Exkretion für verschiedene Organismen in unterschiedlichen Lebensräumen erläutern.

Überprüfe dein Wissen ...

- ☐ **1.** Gib die dir bekannten Ausscheidungsformeln für Stickstoff aus dem Körper von Wirbeltieren an und erörtere anhand von Beispielen den Zusammenhang zwischen dem Weg der Stickstoffausscheidung von Tieren und ihren Lebensräumen beziehungsweise ihrer Lebensweise.
- ☐ **2.** Beschreibe die Bedeutung der Nieren bei der Regulation des Wasser- und Salzhaushaltes im menschlichen Körper.
- ☐ **3.** Beschreibe den Bau der Niere und erläutere die Primär- und Sekundärharnbildung in Nephron.
- ☐ **4.** Begründe, warum bei akutem Nierenversagen von einer lebensbedrohlichen Situation gesprochen werden muss.

Gesund durch die richtige Ernährung

Reich an Nährstoffen, ausgewogen und vielfältig – so sollte nach Meinung von Ernährungsexpertinnen und -experten gesunde Ernährung sein. Doch was bedeutet dies genau? Wann gilt Ernährung als gesund und wieso macht dich falsche Ernährung krank?

Der Nährstoffbedarf des Menschen

Damit der Aufbau des Körpers sowie auch die Energieversorgung gewährleistet sind, muss die Nahrung alle Nährstoffe in ausreichender Menge und in einem bestimmten Verhältnis zueinander enthalten.

Der menschliche Nährstoffbedarf ist abhängig vom täglichen Gesamtenergiebedarf, der sich aus dem **Grundumsatz** und dem **Leistungsumsatz** ermitteln lässt.

Der Grundumsatz hängt von verschiedenen Faktoren ab:

- Mit zunehmendem Alter werden die Stoffwechselvorgänge verlangsamt, wodurch sich der Energiebedarf verringert. Kinder und Jugendliche haben einen höheren Grundumsatz als Erwachsene.
- Größere Menschen geben über die **Körperoberfläche** mehr (in absoluten Werten) Wärme (Energie!) ab als kleine und bei schwereren Personen muss mehr Körpergewebe versorgt werden (erhöhter Energiebedarf) als bei leichteren. Fettgewebe benötigt weniger Energie als Muskelgewebe und beeinflusst somit den Grundumsatz kaum, weshalb der Energiebedarf für Übergewichtige nicht erhöht ist, sondern nach dem Normalgewicht berechnet werden muss!
- Da der Anteil an Fettgewebe im Vergleich zum Muskelgewebe bei Frauen höher ist als bei Männern, muss weniger Energie bereitgestellt werden, um das Körpergewebe zu versorgen. Deshalb ist der Energiebedarf bei Frauen geringer.
- In der Schwangerschaft ist der Grundumsatz erhöht, ebenso können weitere Faktoren wie beispielsweise Krankheit und Stress den Energiehaushalt beeinflussen.
- Auch die **Wärmeregulation** des Körpers ist für den Grundumsatz von Bedeutung.

Muskelarbeit erhöht je nach Tätigkeit (→ Abb. 179) den Energieverbrauch. Der Leistungsumsatz (→ Abb. 178) steigt dementsprechend. Auch konzentrierte geistige Arbeit verursacht eine geringe Steigerung des Energiebedarfs.

Der Gesamtenergiebedarf eines Menschen lässt sich wie folgt berechnen:

Grundumsatz + Leistungsumsatz = Gesamtenergiebedarf

Energie wird in Joule oder in Kalorien gemessen

Die Einheit der Energie ist das **Joule** (J). Teilweise wird auch noch die vor 1978 gebräuchliche Einheit, die **Kalorie**, verwendet.
Der Energiebedarf wird in Kilojoule (kJ) oder Kilokalorien (kcal) angegeben.

Grundumsatz
ist jene Energiemenge, die der Körper bei völliger Ruhe zur Aufrechterhaltung seiner Lebensfunktionen benötigt. Bei einem erwachsenen Menschen beträgt der Grundumsatz zwischen 3,8 kJ und 4,2 kJ pro kg Körpermasse und Stunde.

Leistungsumsatz
ist jene Energiemenge, die ein Lebewesen für verschiedene Tätigkeiten beziehungsweise Leistungen seines Körpers zusätzlich zum Grundumsatz benötigt. Er setzt sich zusammen aus dem Arbeits- und dem Freizeitumsatz.

Körperoberfläche
Neugeborene und Kinder haben im Verhältnis zu ihrem Volumen eine größere Oberfläche als Erwachsene. Sie geben deshalb relativ mehr Wärme an die Umgebung ab, was den Grundumsatz erhöht.

Wärmeregulation
Der Grundumsatz wird für eine Umgebungstemperatur von 20 °C berechnet. Temperaturen darüber erhöhen die Schweißbildung und die Verdunstung, Temperaturen darunter verursachen eine vermehrte Wärmebildung. In beiden Fällen wird der Energiebedarf gesteigert.

Joule, Kalorie
1 Joule = 0,239 Kalorien
1 Kalorie = 4,185 Joule

176 Muskelarbeit erhöht den Energieverbrauch.

177 Wie hoch ist sein Energiebedarf?

Arbeitsheft Seite 21, 22

Tätigkeit	Energieverbrauch je nach Alter und Geschlecht pro kg Körpermasse und Stunde
leichte körperliche Arbeit zB Büroarbeit, Hausarbeit, Büroangestellte(r), Lehrer(in), Schüler(in)	2 bis 4 kJ
mittelschwere körperliche Arbeit zB Schlosser(in), Tapezierer(in), Maler(in), Verkäufer(in)	4 bis 8 kJ
schwere körperliche Arbeit zB Bauarbeiter(in), Leistungssportler(in)	8 bis 12 kJ
schwerste körperliche Arbeit zB Hochleistungssportler(in), Stahlarbeiter(in)	12 kJ und mehr
für Aktivitäten außerhalb der Arbeitsleistung werden täglich an Freizeitumsatz dazugerechnet 800 bis 1300 kJ	

178 Durchschnittsangaben für den Leistungsumsatz (Arbeits- und Freizeitumsatz)

Tätigkeit	kJ pro Minute	Tätigkeit	kJ pro Minute
Fernsehen	0,4	Gehen, 4 km/h, 10 kg Last	14,7
Vorlesen	1,7	Gymnastik	16
Schreiben	2,1	Fensterputzen	16,3
Autofahren	3	Bettenmachen	17,2
Gemüseputzen	4,2	Brustschwimmen, 20 m/min	19
Bügeln	5	Eislaufen, 12 km/h	20
Gehen, 4 km/h	5,4	Gehen, 4 km/h, 20 kg Last	22
Einkaufen	5,9	Tischtennis	22
An- oder Ausziehen	8	Tanzen	22 bis 30
Kochen oder Abwaschen	8,4	Geräteturnen	30 bis 40
Radfahren, 10 km/h	8,4	Skilanglaufen, 8 km/h	35
Staubsaugen	13,4	Laufen, 9 km/h	42
Radfahren, 15 km/h	13,4	Fußballspielen	55
Staubwischen	14,2	Kraulen, 50 m/min	58

179 Leistungsumsatz bei speziellen Tätigkeiten

Selbst aktiv!

Überlege: Woher stammt die Energie in den Nahrungsmitteln? Nimm bei deiner Antwort Bezug auf das Basiskonzept „Stoff- und Energieumwandlung" (→ S. 11).

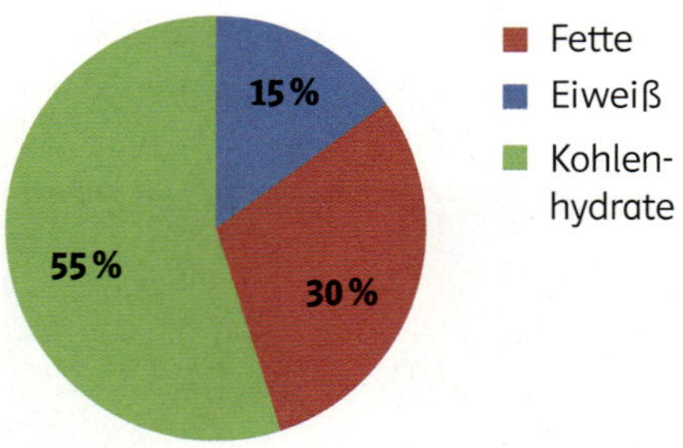

180 Optimales Nährstoffverhältnis

Der tatsächlich benötigte Energiegehalt ist etwas höher

Da die in den Lebensmitteln enthaltenen Kohlenhydrate, Fette und Proteine nicht zu 100 % resorbiert werden und der Umbau der aufgenommenen Nährstoffe in körpereigene Stoffe Energie benötigt, muss der Energiegehalt der aufgenommenen Nahrung etwas höher sein. Er liegt etwa 10 % über dem errechneten Wert. Wird also aus Grund- und Leistungsumsatz ein Energiebedarf von 12 000 kJ errechnet, müssen 1 200 kJ dazugezählt werden. Der Gesamtenergiebedarf beträgt also dann 13 200 kJ.

Der Energiegehalt der Nährstoffe ist unterschiedlich

1 Gramm Kohlenhydrate und 1 Gramm Eiweiß liefern unserem Körper je 17 kJ Energie, 1 Gramm Fett liefert 39 kJ.

Allerdings ist es für eine ausgewogene, gesunde Ernährung nicht gleichgültig, welche Nährstoffe konsumiert werden. Der Gesamtenergiebedarf sollte etwa zu 55 % aus Kohlenhydraten, zu 30 % aus Fett und zu 15 % aus Proteinen gedeckt werden.

Bei einem Gesamtenergiebedarf von beispielsweise 13 200 kJ sind das pro Tag

55 % Kohlenhydrate .... 7260 kJ/17 kJ = 427 g

30 % Fett .... 3 960 kJ/39 kJ = 102 g

15 % Eiweiß .... 1980 kJ/17 kJ = 116 g

Der Energie- und Nährstoffgehalt diverser Nahrungsmittel lässt sich aus Joule- und Nährstofftabellen ablesen.

Arbeitsheft Seite 22

Ausgewogene und gesunde Ernährung

Wie wichtig richtige Ernährung ist, lässt sich an der Tatsache erkennen, dass viele unserer so genannten „**Zivilisationskrankheiten**" durch Ernährungsfehler hervorgerufen werden.
Bluthochdruck (→ S. 132), Arteriosklerose und Herzinfarkt (→ S. 137) sowie **Diabetes mellitus** sind oft die Folge von Übergewicht. Einseitige Ernährung kann zu Vitamin- und Mineralstoffmangelerscheinungen führen (→ S. 88 f), häufig werden dadurch aber auch schwere Organstörungen verursacht. Eiweißüberschuss kann beispielsweise die Nierenfunktion beeinträchtigen.
Es würde den Rahmen dieses Buches sprengen, alle ernährungsbedingten Krankheiten anzuführen. Auf eines muss jedoch unbedingt hingewiesen werden: Durch eine entsprechende, ausgewogene Ernährung – die Energiezufuhr soll dem täglichen Energiebedarf und die Nährstoffzufuhr dem täglichen Nährstoffbedarf entsprechen – ließen sich viele Krankheiten vermeiden.

Zivilisationskrankheiten
sind Krankheiten, die besonders in Industrieländern aufgrund des Wohlstandes (zu viel und falsche Nahrung, Bewegungsmangel, Rauchen, Alkohol, Stress, übertriebene Hygiene u.v.a.m.) auftreten.

Diabetes mellitus
Zuckerkrankheit; Störungen der Blutzuckerregulation, die sich durch eine dauerhafte Erhöhung der Zuckerkonzentration im Blut auszeichnen

Um gesund zu sein, ist die richtige Ernährung wichtig

Das österreichische Gesundheitsministerium hat Ernährungsempfehlungen in Form einer Ernährungspyramide erstellt (→ Abb. 182).
Im unteren Bereich der Ernährungspyramide stehen jene Lebensmittel, die den Hauptteil der Nahrung ausmachen sollten. Je weiter zur Pyramidenspitze hin sich ein Lebensmittel befindet, desto seltener sollte man es konsumieren.

181 Süßigkeiten nur selten konsumieren!

182 Österreichische Ernährungspyramide

183 Pro Woche mindestens 1–2 x Fisch und höchstens 3 x Fleisch, Wurst und Eier

184 Dreimal täglich eine Portion Milch (¼ l) bzw. Milchprodukte!

185 Drei Portionen Gemüse und zwei Portionen Obst täglich (eine Portion entspricht einer Handvoll)!

An der Basis der Pyramide stehen Getränke, idealerweise Wasser oder ungesüßter Tee. Es folgen Obst und Gemüse, die nächste Stufe bilden Getreideprodukte und Erdäpfel. In der Mitte der Pyramide sind Milch und Milchprodukte angeführt, an der fünften Stelle von unten Fisch, Fleisch, Wurst und Eier. Die vorletzte Stufe bilden Fette und Öle. Die Spitze der Pyramide bilden Nahrungsmittel, die nur selten konsumiert werden sollten: Süßigkeiten jeglicher Art, süße Getränke, Knabbergebäck, Junkfood, stark gesalzene Speisen und Fertiggerichte.

Arbeitsheft Seite 22

Hunger
Der Glucosegehalt im Blut ist einer von mehreren Hungerauslösern. Sinkt der Glucosespiegel, löst dies in bestimmten Zellen in der Leber und im Magen Signale aus, die an das Hungerzentrum im Zwischenhirn weitergeleitet werden.

Sättigung
Während der Verdauung werden im Darm Hormone freigesetzt, die das Sättigungszentrum im Zwischenhirn einerseits über Nerven, andererseits über das Blut über den Sättigungsgrad informieren. Ab einem bestimmten Hormonspiegel stellt sich das Gefühl „satt“ ein.

Stevia rebaudiana
ist eine ursprünglich in Südamerika beheimatete Pflanze, wo sie seit Jahrhunderten zum Süßen genutzt wird. Der größte Teil der in der Nahrungsmittelindustrie verwendeten Steviapflanzen stammt aus Plantagen in China und Japan.

186 *Stevia rebaudiana*

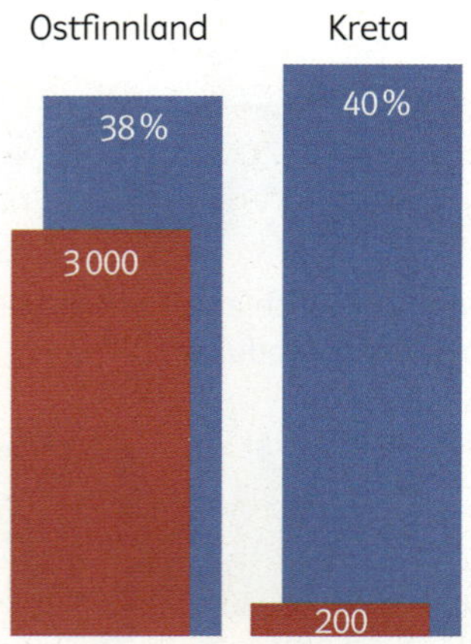

187 Fettkonsum und Herzerkrankungen; blau: prozentualer Anteil von Fett an der Joulezufuhr in der traditionellen Ernährung; rot: Fälle von Erkrankungen der Herzkranzgefäße bei 10 000 Männern in zehn Jahren
(Quelle: Willett & Stampfer, Building the Food Pyramid, 2003, p 64–71)

Kohlenhydrat ist nicht gleich Kohlenhydrat

Nimmt man mit der Nahrung Kohlenhydrate in Form von Einfach- und Zweifachzuckern auf, steigt der Blutzuckerspiegel rasch an, da die kurzkettigen Zucker schnell ins Blut gelangen (Monosaccharide werden sofort resorbiert, Disaccharide werden relativ rasch in Monosaccharide zerlegt). Die Bauchspeicheldrüse reagiert sofort darauf und schüttet das Hormon Insulin aus (→ S. 95). Dadurch sinkt der Zuckerspiegel wieder, **Hunger** entsteht.
Der Bedarf an Kohlenhydraten sollte daher möglichst durch Polysaccharide gedeckt werden. Ihre Zerlegung benötigt Zeit, weshalb sie den Blutzuckerspiegel nur langsam erhöhen bzw. ihn weitgehend konstant halten, da ja auch mehr oder weniger kontinuierlich Glucose verbraucht wird.
Beim Verzehr kohlenhydratreicher Nahrungsmittel sollte auch darauf geachtet werden, dass die Produkte neben energieliefernden Polysacchariden auch Vitamine, Mineralstoffe und bioaktive Substanzen (v. a. Ballaststoffe) enthalten. So sind beispielsweise Vollkornprodukte Weißmehlprodukten vorzuziehen. Weißmehl entsteht, wenn während des Mahlens des Getreides der Großteil der eiweiß-, mineralstoff- und vitaminreichen Kleie (Schale, Kleberschicht und Keimling; → S. 71) vom Mehlkörper getrennt wird. Im Vollkornmehl ist die gesamte Kleie mitverarbeitet. Vollkornprodukte enthalten deshalb gesundheitsfördernde Stoffe. Außerdem bewirken sie durch die unverdaulichen Ballaststoffe eine schnellere **Sättigung** und ein länger andauerndes Gefühl des Sattseins.
Weißmehlprodukte, Mono- und Disaccharide sowie Nahrungsmittel, die diese Zucker enthalten, werden als Nahrungsmittel mit „leeren“ Kohlenhydraten bezeichnet, da sie reine Energielieferanten und damit „Dickmacher“ sind (überschüssige Kohlenhydrate werden in Fett umgewandelt; → S. 82).

Stevia ist ein umstrittenes Süßungsmittel

Seit 2012 gelangt zunehmend Stevia zum Süßen von Speisen in der Lebensmittelindustrie zum Einsatz. Es handelt sich hierbei um ein Stoffgemisch, dessen Ausgangsprodukte aus der Pflanze ***Stevia rebaudiana*** gewonnen werden. Stevia, das seit Dezember 2011 als Lebensmittelzusatzstoff E 960 in den Ländern der EU zugelassen ist, wird nicht resorbiert, sondern passiert nur den Verdauungstrakt. Das bedeutet, dass es joulefrei ist und auch den Blutzuckerspiegel nicht beeinflusst. Steviahältige Produkte werden deshalb nicht nur als „Schlankmacher“ beworben, sondern auch für Diabetikerinnen und Diabetiker empfohlen.
Stevia ist jedoch nicht unumstritten, in erster Linie deshalb, weil seine Gewinnung und Produktion mit hohem Energieaufwand verbunden ist und es zum Import über weite Strecken transportiert wird.

Fette sind wichtige Bestandteile unserer Nahrung

Fette werden oft verteufelt, weil ein „Zuviel“ davon den Cholesterolspiegel krankhaft erhöht (→ S. 85) und damit das Auftreten von Herz- und Gefäßerkrankungen begünstigt. Internationale Vergleiche weisen allerdings darauf hin, dass nicht der gesamte Fettkonsum, sondern die Art des Fettes den Cholesterolspiegel und damit das Krankheitsrisiko beeinflusst (→ Abb. 187). In Ostfinnland und auf Kreta bilden die Fette einen ungefähr gleich hohen Anteil in der Ernährung (Ostfinnland 38 %, Kreta 40 %). Trotzdem ist die Zahl der Herz- und Gefäßerkrankungen auf Kreta wesentlich niedriger als in Ostfinnland. Die Ursache dafür dürfte in der Zusammensetzung des konsumierten Fettes liegen. Während in Ostfinnland Fette mit einem überwiegenden Anteil an gesättigten Fettsäuren (→ S. 84 f) verzehrt werden, wird in der mediterranen Kost das an ungesättigten Fettsäuren (→ S. 84 f) reiche Olivenöl verwendet.
Welche Fette zu einer gesunden Ernährung gehören und welche unbedingt vermieden werden sollen, kannst du auf Seite 85 nachlesen.

Arbeitsheft
Seite 25

Eiweiße weisen eine unterschiedliche biologische Wertigkeit auf

Bei der Auswahl eiweißreicher Nahrungsmittel sollte unter anderem auf ihren Gehalt an essenziellen Aminosäuren wie zB Valin, Leucin … (→ S. 87), auf die so genannte biologische Wertigkeit (→ Abb. 188), geachtet werden. Milcheiweiß beispielsweise ist biologisch wertvoll, da in diesem die essenziellen Aminosäuren weitgehend in dem Verhältnis vorhanden sind, wie sie unser Körper zum Aufbau von körpereigenem Eiweiß benötigt.

Die biologische Wertigkeit eines Proteins wird von der Aminosäure begrenzt, die im Minimum vorhanden ist. So enthält zum Beispiel das im Weizenmehl vorkommende Eiweiß nur 35 % der zum Aufbau von Körpereiweiß notwendigen Menge an **Lysin**. Das bedeutet, dass aus 100 g Weizenmehleiweiß nur 35 g körpereigenes Eiweiß aufgebaut werden kann.

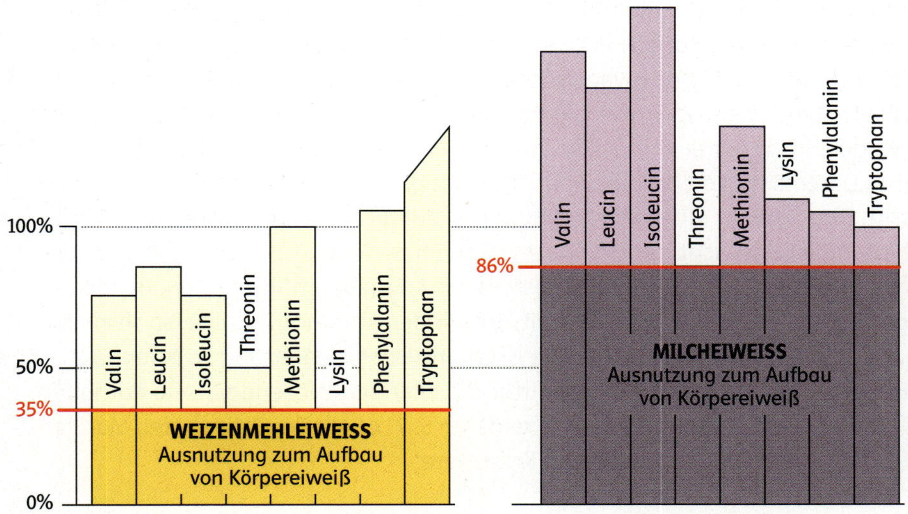

188 Biologische Wertigkeit des Weizenmehleiweißes und des Milcheiweißes im Vergleich

Eiweißreiche Nahrungsmittel sollen nicht nur nach ihrem Gehalt an essenziellen Aminosäuren bewertet werden

Da tierisches Eiweiß dem menschlichen Eiweiß ähnlicher ist als pflanzliches, gilt es als biologisch wertvoller. Allerdings ist dies allein nicht ausschlaggebend für eine gesunde Ernährung. Zu beachten sind auch andere Eigenschaften. So sind eiweißreiche pflanzliche Nahrungsmittel zumeist fett- und damit energieärmer sowie arm an **Purinen**.

Bei einer vernünftigen ausgewogenen Ernährung geht es also nicht darum, mit möglichst wenig Nahrung alle notwendigen Stoffe aufzunehmen. Vielmehr muss man darauf achten, dass die Nahrung alles enthält, was man braucht und gleichzeitig alles vermeidet, was man nicht braucht beziehungsweise sogar eine Belastung für den Körper darstellen könnte oder krank macht.

Eiweißmangel führt zu schweren Krankheiten

In den Entwicklungsländern wird aufgrund der Nahrungsknappheit zu wenig Eiweiß aufgenommen. Biologisch wertvolleres tierisches Eiweiß ist kaum vorhanden. Auch steht eiweißreiche pflanzliche Nahrung nicht in dem Ausmaß zur Verfügung, wie sie zur Deckung des Proteinbedarfes notwendig wäre. Eiweißmangel führt zu schweren Krankheiten. So ist das so genannte Protein-Energie-Mangelsyndrom in den Tropenländern eine sehr häufige Ernährungskrankheit. Bei dieser kommt es meist zum Auftreten eines Hungerbauchs, der durch einen Mangel an wasserbindenden Proteinen im Blut entsteht. Dabei sammelt sich verstärkt Wasser im Gewebe an (Hungerödem).

Lysin
eine der essenziellen Aminosäuren

Purine
sind stickstoffhaltige organische Verbindungen, die u. a. Bestandteile der Nukleinsäuren (→ S. 23) sind. Tierische Nahrungsmittel sind reich an Purinen, besonders konzentriert kommen sie in Innereien vor (Leber, Nieren, Milz …). Überschüssige Purine werden im Körper zu Harnsäure abgebaut und mit dem Harn ausgeschieden. Bei einem erhöhten Harnsäuregehalt im Blut kann es durch Ablagerungen in den Gelenken und im Gewebe zu schmerzhaften Entzündungen, zur so genannten Gicht, kommen. Weitere Symptome der Erkrankung sind Veränderungen an den Knochen. Mitunter verursacht der erhöhte Puringehalt im Blut auch eine Schädigung der Nieren.

Selbst aktiv!

Interpretiere die Grafik in Abb. 188. Welche Informationen kannst du den beiden Diagrammen entnehmen? Beurteile: Würdest du aufgrund deiner Erkenntnisse Milchprodukte als ernährungstechnisch wertvoller bewerten als Weizenprodukte?

189 Tierisches und pflanzliches Eiweiß für eine ausgewogene Proteinversorgung

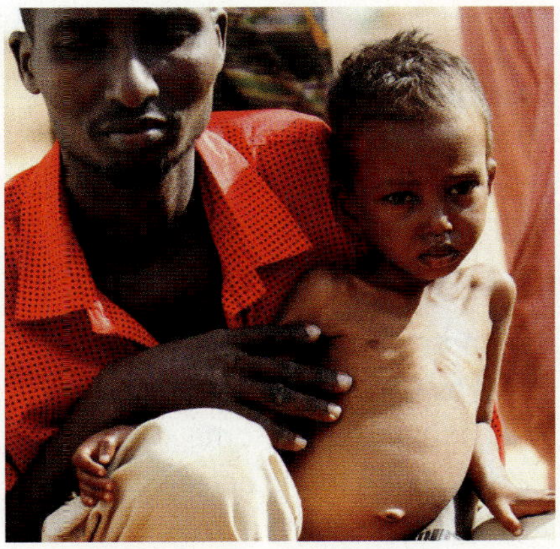

190 Afrikanisches Kind mit Protein-Energie-Mangelsyndrom

Arbeitsheft Seite 26

191 Sojabohnen

Saubohnengewächse
Pflanzenfamilie, der u. a. Soja, Erbsen, Bohnen und Klee angehören. Da die Blüten an Schmetterlinge erinnern, wurden sie früher als Schmetterlingsblütler bezeichnet. Häufig werden sie auch Hülsenfrüchtler genannt, da sich der Fruchtknoten nach der Befruchtung zu einer länglichen, einkammerigen Frucht, der so genannten Hülse, umbildet.

allergische Reaktion
Allergien sind Fehlfunktionen unseres Immunsystems (Abwehrsystems). Es reagiert dabei auf an sich harmlose Stoffe aus der Umwelt (zB Pollen, Hausstaubmilbenkot, Schimmelpilzsporen, Tierspeichel etc.) wie auf eindringende Krankheitserreger. Bei Immunreaktionen kommt es u. a. zur Freisetzung von Signalstoffen (Histaminen), die eine Erweiterung der Blutgefäße und dadurch eine stärkere Durchblutung im betroffenen Körperbereich bewirken. So können vermehrt Abwehrzellen herangebracht werden. Bei allergischen Reaktionen kommt es zu übermäßiger Histaminausschüttung, was u. a. die für viele Allergien typischen Schnupfensymptome verursacht.

Histamine
in größerer Menge zB in Käse, Salami, Speck, Meeresfrüchten, Fisch, Sauerkraut, Tomaten, Spinat, Auberginen, Schokolade, Rotwein enthalten

Symptome
bei Histaminintoleranz sind u. a. Schnupfen, tränende Augen, Augen- und Hautjucken, Atembeschwerden bis Asthma, Kopfschmerzen, Gesichtsschwellungen, Übelkeit, Blähungen, Durchfall, Schwindel und Herzrhythmusstörungen

Selbst aktiv!

Recherchiere:
1. Was ist Zöliakie? Nenne Ursachen und Symptome.
2. Wie kann man Lactose-, Fructose- und Histaminunverträglichkeiten sowie Zöliakie nachweisen und behandeln?

Nahrungsmittel können Allergien auslösen

Die Sojabohne, kurz als Soja bezeichnet, ist ein **Saubohnengewächs**. Soja gilt, unter anderem aufgrund seines relativ hohen Gehalts an essenziellen Aminosäuren, als besonders gesunder Eiweißlieferant. Soja-Eiweiß ist deshalb in vielen Nahrungsmitteln, etwa in Fertiggerichten, Brot und Gebäck, Teigwaren, Eis, Pudding, Saucen und Suppen, aber auch in Medikamenten enthalten.
Der Genuss von Milch- und Milchprodukten wird nicht nur wegen ihres biologisch wertvollen Eiweißes empfohlen. Sie sind auch reich an Calcium, das dem Aufbau und Erhalt von Knochen und Zähnen dient.
Trotzdem gibt es Menschen, die Soja und Sojaprodukte und/oder Milch- und Milchprodukte von ihrem Speiseplan streichen müssen. Soja- und Milcheiweiß lösen bei manchen Menschen **allergische Reaktionen** aus. Häufige Hinweise (Symptome) darauf sind Juckreiz und Schwellungen in Hals und Rachen, Schnupfen, juckende und tränende Augen, Übelkeit, Magenschmerzen, Verdauungsstörungen und Hautausschläge. Selten kommt es sogar zum anaphylaktischen Schock. Dabei verursacht eine überschießende Ausschüttung von Histaminen, das sind Stoffe, die bei Abwehrreaktionen des Körpers freigesetzt werden, nicht nur eine massive Erweiterung von Blutgefäßen. Es wird auch ihre Durchlässigkeit erhöht, wodurch Flüssigkeit ins umliegende Gewebe austritt. Dies bewirkt einen starken Blutdruckabfall, der eine verminderte Durchblutung lebenswichtiger Organe zur Folge hat. Herz- und Atemprobleme können zu einem Herz- und Atemstillstand und damit zum Tod führen. Bei den geringsten Anzeichen (zB Übelkeit, Schwindel, Atemnot, Zittern) ist deshalb unverzüglich der Notarzt bzw. die Notärztin oder die Rettung zu rufen.
Beispiele für weitere Nahrungsmittel, die allergieauslösende Stoffe enthalten, sind Erdnüsse, glutenhältiges Getreide (→ S. 71), Sellerie, Obst (Äpfel, Marillen, Pfirsich, Kirschen …), Fische und Krebstiere.

Nahrungsmittelunverträglichkeiten sind keine Allergien

Auch Nahrungsmittelunverträglichkeiten (Nahrungsmittelintoleranzen) äußern sich durch körperliche Symptome wie Übelkeit, Bauchkrämpfe, Durchfall oder Blähungen nach dem Genuss bestimmter Nahrungsmittel. Sie werden nicht durch Immunreaktionen des Körpers hervorgerufen, sondern haben andere Ursachen.
Im Fall der Lactose- und der Histaminintoleranz sind es fehlende oder in zu geringer Menge produzierte Enzyme.
Um Milchzucker (→ S. 82) zu verwerten, wird er im Darm mittels des Verdauungsenzyms Lactase in die Einfachzucker Galactose und Glucose gespalten. 15 bis 20 % der Europäer bzw. Europäerinnen haben einen Lactasemangel oder das Enzym fehlt ihnen vollständig. So kann der Milchzucker nur teilweise oder gar nicht abgebaut werden. Die Bakterien im Darm vergären ihn zu Essigsäure, Methan, Kohlenstoffdioxid und Wasserstoff. Massive Blähungen, wässriger Durchfall, Bauchkrämpfe und Übelkeit sind die Folge.
Histamine werden nicht nur in unserem Körper produziert, wir nehmen sie auch mit der Nahrung auf. Sie werden unter Mitwirkung des Enzyms Diaminoxidase (DAO) abgebaut. Wenn dieses Enzym fehlt oder in zu geringer Menge erzeugt wird, erfolgt kein oder nur ein langsamer Abbau, was verschiedenste körperliche **Symptome** auslöst.
Etwa jeder vierte Mensch leidet an einer Fructoseintoleranz. Bei den Betroffenen kann der Fruchtzucker (→ S. 82) nicht oder nur teilweise im Dünndarm resorbiert werden. Ursache dafür ist das Fehlen oder ein Mangel an GLUT-5, einem Protein, das die Fructose durch die Dünndarmwand ins Blut transportiert. Gelangt die Fructose in den Dickdarm, wird sie dort von Bakterien vergoren, was körperliche Beschwerden wie Blähungen, Bauchkrämpfe, Durchfälle, aber auch Verstopfung, Schlafstörungen, Kopf- und Gliederschmerzen auslöst.

Wenn falsche Ernährung krank macht

Tatsächlich lässt sich aufgrund unzureichender Forschungsergebnisse und Wissenslücken keine 100%ige Empfehlung für die beste Ernährung geben. Wer sich allerdings ausgewogen und gesund ernähren will, sollte folgende Punkte beachten:

- Kontrolle und Beibehaltung des **Normalgewichts**
- ein hoher **Obst- und Gemüseverzehr**
- Verzehr von ballaststoffreichen Getreideprodukten
- maßvoller Fleischkonsum
- Verwendung von **Fetten** mit einem hohen Anteil an ungesättigten Fettsäuren

Übergewicht schadet dem Körper

Wird dem Körper auf Dauer mehr Energie zugeführt als der tägliche Gesamtenergiebedarf beträgt, kommt es zu Übergewicht. Da Fettgewebe, wie alle Körpergewebe, ständig ab-, um- und aufgebaut wird, ist überschüssig eingelagertes Fett (Übergewicht!) für den Körper eine zusätzliche Belastung und damit ungesund. Übergewichtige Menschen haben zumeist einen hohen Blutdruck und eine damit verbundene Schwächung des Herzmuskels. Das Risiko, einen Herzinfarkt zu erleiden sowie an Diabetes zu erkranken, ist erhöht. Häufig leiden die Betroffenen infolge der Überbeanspruchung des Skeletts auch an krankhaften Veränderungen an Wirbelsäule, Knien und Füßen.

In Österreich haben rund 12% der Menschen **Adipositas**. Rund ein Drittel der 18- bis 65-jährigen ist mit einem BMI zwischen 26 und 30 übergewichtig. Von den 6- bis 15-jährigen ist immerhin rund ein Viertel davon betroffen.
Neben zu joulereicher und ballaststoffarmer Ernährung fördert auch mangelnde Bewegung Übergewicht. Sitzen, etwa im Büro, in der Schule, im Auto, vor dem Computer und vor dem Fernsehapparat, verbraucht kaum Energie (→ Abb. 179, S. 144). Jede Form der moderaten körperlichen Betätigung – also nicht zu viel und nicht zu wenig – hilft, Übergewicht zu vermeiden.

Auch Untergewicht kann dem Körper schaden

Die Hälfte bis zwei Drittel aller weiblichen Jugendlichen wollen abnehmen, 30 bis 45% machen gerade eine Diät, 4 bis 11% erbrechen absichtlich regelmäßig, 4 bis 8% nehmen Appetitzügler, mehr als 50% sind normalgewichtig.

Magersucht und **Ess-Brechsucht** haben in den letzten Jahrzehnten vor allem bei Jugendlichen, sowohl bei Mädchen als auch bei Burschen, zugenommen.

Magersüchtige leiden an einer Störung der eigenen Körperwahrnehmung

Krankheitsanzeichen bei Magersucht sind das Herbeiführen des Gewichtsverlustes durch Vermeidung energiereicher Speisen, extreme körperliche Aktivitäten, Einnahme von Appetitzüglern und Abführmitteln.

Die Betroffenen weigern sich die minimal notwendige Körpermasse (15% unter den zu erwartenden Kilogramm) zu halten. Trotz starker Reduktion fühlen sie sich immer noch zu dick. Durch den Nahrungsmangel kommt es zu Hormonstörungen (Ausfall der Menstruation), Haarausfall, trockener Haut, brüchigen Nägeln, Kältegefühl, Blauverfärbung der Hände, niedrigem Blutdruck, Unterzucker, Herzrhythmusstörungen durch Elektrolytstörung (Mangel an lebenswichtigen Salzen) und seelischen Veränderungen. Zu großer Körpermasseverlust ist lebensbedrohlich. Etwa 15% der Magersüchtigen sterben an Organversagen.

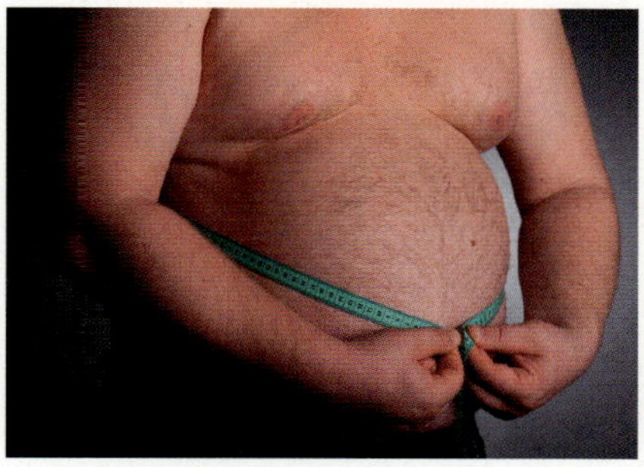

192 Zu dick ist ungesund!

Normalgewicht
Das Normalgewicht wird nach dem Body-Mass-Index (BMI) ermittelt:
Körpermasse in kg : (Körpergröße in m)^2
Das Normalgewicht liegt bei Männern bei einem BMI um 24, bei Frauen um 22 und bei Jugendlichen zwischen 15 und 22 (je älter, desto höher).

Obst- und Gemüseverzehr
Die Österreichische Krebshilfe empfiehlt drei Portionen Gemüse und zwei Portionen Obst pro Tag (eine Portion entspricht etwa 120 g) – roh (frisch), gegart oder als Salat. Eine Gemüse- oder Obstportion kann auch durch ein Glas (0,2 l) Gemüse- oder Obstsaft ersetzt werden.

Fette
Kaltgepresste Öle sind zu bevorzugen, da sie sehr vitaminreich sind. Sie sollten allerdings aus biologischem Anbau stammen: Stammen sie aus nicht biologischem Anbau, können sie Schwermetalle und Pflanzenschutzmittelrückstände aufweisen.

Adipositas
Fettsucht; starkes Übergewicht, BMI über 30
adeps (lat.) = Fett

Magersucht
Anorexia nervosa

Ess-Brechsucht
Bulimie

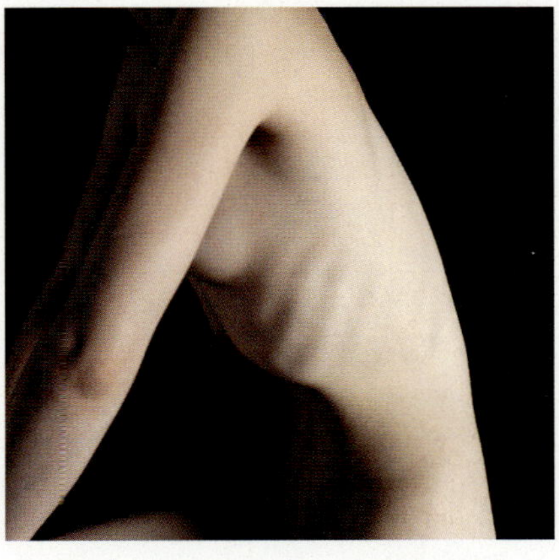

193 Auch Untergewicht macht krank!

Selbst aktiv!

1. Überlege: Wie beeinflussen Wohlstand und zunehmende Technisierung der Arbeitsplätze unsere Ernährung?
2. *Das Ideal müsste nicht die Reparatur eingetretener Gesundheitsschäden sein, sondern die Erhaltung der vollen Gesundheit, die vorbeugende Verhütung von Krankheiten* (aus: Möse, J. R., Hygiene und Mikrobiologie, 1988, Seite 13). Diskutiert im Klassenverband, wie es möglich wäre, so nah wie möglich an dieses Ideal heranzukommen und was jeder von euch selbst dazu beitragen kann.
3. Informiere dich: Wo können in Österreich an einer Essstörung Betroffene Hilfe und wertvolle Informationen erhalten?
4. Informiere dich (Internet) über Therapien bei Essstörungen.

Typisch für die Ess-Brechsucht sind Essanfälle

Bei der Ess-Brechsucht werden regelmäßig anfallsartig große Mengen kalorienreicher Speisen hastig verschlungen. Anschließend wird versucht, eine Zunahme der Körpermasse durch selbst herbeigeführtes Erbrechen (bei fortgeschrittener Bulimie meist schon aufgrund eines Reflexes) sowie durch die Einnahme von Appetitzüglern und Abführmitteln zu verhindern.
Als mögliche Komplikationen können Schleimhautreizungen der Speiseröhre, Entzündung der Magenschleimhaut (Gastritis), die Vergrößerung der Speicheldrüsen durch das häufige Erbrechen (mumpsartiges Aussehen), Herzrhythmusstörungen durch Elektrolytverlust und Zahnschäden auftreten.

Essstörungen müssen therapeutisch behandelt werden

Die Ursachen für Essstörungen sind ein Zusammenspiel persönlicher, familiärer und gesellschaftlicher Faktoren.
Mögliche Auslöser sind Frustrationen, Verstimmungen und Situationen seelischer Anspannung. Bei Magersucht und Bulimie spielt häufig auch das Schönheitsideal der westlichen Zivilisation eine Rolle.

Egal ob Adipositas, Anorexie oder Bulimie, jede Essstörung muss ärztlich bzw. therapeutisch behandelt werden. Die Betroffenen lernen während der Therapie nicht nur richtig zu essen, sondern auch wieder auf ihre ureigenen Instinkte – das Gefühl, Hunger zu haben beziehungsweise satt zu sein – zu hören. Mithilfe einer Therapeutin bzw. eines Therapeuten werden Strategien erlernt, die eigenen Stärken zu erkennen sowie Möglichkeiten der Konfliktbewältigung. Wichtig ist besonders die Stärkung des Selbstbewusstseins sowie die Einbindung der Familie in den therapeutischen Prozess.

Selbst aktiv!

Löse das Kreuzworträtsel. Das Lösungswort sagt dir, worauf bei gesunder Ernährung besonders zu achten ist.

1. Empfehlung des Gesundheitsministeriums: die Ernährungs-…
2. eine essenzielle Aminosäure
3. Einheit der Energie
4. sollten 30 % der Gesamtenergiezufuhr ausmachen
5. Energiemenge, die der Körper bei völliger Ruhe zur Aufrechterhaltung seiner Lebensfunktionen braucht
6. Zuckerkrankheit
7. Pflanze, die zum Süßen genutzt wird
8. eine Essstörung
9. tierische Nahrungsmittel sind reich an …
10. wird zusätzlich zum Grundumsatz benötigt
11. ist in größerer Menge in zB Käse, Salami und Tomaten enthalten

Lösung: ___ ___ ___ ___ ___ ___ ___ ___
1 2 3 4 5 6 7 8

Kompetenzcheck Gesunde Ernährung

Lösungen
n2y3bs

Du hast dir Wissen über gesunde und ausgewogene Ernährung erarbeitet.

Folgende Kompetenzen hast du erworben ...

✓ Du weißt über den benötigten Bedarf an Nährstoffen für den Menschen Bescheid und kannst den täglichen Kalorienbedarf errechnen.

Überprüfe dein Wissen ...

- ☐ **1.** Gib an, wie viel Kilojoule Energie je ein Gramm Kohlenhydrate, Fett und Eiweiß unserem Körper liefern.
- ☐ **2.** „Kohlenhydratreich, reichlich Eiweiß und wenig Fett – so sieht das optimale Nährstoffverhältnis aus". Konkretisiere diese Angabe mit dem richtigen Zahlenverhältnis.
- ☐ **3.** Fasse zusammen, wovon der tägliche Energiebedarf eines Menschen abhängt. Erkläre, warum ein Hochleistungssportler bedeutend mehr Energie benötigt als eine Büroangestellte.
- ☐ **4.** Berechne deinen durchschnittlichen Energiebedarf. Nimm dazu für Grund-, Leistungs- und Freizeitumsatz die durchschnittlichen Angaben auf den Seiten 143 und 144 an.
- ☐ **5.** Dein tatsächlicher Energiebedarf liegt allerdings 10 % über dem in 4. errechneten Wert. Nenne die Gründe.

✓ Du kannst gesunde von ungesunder Ernährung unterscheiden.

Überprüfe dein Wissen ...

- ☐ **1.** „Kohlenhydrat ist nicht gleich Kohlenhydrat - das solltest du bei deiner Ernährung bedenken!" Verifiziere diese Aussage und informiere, worauf man beim Verzehr von Kohlenhydraten achten sollte.
- ☐ **2.** Stevia ist (fast) energiefrei und beeinträchtigt deshalb nicht den Blutzuckerspiegel. Begründe, warum der Einsatz dieses Stoffgemisches trotzdem umstritten ist.
- ☐ **3.** Gib an, welche Fette zu einer gesunden Nahrung gehören, und nenne die Fette, auf die du bei deiner Ernährung verzichten solltest.
- ☐ **4.** Erkläre, warum der geringe Anteil an Lysin im Weizenmehleiweiß zu einer niedrigeren biologischen Wertigkeit dieses Proteins im Vergleich mit Milcheiweiß führt, und erläutere, warum tierisches Eiweiß, verglichen mit pflanzlichem, als biologisch wertvoller gilt.
- ☐ **5.** Skizziere die österreichische Ernährungspyramide.

✓ Dir ist es möglich, Gefahren falscher Ernährung zu erkennen, und du kannst geeignete Gesundheitsmaßnahmen entwickeln.

Überprüfe dein Wissen ...

- ☐ **1.** Reflektiere dein eigenes Ernährungsverhalten in Hinblick auf eine ausgewogene und gesunde Ernährung.
- ☐ **2.** Dir liegen folgende Body-Mass-Index-Werte vor: 16 und 36. Interpretiere die Werte und erörtere, auf welchen Ernährungszustand anhand der Werte geschlossen werden kann.
- ☐ **3.** Adipositas tritt gehäuft in den Industrieländern auf. Begründe diese Tatsache.
- ☐ **4.** Entwickle ein Gesundheitskonzept für einen übergewichtigen Freund/eine übergewichtige Freundin, der bzw. die dich um Hilfe bittet, weil er bzw. sie abnehmen möchte.
- ☐ **5.** Nenne mögliche Ursachen für Magersucht und beschreibe ihre Symptome.
- ☐ **6.** Unterscheide zwischen dem Krankheitsbild der Anorexie und der Bulimie.
- ☐ **7.** Analysiere, warum das Symptom des Hungerbauchs besonders in den Entwicklungsländern zu finden ist und assoziiere das Symptom mit einem bestimmten Syndrom.
- ☐ **8.** Du weist nach dem Genuss bestimmter Nahrungsmittel (zB Salami und Käse) Symptome eines Schnupfens auf, hast tränende Augen und Durchfall. Stelle Vermutungen über mögliche Ursachen an.

Organsysteme des Stoffwechsels

Mensch und Tier sind **heterotrophe Lebewesen**. Sie beziehen die **Nährstoffe** (Kohlenhydrate, Fette, Proteine, Vitamine, Mineralstoffe und Wasser), die sie als Bau-, Wirk-, Regler- und Betriebsstoffe benötigen, direkt oder indirekt von **autotrophen Organismen**.

Kohlenhydrate, die hauptsächlich als Betriebsstoffe dienen, bestehen aus Zuckermolekülen. **Zwei-** und **Vielfachzucker** werden durch Kondensation aus Einfachzuckern gebildet. **Fette** sind Gemische aus **Fettsäureglycerolestern**. **Proteine** sind Riesenmoleküle aus **Aminosäuren** (Polypeptide).
Essenzielle Fett- und Aminosäuren müssen mit der Nahrung aufgenommen werden. **Vitamine** beziehungsweise Provitamine werden von Pflanzen und Mikroorganismen synthetisiert. Sie sind hauptsächlich zum Aufbau von **Enzymen** unentbehrlich. **Mineralstoffe** sind anorganische Stoffe, die in unterschiedlichen Mengen benötigt werden. **Wasser** ist als Lösungs- und Transportmittel lebensnotwendig. In der Nahrung enthaltene **bioaktive Substanzen** haben gesundheitsfördernde Wirkungen.

Durch die **Verdauung** werden Nährstoffe in **resorbierbare Bestandteile** zerlegt. Beim Menschen beginnt sie in der **Mundhöhle**, wo die **Zähne** die feste Nahrung zerkleinern. Der **Speichel** macht die Nahrung gleitfähig. Außerdem enthält er die **Amylase Ptyalin**. Nach dem **Schluckvorgang** leitet die **Speiseröhre** den Speisebrei durch **Peristaltik** in den **Magen**. Drüsenzellen in der Magenwand sondern **Salzsäure** und **Magensaft** ab. Dieser enthält die **Protease Pepsin** und eine **Lipase**.
Der **Dünndarm** ist der längste Abschnitt im Verdauungstrakt. Der **Darmsaft** enthält **Disaccharidasen** und **Peptidasen**. In den **Zwölffingerdarm** gelangen außerdem kohlenhydrat-, fett- und eiweißspaltende Enzyme der **Bauchspeicheldrüse** und aus der **Leber** die **Galle**.
Im Dünndarm findet die **Endverdauung** statt, weiters dient er der **Resorption** der gelösten Nährstoffe und Vitamine. Der Bau der **Dünndarmschleimhaut** ist dieser Funktion bestens angepasst – **Ringfalten** und **Darmzotten** vergrößern die resorbierende Fläche.
Im **Dickdarm** wird der restliche Nahrungsbrei durch die **Darmflora** aufgeschlossen, manche **Dickdarmbakterien** synthetisieren Vitamine, die gemeinsam mit Mineralstoffen und Wasser resorbiert werden. Der restliche, eingedickte Darminhalt wird zu **Kot** geformt und durch den After abgegeben.

Damit der Aufbau des Körpers sowie auch die **Energieversorgung** gewährleistet sind, muss die Nahrung alle Nährstoffe in ausreichender Menge und in einem bestimmten Verhältnis zueinander enthalten.
Der **Nährstoffbedarf** eines Menschen ist abhängig vom täglichen **Gesamtenergiebedarf**. Der Energiegehalt der Nahrung wird in **Joule** angegeben. **Überernährung** und **Untergewicht** können zu schweren gesundheitlichen Problemen führen.

Durch Nahrungskonkurrenz haben sich im Lauf der Evolution im Tierreich unterschiedliche **Ernährungstypen** entwickelt. Unter den **Saprophagen** findet man **Detritivoren**, **Nekrophagen** und **Koprophagen**. Die **Prädatoren** lassen sich in **Herbivoren**, **Carnivoren** und **Omnivoren** einteilen.
Nach der Art der Nahrungsbeschaffung unterscheidet man zwischen **Sammlern**, **Weidegängern** und **Jägern**. Die Tiere nehmen ihre Nahrung als **Absorbierer**, **Filtrierer**, **Strudler**, **Sauger**, **Schlinger** und **Zerkleinerer** auf.

Es haben sich verschiedene **Verdauungssysteme** entwickelt. Man unterscheidet zwischen **intra-** und **extrazellulärer Verdauung**. Bei manchen Tierformen setzt die Verdauung durch Abgabe von Enzymen **außerhalb des Körpers** ein.

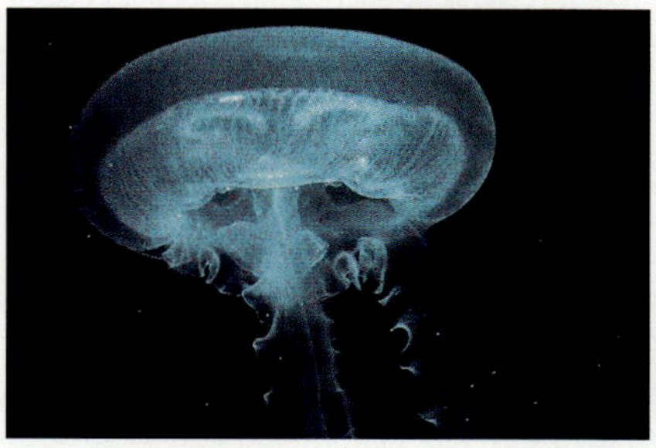

Je höher ein Tier entwickelt ist, desto komplizierter ist sein **Verdauungssystem.** Tiere auf niedriger Entwicklungsstufe besitzen einen **Darmsack**, der neben der Verdauung auch der Verteilung der Nährstoffe dient (**Gastrovaskularsystem**).
Mit der Ausbildung von **Darmkanälen**, in denen die Nahrung nur noch **in eine Richtung**, vom Mund bis zum After, **transportiert** wird, können verschiedene Darmbereiche **unterschiedliche Aufgaben** übernehmen. Bei den **Wirbellosen** werden die Enzyme hauptsächlich im **Mitteldarm** oder in **Mitteldarmdrüsen** gebildet und sezerniert, wo auch die Resorption erfolgt. Bei den **Wirbeltieren** kommen die verschiedenen **Enzyme nacheinander** zum Einsatz. Durch zunehmende **Verlängerung des Darmrohres** sowie durch die Ausbildung von **Blinddärmen** und **Zotten** an der Darminnenfläche wird die **Verdauungszeit länger** (Verdauungsenzyme können besser einwirken) und die **resorbierende Fläche** wird **größer**. Die meisten **Pflanzenfresser** sind auf **symbiontische Mikroorganismen** zur Verdauung der **Zellulose** angewiesen.

Mensch und Tier benötigen für die Energieversorgung **Sauerstoff**, der zunächst aus der Umgebung (Luft, Wasser) vom Körper aufgenommen werden muss. Im Körper wird er direkt oder mithilfe von Körperflüssigkeiten (**Blut** und **Lymphe**) zu den **Organen** (Geweben, Zellen) **transportiert**. Der Gasaustausch beruht auf Diffusion. Es gibt **Haut-**, **Tracheen-**, **Kiemen-** und **Lungenatmung**.

Bei den **Schwämmen** werden Stoffe im Körper durch **amöboid bewegliche Wanderzellen** transportiert. Bei **Hohltieren** und **Plattwürmern** erfolgt die Stoffverteilung über den **Darm**. Ein **flüssiges Transportmedium** gibt es erstmals bei **Fadenwürmern**. Die Leibeshöhle ist von einer **Leibeshöhlenflüssigkeit** erfüllt, die Nährstoffe vom Darm und Sauerstoff von der Haut aufnimmt. Durch die Körperbewegungen der Tiere werden die **Stoffe im Körper verteilt**. Alle **höher organisierten Vielzeller** haben **Kreislaufsysteme** ausgebildet. Die gezielte Verteilung der Stoffe erfolgt mithilfe von Transportflüssigkeiten (**Blut**, **Lymphe**, **Hämolymphe**), die vom **Herzen** regelmäßig durch den Körper gepumpt werden. Bei den **offenen Kreislaufsystemen** fließt Hämolymphe über kurze Strecken in **Gefäßen**, die in die Leibeshöhle münden. Dort werden Gewebe und Organe umspült. Kreislaufsysteme, bei denen die Transportflüssigkeit auf ihrem Weg durch den Körper stets innerhalb von **Gefäßen** fließt, werden als **geschlossene Kreislaufsysteme** bezeichnet. **Wirbeltiere** besitzen ein geschlossenes Kreislaufsystem mit einem **zentral gelegenen Herzen**. Der Stofftransport erfolgt in **zwei Gefäßsystemen** (**Blut-** und **Lymphgefäßsystem**). **Blut** besteht aus **Blutplasma** und **Blutkörperchen**.

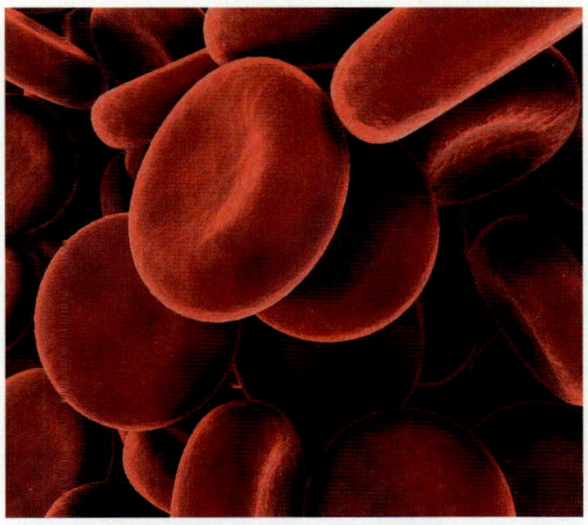

Vielzeller haben, mit wenigen Ausnahmen, eigene **Ausscheidungsorgane** ausgebildet. Die ursprünglichsten Exkretionsorgane sind **Protonephridien**. **Metanephridien** kommen bei **Ringelwürmern** und **Weichtieren** vor. Bei **Insekten**, **Tausendfüßern** und vielen **Spinnentieren** erfolgt die Ausscheidung durch **Malpighi'sche Gefäße**. Die meisten **Wirbeltiere** haben **Nieren** ausgebildet. Bei einer Niere kann man eine **Nierenrinde** und ein **Nierenmark** erkennen. Im Inneren befindet sich das **Nierenbecken**, von dem der **Harnleiter** zur **Harnblase** wegführt. Das **Nierenmark** ragt mit den **Nierenpyramiden** in das Nierenbecken hinein. Aufgebaut sind Nieren aus **Nierenelementen**.

Botanik

Botanik
j2rt48

Du erarbeitest dir Wissen über **Bau, Fortpflanzung und Lebensweise pflanzlicher Organismen**.

Du erlernst ...

- ☐ pflanzliche Gewebe nach ihrer Struktur und Funktion zu unterscheiden (S. 154–157)
- ☐ Grundbauplan und Organe einer Pflanze anhand des Beispiels einer Samenpflanze zu beschreiben und Abweichungen von diesem Bauplan als spezielle Anpassungen an bestimmte Lebensumstände zu begreifen (S. 158–167)
- ☐ aufgrund des Vorkommens bestimmter Pflanzen auf spezielle Eigenschaften des Bodens schließen zu können (S. 168)
- ☐ die Unterschiede und Gemeinsamkeiten verschiedener pflanzlicher Fortpflanzungsarten herauszuarbeiten (S. 169–174)
- ☐ Faktoren, die zur Blütenbildung und Samenkeimung führen, zu benennen (S. 175)

Kompetenzcheck → S. 176

Bau, Lebensweise und Fortpflanzung bei Pflanzen

Moose
haben sich nach heutiger Erkenntnis aus den Grünalgen entwickelt

Gefäßpflanzen
Zu ihnen zählen u. a. die Samenpflanzen (→ S. 158) und die Farnpflanzen (→ S. 171).

Meristeme
meristos (griech.) = teilbar

Kambium
cambium (lat.) = Wechsel

1 Moos und Farn – beide gehören zum Reich der Pflanzen

Pflanzliche Organismen, allesamt Eukaryoten, bilden das Reich der Pflanzen (→ S. 52). Zu ihnen zählen die **Moose** und die **Gefäßpflanzen**. Moose unterscheiden sich von Gefäßpflanzen unter anderem dadurch, dass sie kein Strang- und Stützgewebe (→ S. 157) aufweisen. Gefäßpflanzen haben von den Wurzeln durch den Spross bis hinein in die Blätter Stranggewebe (→ S. 157) ausgebildet, das dem Stofftransport, aber auch der Festigung des Pflanzenkörpers dient.

Pflanzliche Gewebe

Bei den Pflanzen unterscheidet man Bildungsgewebe (**Meristeme**) und Dauergewebe.

Die Zellen der Bildungsgewebe bleiben teilungsfähig

Bildungsgewebe bestehen aus undifferenzierten (nicht spezialisierten), lebenslang teilungsfähigen Zellen. Sie sind für das Wachstum der Pflanze zuständig. Man findet sie hauptsächlich an den Spitzen der Sprossachsen und Zweige sowie an den Wurzelspitzen und in den Knospen.

Als **Kambium** wird ein Bildungsgewebe in Sprossachsen und Wurzeln bezeichnet, das für das sekundäre Dickenwachstum (→ S. 162) der Pflanzen zuständig ist.

Die aus differenzierten Zellen bestehenden Dauergewebe werden je nach Funktion in Grundgewebe, Abschlussgewebe, Festigungsgewebe und Stranggewebe eingeteilt.

Selbst aktiv!

Moose und Farne werden häufig als Sporenpflanzen den Samenpflanzen gegenübergestellt. Recherchiere, worauf sich diese Bezeichnungen beziehen.

Arbeitsheft
Seite 37, 38

Grundgewebe werden auch als Parenchyme bezeichnet

Der Großteil des **krautigen Pflanzenkörpers** besteht aus Grundgewebe (**Parenchym**). Es wird vom Abschlussgewebe umschlossen und vom Stranggewebe durchzogen. Im Parenchym laufen vielfältige Lebensvorgänge ab. Es lässt sich oft eine Spezialisierung auf bestimmte Funktionen erkennen: Speichergewebe (Speicherparenchyme) beispielsweise speichern hauptsächlich organische Substanzen (Zucker, Stärke, Eiweißstoffe, Fette). Pflanzen trockener Standorte haben wasserspeichernde Gewebe ausgebildet. Assimilationsgewebe sind reich an Chloroplasten (→ S. 22) und damit speziell zur Fotosynthese (→ S. 42 ff) befähigt.

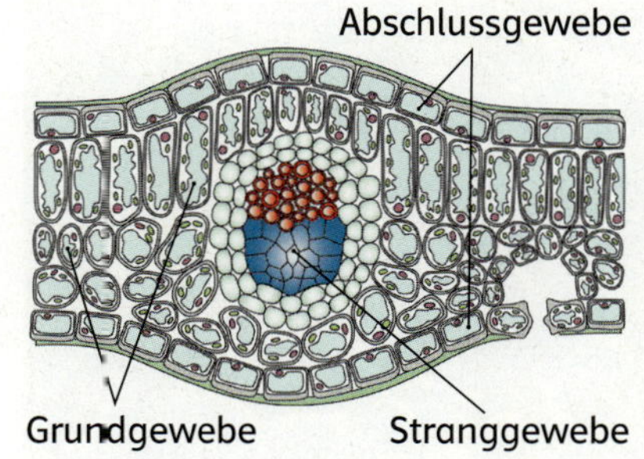

2 Blattquerschnitt (Schema)

In Abschlussgeweben schließen Zellen lückenlos aneinander

Abschlussgewebe treten als schützende Hülle des Pflanzenkörpers oder als innere Häute auf. Die Oberhaut (**Epidermis**) wird von einer Schicht eng aneinanderliegender, prismatischer Zellen gebildet, deren Außenwände von einer Schutzschicht, der **Cuticula**, überzogen sind. Epidermis und Cuticula schützen Spross und Blätter vor Beschädigungen, vor dem Eindringen von Krankheitserregern und vor Wasserverlust durch **Transpiration**.

Bei manchen Pflanzen bildet die Cuticula **nanoskopisch** feine Falten und macht somit die Oberfläche unbenetzbar für Wasser. Die Wassertropfen, die sich aufgrund ihrer Oberflächenspannung abkugeln, bekommen durch die Nanostrukturierung nur wenig Kontakt mit der Blattfläche und perlen deshalb ab. Dabei nehmen sie Schmutzteilchen und **Pilzsporen** (→ S. 63 ff) mit.

Diese Selbstreinigungswirkung, der so genannte **Lotus-Effekt**, wird oft durch eine Wölbung der Epidermiszellen verstärkt. Bei manchen Pflanzen wird die Selbstreinigungsfähigkeit nicht durch Fältelung der Cuticula sondern durch Wachskristalle, die der glatten Cuticula aufgelagert sind, verursacht. Die Wachskristalle erscheinen als blaugraue Wachsüberzüge auf den Pflanzen.

Der Lotus-Effekt, der in den 1970er Jahren von **Wilhelm Barthlott** entdeckt wurde, ist die Grundlage für viele industrielle Anwendungen. So werden beispielsweise Glaswände, Textilien und sogar Häuserfassaden **nanobeschichtet**.

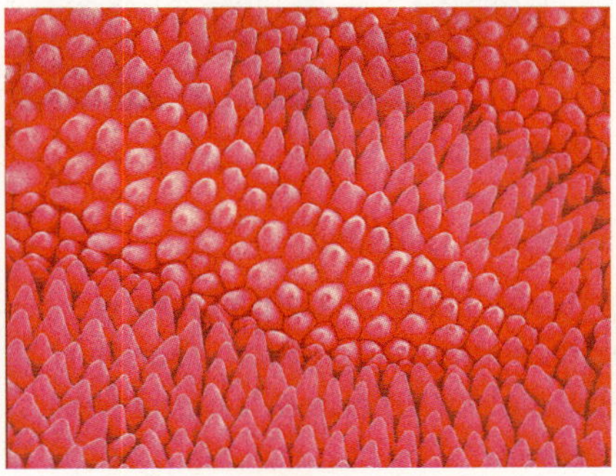

3 Nanostruktur der Epidermis von *Viola tricolor* (Stiefmütterchen)

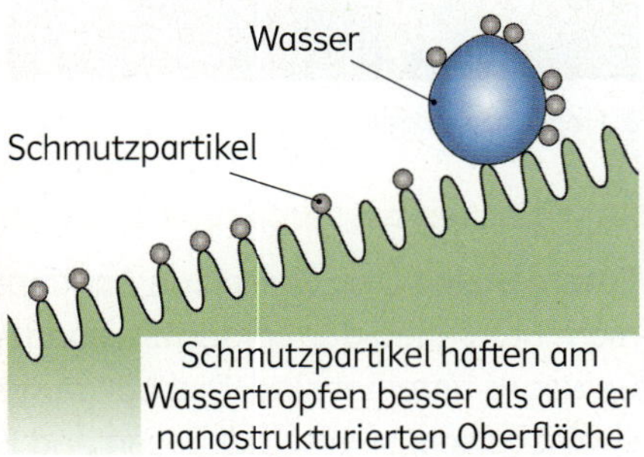

4 Oberfläche mit Lotus-Effekt (Schema)

5 Bei allen Arten der Gattung Frauenmantel kann man den Lotus-Effekt beobachten.

6 Die Blätter vieler Kohlsorten haben Überzüge aus Wachskristallen.

krautiger Pflanzenkörper
krautige Pflanzen sind unverholzt

Parenchym
para (griech.) = bei, neben, entlang, enchyma (griech.) = das Eingegossene

Epidermis
epi (griech.) = über, derma (griech.) = Haut

Cuticula
Schutzschicht aus wachsigen und damit wasserabweisenden Stoffen
cutis (lat.) = Haut

Transpiration
Abgabe von Wasserdampf, Verdunstung
trans (lat.) = jenseits, über,
spirare (lat.) = hauchen

nanoskopisch
Größenordnung im Nanometerbereich; zum Betrachten solcher Nanostrukturen benötigt man ein Nano(mikro)skop
1 Nanometer (1 nm) ≙ 1 Millionstel Millimeter (0,000001 mm)

Pilzsporen
Manche Pilze zählen zu den gefährlichsten Pflanzenschädlingen.

Lotus-Effekt
Dieses Phänomen wurde erstmals an Lotus-Blättern beobachtet.

Wilhelm Barthlott
(geb. 1946), deutscher Botaniker

nanobeschichtet
mit Nanostrukturen versehen

Selbst aktiv!

Begründe, warum man nanobeschichtete Flächen nicht mit Mikrofasertüchern (bestehen aus Polyester, mit einem relativ hohen Härtegrad) behandeln darf.

Arbeitsheft Seite 37, 38

Stomata in der Epidermis regulieren den Gasaustausch und die Transpiration

In der Epidermis von Laubblättern und meistens auch von Sprossachsen und Blütenblättern sind Spaltöffnungen (**Stomata**; → S. 166) zu finden. Sie regulieren den Gasaustausch (Sauerstoffabgabe, Kohlenstoffdioxidaufnahme) und die Wasserabgabe (Transpiration).

Haare sind Bildungen der Epidermis

Bei Wurzeln sind im Bereich der Wurzelhaarzone viele Zellen der Oberhaut (Wurzelepidermis) zu Haaren (Wurzelhaaren) ausgewachsen. Sie dienen der Aufnahme von Wasser und den darin gelösten Mineralsalzen (→ S. 160).
Viele Pflanzen weisen aber auch in anderen Bereichen Haare mit den verschiedensten Funktionen auf. So sind beispielsweise beim Hopfen Klimmhaare zum Festhalten der Sprosse an anderen Pflanzen bzw. Hopfengerüsten, bei der **Baumwolle** Samenhaare zur Windverbreitung und bei der **Brennnessel** Brennhaare zum Schutz vor Fraßfeinden ausgebildet.

8 Hopfenpflanzen

9 Baumwolle

Emergenzien bestehen teilweise aus epidermalem Gewebe

Emergenzien sind vielzellige Anhangsgebilde der Haut, an deren Bildung nicht nur Zellen der Epidermis, sondern auch Zellen des darunterliegenden Gewebes beteiligt sind. Das bekannteste Beispiel für Emergenzien sind Stacheln, beispielsweise bei Rosen und Brombeeren.

12 Rosen haben Stacheln.

13 Brombeerstacheln

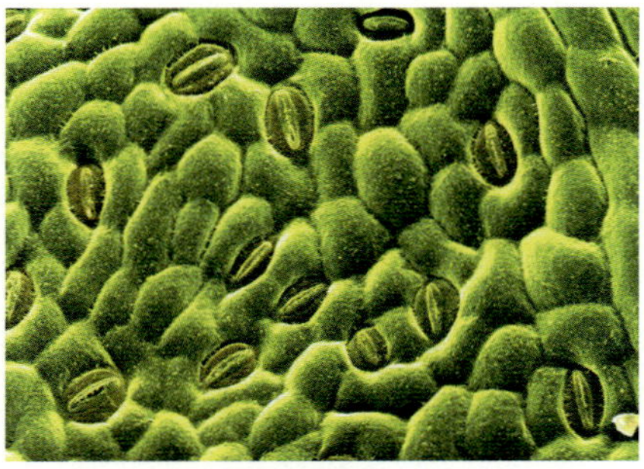

7 Epidermis mit Spaltöffnungen (EM-Aufnahme)

Stomata
stoma (griech.) = Mund, Mundöffnung

Baumwolle
Die Samenhaare der Baumwolle sind von großer wirtschaftlicher Bedeutung: Aus ihnen werden Baumwollfasern gewonnen.

Brennnessel
Die Brennhaare der Brennnessel haben ein verdicktes Vorderende, das bei Berührung abbricht und eine schräge, scharfkantige Bruchstelle, ähnlich der Spitze einer Injektionsnadel, hinterlässt. Diese sticht in die Haut und injiziert den Zellsaft, der u. a. Histamin und Ameisensäure enthält und deshalb schmerzhafte Entzündungen (Quaddelbildung) auslöst.

Emergenzien
emergentia (lat.) = das Hervorkommende

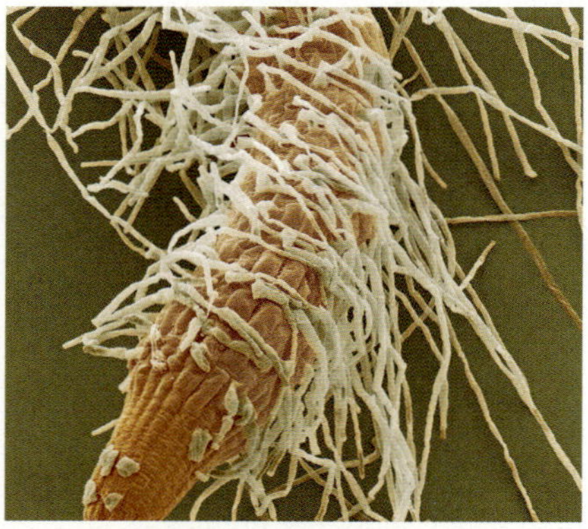

10 Wurzelspitze mit Wurzelhärchen (EM-Aufnahme)

11 Brennnessel, Brennhaare (EM-Aufnahme)

Arbeitsheft
Seite 37, 38

Festigungsgewebe dienen der Stabilität der Gefäßpflanzen

Kleinere krautige Pflanzen erhalten allein durch das Zusammenspiel von Turgor und Wanddruck (→ S. 26) eine gewisse Festigkeit. Bei größeren Pflanzen und Pflanzen trockener Standorte reicht dies jedoch nicht aus. Deshalb haben sie besondere Festigungsgewebe ausgebildet:
Die Zellen der **Kollenchyme** weisen in manchen Zellwandbereichen (Zellkanten, Längswände) Verdickungen aus Zellulose und dem Polysaccharid **Pektin** auf. Pektin hat neben der festigenden auch eine wasserregulierende Funktion.
Sklerenchyme bestehen aus abgestorbenen, sehr dickwandigen Zellen. Sie kommen als langgestreckte Sklerenchymfasern oder als mehr oder weniger **isodiametrische** Steinzellen vor. Sklerenchymfasern sind vor allem in Sprossachsen (→ S. 162) zu finden. In Baumstämmen haben sie sehr viel **Lignin** in den Zellwände eingelagert.
Die Sklerenchymfasern in den Sprossachsen des **Gemeinen Leins** zB enthalten nur wenig Lignin, was ihnen eine gewisse Elastizität verleiht.
Auch **Steinzellen** haben ligninifizierte Zellwände. Sie kommen häufig in Verbänden in Frucht- und Samenschalen, aber auch in anderen Pflanzenteilen vor, so zum Beispiel im Fruchtfleisch vieler Birnensorten.

Stranggewebe durchzieht als Leitbündel die Gefäßpflanze

Das Strang- oder Leitgewebe durchzieht den ganzen Pflanzenkörper und besteht aus langgestreckten, aneinander gereihten Zellen sowie aus Zellsträngen (aus mehreren Zellen durch Auflösung der Querwände entstanden).
Es dient der Festigung des Pflanzenkörpers und dem Stofftransport. In den Blättern ist es als „Adern" („Nerven") erkennbar. Verlaufen die Blattadern wie in Abb. 16/A netzförmig, spricht man von netznervigen Laubblättern, liegen sie parallel (→ Abb. 16/B), werden sie als parallelnervig bezeichnet.
Stranggewebe, das dem Transport der Assimilate (Fotosyntheseprodukte: Kohlenhydrate) dient, wird als Bastteil oder **Phloem** bezeichnet.
Die verholzten wasser- und mineralsalzleitenden Elemente werden als Holzteil oder **Xylem** zusammengefasst. In seinen Zellwänden ist Lignin eingelagert.
Phloem und Xylem treten i. d. R. gemeinsam in strangförmigen Verbänden auf (Leitbündel), weshalb sie als Stranggewebe bezeichnet werden.

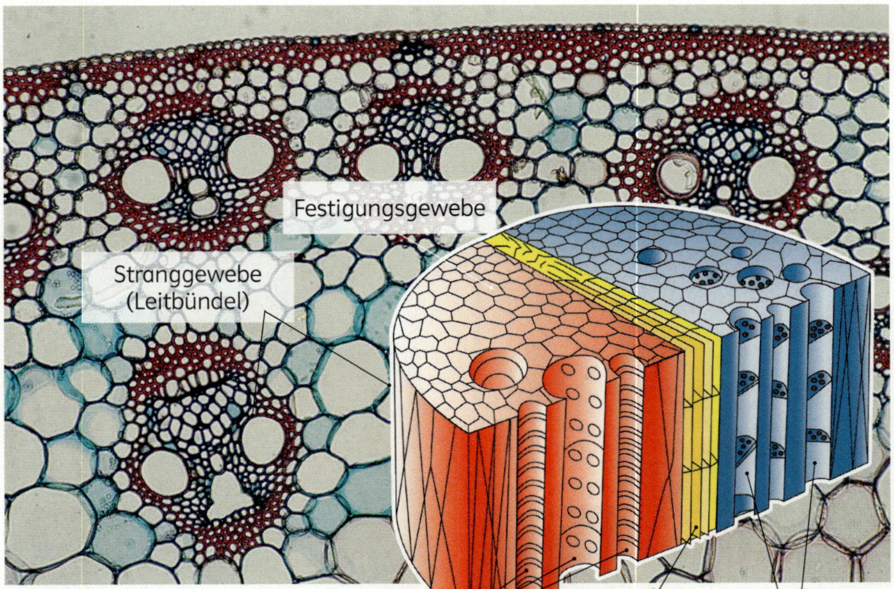

15 Sprossachse Querschnitt, Leitbündel (Schema)

14 Gemeiner Lein (*Linum usitatissimum*)

Kollenchyme
kommen in krautigen und wachsenden Pflanzenteilen vor
kolla (griech.) = Leim

Pektin
geliert in wässriger Lösung, wird zum Eindicken von Speisen verwendet

Sklerenchyme
skleros (griech.) = hart, spröde

isodiametrisch
in alle Richtungen fast den gleichen Durchmesser aufweisend

Lignin
Holzstoff; Stoff, der die Verholzung bewirkt
lignum (lat.) = Holz

Gemeiner Lein
Kulturpflanze; auch Flachs genannt
Die Fasern der Sprossachsen werden zur Herstellung von Textilien (Leinen) verwendet.

Steinzellen
Die „Körnchen", auf die man bei manchen Birnensorten beißt, sind die Steinzellen.

Phloem
phloos (griech.) = Rinde, Bast

Xylem
xylon (griech.) = Holz

16 Stranggewebe von netznervigen (A) und parallelnervigen (B) Laubblättern

Arbeitsheft Seite 37, 38

Organe einer Pflanze am Beispiel der Samenpflanzen

Samenpflanzen (zu ihnen gehören die **Nackt- und Bedecktsamer**) weisen trotz ihrer Vielfalt einen einheitlichen Grundbauplan mit den drei Grundorganen Wurzel, Blatt und Sprossachse auf.
Bei den Bedecktsamern (→ S. 173) lassen sich **ein- und zweikeimblättrige Pflanzen** unterscheiden. Die Vertreter der beiden Gruppen weisen Unterschiede im Bau der Grundorgane auf, auf die im Laufe der folgenden Seiten einzeln hingewiesen wird.

Selbst aktiv!

Überlege, ob in Abb. 17 ein Nackt- oder ein Bedecktsamer dargestellt ist. Begründe deine Antwort.

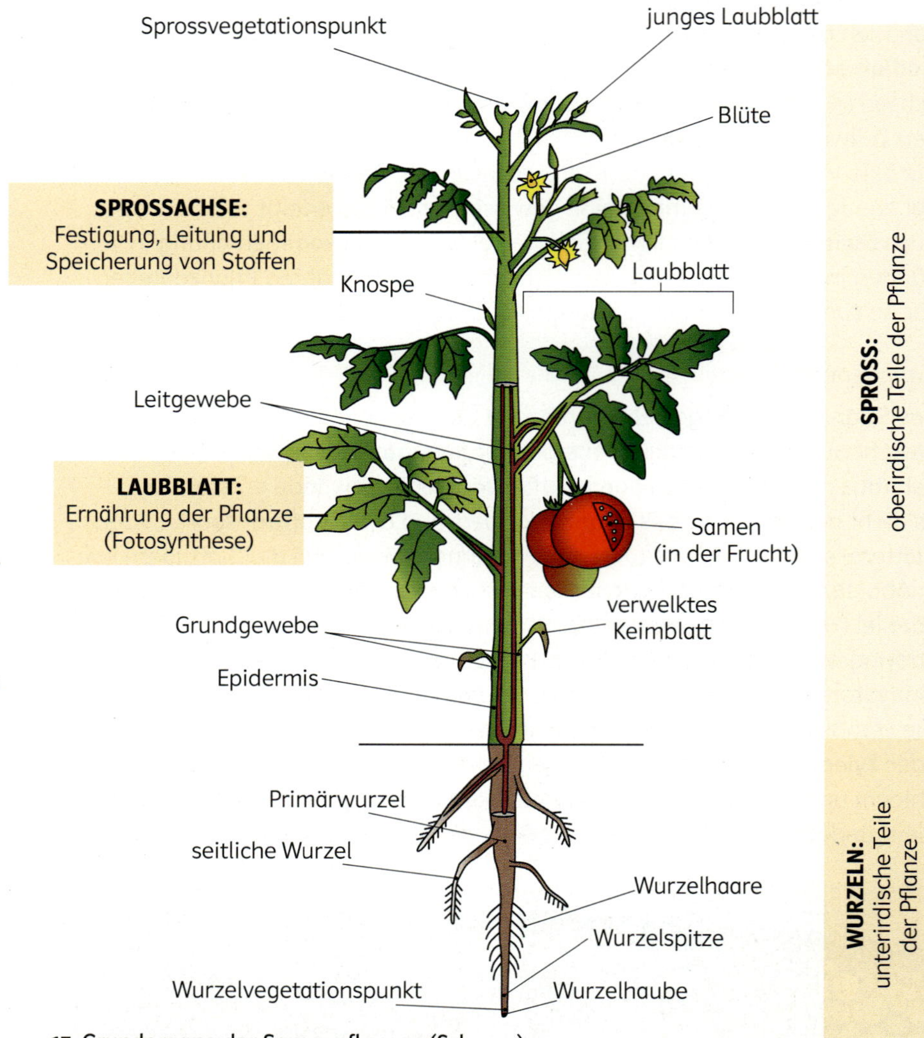

17 Grundorgane der Samenpflanzen (Schema)

Nackt- und Bedecktsamer
Bedecktsamer (bedecktsamige Blütenpflanzen) haben Blüten mit Fruchtknoten, in denen die Samenanlagen eingeschlossen sind (→ S. 173). Nach der Befruchtung bildet sich der Fruchtknoten zur Frucht um, die Samen sind darin eingeschlossen. Die Blüten der Nacktsamer (nacktsamige Blütenpflanzen) haben keine Fruchtknoten ausgebildet. Bei ihnen liegen die Samenanlagen unbedeckt, also „nackt", auf Samenschuppen (→ S. 172). Da es keinen Fruchtknoten gibt, bilden Nacktsamer auch keine Früchte, sondern nur Samen aus.

ein- und zweikeimblättrige Pflanzen
Keimblätter sind die ersten Blätter, die an einem Spross, der aus einem Samen wächst (Keimling), ausgebildet werden. Die Keimblätter dienen der Erstversorgung des Keimlings mit Nährstoffen, entweder durch bereits gespeicherte Nährstoffe oder durch Fotosynthese. Werden sie nicht mehr benötigt, verwelken sie.
Bei den einkeimblättrigen Pflanzen gibt es nur ein Keimblatt, bei den zweikeimblättrigen Pflanzen sind es zwei.

Selbst aktiv!

Überlege:
1. Ist in Abb. 17 eine ein- oder zweikeimblättrige Pflanze zu sehen? Begründe deine Antwort.
2. Welche Unterschiede fallen dir bei der Betrachtung der Laubblätter ein- und zweikeimblättriger Pflanzen auf (→ Abb. 18 und 19)?

18 Maiglöckchen (einkeimblättrig)

19 Hunds-Rose (zweikeimblättrig)

Arbeitsheft
Seite 37, 38

Pflanzen haben unterschiedliche Wurzelsysteme ausgebildet

Wurzeln verankern die Pflanze im Boden und versorgen sie mit Wasser und darin gelösten Mineralstoffen. Die Wurzelsysteme der Pflanzen sind je nach Pflanzenart, Standort und Bodenbeschaffenheit unterschiedlich ausgebildet. Die Wurzelsysteme zweikeimblättriger Pflanzen bestehen aus einer Hauptwurzel (aus der Primär- oder Keimwurzel entstanden) mit Nebenwurzeln (Seitenwurzeln). Bei den einkeimblättrigen Pflanzen geht die Primärwurzel kurz nach dem Auskeimen zu Grunde, dafür entstehen viele gleichartige **sprossbürtige Wurzeln** (→ Abb. 21).

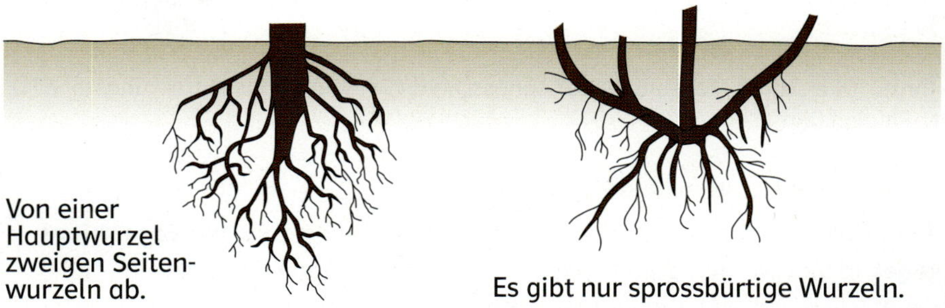

21 Wurzelsystem einer zweikeimblättrigen Pflanze (links) und einer einkeimblättrigen Pflanze (rechts)

Pflanzen trockener Standorte (Trockenpflanzen) besitzen ein gut entwickeltes, entweder weit verzweigtes oder tief in den Boden hinabreichendes Wurzelwerk. Die auf Böden mit hohem Wassergehalt (feuchte und sumpfige Wiesen, Uferbereich von Gewässern etc.) und feuchten Standorten mit geringer Verdunstung (schattige Laubwälder) wachsenden Feuchtpflanzen haben ein schwach ausgebildetes Wurzelsystem. Viele Pflanzen nehmen eine Mittelstellung zwischen den Trocken- und Feuchtpflanzen ein.

Bei Pflanzen, die auf tiefgründigen Böden wachsen, ist die Hauptwurzel oft zu einer mächtigen Pfahlwurzel (→ Abb. 23) ausgebildet, die tief in den Boden ragt (Tiefwurzler). Die Pflanzen flachgründiger Böden haben Wurzelsysteme, die sich flach unter der Bodenoberfläche in alle Richtungen ausbreiten.

24 Als Tiefwurzler kann die Tanne nur tiefgründige Böden besiedeln.

25 Die Fichte ist ein Flachwurzler, sie kann auf sehr flachgründigen Böden gedeihen.

sprossbürtige Wurzeln
Wurzeln, die dem Spross entspringen

20 Margeriten haben lange, tiefreichende Wurzeln und sind deshalb auf trockenen Standorten zu finden.

22 Das Drüsige Springkraut hat als Pflanze eher feuchter Standorte ein schwächer ausgebildetes Wurzelsystem.

23 Pfahlwurzel einer Löwenzahn-Pflanze

Selbst aktiv!

Überlege:
1. Warum gilt der Löwenzahn als eines der hartnäckigsten Beikräuter im Garten?
2. Welche Vorteile hat der Tiefwurzler Tanne gegenüber dem Flachwurzler Fichte und umgekehrt?

Arbeitsheft Seite 37, 38

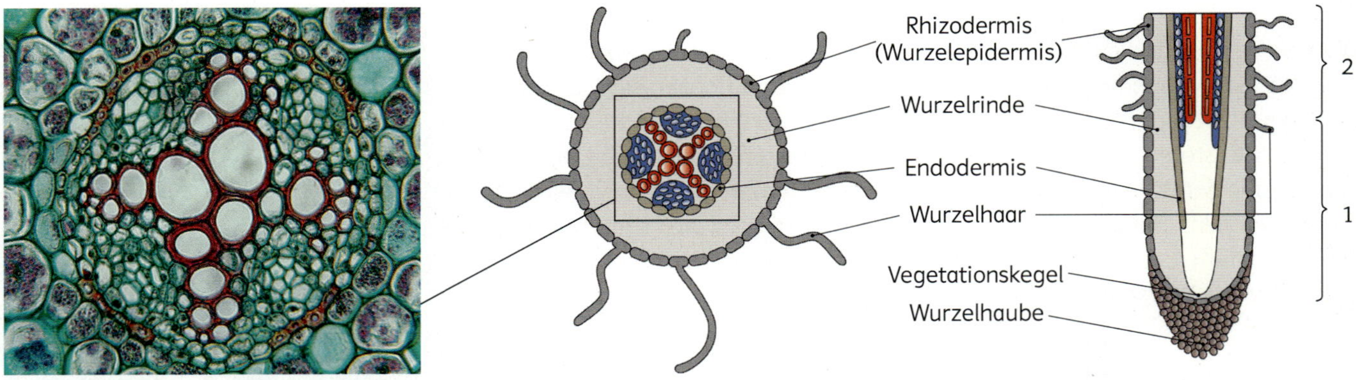

26 Bau der Wurzel, mikroskopische Aufnahme (links), Querschnitt (Schema, Mitte), Längsschnitt (Schema, rechts); Streckungszone (1), Wurzelhaarzone (2), Zentralzylinder: Xylem (rot), Phloem (blau)

Die Wurzel weist verschiedene Zonen auf

An der Wurzelspitze liegt der aus Bildungsgewebe bestehende **Vegetationskegel**. In ihm werden durch fortwährende Zellteilungen (Mitosen, → S. 30) neue Zellen gebildet. Die Wurzel wächst dadurch an der Spitze. Der Vegetationskegel wird von der **Wurzelhaube** schützend umgeben. Unmittelbar hinter der Zellteilungszone befindet sich die wenige Millimeter kurze **Streckungszone**.
An die Streckungszone schließt die Region der Wurzelhaare (**Wurzelhaarzone**) an.

In einem Querschnitt im Bereich der Wurzelhaare (→ Abb. 26) kann man bereits die Dauergewebe in der für die Wurzel typischen Anordnung erkennen: In der Mitte befindet sich der Zentralzylinder. Er ist von der Wurzelrinde durch eine als **Endodermis** bezeichnete Zellschicht deutlich abgegrenzt und enthält die Leitgewebe (→ S. 157).

Wurzelhaare leben nur wenige Tage. Sie sterben in dem Teil der Wurzelhaarzone, der zur Sprossachse weist, ständig ab. Im Bereich der abgestorbenen Wurzelhaare geht die gesamte Epidermis zu Grunde. Sie wird von der Exodermis ersetzt. Das ist ein Abschlussgewebe, das aus Rindenzellen, in die Korkstoff eingelagert ist, gebildet wird.
Die einschichtige Wurzelepidermis besitzt keine Cuticula.

Wurzeln können in Anpassung an bestimmte Funktionen eine Umbildung erfahren

Bei vielen Pflanzen entstehen Speicherwurzeln – Rüben (→ Abb. 28 A) oder Wurzelknollen (→ Abb. 28 B), die durch eine besonders stark entwickelte Wurzelrinde gekennzeichnet sind.

Oberirdische, sprossbürtige Luftwurzeln können, wie zB bei der Monstera (→ Abb. 28 C), nach Erreichen des Bodens zu stammähnlichen Stütz- und Nährwurzeln heranwachsen. Bei den Mangrovenpflanzen, die in den Gezeitenzonen tropischer Küsten wachsen, sind sie zu Stelzwurzeln (→ Abb. 28 D) und aus dem Wasser herausragenden, luftaufnehmenden Atemwurzeln (→ Abb. 28 E) umgebildet.

Kurze Luftwurzeln dienen vielen Pflanzen zum Anklammern (Haftwurzeln; → Abb. 28 F) und Ranken (Wurzelranken, → Abb. 28 G).
Parasitär lebende Pflanzen haben Wurzelteile zu Saugorganen (so genannte Haustorien, → Abb. 28 H und Abb. 28 I) umgebildet, mit denen sie ihren Wirtspflanzen Wasser, Nährsalze und organische Stoffe entziehen.

Vegetationskegel
Zellteilungszone

Wurzelhaube
Ihre äußeren Zellen sondern Schleim ab. Das erleichtert das Vordringen der Wurzelspitze in den Boden.

Streckungszone
Hier strecken sich die Zellen in die Länge und beginnen mit der Differenzierung zu Dauergeweben.

Wurzelhaarzone
Die Wurzelhaare (Bildungen der Oberhaut) nehmen durch passive und aktive Transportvorgänge (→ S. 24 f) durch ihre zarten Zellwände Stoffe (Wasser und darin gelöste Mineralsalze) aus dem Boden auf, die anschließend durch die Wurzelepidermis (Rhizodermis) von Zelle zu Zelle bis in die Leitgefäße im Zentralzylinder weitergegeben werden (→ Abb. 27).

Endodermis
endo (griech.) = innen

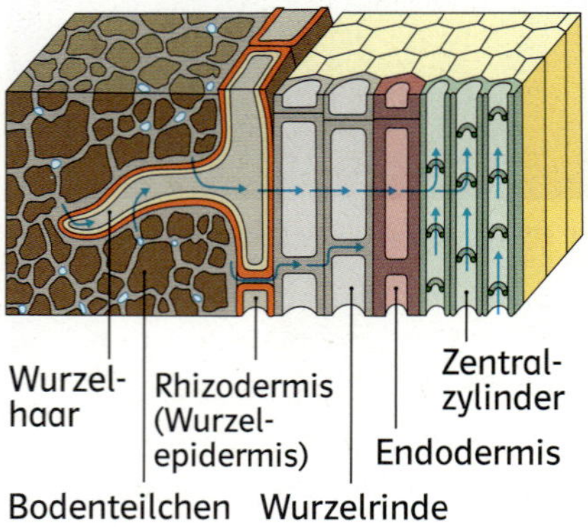

27 Weg des Wassers in ein Leitbündel hinein (Schema)

Arbeitsheft
Seite 37, 38

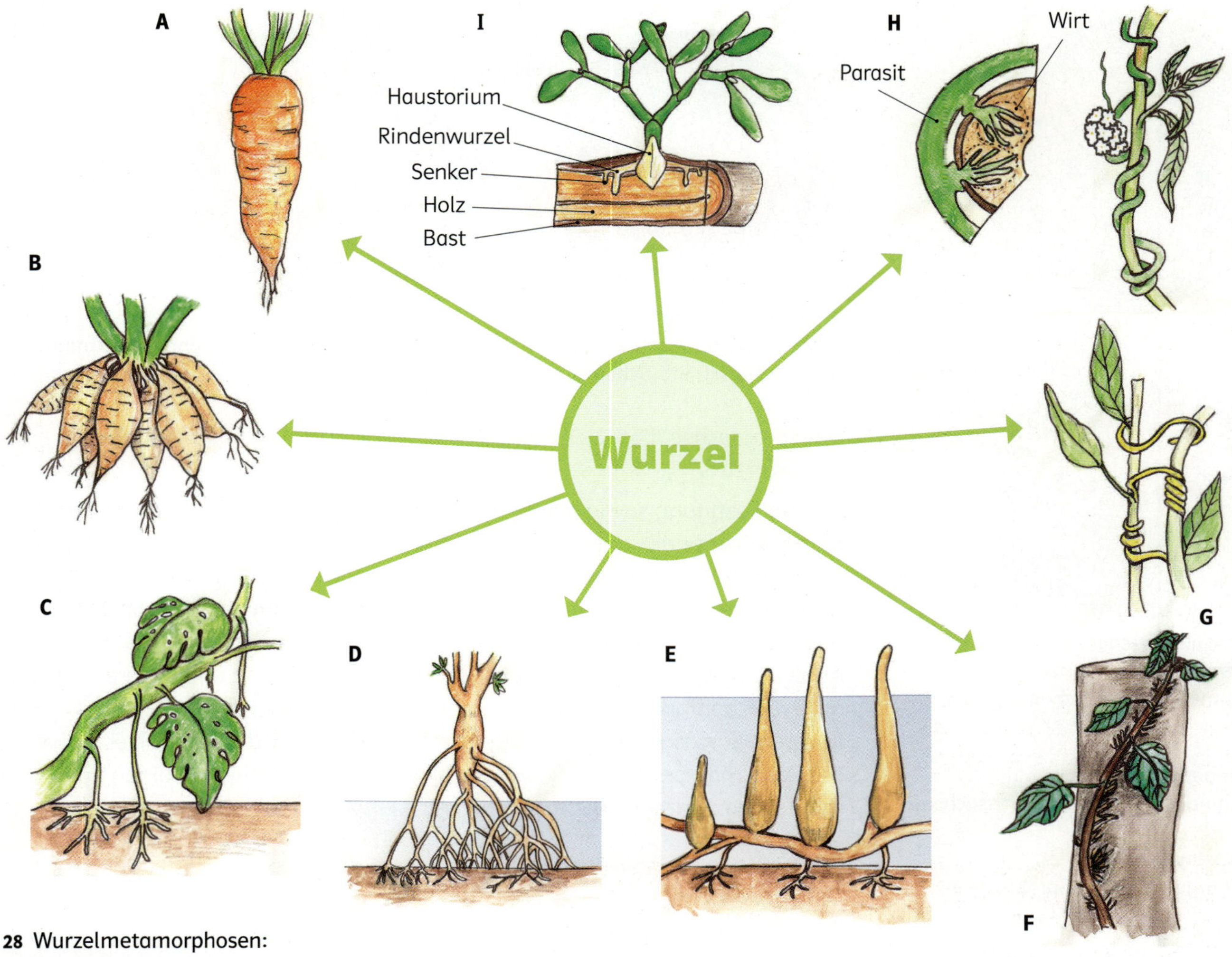

28 Wurzelmetamorphosen:

Speicherwurzeln:	Rübe, Karotte, (A); Wurzelknolle, Dahlie (B)
Luftwurzeln:	Stützwurzeln, Monstera (C); Stelzwurzeln, Mangrove bei Flut (D); Atemwurzeln, Mangrove bei Flut (E); Haftwurzeln, Efeu (F); Wurzelranken, Vanille (G)
Saugwurzeln:	(Haustorien), Kleeseide (H)
Rindenwurzeln:	mit „Senkern", Mistel (I)

Selbst aktiv!

1. Schreibe die gesuchten Begriffe in dein Biologieheft. Die erste Zahl in der Klammer gibt dir die Zahl der Buchstaben an, die zweite Zahl gibt dir an, welchen Buchstaben du für die Lösungswörter brauchst. Setze sie der Reihe nach unten ein. Umlaute sind als Umlaute zu schreiben.
Bildungsgewebe (Mz.) (9/1) – Selbstreinigungsfähigkeit nanostrukturierter Flächen, ...-Effekt (5/2) – Grundgewebe (Ez.) (9/5) – Spaltöffnungen (7/3) – Strangförmiger Verband von wasser-, mineralsalz- und assimilatleitenden Gefäßen (10/8) – erste Blätter, die an einem Spross gebildet werden (11/3) – Festigungsgewebe aus abgestorbenen, dickwandigen Zellen (Mz.) (12/2) – Festigungsgewebe in krautigen und wachsenden Pflanzenteilen (Mz.) (11/2) – dünne, wasserabweisende Schichte, die die Epidermis umgibt (8/3) – wasser- und mineralsalzleitende Elemente; Holzteil (5/2) – Emergenzien, die zB bei Rosen zu finden sind (8/7) – Stranggewebe, das dem Transport der Assimilate dient; Bastteil (6/5) – Bezeichnung für das Stranggewebe in den Laubblättern (5/2) – oberirdische Teile einer Gefäßpflanze (6/4) – Zellschicht, die den Zentralzylinder von der Wurzelrinde abgrenzt (10/2) – Zellteilungszone der Wurzel (16/4) – Stoff, der die Verholzung bewirkt (6/6)

In der Fachsprache werden ein- und zweikeimblättrige Blütenpflanzen als
_ _ _ _ - und _ _ _ _ _ _ _ _ _ _ _ _ _ _ bezeichnet.

2. Schlage in einem Fremdwörterbuch die jeweilige Wortherkunft nach.

Arbeitsheft Seite 37, 38

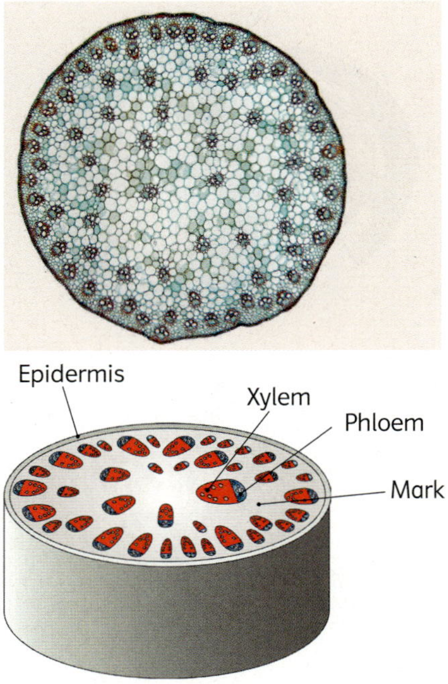

29 Stängelquerschnitt einer einkeimblättrigen Pflanze (LM-Aufnahme oben und Schema unten)

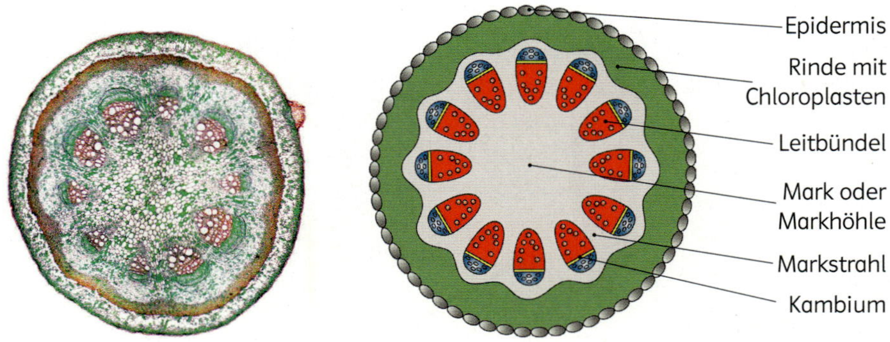

30 Bau der Sprossachse einer zweikeimblättrigen Pflanze, mikroskopische Aufnahme (links), Querschnitt (Schema, rechts), Xylem (rot), Phloem (blau)

Die Sprossachse dient der Festigung sowie der Leitung und Speicherung von Stoffen

Die der Festigung sowie der Leitung und Speicherung von Stoffen dienende Sprossachse zeigt – wie die Wurzel (→ S. 160) – ein Spitzenwachstum. An der Sprossspitze befindet sich ein Vegetationskegel. Von diesem geht neben dem **Längenwachstum** und dem primären **Dickenwachstum** der Sprossachse auch das Wachstum der Blätter und der Seitensprosse aus.
An den Vegetationskegel schließt die Zone der Streckung und Differenzierung an, in der der innere Bau der Sprossachse festgelegt wird.
In einem Sprossquerschnitt im Bereich des bereits ausdifferenzierten Gewebes kann man bei ein- und zweikeimblättrigen Blütenpflanzen einen unterschiedlichen Aufbau erkennen.

Ein- und zweikeimblättrige Blütenpflanzen haben die Leitbündel unterschiedlich angeordnet

Bei den einkeimblättrigen Pflanzen liegen die aus Xylem (langgestreckte, verholzte, abgestorbene Zellen) und Phloem (lebende Zellen) bestehenden Leitbündel über den ganzen Sprossquerschnitt verteilt (→ Abb. 29).

Bei zweikeimblättrigen Pflanzen sind die Leitbündel ringförmig angeordnet (→ Abb. 30). Außerhalb dieses Ringes befindet sich die durch die Epidermis abgeschlossene **primäre Rinde**. Der Bereich innerhalb der Leitbündel wird als **Mark** bezeichnet. Zwischen den Leitbündeln befinden sich die Markstrahlen (Verbindung zwischen Rinde und Mark).

Die Leitbündel der Zweikeimblättrigen weisen zwischen dem nach außen liegenden Phloem und dem inneren Xylem einen Streifen aus Bildungsgewebe – das Kambium – auf.

Das Kambium sorgt für sekundäres Dickenwachstum

Bei einkeimblättrigen sowie bei zweikeimblättrigen krautigen Pflanzen ist das Dickenwachstum mit dem vom Vegetationskegel ausgehenden Dickenwachstum (primäres Dickenwachstum) abgeschlossen. Bei allen anderen Zweikeimblättrigen kann man ein sekundäres Dickenwachstum beobachten (→ Abb. 31): Das Kambium in den Leitbündeln schließt sich über die Leitbündel hinaus im Bereich der Markstrahlen zu einem geschlossenen Kambiumring (räumlich betrachtet zu einem Zylindermantel) zusammen. Der Kambiumring bildet durch Zellteilungen im Bereich der Leitbündel nach innen Holz, nach außen Bast und im Markstrahlbereich Grundgewebe.
Da wesentlich mehr Holz als Bast produziert wird, entsteht ein massiver Holzkörper, der in älteren Bäumen bis zu 4/5 des Stammes ausmacht. Alles, was außerhalb des Kambiums liegt, wird als sekundäre Rinde bezeichnet.

Längenwachstum
Zellteilungen in Richtung Sprossachse

Dickenwachstum
Zellteilungen quer zur Sprossachse

primäre Rinde
Bei unverholzten Pflanzen besteht sie häufig aus Assimilationsgewebe.

Mark
Bei manchen Pflanzenarten stirbt das Mark ab und zerreißt, wodurch eine Markhöhle entsteht. Die hohlen Sprossachsen der Gräser werden Halme genannt.

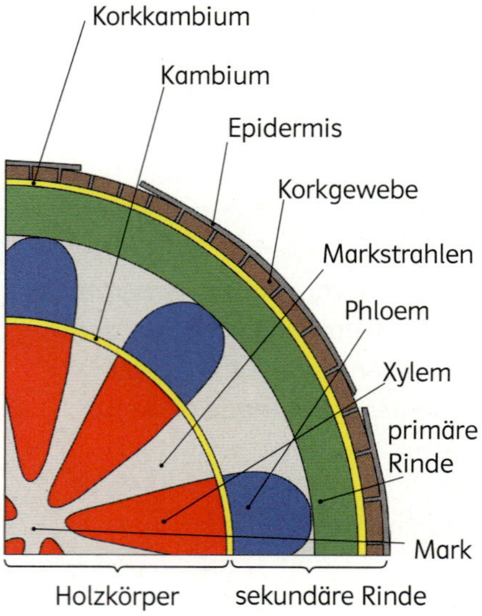

31 Sekundäres Dickenwachstum (Schema)

Arbeitsheft
Seite 37, 38

Bei den meisten Hölzern kann man Splint- und Kernholz unterscheiden

Bei den meisten Hölzern kann man am **Stammquerschnitt** im Holzteil eine äußere helle Zone (Splintholz) von einem dunkler gefärbten Kern (Kernholz) unterscheiden. Im Splintholz erfolgt die Leitung von Wasser und Mineralsalzen, während das Kernholz nur noch der Festigung der Sprossachse dient.

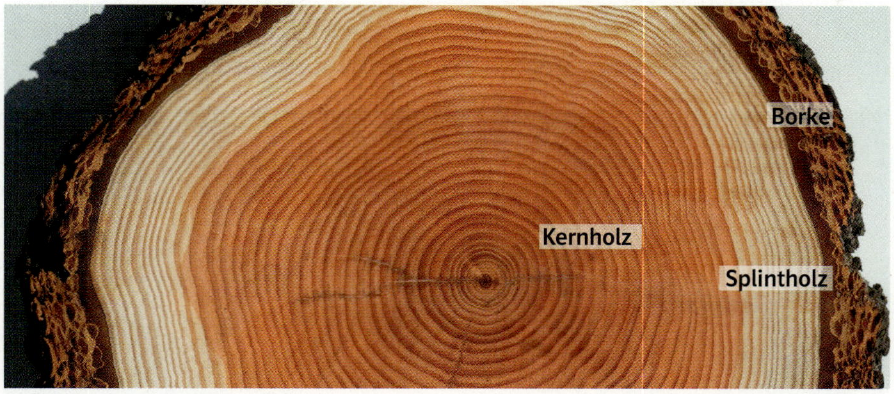

32 Stammquerschnitt

Sekundäres Dickenwachstum zerstört die Epidermis

Durch das sekundäre Dickenwachstum wird die Epidermis zerstört. Daraufhin werden die äußersten Zellen der Rinde wieder teilungsfähig. Sie bilden das so genannte **Phellogen**. Dieses gibt durch Zellteilungen nach innen parenchymatische Zellen, das so genannte Phelloderm (Korkrinde) und nach außen den wasserundurchlässigen **Kork** ab. Poren im Kork (Lentizellen) ermöglichen einen Gasaustausch zwischen der Atmosphäre und dem Inneren der Sprossachse. Ein solches sekundäres Abschlussgewebe findet man beispielsweise bei Rotbuche und Hainbuche.

Da bei vielen Bäumen der Holzteil stärker wächst als die Rinde, zerreißen mit der Zeit auch die äußeren, älteren Korkrindenschichten, sowie das Phellogen, und sterben ab. In der Rinde wird daraufhin ein neues Phellogen gebildet, das abermals Korkrinde nach innen und Kork nach außen abgibt und so weiter. Dadurch entsteht eine dicke Schicht, aus abgestorbenen Zellen, die als **Borke** bezeichnet wird.
Vom Bastteil bleibt nur eine schmale Zone (wenige Millimeter) intakt. Es sind die jeweils letztjährigen vom Kambium abgeschiedenen Bastzellen.

Selbst aktiv!

Vergleiche Abb. 33 und 34.
Stelle eine Vermutung darüber an, wie sich sekundäres und tertiäres Abschlussgewebe relativ einfach unterscheiden lassen.

33 Stamm einer Rotbuche (*Fagus sylvatica*); sekundäres Abschlussgewebe

34 Stamm einer Rotfichte (*Picea abies*); tertiäres Abschlussgewebe

Stammquerschnitt
Bei Holzgewächsen (Bäume, Sträucher) wird die Sprossachse als Stamm bezeichnet, bei krautigen Pflanzen spricht man von einem Stängel bzw. Halm (hohl).

Phellogen
Korkkambium
phellos (griech.) = Kork

Kork
sekundäres Abschlussgewebe
Den Zellen wird Suberin (Korkstoff) aufgelagert, danach sterben sie ab.

Borke
wird auch als tertiäres Abschlussgewebe bezeichnet

35 Wuchsformen von Baum (A), Strauch (B) und krautiger Pflanze (C)

Arbeitsheft Seite 37, 38

Die Jahresringe verraten das Alter eines Baumes

Schneidet man einen Stamm quer durch, kann man die Jahresringe erkennen. Sie kommen durch die je nach Jahreszeit schwankende Tätigkeit des Kambiums zu Stande.
Nach einer Ruhepause bildet das Kambium im Februar (Spätwinter) in Anpassung an den höheren Wasserbedarf Gefäße mit größerem Durchmesser (Frühholz). Danach werden immer engere Gefäße (Spätholz) produziert bis schließlich im August (Spätsommer) das Dickenwachstum eingestellt wird.

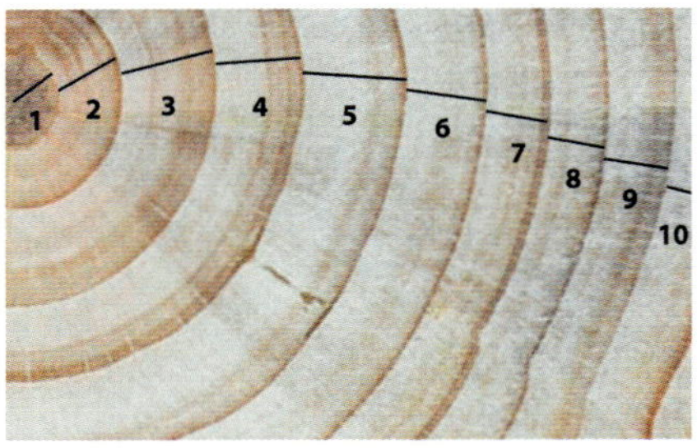

36 Jahresringe. Ein Ring entspricht dem sekundären Dickenwachstum eines Jahres. Der äußerste Ring ist der jüngste Zuwachs, der innerste der älteste.

38 Gefällter Baum und Baumstumpf samt Jahresringen und Borke

37 Das Buschwindröschen bildet Erdsprosse.

Sprosse können durch Anpassung an besondere Lebensbedingungen Umwandlungen erfahren

Erdsprosse (→ Abb. 41 A) sind unterirdische Sprosse, an denen nach unten Wurzeln und nach oben oberirdische Sprosse wachsen. Sie stehen meist im Dienst der Nährstoffspeicherung, aber auch der ungeschlechtlichen Vermehrung (→ S. 169).

Gleiche Aufgaben wie die Erdsprosse erfüllen die Sprossknollen, die oberirdisch durch eine teilweise Verdickung der Hauptachse (zB Kohlrabi, Radieschen) oder unterirdisch durch Verdickung von Seitensprossen (→ Abb. 41 B) entstehen (zB Erdapfel).

39 Kohlrabi, oberirdische Sprossknolle

Zwiebeln (→ Abb. 41 C) sind gestauchte, verdickte unterirdische Sprossachsen mit fleischigen Blättern, in denen Nährstoffe gespeichert sind.

Als Ausläufer (→ Abb. 41 D) werden die, zB für die Erdbeeren typischen, über den Boden kriechenden Sprosse bezeichnet, an deren Enden sich neue Pflanzen entwickeln (ungeschlechtliche Vermehrung).

40 Tulpen haben Zwiebeln.

Zu Kletterhilfen umgewandelte Sprosse (Sprossranken, → Abb. 41 E) dienen Kletterpflanzen zum Festhalten.

Zu Dornen umgewandelte Seitensprosse (Sprossdornen, → Abb. 41 F) schützen die Pflanzen vor Tierfraß.

Bei Pflanzen, die auf extrem trockenen Standorten leben, sind die Sprosse durch Ausbildung eines wasserspeichernden Gewebes verdickt (**Sprosssukkulente**, → Abb. 41 H). Um die Verdunstung herabzusetzen, sind die Blätter reduziert. Die Fotosynthese wird von den äußeren Schichten der Sprosse übernommen (Assimilationssprosse, → Abb. 41 G).

Sprosssukkulente
succulentus (lat.) = saftreich

Arbeitsheft
Seite 37, 38

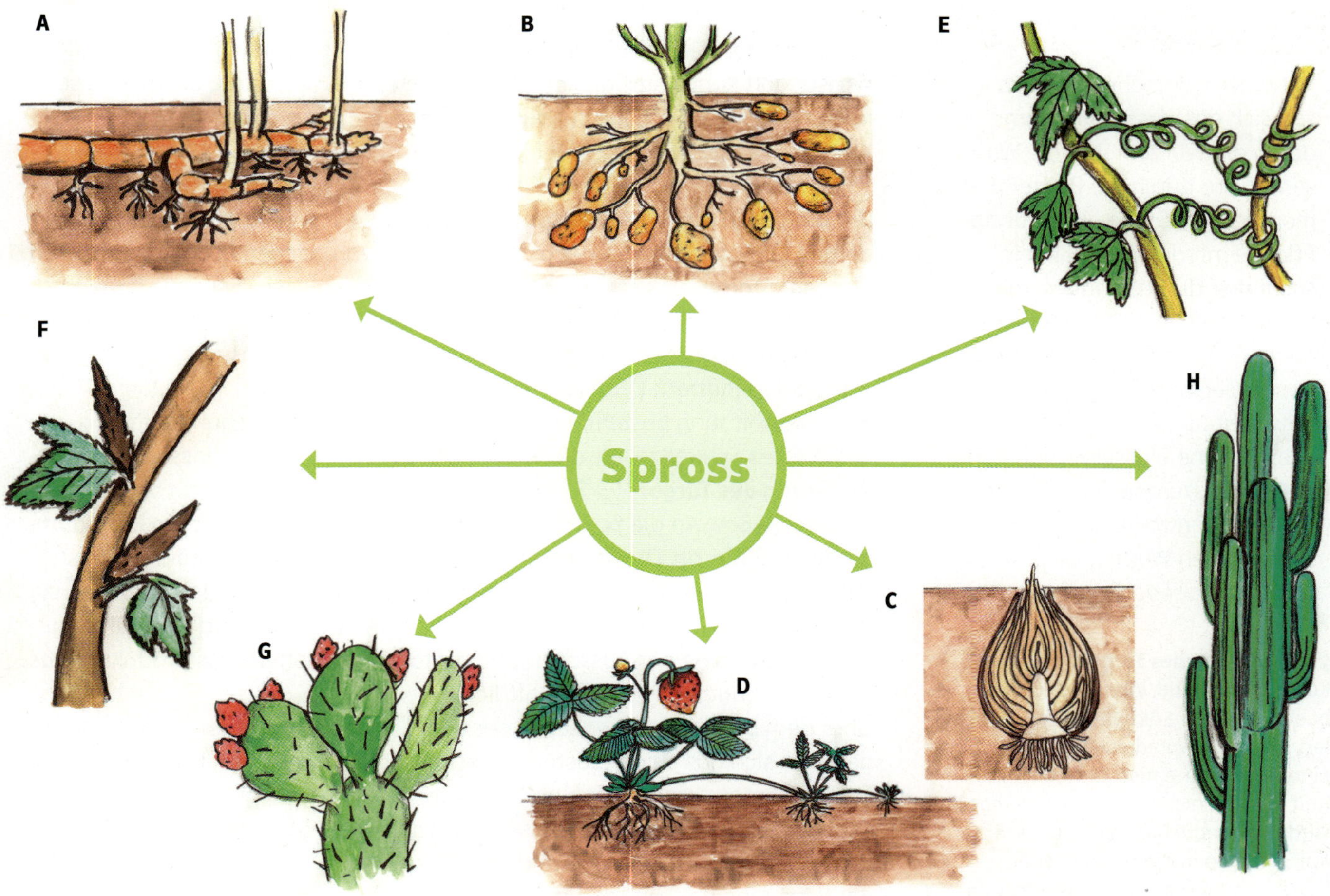

41 Sprossumwandlungen: Erdspross (A), Sprossknollen (B, Kartoffel), Zwiebel (C), Ausläufer (D, Erdbeere), Sprossranken (E, Weinrebe), Sprossdornen (F, Weißdorn), Assimilationssprosse (G, Feigenkaktus), Sprosssukkulenten (H, Säulenkaktus)

Selbst aktiv!

Löse das Rätsel. Umlaute sind als Umlaute zu schreiben. Setzt du die gesuchten Begriffe richtig ein, ergeben die markierten Buchstaben von oben nach unten gelesen eine andere Bezeichnung für Erdsprosse.

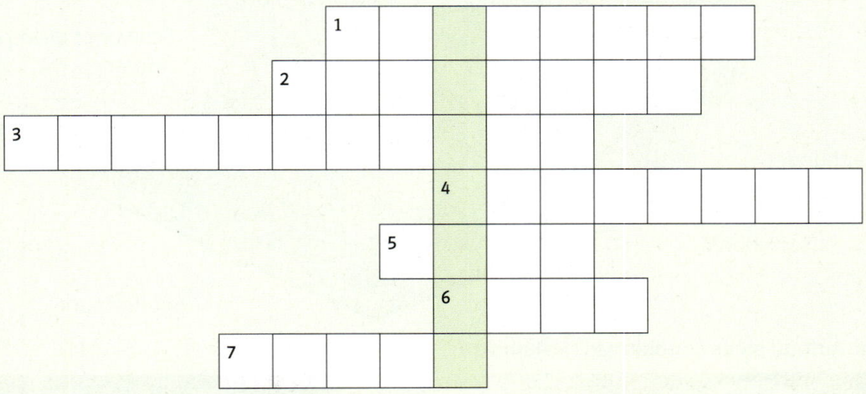

42 Erdspross des Ingwers

1. Holz, das nur noch mechanische Funktion hat
2. Holz, das sich durch Gefäße mit größerem Durchmesser auszeichnet
3. anderer Name für Phellogen
4. unterirdische, gestauchte Sprossachsen mit fleischigen Blättern
5. sekundäres Abschlussgewebe
6. Bereich innerhalb der Leitbündel
7. tertiäres Abschlussgewebe

Lösung: _ _ _ _ _ _ _

Selbst aktiv!

Mit einem einfachen Versuch lassen sich die Wasseraufnahme durch die Wurzeln und die Wasserabgabe durch die Blätter demonstrieren: Stelle eine krautige Pflanze mit der Wurzel in ein schmales, durchsichtiges, mit Wasser gefülltes Glas. Markiere den Wasserstand am Glas mit einem Faserschreiber. Gieße eine Ölschicht auf die Wasseroberfläche, um eine Wasserverdunstung an der Wasseroberfläche zu verhindern. Kontrolliere in Tagesabständen den Wasserstand. Was kannst du beobachten?

Änderung des Turgors
Kohlenstoffdioxid, Wasser und Licht beeinflussen die Aktivität der Schließzellen. Abhängig von diesen Faktoren führt eine Abfolge chemischer Reaktionen (auf die hier nicht näher eingegangen wird) letztendlich zum Einstrom von Kaliumionen in die Schließzellen. Dadurch ist die Kaliumkonzentration innen größer als außen, Wasser strömt in die Schließzellen – der Turgor steigt. Die Schließzellen sind so konstruiert, dass sich bei steigendem Turgor der Spalt zwischen den Zellen öffnet.

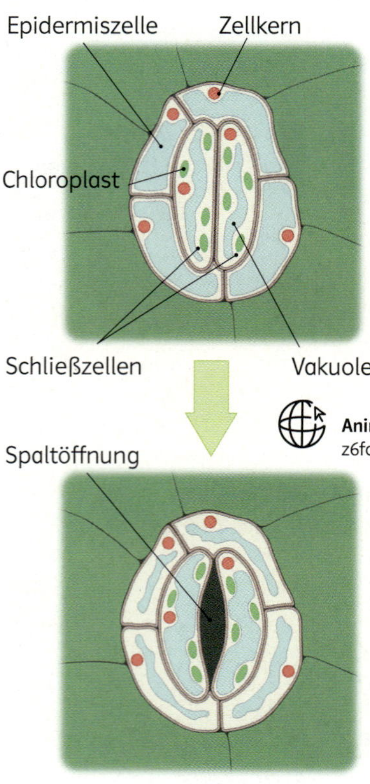

Animation z6fc29

43 Spaltöffnung (Funktionsschema)

In den Laubblättern findet die Fotosynthese statt

In den grünen Blättern (Laubblätter) findet die Produktion von Glucose aus Wasser und Kohlenstoffdioxid (Fotosynthese; → S. 42 ff) statt. Sie dienen somit in erster Linie der Ernährung der Pflanzen.

Das Blatt hat mehrere Schichten

Die Blattober- sowie die Blattunterseite werden von einer einschichtigen Epidermis gebildet. Die untere Epidermis ist von zahlreichen Poren, den Spaltöffnungen (Stomata) durchbrochen, die den Gasaustausch (Sauerstoffabgabe, Kohlenstoffdioxidaufnahme) und die Transpiration (Wasserabgabe) regulieren. Die Transpiration bewirkt in den Pflanzen den Wassertransport von den Wurzeln zu den Blättern (Transpirationssog).
Eine Spaltöffnung besteht aus zwei chloroplastenreichen, bohnenförmig gestalteten Schließzellen, die einen Spalt zwischen sich frei lassen. Durch **Änderung des Turgors** (→ S. 26) können die Schließzellen diesen Spalt öffnen oder schließen. An die Spaltöffnung (im Blattinneren) schließt ein Hohlraum, die Atemhöhle, an. Die Atemhöhle steht mit den Zellzwischenräumen des chlorophyllarmen Schwammgewebes, das an die untere Epidermis angrenzt, in Verbindung. Das Schwammgewebe dient der Durchlüftung und Kühlung des Blattes sowie der Ausscheidung gasförmiger Stoffwechselprodukte (Wasserdampf, Sauerstoff, Kohlenstoffdioxid).
Über dem Schwammgewebe, an der dem Licht zugewandten Blattoberseite, befindet sich das chloroplastenreiche Palisadengewebe, der Hauptort der Fotosynthese.
Leitbündel ziehen von der Sprossachse ausgehend über den Blattstiel bis ins Blatt und bilden dort die Blattadern (Blattnervatur). Diese dienen einerseits der Festigung des Blattes, andererseits versorgen sie es mit Wasser und Mineralsalzen und leiten die Assimilate (Fotosyntheseprodukte: Traubenzucker bzw. Stärke) in den Pflanzenkörper ab.

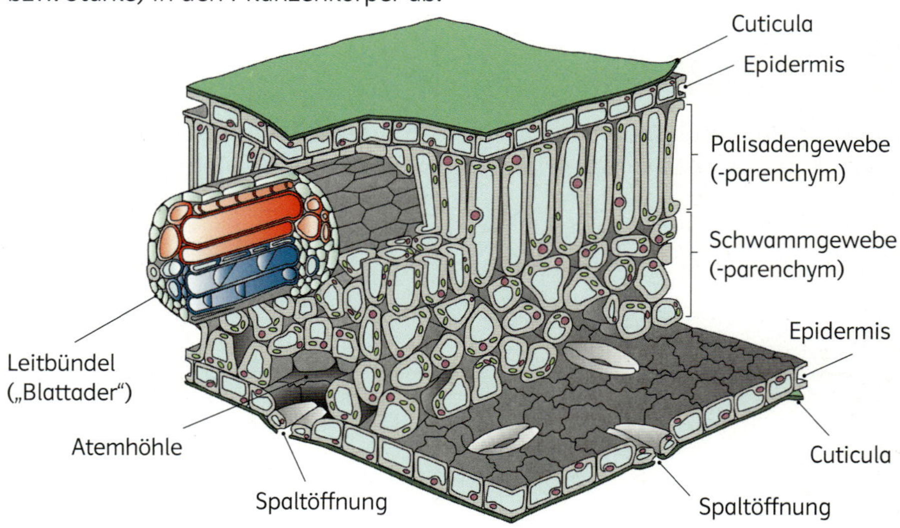

44 Aufbau eines Laubblattes (Schema)

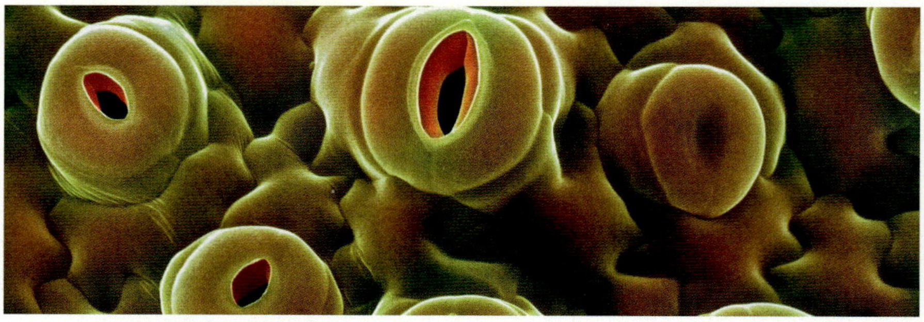

45 Spaltöffnungen (EM-Aufnahme, gefärbt)

Arbeitsheft Seite 37, 38

Abhängig vom Standort der Pflanzen treten verschiedene Blattformen auf

Pflanzen trockener Standorte sowie wintergrüne Gehölze in winterkalten Gebieten (Nadelgewächse) haben kleinere Blattflächen. Die Epidermis weist eine lederartige Beschaffenheit und Wachsüberzüge auf.
Eine filzige Behaarung und vertieft liegende Spaltöffnungen bieten einen zusätzlichen Schutz vor intensiver Transpiration. Viele Trockenpflanzen haben Speicherblätter (Blätter, die ein stark ausgeprägtes wasserspeicherndes Gewebe besitzen, die Fotosynthesefunktion bleibt trotzdem erhalten, → Abb. 49 A) ausgebildet. Pflanzen trockener Gebiete, die wasserspeichernde Blätter ausgebildet haben, werden als Blattsukkulenten bezeichnet.
Feuchtpflanzen haben eher großflächige, dünne, von einer zarten Epidermis umhüllte Blätter. Viele Wasserpflanzen haben Laubblätter, die mit einem Luftgewebe ausgestattet sind, wodurch sie – wie eine Luftmatratze – schwimmfähig sind. Die Spaltöffnungen sind bei diesen Schwimmblättern (→ Abb. 49 B) auf der Blattoberseite verteilt.
Neben der Anpassung an einen Standort treten Blattumwandlungen auch im Zusammenhang mit einem Funktionswechsel der Blätter auf. So entstehen zB durch Reduktion der Blattspreite Blattdornen (Schutzfunktion, → Abb. 49 C) und Blattranken (→ Abb. 49 D), die den Pflanzen zum Hochranken dienen.
Bei eiweißverdauenden Pflanzen können die Blätter zu Fangeinrichtungen (Fallen, → Abb. 49 E–I) umgewandelt sein.
Auch Nieder- und Hochblätter sind umgewandelte Laubblätter. Niederblätter sind meist farblos (selten grün) und ungestielt und befinden sich am Grund sowie an unterirdischen Teilen des Stängels. Ein Beispiel dafür sind die fleischigen (reservestoffspeichernden) Niederblätter der Zwiebel. Hochblätter befinden sich oberhalb der Laubblätter im Bereich der Blüten bzw. der Blütenstände. Ein Beispiel hierfür sind die gefärbten, den Blütenstand umgebenden Hochblätter des Weihnachtssterns.

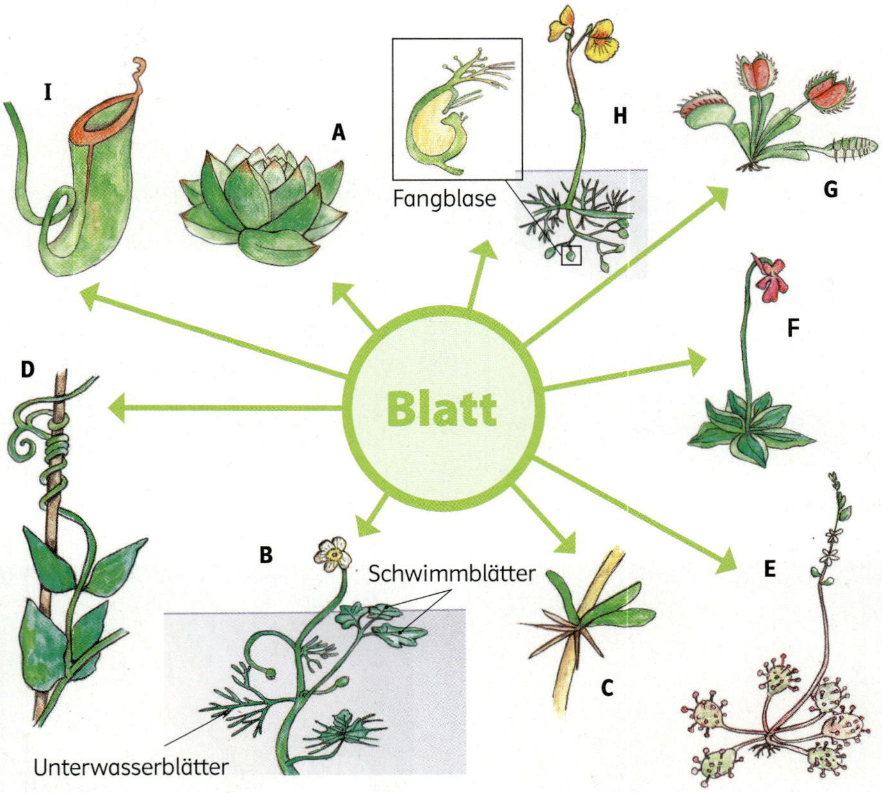

49 Blattumwandlungen: Blattsukkulenten (A, Hauswurz), Schwimmblätter (B, Wasserhahnenfuß), Blattdornen (C), Blattranken (D), Klebefallen (E, Sonnentau und F, Fettkraut), Klappfallen (G, Venusfliegenfalle), Saugfalle (H, Wasserschlauch), Gleitfalle (I, Kannenpflanze)

46 Hauswurz-Blätter sind Wasserspeicher

47 Nadeln eines Nadelbaums

48 Schwimmblätter der Riesenseerose *Victoria sp.*; bis zu 2 m im Durchmesser

50 Erbsenpflanzen haben Blattranken.

51 Weihnachtsstern, Hochblätter

Selbst aktiv!

Beschreibe den Unterschied zwischen Dornen und Stacheln. Recherchiere dazu im Internet und vergleiche mit Seite 156.

52 Große Brennnessel (*Urtica dioica*)

53 Schwarzer Holunder (*Sambucus nigra*); Beeren

54 Leberblümchen (*Hepatica nobilis*)

55 Echte Küchenschelle (*Pulsatilla vulgaris*)

56 Besenheide (*Calluna vulgaris*)

Der Mineralstoffbedarf der Pflanzen

Neben C, O und H, die als CO_2 und H_2O aus der Luft beziehungsweise aus dem Boden aufgenommen werden, brauchen Pflanzen N, S, P, K, Ca, Mg und Fe in größerer Menge. An Spurenelementen müssen Mn, Cu, Zn, Al und Br verfügbar sein. Sie alle sind Bestandteile von Salzen, die von den Pflanzen im Wasser gelöst über die Wurzeln aufgenommen werden. Fehlt einer Pflanze eines dieser Elemente, treten Mangelerscheinungen auf (→ Abb. 57).

Bodenzeiger lassen auf die Bodenbeschaffenheit schließen

Die meisten Pflanzen gedeihen auf fast allen Böden. Manche Pflanzen stellen aber besondere Ansprüche an den Boden. Sie werden als Boden(an)zeiger bezeichnet, da ihr Vorkommen auf bestimmte Eigenschaften des Bodens schließen lässt.
Stickstoffzeiger (zB Brennnessel, Schwarzer Holunder) weisen auf einen hohen Gehalt an Ammonium- (NH_4^+) und Nitrationen (NO_3^-) im Boden hin.
Auf Standorten, die reich an Calciumcarbonat ($CaCO_3$) sind, findet man Kalkanzeiger wie zB das Leberblümchen und die Küchenschelle.
Auf sauren Böden gedeihen Säureanzeiger wie zum Beispiel die Besenheide.
Pflanzen, die einen hohen Salzgehalt ertragen können (Salzpflanzen), kommen auf Salzböden, beispielsweise an Meeresküsten, in Salzsteppen und Salzwüsten vor. Typische Salzpflanzen sind zB der Queller und die Strand-Grasnelke. In Österreich befindet sich im Südteil des Seewinkels ein Salzbodengebiet mit einer Ausdehnung von rund 25 km^2.

Element	Funktion im Stoffwechsel	aufgenommen als	Mangelerscheinungen
N	Bestandteil von Aminosäuren, Proteinen	NO_3^-, NH_4^+	Kümmerwuchs, lange Wurzeln, Vergilben der Blätter
S	Bestandteil von Proteinen, Enzymen	SO_4^{2-}	wie bei N-Mangel
P	Bestandteil von Nukleinsäuren und ATP	PO_4^{3-}	Blühverzögerung, Störung von Samen- und Fruchtbildung, violette Färbung von Blättern und Stängeln
Ca	Zellwandaufbau	Ca^{2+}	gestörtes Teilungswachstum
K	Voraussetzung für Enzymfunktionen	Metallionen	Spitzendürre, Blattrandkrümmung
Mg	Chlorophyllbestandteil		Kümmerwuchs
Mn	Enzymfunktion bei der Fotosynthese		Wachstumshemmung
Fe	Enzymbestandteil		Weißfärbung junger Blätter
Cu	Enzymbestandteil, Blattwachstum		Gestörtes Blattwachstum, Spitzendürre
Zn	Enzymbestandteil, Streckungswachstum		Zwergwuchs, gestörtes Wurzelwachstum

57 Mineralstoffbedarf von Pflanzen

58 Europäischer Queller (*Salicornia europaea*)

59 Strand-Grasnelke (*Armeria maritima*)

Arbeitsheft
Seite 37, 38

Fortpflanzung und Entwicklung bei Pflanzen

Im Pflanzenreich lässt sich sowohl geschlechtliche als auch ungeschlechtliche **Fortpflanzung** beobachten.

Während bei den ungeschlechtlichen Fortpflanzungsweisen alle Nachkommen aufgrund rein mitotischer Kernteilungen (→ S. 30 f) entstehen und daher mit den Elternindividuen erbgleich sind, entsteht die neue Generation bei der geschlechtlichen Fortpflanzung durch die Vereinigung zweier Geschlechtszellen und Verschmelzung ihrer Zellkerne (Befruchtung). Die auf sexuellem Weg entstandene Tochtergeneration enthält demnach in der Regel die Erbinformationen zweier genetisch verschiedener Eltern.

Ungeschlechtliche Fortpflanzung ist weit verbreitet

Häufiger als im Tierreich gibt es bei Pflanzen die verschiedensten Formen ungeschlechtlicher Fortpflanzung.
Die Sonnenhutpflanze lässt sich leicht durch Teilung vermehren. Neben der starken Mutterpflanze entwickeln sich vier bis sechs kleinere Tochterpflanzen („Kindeln"). Trennt man diese von der Mutterpflanze ab und gräbt sie neu ein, erhält man neue Pflanzen.
Ausläuferbildung kann man beispielsweise bei der Grünlilie und bei der Erdbeere beobachten. Es handelt sich hierbei um von der Mutterpflanze wegwachsende Sprossteile, an denen sich junge Pflänzchen entwickeln. Sie werden solange von der Mutterpflanze mit Nährstoffen versorgt bis sie Blätter und Wurzeln gebildet haben und sich selbst ernähren können.
Erdapfelpflanzen (Kartoffelpflanzen) vermehren sich ungeschlechtlich durch die als Sprossknollen (Erdapfel, Kartoffel, → S. 164) bezeichneten verdickten Enden an den unterirdischen Sprossteilen (Erdsprossen).
Beim Scharbockskraut findet man Wurzelknollen (verdickte Seitenwurzeln), die zu neuen Pflanzen heranwachsen sowie Brutknospen – mehrzellige Fortpflanzungskörper, die von der Mutterpflanze abfallen und sich am Boden zu kleinen Tochterpflanzen entwickeln. Auch das Brutblatt bildet an seinen Blatträndern Brutknospen.

Da es bei der ungeschlechtlichen Fortpflanzung zu keiner Neukombination von Erbmaterial kommt, haben die Tochterpflanzen gleiches Erbmaterial wie die Mutterpflanzen. Nachkommen, die mit dem Mutterorganismus genetisch ident sind, werden als Klone bezeichnet.

Fortpflanzung
ist die Reproduktion (Erzeugung von Nachkommen durch eine Elterngeneration) artgleicher Individuen.

60 Purpur-Sonnenhut (*Echinacea purpurea*)

61 Grünlilie (*Chlorophytum comosum*)

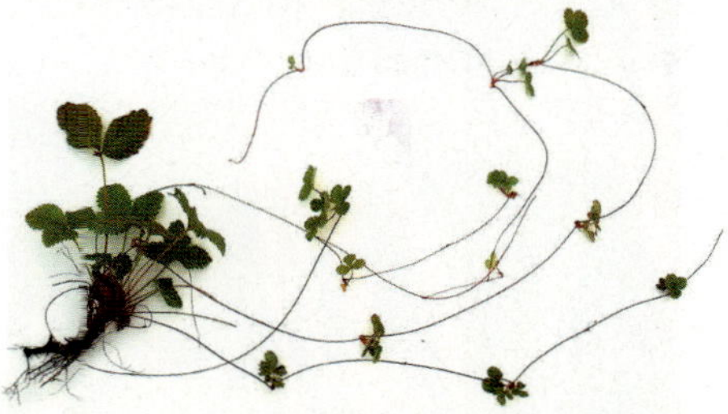

62 Erdbeere (*Fragaria sp.*), Ausläufer

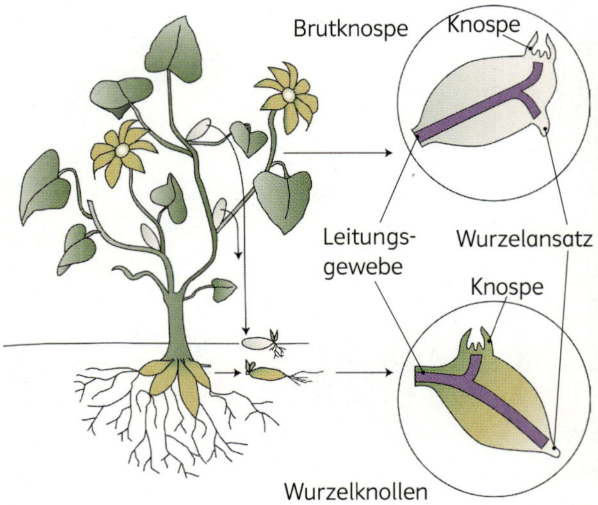

63 Scharbockskraut (*Ficaria verna*), Brutsprosse und Wurzelknollen (Schema)

64 Brutblatt (*Kalanchoe sp.*)

Gametophyt
Generation, die sich geschlechtlich fortpflanzt

Sporophyt
Generation, die sich ungeschlechtlich fortpflanzt

Archegonien
weibliche Geschlechtsorgane der Moose und Farne

Antheridien
männliche Geschlechtsorgane der Moose und Farne

Eizelle
weibliche Geschlechtszelle

Spermatozoide
bewegliche männliche Geschlechtszellen

Zygote
zygotos (griech.) = verbunden
Zelle, die durch Verschmelzung zweier Geschlechtszellen entsteht

Sporenkapsel
Die Sporenkapsel ist der Sporophyt. Er ist am Gametophyt verankert und wird auch von diesem ernährt.

65 Sporophyten des Haarmützenmooses

66 Gametophyten des Haarmützenmooses

Geschlechtliche Vermehrung bei Pflanzen findet über einen Generationswechsel statt

Pflanzen zeichnen sich durch einen Generationswechsel aus. Das heißt, es folgt auf eine Generation, die sich geschlechtlich fortpflanzt, immer eine Generation, die sich ungeschlechtlich fortpflanzt: **Gametophyt** und **Sporophyt** wechseln einander ab.

Wie dominierend die jeweilige Generation ist, hängt von der Pflanzengruppe ab: Bei Moosen dominiert der Gametophyt, bei Farnen und Samenpflanzen dominiert der Sporophyt (→ S. 171 ff).

Die grünen Moospflanzen sind die Gametophyten

Der Generationswechsel bei den Moosen ist in Abb. 68 am Beispiel des Haarmützenmooses dargestellt:
Die Moospflanzen sind die Generation, die sich geschlechtlich fortpflanzt: Vom Frühjahr bis zum Frühsommer bilden sich auf einem Teil der Pflanzen **Archegonien**, auf einem anderen Teil **Antheridien**. In den Archegonien entsteht durch Mitose jeweils eine **Eizelle**, in den Antheridien werden **Spermatozoide** erzeugt. Bei ausreichender Feuchtigkeit schwimmen die männlichen Geschlechtszellen zu den Eizellen und befruchten sie.

Durch die Vereinigung der beiden Geschlechtszellen (Befruchtung) entsteht eine so genannte **Zygote**. Die Zygoten bleiben jeweils in den Archegonien. Aus jeder von ihnen entsteht durch Zellteilungen eine auf einem längeren Stiel sitzende **Sporenkapsel**, über die eine haarige, spitze Mütze gestülpt ist. In den Sporenkapseln entwickeln sich aus Sporenmutterzellen, durch die so genannte Reifeteilung, Sporen. Sind sie reif, fällt die Haarmütze ab.

Bei trockenem Wetter werden die Sporen ausgestreut und vom Wind vertragen. Sie keimen auf einem geeigneten Untergrund (zB feuchter Boden, feuchte Borke eines Baumes) aus, neue Moospflänzchen wachsen heran.

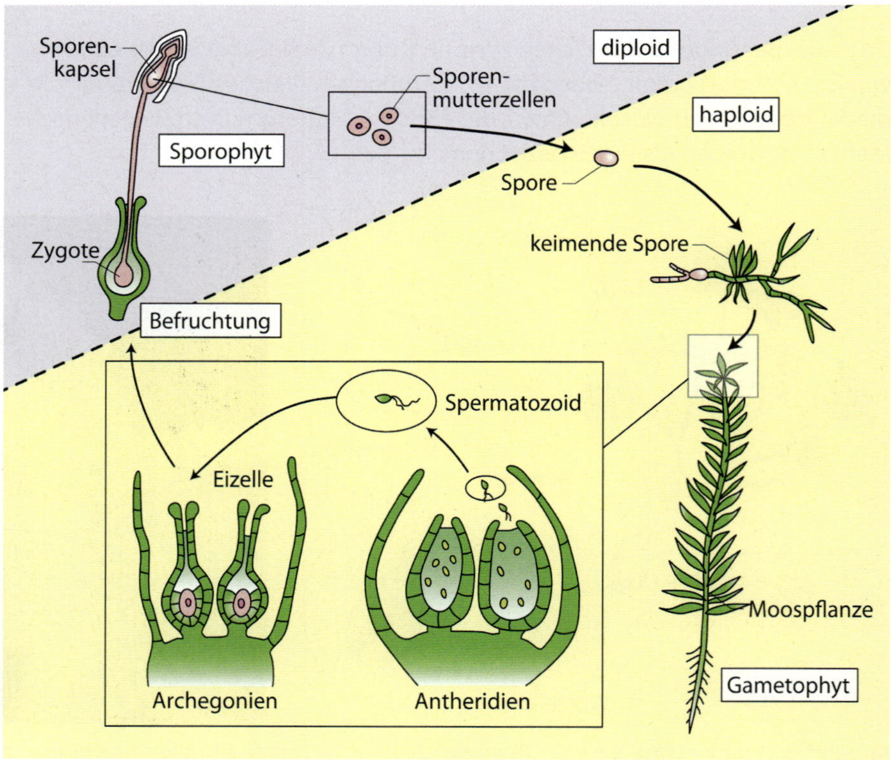

67 Generationswechsel beim Haarmützenmoos

Arbeitsheft
Seite 37, 38

Die Farnpflanze ist der Sporophyt

In Abb. 68 ist der Generationswechsel bei Farnen am Beispiel des Wurmfarns dargestellt: Die Farnpflanze ist der Sporophyt. Auf der Unterseite älterer Farnwedel lassen sich viele kleine Erhebungen - Sporenkapselhäufchen - erkennen. In den Sporenkapseln entstehen aus Sporenmutterzellen Sporen. Sind sie reif, reißen die Sporenkapseln auf.

Die Sporen werden vom Wind vertragen. Gelangt eine Spore an einen schattigen Ort auf feuchten Boden, keimt sie aus. Sie entwickelt sich zu einem etwa einen Zentimeter kleinen, grünen, herzförmigen Blättchen, dem so genannten Vorkeim. Auf seiner Unterseite entstehen Antheridien und Archegonien, in denen die entsprechenden Geschlechtszellen gebildet werden. Ist genügend Feuchtigkeit vorhanden, schwimmen die Spermatozoide zu den in den Archegonien liegenden Eizellen und befruchten diese.

Aus der Zygote wächst durch Zellteilungen auf dem Gametophyten (Vorkeim), der allmählich zugrunde geht, die neue Farnpflanze heran.

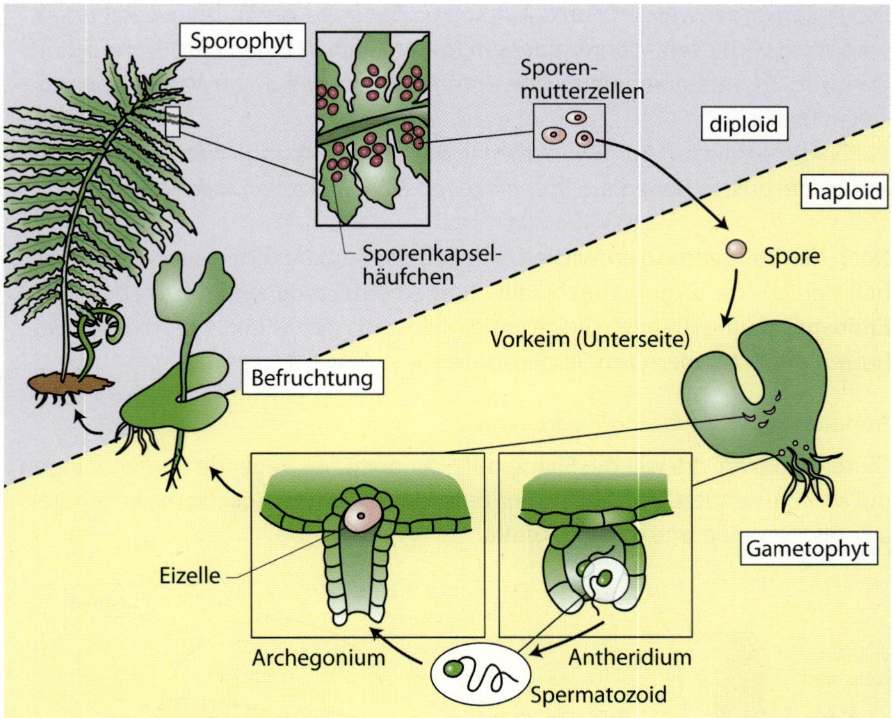

68 Generationswechsel beim Wurmfarn

Selbst aktiv!

Kreuze Zutreffendes in der Tabelle an.

	Sporophyt	Gametophyt
Moospflanze		
Sporenkapsel		
Archegonium		
Antheridium		
Farnpflanze		
Vorkeim		

Selbst aktiv!

1. Finde eine Erklärung dafür, warum Moose und Farne feuchte Standorte besiedeln.
2. Erörtere, warum die geschlechtliche Fortpflanzung als wichtiger Faktor der Evolution angesehen wird.

69 Wurmfarn

70 Sporenkapselhäufchen

Arbeitsheft
Seite 37, 38

Der Gametophyt der Samenpflanzen ist stark zurückgebildet

Im Vergleich zu den Moosen ist bei den Farnen die Generation, die sich geschlechtlich fortpflanzt, unscheinbar. Abb. 72 zeigt mit der schematischen Darstellung der Fortpflanzung der Fichte den Generationswechsel bei Samenpflanzen. Bei ihnen ist der Gametophyt noch stärker zurückgebildet:

Der Nadelbaum ist der Sporophyt, der männliche und weibliche **Blütenstände** bildet. Es sind Zapfen, deren Schuppen mit je zwei **Pollensäcken** bzw. mit je zwei **Samenanlagen** ausgestattet sind. In den Pollensäcken entstehen aus Pollenmutterzellen männliche Sporen, die in ihrer Gesamtheit als Pollen bezeichnet werden.

Jede Samenanlage enthält eine Embryosackmutterzelle, aus der vier Sporen hervorgehen, von denen allerdings nur eine überlebt. Aus ihr entwickelt sich noch in der Samenanlage durch mehrere Mitosen der weibliche Gametophyt, der so genannte Embryosack. Er besteht aus mehreren Zellen, von denen eine die Eizelle ist.

Die Pollenkörner werden durch Aufplatzen der Pollensäcke freigesetzt und vom Wind verblasen. Währenddessen finden auch in ihnen mitotische Teilungen statt. Es entstehen männliche Gametophyten, die durch Mitose Spermazellen bilden.
Pollenkörner, die auf Samenanlagen landen (Bestäubung), bilden Pollenschläuche aus, in denen die Spermazellen zu den Eizellen gelangen.

Nach der Befruchtung entwickelt sich aus der Samenanlage der Same. Er enthält den aus der Zygote durch Zellteilungen entstandenen Embryo, der von **Endosperm** umgeben ist. Gleichzeitig bildet sich der Blütenzapfen durch Verholzen der Schuppen zum Samenzapfen um.

Nadelholzgewächse sind Nacktsamer

Blütenpflanzen, die wie die Fichte auf Schuppen frei liegende Samenanlagen aufweisen, werden als Nacktsamer bezeichnet. Zu den Nacktsamern gehören u.a. alle Nadelbäume und der **Ginko**.

Blütenstände
Anordnung vieler kleiner Einzelblüten zu einer Blütengemeinschaft

Pollensäcke
bilden die männlichen Geschlechtsorgane

Samenanlagen
bilden die weiblichen Geschlechtsorgane

Endosperm
Nährgewebe, das sich nach der Befruchtung aus dem restlichen Embryosack entwickelt

Ginko
Ginko-Bäume entstammen dem Erdmittelalter (Beginn vor rund 250 Mio. Jahren). Sie haben sich bis heute in ihrer ursprünglichen Form erhalten und werden deshalb als „lebende Fossilien" bezeichnet.

71 Laubblätter eines Ginkobaumes

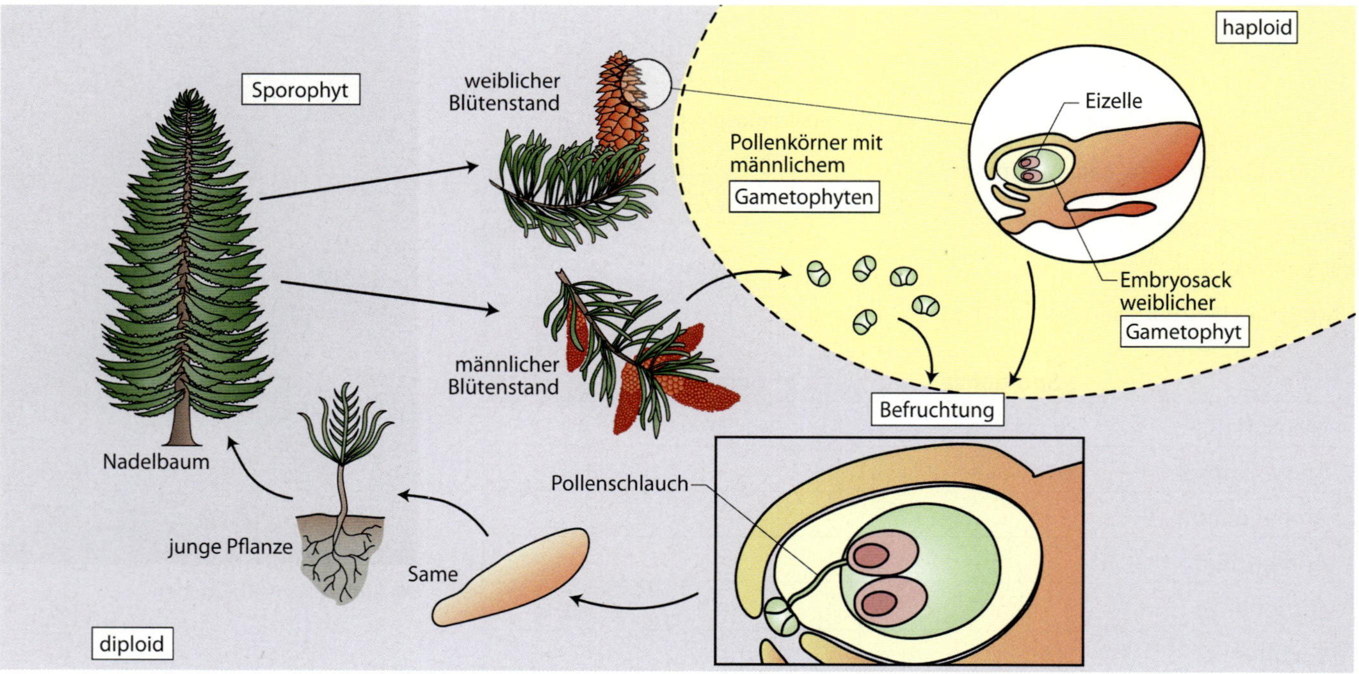

72 Generationswechsel bei nacktsamigen Samenpflanzen am Beispiel der Fichte

Arbeitsheft Seite 37, 38

Die Samenanlagen der Bedecktsamer sind im Fruchtknoten eingeschlossen

Bei den Bedecktsamern bestehen die weiblichen Geschlechtsorgane aus Fruchtblättern. Sie sind mit ihren Rändern zum **Fruchtknoten** verwachsen (→ Abb. 73) und umschließen (bedecken!) so die Samenanlagen. Zur Aufnahme des Blütenstaubes (Pollen) besitzt der Fruchtknoten eine **Narbe**. Der bei vielen Blüten zwischen Fruchtknoten und Narbe vorhandene **Griffel** bringt die Narbe in eine für die jeweilige Bestäubungsart günstige Stellung.
Die männlichen Geschlechtsorgane, die **Staubblätter**, erzeugen den Pollen.

Die Befruchtung folgt der Bestäubung

Die Pollenkörner keimen nach der Bestäubung (Übertragung des Pollens auf die Narbe) zu Pollenschläuchen aus und wachsen (durch den Griffel) in den Fruchtknoten hinein (→ Abb. 74). Über die Pollenschläuche wandern die Pollenkerne zu den in den Samenanlagen sitzenden Eizellen. Der Pollenkern, der als erster bei einer Eizelle ankommt, dringt in diese ein und verschmilzt mit dem Eikern (Befruchtung).
In der Samenanlage entwickelt sich nun durch Teilungen aus der befruchteten Eizelle der Embryo (Keimling). Im Zuge der Befruchtung wird auch ein Nährgewebe gebildet. Die Hülle der Samenanlage umschließt den Keimling samt Nährgewebe, der Same ist entstanden.

Fruchtknoten, Narbe, (Griffel)
bilden gemeinsam den Stempel

Staubblätter
bestehen aus einem Staubfaden, der die Staubbeutel trägt

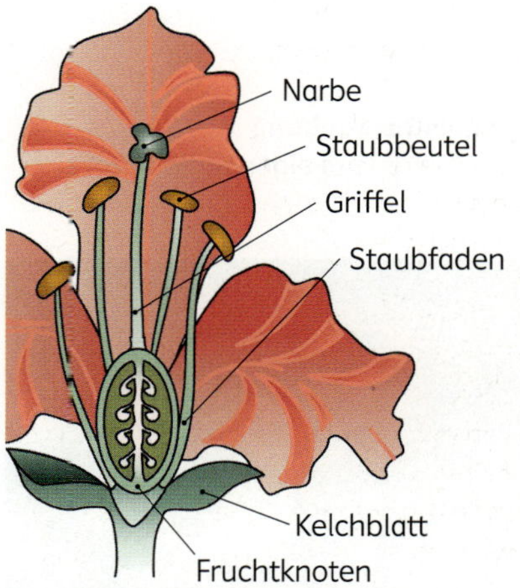

73 Blütenbau eines Bedecktsamers

Selbst aktiv!

Vergleiche die verschiedenen Generationswechsel pflanzlicher Organismen miteinander. Wo liegen Gemeinsamkeiten, wo sind die größten Unterschiede zu finden?

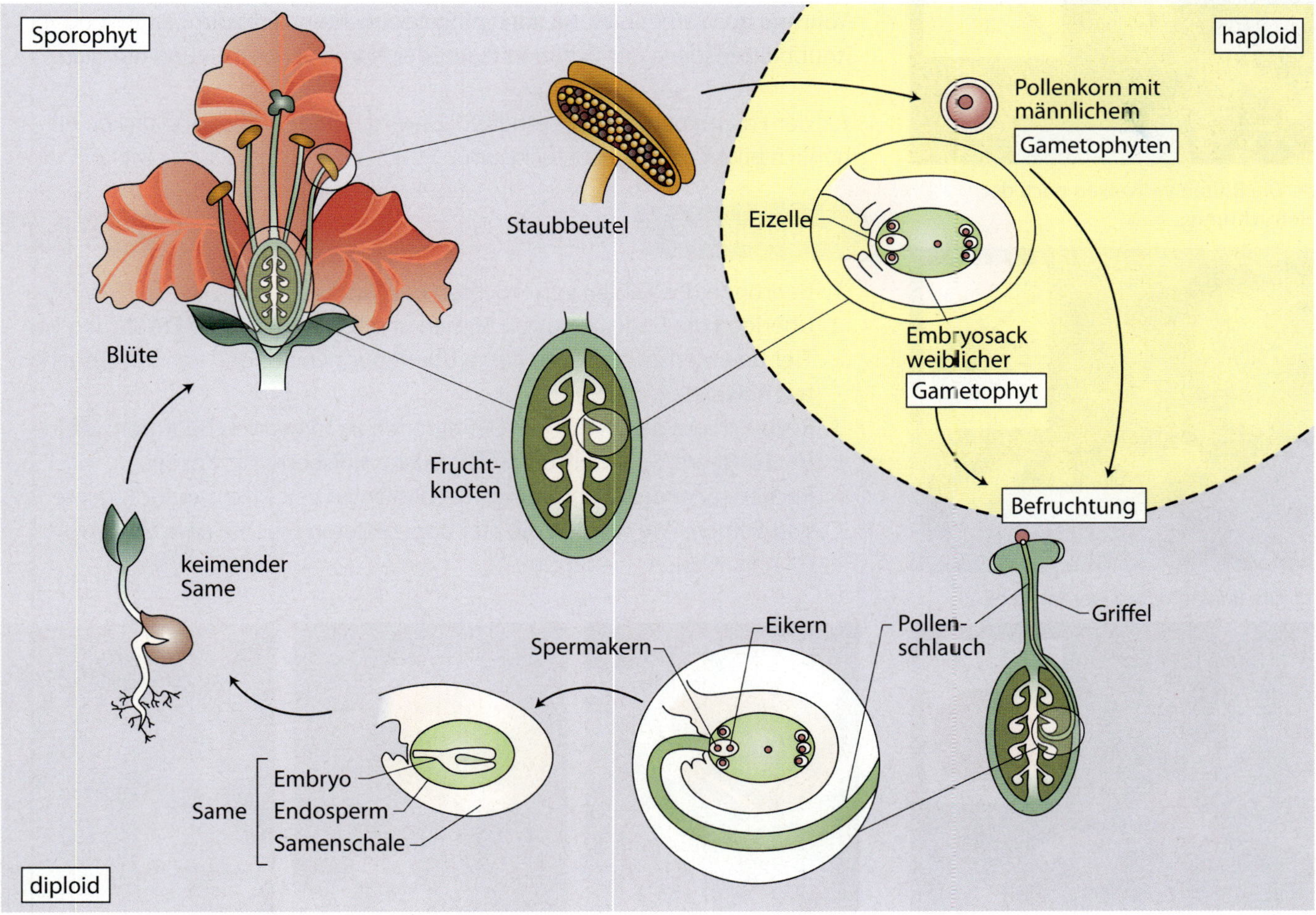

74 Generationswechsel bei einer bedecktsamigen Blütenpflanze

Blütenhülle
Eine einfache Blütenhülle besteht aus bunt gefärbten Kronblättern, bei einer doppelten Blütenhülle sind zusätzlich Kelchblätter (meist grün gefärbt) ausgebildet.

Wasserbestäubung
Der Pollen wird durch das Wasser zu den Narben transportiert.

Selbstbestäubung
Pflanze wird vom eigenen Pollen bestäubt

75 Bestäubung

76 Die Blüten verwelken nach der Befruchtung.

77 Die Fruchtknoten werden größer.

78 Die Weichseln sind reif.

Die Blüten stehen im Dienste der Fortpflanzung

Männliche und weibliche Geschlechtsorgane können gemeinsam in einer Blüte (Zwitterblüte), aber auch getrennt, also eingeschlechtlich vorkommen. Die Geschlechtsorgane werden meist von einer mehr oder weniger auffälligen **Blütenhülle** umgeben. Gibt es auf einer Pflanze sowohl weibliche als auch männliche Blüten, so spricht man von eingeschlechtlich einhäusigen Pflanzen (zB Hasel). Kommen weibliche und männliche Blüten getrennt auf verschiedenen Pflanzen vor, so wird dies als eingeschlechtlich zweihäusig bezeichnet (zB Sal-Weide).

Neben Windbestäubung kommt bei den Bedecktsamern auch Tierbestäubung (durch Insekten, in den Tropen auch durch Vögel und Fledermäuse), **Wasserbestäubung** (bei Wasserpflanzen) und **Selbstbestäubung** vor.

Dementsprechend vielfältig gestaltet sich auch die große Zahl unterschiedlicher Blütenformen. In Anpassung an die Art der Bestäubung bzw. des Bestäubers variieren die unterschiedlichen Blütentypen in Größe, Farbe, Form etc.

Selbst aktiv!

Überlege: Welche Zusammenhänge bestehen zwischen der Art der Bestäubung (Wind- und Tierbestäubung) und der Beschaffenheit der Blüte (groß, auffällig, bunt gefärbt, Nektarproduktion, Duft, unscheinbar, klein, Lage der Staubblätter etc.) und des Pollens (trocken, klebrig, Menge etc.)?

Der Fruchtkonten bildet sich zur Frucht um

Während der Samenbildung kann man beobachten, dass die Blüten- und Staubblätter sowie der Griffel mitsamt der Narbe verwelken und abfallen.

Nur der Fruchtknoten bleibt erhalten. Er wird immer größer und dicker. Allmählich bildet er sich zur Frucht um.

Selbst aktiv!

1. Begründe das Fehlen von Früchten bei Nacktsamern.
2. Überlege die Bedeutung von Samen und Früchten für die Ernährung von Tier und Mensch. Erörtere deine Überlegungen anhand von ausgesuchten Beispielen.
3. Recherchiere die jeweiligen Definitionen zu folgenden Begriffen: Steinfrucht, Beere, Sammelfrucht, Balgfrucht, Hülsenfrucht, Kapsel.
4. Recherchiere die Ausbreitungsmechanismen von Pflanzen für Früchte und Samen. Wie werden die hier abgebildeten Früchte bzw. Samen (→ Abb. 79 bis 81) verbreitet?

79 Löwenzahnfrüchte

80 Wilde Möhre, Früchte

81 Mohnkapsel

Arbeitsheft
Seite 37, 38, 39

Die Blütenbildung hängt von diversen Faktoren ab

Der auslösende Faktor zur Blütenbildung ist je nach Pflanze unterschiedlich: Der Zeitpunkt der Blütenbildung kann von Außenfaktoren wie Licht oder Kälte (zB beim Wintergetreide) bestimmt werden, er kann aber auch von Außenfaktoren unabhängig und genetisch fixiert sein.
Unter der Fotoperiodik (Fotoperiodismus) versteht man die Fähigkeit von Organismen, auf die Länge der täglichen **Licht- und Dunkelperioden** zu reagieren. Unter anderem wird auch die Blütenbildung von der Fotoperiodik gesteuert und zwar so, dass die anschließende Fruchtbildung beim Eintreten schlechterer Witterungsbedingungen abgeschlossen ist.
Die Nachtlänge (Dunkelperiode), die in den Laubblättern gemessen wird, gibt der Pflanze Auskunft über die Jahreszeit. Langtagpflanzen kommen nur bei lang andauernder Lichteinwirkung, sogar im Dauerlicht (also bei kurzen oder fehlenden Dunkelperioden), zur Blüte (zB Sommerweizen). **Kurztagpflanzen** nennt man Pflanzen, die nur im Kurztag blühen, dh., dass die Lichteinwirkung eine bestimmte kritische Zeitspanne nicht überschreitet und eine bestimmte ununterbrochene Dunkelperiode gewährleistet ist. Beispiele für Kurztagpflanzen sind Reis, Kaffee und Sojabohne. Tagneutrale Pflanzen können sowohl unter Kurztag- als auch Langtagbedingungen blühen (zB Tomaten). Die Entwicklung von Lang- und Kurztagpflanzen steht in Zusammenhang mit ihrem Verbreitungsgebiet. Es stellt eine Anpassung an die Klimazonen, in denen sie leben, dar. So sind am Äquator eher Kurztagpflanzen und tagneutrale Pflanzen zu finden, während in höheren Breitengraden (mit kurzen Vegetationszeiten im Sommer) Langtagpflanzen verbreitet sind.

Unter günstigen Bedingungen keimt der Same

Der Embryo ist eine vollständige winzige Pflanze, die nur noch heranwachsen muss. Umgeben von Nährgewebe und der Samenschale befindet er sich in einem Ruhezustand (Samenruhe) – durch Wasserentzug ist die Stoffwechseltätigkeit stark herabgesetzt. Der Same bleibt in diesem Zustand solange die Umweltbedingungen schlecht für das Wachstum und die Entwicklung der neuen Pflanze sind. Sind der Zeitpunkt und der Ort für den Keimling günstig, beginnt der Same zu keimen. Neben Faktoren wie **Wasser**, Wärme und Sauerstoff spielen oft auch die Lichtverhältnisse eine Rolle. Lichtkeimer (zB Roggen, Basilikum, Thymian) keimen nur dann, wenn sie im gequollenen Zustand ausreichend Licht erhalten, während Dunkelkeimer (zB Christrose, Lupine, Storchschnabel) nur bei Dunkelheit keimen. Die Samen einiger Pflanzenarten benötigen Frost, um keimfähig zu werden (zB die Samen des Bär-Lauchs).
Eine Rolle bei der Samenkeimung spielen auch **Phytohormone**. So hemmt die Abscisinsäure die Samenkeimung im Winter. Im Frühjahr nimmt der Gehalt an Abscisinsäure ab, dafür nimmt der Gehalt an wachstumsfördernden Phytohormonen (zB Gibbereline) zu. Der Same keimt.

Selbst aktiv!

Besorge dir Bohnensamen und lege sie über Nacht ins Wasser, damit sie quellen können.

1. Untersuche, wie ein Bohnenkeimling aussieht: Entferne dazu bei einem der Samen die Samenschale. Du kannst nun zwei dicke weißliche Hälften erkennen, die nährstoffhältigen Keimblätter. Zwischen ihnen findest du den Keimling, ausgestattet mit dem Keimstängel mit den ersten Laubblättern, der Keimknospe und der Keimwurzel. Fertige eine Skizze in deinem Biologieheft an und beschrifte die einzelnen Bestandteile.
2. Gib die restlichen Bohnensamen in Erde und beobachte ihre Entwicklung.

Licht- und Dunkelperioden
Die Tageslängen, die sich im Jahresverlauf ändern, werden mit Hilfe einer inneren Uhr, vom so genannten circadianen Rhythmus, registriert. Er ist auf einen periodischen Tagesrhythmus eingestellt. circa (lat.) = ungefähr, dies (lat.) = Tag

Kurztagpflanzen
Setzt man Kurztagpflanzen während einer sonst ausreichenden Dunkelphase einem Störlicht aus (bei manchen Pflanzen genügen schon wenige Minuten), blühen sie nicht. Sogar helles Mondlicht kann die Blütenbildung verzögern. Stellt man eine Kurztagpflanze ins Dauerlicht, genügt es, einige ihrer Laubblätter der richtigen Dunkelperiode auszusetzen, um sie zum Blühen zu bringen.

Wasser
Zur Steigerung der Stoffwechselaktivität muss zunächst viel Wasser aufgenommen werden, der Same muss quellen. Durch die Quellung entsteht ein Druck, der die Samenschale sprengt und das umliegende Erdreich lockert. Der unter Abbau des Nährgewebes wachsende Keimling kann so den Boden leichter durchdringen.

Phytohormone
Pflanzenhormone; organische Verbindungen, die das Wachstum und die Entwicklung der Pflanzen steuern

Selbst aktiv!

Führe folgenden Versuch durch: Lege 5 flache Glasschalen mit Filterpapier aus und befeuchte es. Lege nun Samen von Rettich, Kresse und Kopfsalat (nicht zu dicht nebeneinander) darauf. Stelle die Schalen anschließend jeweils an verschiedenen Orten auf:
Schale 1 dunkel und warm
Schale 2 hell und kühl
Schale 3 dunkel und kühl
Schale 4 hell und warm
Schale 5 auf das Fensterbrett (hier sind Licht- und Temperaturverhältnisse veränderlich)

Zähle täglich die Anzahl der gekeimten Samen. Kannst du Unterschiede feststellen? Protokolliere deine Ergebnisse und diskutiere sie im Abschluss des Experiments.

Arbeitsheft Seite 37, 38

Kompetenzcheck Botanik

Lösungen
w5wq6d

Du hast dir Wissen über Bau, Fortpflanzung und Lebensweise pflanzlicher Organismen erarbeitet.

Folgende Kompetenzen hast du erworben ...

✓ Du kannst pflanzliche Gewebe nach ihrer Struktur und Funktion unterscheiden.

Überprüfe dein Wissen ...

- ☐ 1. Vergleiche den Bau, das Vorkommen und die Funktion von Bildungs-, Grund-, Strang- und Abschlussgewebe.
- ☐ 2. Wodurch können sich kleinere krautige Pflanzen aufrecht halten? Erkläre, wie dies bei größeren Pflanzen und Pflanzen trockener Standorte funktioniert.
- ☐ 3. Informiere über den Lotus-Effekt und seine industrielle Anwendung.
- ☐ 4. Beschreibe die Funktion der Stomata.
- ☐ 5. In einem alten Schlager heißt es „Rosen haben Dornen ...". Bewerte diesen Text aus botanischer Sicht.

✓ Du kannst den Grundbauplan und die Organe einer Pflanze anhand des Beispiels einer Samenpflanze beschreiben und Abweichungen von diesem Bauplan als spezielle Anpassungen an bestimmte Lebensumstände begreifen.

Überprüfe dein Wissen ...

- ☐ 1. Fertige eine Schemazeichnung einer Samenpflanze an und erkläre mit ihrer Hilfe den Grundbauplan der Pflanze. Erläutere Bau und Funktion der einzelnen Organe.
- ☐ 2. Beschreibe die Unterschiede zwischen ein- und zweikeimblättrigen Pflanzen.
- ☐ 3. Unterscheide die Wurzelsysteme a) von ein- und zweikeimblättrigen Pflanzen, b) von Pflanzen trockener Standorte und Pflanzen feuchter Standorte.
- ☐ 4. Beschreibe anhand von Beispielen dir bekannte Wurzel-, Sprossachsen- und Blattmetamorphosen.

✓ Du kannst aufgrund des Vorkommens bestimmter Pflanzen auf spezielle Eigenschaften des Bodens schließen.

Überprüfe dein Wissen ...

- ☐ 1. Auf welche Bodenbeschaffenheit kannst du schließen, wenn an einem Standort a) Brennnessel, b) Leberblümchen, c) Schwarzer Holunder, d) Strand-Grasnelken, e) Besenheide gedeihen?
- ☐ 2. Erläutere den Mineralstoffbedarf von Pflanzen.

✓ Es ist dir möglich, verschiedene pflanzliche Fortpflanzungsarten zu unterscheiden, und du kannst Faktoren benennen, die zur Blütenbildung und Samenkeimung führen.

Überprüfe dein Wissen ...

- ☐ 1. Informiere über dir bekannte Arten asexueller Vermehrung bei Pflanzen. Gib jeweils Beispiele dafür an.
- ☐ 2. Beschreibe und vergleiche die Fortpflanzung von Moosen, Farnen und Samenpflanzen.
- ☐ 3. Unterscheide zwischen nackt- und bedecktsamigen Blütenpflanzen und begründe, warum Nacktsamer keine Früchte bilden.
- ☐ 4. Zähle die Faktoren auf, die die Blütenbildung von Pflanzen beeinflussen.
- ☐ 5. Definiere den Begriff „Same" und informiere darüber, welche Faktoren für die Keimung eine Rolle spielen.
- ☐ 6. Nicht alle Samen keimen unter denselben Bedingungen. Überlege, wie du herausfinden kannst, welche die optimalen Bedingungen für die Keimung von Samen wie beispielsweise Kresse, Kopfsalat und Rettich sind.

Botanik

Bei pflanzlichen Geweben unterscheidet man zwischen Bildungs- und Dauergeweben. **Bildungsgewebe** sind für das **Wachstum** der Pflanzen zuständig. **Dauergewebe** werden je nach Funktion in **Grund-**, **Abschluss-**, **Festigungs-** und **Stranggewebe** eingeteilt.

Das **Grundgewebe** bildet den Großteil des **krautigen Pflanzenkörpers**. Es lässt oft eine Spezialisierung auf bestimmte Funktionen erkennen (zB **Speicher-** und **Assimilationsgewebe**). Abschlussgewebe treten als **schützende Hülle** des Pflanzenkörpers oder als **innere Häute** auf. **Festigungsgewebe** dienen der **Stabilität** der Pflanzen, **Stranggewebe** der **Festigung** des Pflanzenkörpers und dem **Stofftransport**.

Samenpflanzen weisen einen einheitlichen **Grundbauplan** aus den drei Grundorganen **Wurzel**, **Blatt** und **Sprossachse** auf. **Ein-** und **zweikeimblättrige Pflanzen** weisen Unterschiede im Bau der Grundorgane auf.

Die **Wurzeln** verankern die Pflanze im Boden und versorgen sie mit **Wasser** und darin **gelösten Mineralstoffen**. Die Wurzelsysteme sind je nach Pflanzenart, Standort und abhängig von der Bodenbeschaffenheit unterschiedlich ausgebildet. Die **Sprossachse** dient der Festigung sowie der **Leitung** und **Speicherung von Stoffen**. Zweikeimblättrige Pflanzen weisen ein sekundäres Dickenwachstum auf. In den **Laubblättern** findet die **Fotosynthese** statt. Sie dienen somit in erster Linie der Ernährung der Pflanzen. Der **Gasaustausch** und die **Transpiration** werden durch **Spaltöffnungen** in der **Epidermis** reguliert.

Neben **C**, **O** und **H**, die als CO_2 und H_2O aus der Luft, beziehungsweise aus dem Boden, aufgenommen werden, beziehen die Pflanzen andere wichtige Elemente in Form von im Wasser gelösten **Mineralsalzen** über die **Wurzeln**. Fehlt einer Pflanze ein Element, treten Mangelerscheinungen auf.

Im Pflanzenreich lässt sich sowohl **geschlechtliche** als auch **ungeschlechtliche Fortpflanzung** beobachten. Da es bei der **ungeschlechtlichen Fortpflanzung** zu keiner Neukombination von Erbmaterial kommt, haben die Tochterpflanzen gleiches Erbmaterial wie die Mutterpflanzen (**Klonbildung**). Bei der **geschlechtlichen Fortpflanzung** entsteht die neue Generation durch die **Vereinigung** zweier **Geschlechtszellen** und **Verschmelzung** ihrer **Zellkerne** (**Befruchtung**). Die auf sexuellem Weg entstandene Tochtergeneration enthält demnach in der Regel die **Erbinformationen** zweier **genetisch verschiedener Eltern**.

Bei der Fortpflanzung von Moosen, Farnen und Blütenpflanzen findet ein **Generationswechsel** (Wechsel geschlechtliche/ungeschlechtliche Generation) statt.

Der **Zeitpunkt** der **Blütenbildung** kann von Außenfaktoren (**Licht**, **Kälte** ...) bestimmt werden, kann aber auch davon unabhängig **genetisch fixiert** sein.

Ein **Pflanzensame** besteht aus einem vollständigen, winzigen Pflänzchen (**Embryo**) im Ruhezustand und Nährgewebe, umgeben von der Samenschale. Sind der Zeitpunkt und der Ort für den **Keimling** günstig, beginnt der Same zu keimen. Neben Faktoren wie **Wasser**, **Wärme** und **Sauerstoff** spielen oft auch die **Lichtverhältnisse** und **Phytohormone** eine Rolle.

Humanökologie

Humanökologie
ed96ay

Du erarbeitest dir Wissen über **Ökologie und Nachhaltigkeit**, konkret **zur Welternährung und zu verschiedenen Formen der Landwirtschaft**.

Du erlernst ...

- ☐ die Auswirkungen des zunehmenden Wachstums der Weltbevölkerung auf lokaler sowie globaler Ebene zu erkennen und nachhaltige Lösungsstrategien, die zu einer Minderung der negativen Konsequenzen führen, zu reflektieren (S. 178–179)
- ☐ die Verantwortung der Industrieländer gegenüber den Entwicklungsländern zu erkennen (S. 180)
- ☐ einen Zusammenhang zwischen verschiedenen Formen der Landwirtschaft und des Problems des Welthungers herzustellen (S. 181)
- ☐ die Ursachen und Auswirkungen der Unterernährung zu beschreiben (S. 182–183)
- ☐ Globalisierung in Hinblick auf die Belastung unserer Umwelt kritisch zu hinterfragen und deine eigene ökologische Verantwortung wahrzunehmen (S. 184–185)

Kompetenzcheck → S. 186

Mensch, Gesellschaft und Umwelt

Ressourcen
Hilfsmittel, Hilfsquellen; zB Wasser, Boden, Bodenschätze, Energiequellen
resurgere (lat.) = hervorquellen

analysieren
genau untersuchen und auswerten
analysein (griech.) = auflösen

nachhaltig
dauerhaft
Unter Nachhaltigkeit versteht man, dass man nicht mehr entnehmen oder nutzen darf als durch natürliche Prozesse wieder zugeführt oder erneuert wird.

Industrieländer
Staaten, deren Wirtschaft hauptsächlich durch die industrielle Produktion von Gütern getragen wird.

Entwicklungsländer
Trotz der geografischen Ungenauigkeit setzt sich anstelle des Begriffs „Entwicklungsländer" immer mehr die Bezeichnung „Länder des Südens" durch. Die Industriestaaten (Industrieländer Europas und Nordamerikas, Japan, Australien, Neuseeland) werden als „Länder des Nordens" bezeichnet.

Selbst aktiv!

Berechne mit Hilfe des Internets deinen persönlichen ökologischen Fußabdruck.

Wir essen, wohnen, fahren mit dem Auto, produzieren Müll, sehen fern, telefonieren, kaufen Kleidung, Kosmetikartikel u. v. m. Für all das benötigen wir Rohstoffe und Energie, die wir aus unserer Umwelt gewinnen. Den Verbrauch dieser **Ressourcen** kannst du mit dem „ökologischen Fußabdruck" messen. Er gibt an, wie viel Fläche unseres Planeten nötig ist, um deinen Lebensstil aufrecht zu erhalten. Die Humanökologie **analysiert** die Wechselwirkungen zwischen Mensch, Gesellschaft und Umwelt. Aus den Erkenntnissen wird versucht, Wege für eine **nachhaltige**, möglichst umweltschonende Nutzung und gerechtere Verteilung der Ressourcen zu finden, sodass nicht nur heutige, sondern auch künftige Generationen ihre körperlichen Grundbedürfnisse (zB saubere Luft zum Atmen, sauberes Trinkwasser, Nahrung und Kleidung) ausreichend befriedigen können.
Zentrale Themen sind u. a. die Weltbevölkerung, die Welternährung, Formen der Landwirtschaft, die Wasserversorgung und die Umweltbelastung.

Weltbevölkerung

1800 lebten rund eine Milliarde Menschen auf der Erde. 1927 waren es zwei Milliarden, 1960 bereits rund drei Milliarden. 1974 wurde die Vier-Milliardengrenze erreicht, 1987 die Fünf-Milliardengrenze. 1999 gab es weltweit sechs Milliarden Menschen, 2011 um eine Milliarde mehr. In etwas mehr als 200 Jahren ist die Weltbevölkerung also auf das Siebenfache angestiegen.
Von den derzeit rund sieben Milliarden Menschen leben 23 % in den **Industrieländern**, die restlichen 77 % in Ländern, die nach den materiellen, sozialen und gesundheitlichen Maßstäben der Industrieländer, in ihrer Entwicklung zurückgeblieben sind, in den so genannten **Entwicklungsländern**.

Während sich die Industrieländer etwa 80 % des Weltvermögens teilen, müssen die rund 5,4 Milliarden Menschen in den armen Ländern des Südens mit den restlichen 20 % auskommen. Das Verteilungsgefälle zwischen Industrie- und Entwicklungsländern wird als Nord-Süd-Konflikt bezeichnet.

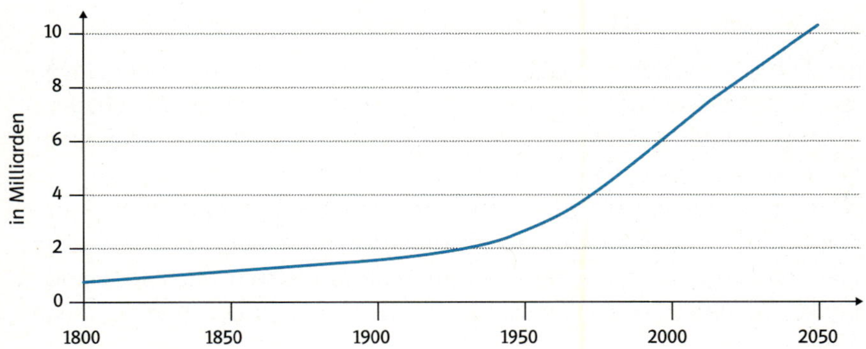

1 Weltbevölkerung (in Mrd.) seit 1800 und prognostizierte Entwicklung bis 2050 (Quelle: Statista)

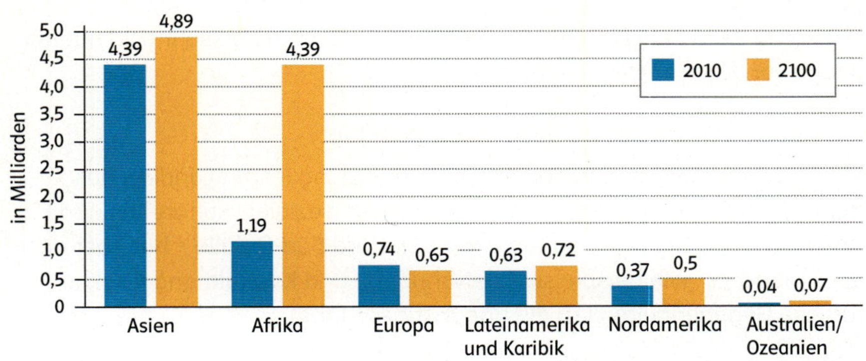

2 Weltbevölkerung 2010 (blau) und 2100 (Prognose, gelb) nach Regionen (Stand 2015, Quelle: Statista)

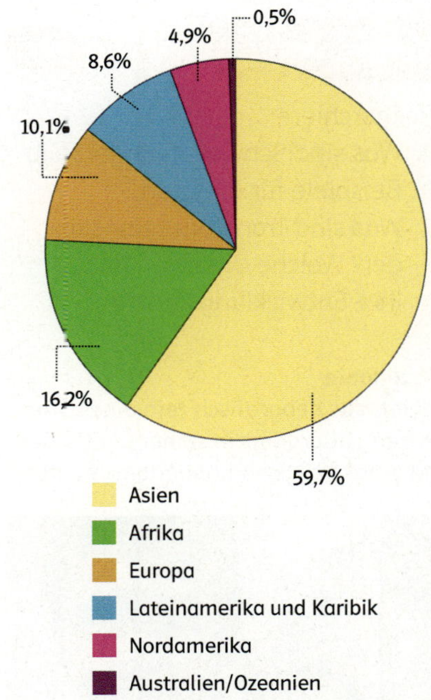

3 Weltbevölkerung in Prozent nach Regionen (Stand 2015, Quelle: Statista)

Das Bevölkerungswachstum geht weiter

Derzeit wächst die Weltbevölkerung jährlich um 79 Millionen. Das entspricht einem täglichen Zuwachs von etwa 216 000 Menschen, etwas mehr als die Einwohnerzahl von Linz (204 000 Einwohnerinnen und Einwohner). Die Hälfte davon entfällt allein auf sechs Länder (Indien, China, Pakistan, Nigeria, Bangladesch, Indonesien).

Laut **UNO** wird die Zahl der Menschen bis zum Jahr 2050 auf rund zehn Milliarden ansteigen.
Der Zuwachs wird in den heutigen Entwicklungsländern und dort wiederum in den ärmsten Bevölkerungsschichten stattfinden. Diese Länder gehören aber auch zu denjenigen, die von Wasserknappheit und **Bodenerosion** bedroht sind und in denen Unterernährung und Hunger regieren.

Industriestaaten haben einen geringen oder gar keinen Bevölkerungszuwachs

Bevölkerungswachstum bedeutet, dass mehr Menschen geboren werden als sterben.
In Ländern mit hohem Lebensstandard haben unter anderem eine verbesserte medizinische Versorgung, Gesundheitsvorsorge, gute Arbeitsbedingungen sowie Nahrungs- und Trinkwassersicherheit zu einer höheren Lebenserwartung und geringeren Sterberate geführt.

Trotzdem gibt es in solchen Ländern nur einen geringen oder gar keinen Bevölkerungszuwachs. Ursachen dafür sind unter anderem eine gezielte **Familienplanung** und eine damit verbundene geringere **Geburtenrate** sowie **steigende Lebenserhaltungskosten**. Durch Stress und Umwelteinflüsse kommt es außerdem zunehmend zu Zeugungsunfähigkeit beziehungsweise zu Unfruchtbarkeit.

UNO
United Nations Organization
Die Organisation der Vereinten Nationen ist ein Zusammenschluss von 193 Staaten; wichtigste Aufgaben sind die Förderung der internationalen Zusammenarbeit, der Schutz der Menschenrechte sowie die Wahrung des Weltfriedens.

Bodenerosion
Bodenabtragung durch Wind und Wasser, erodere (lat.) = abtragen

Bevölkerungswachstum
In Europa ist die Zahl der Bevölkerung in den letzten Jahrzehnten nahezu gleich geblieben. Bis 2050 erwartet die UNO sogar einen Bevölkerungsrückgang.

Familienplanung
Die Zahl und der Zeitpunkt von Schwangerschaften werden geplant. Eine wichtige Rolle dabei spielt die Verfügbarkeit von Verhütungsmitteln, allen voran die seit 1960 erhältliche Anti-Baby-Pille.

Geburtenrate
Europäische Frauen haben im Durchschnitt nur ein bis zwei Kinder.

steigende Lebenserhaltungskosten
bedingen, dass die Versorgung mehrerer Kinder oft nur unter großen persönlichen Einschränkungen möglich ist. Auch ist es meist notwendig, dass beide Partner eines Haushalts Geld verdienen, wodurch weniger Zeit für Kinderbetreuung bleibt.

Arbeitsheft Seite 40

Selbst aktiv!

Recherchiere:
1. Was sind Schwellenländer? Gib Beispiele für diese an.
2. Was sind Transformationsländer? Welche Ursachen haben ihre Entwicklungsdefizite?

Kolonie
Gebiet, das geografisch fern eines Staates liegt, allerdings in seiner politischen und wirtschaftlichen Abhängigkeit steht

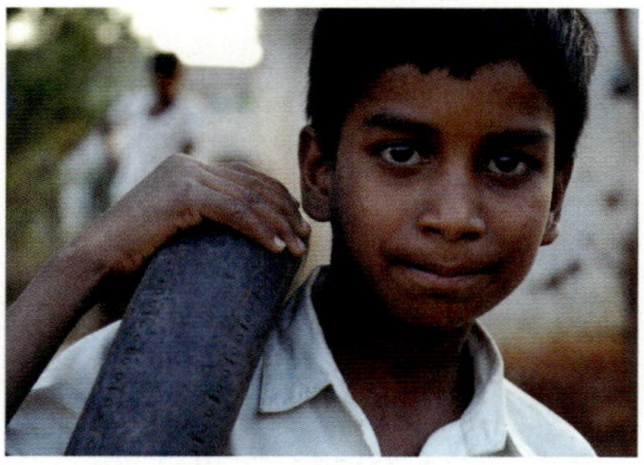
4 Kinder als billige Arbeitskräfte

Selbst aktiv!

Fertige in Abb. 6 ein so genanntes Balkendiagramm an. Es soll für die verschiedenen Regionen der Erde die prozentualen Anteile an der Weltbevölkerung mit den prozentualen Anteilen am Weltvermögen vergleichen.
Nimm dazu für jede Region die Prozentzahl aus dem rechten Diagramm in Abb. 3 und trage sie in Abb. 6 als blaue Fläche in der linken Spalte für jede Region extra ein. Dasselbe machst du in Rot für die jeweils rechte Spalte, indem du die Werte des Diagramms aus Abb. 5 nimmst – sie stellen den jeweiligen Anteil am Weltvermögen dar. Interpretiere im Anschluss das fertige Balkendiagramm. Was kann man daraus ablesen?

In den Entwicklungsländern steigen die Bevölkerungszahlen

In den Entwicklungsländern ist die Situation ganz anders. Abgesehen davon, dass in vielen dieser Länder das Ansehen eines Mannes mit der Anzahl der von ihm gezeugten Kinder steigt, ist man bestrebt, möglichst viele Kinder in die Welt zu setzen, von denen man im Alter oder im Krankheitsfall betreut werden kann (mangels fehlender Alters- und Krankenvorsorge). Da die Kindersterblichkeit in den armen Ländern sehr hoch ist, müssen auch sehr viele Kinder geboren werden, um die Vorsorge zu gewährleisten. Auch der eingeschränkte Zugang zu Verhütungsmitteln ist ein Grund für eine höhere Geburtenrate.
Zudem sind Kinder billige Arbeitskräfte. In manchen Ländern dienen sie auch dazu, das Militär aufzurüsten, um an militärischer Stärke zu gewinnen.
Ein weiterer Faktor, der zum massiven Bevölkerungswachstum in den Entwicklungsländern beiträgt, sind Kinderehen, wodurch schon sehr früh mit der Zeugung von Nachwuchs begonnen wird.

Die Ursachen der Unterentwicklung sind vielfältig

Das Bevölkerungswachstum hemmt die Entwicklung in den Ländern des Südens. Die Benachteiligung im wirtschaftlichen, sozialen, kulturellen und bildungspolitischen Bereich – das so genannte Nord-Süd-Gefälle – hat aber auch andere Ursachen, wie beispielsweise Nahrungs- und Kapitalmangel sowie natürliche Gegebenheiten (zB ein ungünstiges Klima).

Ausbeutung legte den Grundstein für die Armut

Viele europäische Staaten, wie zum Beispiel Spanien, Portugal, Frankreich, England und Deutschland, errichteten in der Vergangenheit **Kolonien** in Afrika, Asien, Amerika und Australien (Beginn der Kolonialzeit um 1500). Die betroffenen Gebiete wurden wirtschaftlich ausgebeutet und politisch unterdrückt, vermehrt kam es zu Sklaverei.
Im 18. und 19. Jahrhundert erfolgte die Entkolonialisierung der britischen Kolonien in Nordamerika, vierzig Jahre später der spanischen Kolonien in Lateinamerika sowie der portugiesischen Kolonien in Brasilien.
Kanada, Australien, Neuseeland und Südafrika erlangten nach dem Ersten Weltkrieg ihre Selbstständigkeit.
Die meisten südostasiatischen und afrikanischen Länder wurden jedoch erst nach dem Zweiten Weltkrieg unabhängig. Es dauerte bis 1970 bis die Entkolonialisierung Afrikas abgeschlossen war.
Die meisten Staaten der Erde sind heute unabhängig. Die jahrzehntelange Ausbeutung hat jedoch in vielen Ländern Spuren hinterlassen – Entwicklungsdefizite auf politischem, wirtschaftlichem und kulturellem Gebiet.

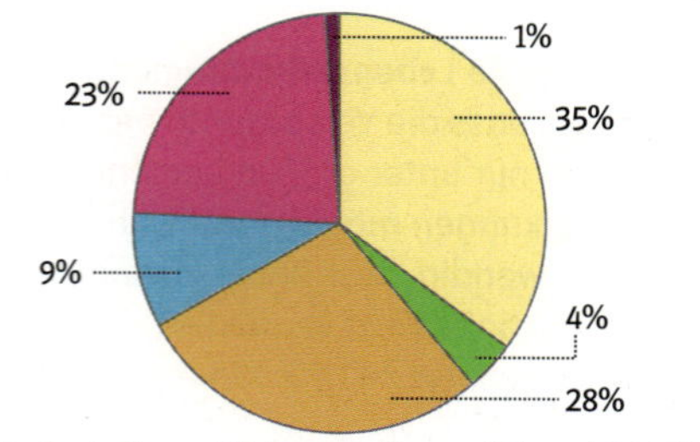

5 Anteil am Weltvermögen (Stand 2011)

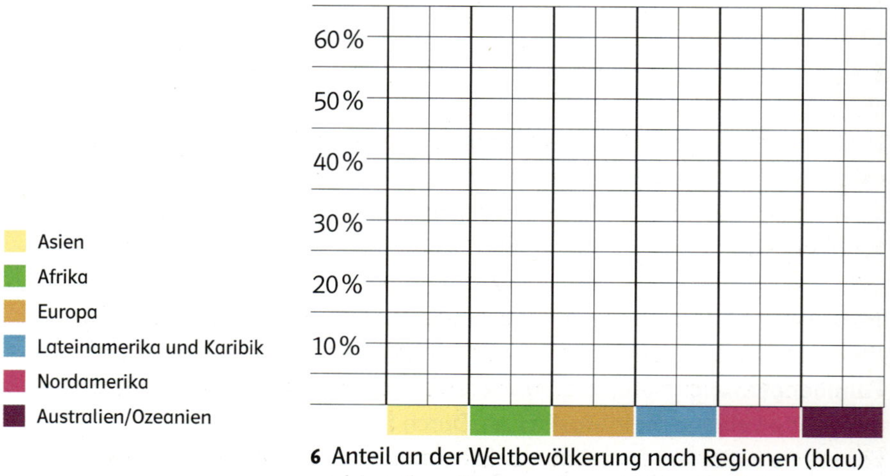

6 Anteil an der Weltbevölkerung nach Regionen (blau) und Anteil am Weltvermögen (rot) im Vergleich

Landwirtschaft und Welthunger

In der Europäischen Union werden jährlich etwa 55 Milliarden Euro an Fördergeldern zur Unterstützung der Landwirtschaft vergeben. Die **Subventionen**, die rund 43 % des EU-Gesamtbudgets ausmachen, stehen häufig im Mittelpunkt heftiger Debatten. Ein Diskussionspunkt ist, dass die Förderungen nach der **Größe der Betriebe** vergeben werden (je mehr Bewirtschaftungsflächen und je größer der Viehbestand, desto mehr Förderung). Somit unterstützt das System große Betriebe, die ohnehin mehr produzieren können, mehr als kleine. Ein zweiter Diskussionspunkt ist, dass der Großteil der Fördergelder ohne ausreichende Auflagen zu Umweltschutz und Qualitätssicherung der landwirtschaftlichen Produkte ausbezahlt wird.

Nach Kriegsende wuchs die österreichische Landwirtschaft

Nach dem Zweiten Weltkrieg (1945) war in Österreich die Grundversorgung der Bevölkerung mit landwirtschaftlichen Produkten nicht sichergestellt, weshalb der Ankurbelung der Landwirtschaft besondere Aufmerksamkeit geschenkt wurde. Schon bald gelang es, anfangs durch die **Marshallplan-Hilfe**, die Landwirtschaft zu intensivieren:

Um möglichst hohe Erträge erzielen zu können, wurden raschwüchsige Hochertragssorten gezüchtet und Mineraldünger eingesetzt, um dem Boden entnommene Mineralstoffe möglichst rasch wieder zuzuführen. Infolge der Entwicklung immer größerer und leistungsfähigerer landwirtschaftlicher Geräte kam es zur Flurbereinigung – da große Feldflächen mit Maschinen leichter zu bearbeiten sind als kleine, tauschten die Bäuerinnen und Bauern verstreut liegende Flächen untereinander aus, damit ihre Gründe nebeneinander lagen. Durch Entfernen der Feldraine und Hecken entstanden große Anbauflächen. Die Flurbereinigung brachte durch die Anlage von **Monokulturen** einen weiteren wirtschaftlichen Vorteil.

Durch diese Modernisierung der Landwirtschaft konnten bereits zehn Jahre nach Kriegsende mit weniger Arbeitskräften doppelt so viele landwirtschaftliche Produkte erzeugt werden als vor dem Krieg.

Zu Beginn der 1960er Jahre war die Produktion so weit angestiegen, dass es erstmals zu Überschüssen kam.

Auch innerhalb der Europäischen Gemeinschaft, die die landwirtschaftlichen Betriebe durch Abnahmegarantien und festgelegte Abnahmepreise förderte, kam es zur Überproduktion von landwirtschaftlichen Erzeugnissen. In der Folge sanken die Marktpreise und damit auch die Gewinne der heimischen Bäuerinnen und Bauern. Das geringere Einkommen und die Tatsache, dass durch die Mechanisierung der Landwirtschaft die anstehenden Arbeiten schneller erledigt werden konnten, führten dazu, dass viele Landwirtinnen bzw. Landwirte damit begannen, ihre Betriebe (vornehmlich kleinere Betriebe) nebenberuflich zu bewirtschaften (**Nebenerwerbsbetriebe**).

Biobetriebe erhalten in der EU stärkere Subventionen

Mit dem zunehmenden Wachsen eines ökologischen Bewusstseins (Grünbewegung) in den 1970er Jahren fand auch teilweise ein Umdenken in der Agrarwirtschaft statt. Da die Intensivierung der Landwirtschaft und das Zunehmen von Monokulturen massive **Beeinträchtigungen der Ökosysteme** und einen **Qualitätsverlust bei den Nahrungsmitteln** mit sich brachten, begannen einige Landwirtinnen und Landwirte neue Wege mit biologischer (ökologischer) Landwirtschaft zu gehen. Wesentliche Kennzeichen dieser Bewirtschaftungsform sind ein nachhaltiger, schonender Umgang mit der Natur sowie eine möglichst artgerechte Tierhaltung.

Biobetriebe werden innerhalb der EU (Österreich ist seit 1995 Mitglied), im Vergleich zur herkömmlichen Landwirtschaft, stärker subventioniert.

Subventionen
finanzielle Unterstützung aus öffentlichen Mitteln
subvenire (lat.) = zu Hilfe kommen

Größe der Betriebe
80 % der Agrarfördergelder werden EU-weit an nur 20 % der landwirtschaftlichen Betriebe (Großbetriebe mit Massenproduktion) vergeben. Viele Bäuerinnen und Bauern mit Kleinbetrieben mussten (und müssen heute noch) diese aufgrund der starken Konkurrenz durch die Großbetriebe aufgeben.

Marshallplan-Hilfe
Wirtschaftswiederaufbauprogramm der USA nach dem zweiten Weltkrieg; bis zum Jahr 1952 leisteten die USA dem unter den Folgen des Krieges leidenden Westeuropa Hilfe im Ausmaß von heute umgerechnet 75 Milliarden Euro (Geld, Lebensmittel, Rohstoffe …).

Monokulturen
Große Feldflächen werden über Jahre nur mit ein und derselben Pflanzensorte bestellt. Die Landwirtin/der Landwirt hat damit die Möglichkeit, sich nur auf eine Pflanzenart zu spezialisieren und braucht auch nur dafür Maschinen anzuschaffen. Monokulturen ermöglichen es also nicht nur schneller, sondern auf Dauer auch billiger zu ernten.

Nebenerwerbsbetrieb
Der Betrieb wird neben einer hauptberuflichen Tätigkeit bewirtschaftet und bringt finanziell weniger als 50 % des Gesamteinkommens ein.

Beeinträchtigungen der Ökosysteme
zunehmende Erosion der Böden, erhöhte Mineralstoffeinträge in Gewässer und Grundwasser, Artenrückgang bei Pflanzen und Tieren u. v. a. m.

Qualitätsverlust bei Nahrungsmitteln
u. a. zunehmende Belastung der Lebensmittel mit Schadstoffen

7 Erkennungszeichen für Bioprodukte aus Österreich

Arbeitsheft Seite 40

8 Ausreichende Ernährung für alle ist knapp in Entwicklungsländern.

US Dollar
1 USD ≙ 0,93 €; 1,07 USD ≙ 1 €
(Stand Frühjahr 2017)

FAO
Food and Agriculture Organization of the United Nations
Die Welternährungsorganisation der Vereinten Nationen hat die Aufgabe, die Ernährungssicherheit weltweit zu verbessern bzw. zu gewährleisten. Den Begriff Ernährungssicherheit definiert die FAO als den Zustand, in dem alle Menschen zu jeder Zeit ausreichenden Zugang zu gesunder und nahrhafter Nahrung haben, um ein gesundes, aktives Leben führen zu können. Dies ist bei einem Drittel der Weltbevölkerung nicht gegeben.

Soziologen
beschäftigen sich mit dem Zusammenleben der Menschen in der Gesellschaft

Globalisierungkritiker
Unter Globalisierung versteht man die Vernetzung der Welt in allen Bereichen (Wirtschaft, Politik, Kommunikation …).

WFP
World Food Programme
Welternährungsprogramm zur Sicherstellung der Nahrungsmittelversorgung in Kriegs- und Katastrophengebieten

Sahel-Syndrom
Die in trockenen Gebieten in Armut lebende Bevölkerung nutzt die sehr kargen Böden intensiv, um möglichst hohe Erträge zu erzielen. Falsche Bewirtschaftungsmethoden infolge mangelnder Kenntnisse über nachhaltige Landwirtschaft führen zu einer Bodenverschlechterung (Ertragseinbußen!) und letztendlich zur Wüstenbildung durch Übernutzung, die Armut wird verstärkt – ein Teufelskreis. Benannt wurde das Sahel-Syndrom nach den Dürreperioden in der afrikanischen Sahelzone, in denen es aufgrund fehlender Regenfälle zur Verödung und Erosion des Bodens und in der Folge zu Hungerkatastrophen kommt.

Unterernährung macht krank

Während in Australien, Europa und Nordamerika bei geringem Bevölkerungswachstum große Überschüsse produziert werden und man mit gesundheitlichen Problemen durch Überernährung (→ S. 149) kämpft, leben rund 1,3 Milliarden Menschen in den Entwicklungsländern in absoluter Armut (haben im Mittel maximal 1,25 **US Dollar** täglich für die Befriedigung ihrer Grundbedürfnisse zur Verfügung). Sie leiden an gesundheitlichen Schäden, verursacht durch Hunger. Aufgrund der Nahrungsknappheit wird zu wenig Eiweiß aufgenommen. Biologisch wertvolleres tierisches Eiweiß ist kaum vorhanden. Eiweißreiche pflanzliche Nahrung steht nicht in dem Ausmaß zur Verfügung, wie sie zur Deckung des Eiweißbedarfs notwendig wäre. Eiweißmangel führt zu schweren Mangelkrankheiten (→ S. 147). Mangel- und Unterernährung führen zu hoher Krankheitsanfälligkeit, unzureichender Produktion von Muttermilch, gestörter Gehirnentwicklung, unterentwickeltem Körperwuchs und in der Folge zu einer Verringerung der körperlichen und geistigen Leistungsfähigkeit.

24 000 Menschen verhungern täglich

Weltweit leiden laut **FAO** rund 925 Millionen Menschen an chronischer Unterernährung, davon 820 Millionen in den Entwicklungsländern. 24 000 Menschen sterben täglich durch Verhungern. Besonders betroffen sind Kinder.

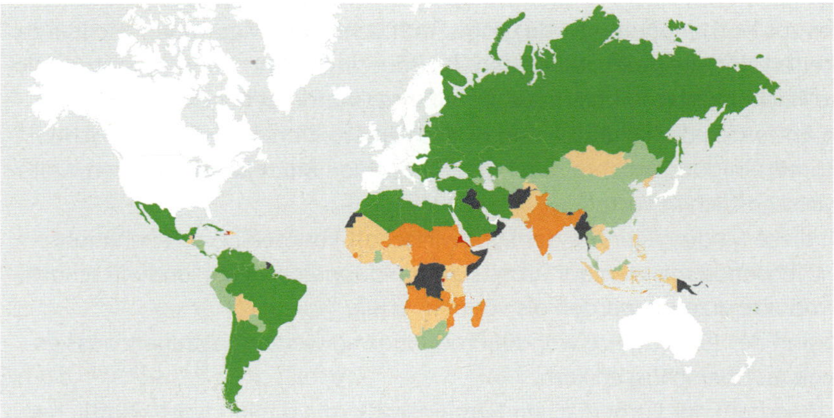

9 Verteilung der Länder nach Hunger-Schweregrad (Welthunger Index, Stand 2012)

Der Hunger in der Welt hat verschiedene Ursachen

Laut dem Schweizer **Soziologen** und **Globalisierungskritiker** Jean Ziegler (geb. 1934) könnten mit den weltweit produzierten Nahrungsmitteln zwölf Milliarden Menschen ernährt werden. Der oft zitierte Anstieg der Weltbevölkerung kann demnach nicht die Ursache für den Welthunger sein. Das **WFP** gibt folgende Hauptgründe dafür an: Wassermangel führt dazu, dass es nur ganz geringe Ernteerträge gibt, in Dürrezeiten fallen sie mitunter ganz aus. Für Bewässerungssysteme fehlt das Geld, aber auch für andere Hilfsmittel, die eine ertragreiche herkömmliche Bewirtschaftung erfordern würde (zB Dünge- und Pflanzenschutzmittel). Die meisten Kleinbäuerinnen bzw. Kleinbauern in den Entwicklungsländern sind so arm, dass sie weder Saatgut noch Lebensmittel kaufen können. Ein weiteres Problem ist die Übernutzung landwirtschaftlicher Flächen (**Sahel-Syndrom**).
Hunger wird aber auch durch Kriege verursacht. So hat beispielsweise die 2003 beginnende Vertreibung von mehr als zwei Millionen Menschen im Zuge des Darfur-Konflikts – bewaffnete Auseinandersetzungen der verschiedenen Volksgruppen und der sudanesischen Regierung – zu Hungersnöten geführt.

Arbeitsheft
Seite 40

Hunger ist kein Schicksal

Der Hunger in der Welt könnte bekämpft werden, doch zählen in unserer Gesellschaft leider wirtschaftliche Interessen mehr als soziale und ökologische Notwendigkeit. Die Realität sieht so aus, dass Überkonsum, Verschwendung und Massenproduktion in den Industriestaaten die Situation in den Entwicklungsländern noch verschlimmert.

Fleisch aus Massentierhaltung fördert die Armut

Um den steigenden Fleischbedarf in den Industrieländern decken zu können, werden die Tiere, ohne Rücksicht auf ihre natürlichen Bedürfnisse, in **Massentierhaltung** gezüchtet. Dies erfordert große Futtermittelmengen, was einen großen **Flächenbedarf** zum Anbau der entsprechenden Futterpflanzen bedeutet. Da in Europa viel zu wenig eiweißreiche Futterpflanzen angebaut werden, müssen sie importiert werden. Der größte Sojaexporteur der Welt ist **Brasilien**, eines der reichsten Agrarländer der Welt, in dem allerdings ein Viertel der Bevölkerung an Hunger leidet. Gleichzeitig werden in Europa Agrarflächen unter anderem dafür genutzt, um diverse Pflanzen, zB Getreide, Zuckerrüben und Erdäpfel, anzubauen, die der Verbrennung oder Vergärung zur Energieversorgung (elektrische Energie, Wärme, Treibstoffe) dienen.

Land Grabbing – eine neue Form der Ausbeutung

Zur Nahrungssicherung und Energiesicherheit sowie letztendlich aus Profitgier, kaufen oder pachten reiche Investoren (zB aus China, Saudi-Arabien, USA, EU-Ländern) fruchtbare Regionen in den Entwicklungsländern zu Billigstpreisen. Die **Ernten** gehen an der hungernden Bevölkerung vorbei ins Ausland. Zusätzlich verschärft sich die Situation der zumeist ohnehin schon problematischen Wasserversorgung der Bevölkerung, da sich die Investoren auch die Wasserrechte sichern.

Anstatt Programme zur Förderung der heimischen Landwirtschaft zu entwickeln, spielen die Regierungen und Behörden beim so genannten „Land Grabbing" mit. Die einen, weil sie sich Investitionen in Infrastruktur und Arbeitsplätze erhoffen, andere weil sie korrupt sind und sich so selbst bereichern.
Welche drastischen Folgen der „Landraub" verursacht, sieht man sehr gut am Beispiel der Philippinen. Das Land, das sich einst mit dem Hauptnahrungsmittel Reis selbst versorgen konnte, ist heute, aufgrund von Verpachtung von insgesamt einer Million Hektar fruchtbaren Ackerlandes an Investoren aus Japan, China, Südkorea und den **Golfstaaten**, vollständig auf Reisimporte aus dem Ausland angewiesen.

Selbst aktiv!

1. Der Zugang zu sauberem Wasser ist ein fundamentales menschliches Bedürfnis und damit ein grundlegendes Menschenrecht. Etwa eine Million Menschen haben keinen Zugang zu sauberem Wasser. Asien hat 28 % Anteil am weltweit zur Verfügung stehenden Trinkwasser, Afrika 10 %, Europa 14 %, Lateinamerika und Karibik 33 %, Nordamerika 12 % und Ozeanien 3 %. Fertige zu oben genannten Daten ähnlich wie in Abb. 6 ein Diagramm an, das die Prozentzahlen mit den jeweiligen Anteilen an der Weltbevölkerung (→ Abb. 3) vergleicht. Interpretiere anschließend dein Diagramm. Was fällt dir auf?
2. Recherchiere: Wie hoch ist der durchschnittliche tägliche Pro-Kopf-Wasserverbrauch in Österreich? Gib in einer Tabelle in deinem Biologieheft an, wie viele Liter davon wofür genutzt werden.

Massentierhaltung
ist nicht nur wegen der nicht artgerechten Tierhaltung problematisch, sie ist auch mit hohen Umweltbelastungen verbunden: zB intensiver Einsatz von Dünge- und Pflanzenschutzmitteln, hoher Wasser- und Energieverbrauch bei der Futtermittelproduktion, massiver Ausstoß von Treibhausgasen (bei der Futtermittelproduktion und Tierhaltung)

Flächenbedarf
Jährlich werden Millionen Hektar Regenwald zum Anbau von Soja zur Viehfuttergewinnung gerodet bzw. abgebrannt.

Brasilien
Der Großteil des in die EU importierten Sojas – auch gentechnisch verändertes Soja – kommt aus Brasilien. Genmanipulierte Futtermittel müssen zwar gekennzeichnet sein, nicht aber die Produkte (Fleisch, Eier, Milch …).

Ernten
angebaut werden zB Soja, Zuckerrohr für die Erzeugung von Biokraftstoffen, Ölpalmen zur Gewinnung von Palmöl für die Nahrungsmittelindustrie und die Kraftstoffproduktion sowie Mais und Reis für den Export. Teilweise werden die Ländereien auch zusätzlich dazu verwendet, als Jagdreviere (Großwildjagd) für finanzkräftige Investoren zu dienen.

Golfstaaten
Bahrain, Katar, Kuwait, Oman, Saudi Arabien, Vereinigte Arabische Emirate

Selbst aktiv!

Interpretiere Abb. 10 und formuliere deine Erkenntnisse daraus in deinem Biologieheft.

10 Jouleumsatz von Weizen

Arbeitsheft Seite 40

Dumpingpreise
Preise, die weit unter den Produktionspreisen liegen

NGOs
Non-Governmental Organizations
Organisationen, die nicht dem Staat bzw. einer Regierung unterstehen. Sie vertreten wichtige gesellschaftliche Interessen (zB Umweltschutz, Wahrung der Menschenrechte).

internationale Konzerne
Die Jahresumsätze der 200 größten Unternehmen der Welt sind 18-mal so hoch wie das gesamte Jahreseinkommen der rund 1,3 Milliarden in absoluter Armut lebenden Menschen in den Entwicklungsländern.

Selbst aktiv

1. Recherchiere Beispiele für bekannte NGOs. Überlege, welchen Vorteil es bringt, wenn eine Organisation keinem Staat unterstellt ist.
2. Recherchiere: Was ist der Verein TransFair? Was sind Fairtrade-Produkte und wie sind sie gekennzeichnet?
3. Interpretiere das Kreislaufdiagramm in Abb. 11 und formuliere deine Erkenntnisse daraus in deinem Biologieheft.

Agrarexportsubventionen ruinieren die Landwirtschaft in armen Ländern

Um überschüssig produzierte landwirtschaftliche Produkte am Weltmarkt verkaufen zu können, subventioniert die EU den Export der eigenproduzierten Nahrungsmittel, die dann zu **Dumpingpreisen** in andere Länder verkauft werden können. Dadurch haben europäische Produkte einen Wettbewerbsvorteil und die Preise auf den Weltmärkten werden so nach unten gedrückt.

Die Waren werden auch in den Entwicklungsländern angeboten und tragen dort zur Zerstörung der heimischen Landwirtschaft bei. Obwohl sie billiger produzieren, können die lokalen Produzenten mit den Dumpingpreisen nicht mithalten.
Gleichzeitig wird den Ländern des Südens durch hohe Einfuhrzölle in die USA und die EU der Marktzugang erschwert.

NGOs fordern Fairness für die Entwicklungsländer

Schon lange fordern **NGOs** eine Reformierung der internationalen Vereinbarungen zur Gestaltung von Wirtschaftsbeziehungen zwischen den Entwicklungs- und den Industrieländern, allem voran faire Handelsbeziehungen. Gleichzeitig müssen Gesetze geschaffen werden, die die Bevölkerung vor Land Grabbing und dem damit verbundenen Verlust der Lebensgrundlage schützen.

In einem Bericht betont die FAO, dass die Bekämpfung des Welthungers und wirtschaftliche Interessen kein Widerspruch sind und die Investitionen, die zur Hilfeleistung in den Entwicklungsländern nötig wären, im Gegenteil mehr bringen würden als sie kosten. Menschen, die ausreichend ernährt sind, sind leistungsfähig. Die Wirtschaft im eigenen Land würde davon profitieren und nicht nur – so wie die Situation derzeit ist – ein paar global und national einflussreiche **internationale Konzerne**.

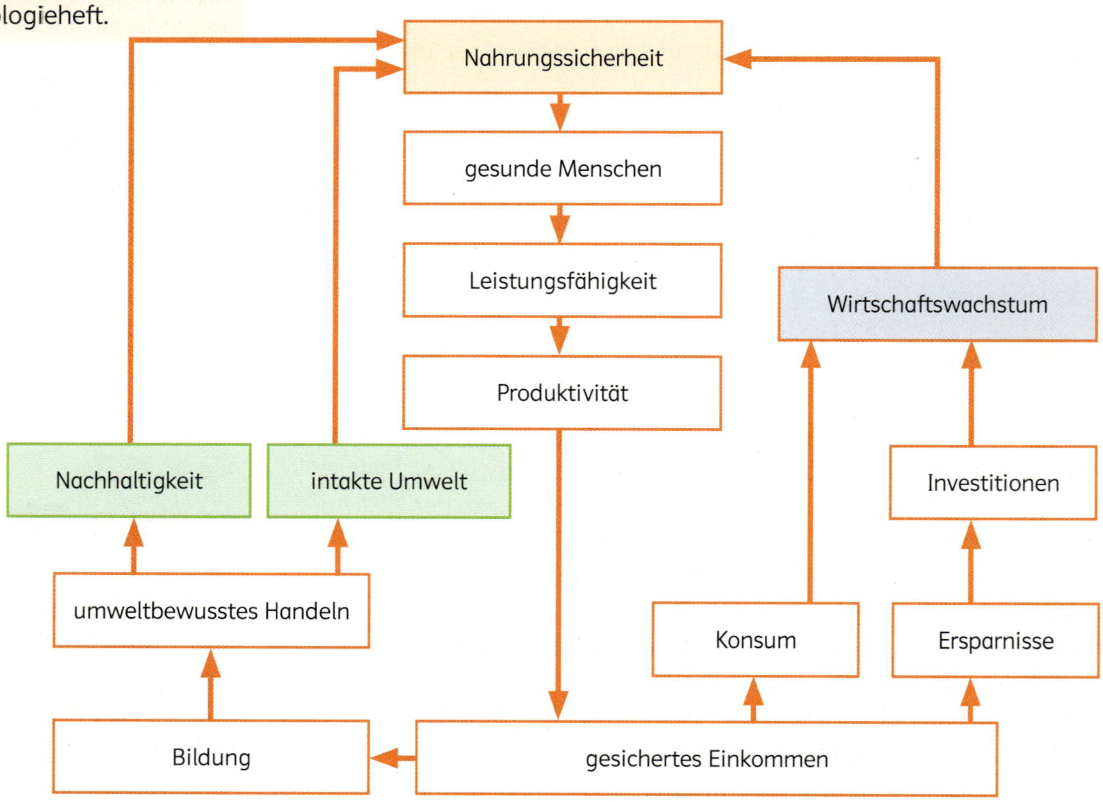

11 Wirtschaftliche Interessen unter Rücksichtnahme auf soziale und ökologische Notwendigkeit als Lebensgrundlage für alle

Arbeitsheft Seite 40

Umweltbelastung durch Transport

Die Globalisierung und damit die zunehmende **Liberalisierung des Welthandels** haben unter anderem zu einer Zunahme des Warentransports und somit zu einer Zunahme des Schienen-, Straßen-, Wasser- und Luftverkehrs geführt. Waren werden quer durch die Welt transportiert.

Viele unserer Lebensmittel sind sehr weit gereist

Viele Produkte, die bei uns im Lebensmittelhandel in den Regalen stehen, stammen aus Ländern, in denen die Produktionskosten, zB durch Billigstlöhne, fehlende Umweltauflagen und staatliche Subventionen (sowohl für die Produktion als auch für den Transport), sehr niedrig gehalten werden können. So ist zB Gemüse aus Südspanien trotz eines Transportweges von 3000 Kilometern zumeist billiger als Gemüse aus heimischer Produktion.

Das Transportaufkommen trägt zum Klimawandel bei

Mit dem erhöhten Transportaufkommen steigt auch der Gehalt an Kohlenstoffdioxid in der Atmosphäre. Als Treibhausgas absorbiert es die von der Erdoberfläche abgestrahlte Wärme (**Treibhauseffekt**). Die Zunahme von CO_2 in der Atmosphäre führt zu einer **Klimaerwärmung**.

Transporte verbrauchen Erdöl

Treibstoffe werden aus Erdöl gewonnen. Erdöl ist ein nicht nachwachsender Rohstoff, was bedeutet, dass die Erdölreserven begrenzt sind und deshalb sehr sparsam damit umgegangen werden muss. Auch das sollte ein weiteres Argument dafür sein, Langstreckentransporte einzuschränken.

Es gäbe Möglichkeiten, Transporte einzuschränken

Der Transport eines Kilos heimischer Erdbeeren verbraucht maximal 0,2 l Erdöl, 1 kg Erdbeeren, die zB aus Israel eingeflogen werden, hingegen an die 5 l.
Um zu vermeiden, dass Waren aus Ländern mit niedrigen Produktionskosten importiert oder zur Verarbeitung dorthin transportiert werden (wie zB Erdäpfel aus Deutschland zum Waschen nach Polen), könnten zB die **Transportkosten** durch eine Ökosteuer und durch Straßenbenützungsgebühren so stark angehoben werden, dass die Transporte unwirtschaftlich werden.
Der Verkauf heimischer Nahrungsmittel könnte zB auch gefördert werden, indem Händler, die größtenteils inländische Erzeugnisse anbieten, und Konsumentinnen und Konsumenten, die größtenteils inländische Produkte einkaufen, dafür in irgendeiner Form belohnt oder ausgezeichnet werden.

Selbst aktiv!

1. Überlege: Sicher fallen dir auch noch Möglichkeiten ein, wie man Waren ökologisch sinnvoller transportieren kann. Halte ein paar Ideen in deinem Biologieheft fest.
2. Überlege: Was kannst du, was kann deine Familie dazu beitragen, unnötige Transporte von Waren quer durch die Welt, aber auch im eigenen Land nicht zu unterstützen?
3. Entwerft in der Klasse Plakate, die den Kauf heimischer Produkte fördern sollen.
4. Diskutiert im Klassenverband: Bildet eine Diskussionsrunde mit verteilten Rollen (Transportunternehmer/innen, Umweltschützer/innen, Anrainer/innen einer stark LKW-befahrenen Straße, Politiker/innen …) zum Thema „Von der Straße auf die Schiene".

Liberalisierung des Welthandels
internationaler Handel ohne Einschränkungen

Treibhauseffekt
Sonnenstrahlung (Sonnenenergie) trifft auf die Erde und erwärmt sie. Ein Teil der Strahlung wird wieder in den Weltraum abgestrahlt. Treffen die Wärmestrahlen auf bestimmte Gase in der Atmosphäre, wie zB auf Wasserdampf, Kohlenstoffdioxid und Methan (Treibhausgase), werden sie von diesen absorbiert. Die Erdoberfläche erwärmt sich dadurch zusätzlich. Namensgeber des Effektes ist das Treibhaus (Gewächshaus), dessen Beheizung nach dem oben genannten Prinzip funktioniert: Die Glaswände wirken hier wie die Treibhausgase.

Klimaerwärmung
In den letzten hundert Jahren hat sich die Durchschnittstemperatur der Atmosphäre um etwa 0,8 °C erhöht. Nimmt der Treibhausgasausstoß weiterhin zu, befürchten manche Klimaforscherinnen und Klimaforscher eine Erwärmung bis zu 6 °C bis im Jahr 2100. Die Folgen dieses Klimawandels wären katastrophal: Die Gletscher und die Polkappen schmelzen – der Meeresspiegel steigt, Küstenregionen werden überflutet. Das Wetter wird zunehmend extrem, was auch die Ernteeinträge beeinflusst – in manchen Gebieten wird es zu großen Dürren kommen, während andere Regionen durch starke Niederschläge überschwemmt werden. Die Sturmhäufigkeit nimmt zu. Die Erwärmung der Kontinente und der Meere verändert die Ökosysteme und begünstigt die Ausbreitung von Krankheiten.

Transportkosten
Bei den aus Südspanien importierten Tomaten machen zB die Transportkosten nur 1% vom Verkaufspreis aus.

12 Saisonales Obst hat Vorrang!

Arbeitsheft Seite 40

Humanökologie

Lösungen
q4zk6z

Du hast dir Wissen über Ökologie und Nachhaltigkeit, konkret zur Welternährung und zu verschiedenen Formen der Landwirtschaft, erarbeitet.

Folgende Kompetenzen hast du erworben ...

✓ Du erkennst die Auswirkungen des zunehmenden Wachstums der Weltbevölkerung auf lokaler sowie globaler Ebene und kannst nachhaltige Lösungsstrategien, die zu einer Minderung der negativen Konsequenzen führen, reflektieren.

Überprüfe dein Wissen ...

☐ 1. Informiere darüber, in welchen Regionen der Erde das Bevölkerungswachstum am stärksten ist und finde eine Begründung dafür. Überlege, weiche Konsequenzen sich daraus ergeben.
☐ 2. Begründe das geringe Bevölkerungswachstum in den Industriestaaten.
☐ 3. Überlege, ob es neben dem massiven Bevölkerungswachstum auch andere Faktoren gibt, die die Entwicklung in den Ländern des Südens hemmen.

✓ Du erkennst die Verantwortung der Industrieländer gegenüber den Entwicklungsländern.

Überprüfe dein Wissen ...

☐ 1. Definiere den Begriff „Nord-Süd-Gefälle".
☐ 2. Zeige auf, warum viele europäische Staaten, wie etwa Spanien, Portugal und England, mitverantwortlich für die Armut in vielen Entwicklungsländern sind.
☐ 3. Informiere darüber, auf welche Weise heute die Länder des Südens von reichen Investoren aus Ländern wie China, Saudi-Arabien, USA, aber auch aus EU-Staaten ausgebeutet werden. Zeige die Folgen anhand eines konkreten Beispiels auf.
☐ 4. Stelle Überlegungen dazu an, wie man die Lebensbedingungen der Menschen in den Entwicklungsländern verbessern könnte.

✓ Du kannst einen Zusammenhang zwischen verschiedenen Formen der Landwirtschaft und des Problems des Welthungers herstellen.

Überprüfe dein Wissen ...

☐ 1. Diskutiere Zusammenhänge zwischen dem übermäßigen Fleischkonsum in den Industrieländern und der Armut in den Entwicklungsländern.
☐ 2. Welche Folgen hatte die Intensivierung der Landwirtschaft nach Ende des Zweiten Weltkrieges? Überlege, ob und inwiefern diese Modernisierung der Landwirtschaft sowie die Agrarpolitik der EU die Situation in den Entwicklungsländern beeinflusst.

✓ Du kannst die Globalisierung in Hinblick auf die Belastung unserer Umwelt kritisch hinterfragen und deine eigene ökologische Verantwortung wahrnehmen.

Überprüfe dein Wissen ...

☐ 1. Argumentiere, warum man heimischen Produkten eher den Vorzug geben sollte.
☐ 2. Zeige auf, welche Konsequenzen die Liberalisierung des Welthandels mit sich bringt.

Humanökologie

Die **Humanökologie** analysiert die Wechselwirkungen zwischen **Mensch**, **Gesellschaft** und **Umwelt**, um aus den Erkenntnissen Wege für eine nachhaltige, möglichst umweltschonende Nutzung und gerechtere **Verteilung der Ressourcen** zu finden. Damit bekommen auch künftige Generationen die Möglichkeit, ihre körperlichen **Grundbedürfnisse** ausreichend befriedigen zu können.

Von den derzeit rund **sieben Milliarden Menschen** leben 23 % in **Industrieländern**, die restlichen 77 % in **Entwicklungsländern**. Die **Bevölkerungszahlen** steigen weiter an. Laut **UNO** wird die Zahl der Menschen bis zum Jahr 2050 auf rund zehn Milliarden ansteigen. **Zuwächse** wird es in den heutigen **Entwicklungsländern** und dort wiederum in den ärmsten Bevölkerungsschichten geben.

Das Verteilungsgefälle des Weltvermögens zwischen Industrie- und Entwicklungsländern wird als **Nord-Süd-Konflikt** bezeichnet.

Ursachen für die **Unterentwicklung** der Länder des Südens sind u. a. die hohen **Bevölkerungszahlen**, **Nahrungs-** und **Kapitalmangel** sowie natürliche Gegebenheiten. Der Grundstein wurde durch Ausbeutung während der **Kolonialzeit** gelegt.

Nach dem **Zweiten Weltkrieg** begann die **Intensivierung** der Landwirtschaft. Seit 1995 ist **Österreich** Mitglied der **EU**. In der Europäischen Union werden jährlich etwa 55 Milliarden Euro an **Fördergeldern** zur **Unterstützung** der **Landwirtschaft** vergeben. **Biobetriebe** werden im Vergleich zur herkömmlichen Landwirtschaft stärker subventioniert.

Kennzeichen der **intensiven** Landwirtschaft sind zB Einsatz von **Chemie**, **große Anbauflächen**, **Monokulturen** und **Massentierhaltung**. Wesentliche Kennzeichen der **biologischen** Bewirtschaftung sind ein **nachhaltiger**, schonender Umgang mit der Natur sowie eine möglichst **artgerechte Tierhaltung**.

Während in den **Industriestaaten** bei geringem Bevölkerungswachstum **große Überschüsse** produziert werden und man mit gesundheitlichen Problemen durch Überernährung kämpft, leben rund 1,3 Milliarden Menschen in den **Entwicklungsländern** in absoluter **Armut**.

24 000 Menschen sterben täglich durch **Verhungern**. Hauptgründe sind **Wassermangel**, **Armut**, **Übernutzung** landwirtschaftlicher Flächen und **Kriege**.

Der Hunger in der Welt könnte bekämpft werden, doch zählen in unserer Gesellschaft leider **wirtschaftliche Interessen** mehr als **soziale** und **ökologische Notwendigkeit**. Überkonsum, Verschwendung und Massenproduktion in den Industriestaaten verschlimmern die Situation in den Entwicklungsländern. Agrarexportsubventionen ruinieren die Landwirtschaft in armen Ländern. **NGOs** fordern Fairness für Entwicklungsländer. Die **FAO** betont, dass die **Bekämpfung des Welthungers** und **wirtschaftliche Interessen kein Widerspruch** sind und die Investitionen, die zur Hilfeleistung in den Entwicklungsländern nötig wären, im Gegenteil mehr bringen würden als sie kosten.

Die **Globalisierung** und damit die zunehmende **Liberalisierung** des **Welthandels** haben zu einer Zunahme des **Schienen-, Straßen-, Wasser- und Luftverkehrs** geführt. Dies stellt eine massive **Umweltbelastung** dar.

Jahrescheck

5. Klasse (Semester 1 und 2)

In der fünften Klasse hast du über folgende Themen erfahren. Bist du fit fürs neue Schuljahr? Check dich selbst!
In den beiden linken Spalten findest du zu jedem Kapitel wichtige Begriffe. Erinnerst du dich an die Begriffe und an die damit zusammenhängenden biologischen Prozesse? In der rechten Spalte findest du Verweise auf Seiten, wo du noch einmal nachlesen kannst („*Lies nochmals nach*“) und wo du passende Aufgaben und Übungen finden kannst: Kompetenzchecks stehen am Ende jedes Kapitels im Schulbuch. Weitere Aufgaben gibt es im Arbeitsheft und im Zusatzheft *Maturatraining*. Viel Erfolg!

Zellbiologie

Lerninhalte

Die Zelle als Grundbaustein der Organismen; Zusammenhänge zwischen Lebensvorgängen und Zellstrukturen

- ☐ Aufbau und Struktur von tierischen und pflanzlichen Zellen
- ☐ Mikroskopieren
- ☐ Biomembranen
- ☐ Diffusion und Osmose
- ☐ Kennzeichen des Lebens

Selbstcheck

Lies nochmals nach → S. 16–28
Kompetenzcheck → S. 29
Arbeitsheft → S. 3–8
Maturatraining → Themenbereich *Zellbiologie*

Die Mitose und ihre Bedeutung für Wachstum, Zelldifferenzierung und Entstehung vielzelliger Organismen

- ☐ Mitose und Zellteilung
- ☐ Zellspezialisierung und -differenzierung

Lies nochmals nach → S. 30–33
Kompetenzcheck → S. 34
Arbeitsheft → S. 9
Maturatraining → Themenbereiche *Zellbiologie, Molekulargenetik*

Stoffwechselphysiologie

Lerninhalte

Stoffwechselvorgänge: Assimilation (Fotosynthese und heterotrophe Assimilation) und Dissimilation (Gärung und Zellatmung)

- ☐ Bioenergetik und Thermodynamik
- ☐ Enzyme
- ☐ Fotosynthese
- ☐ Chemoautotrophie
- ☐ heterotrophe Assimilation
- ☐ Zellatmung
- ☐ Gärung

Selbstcheck

Lies nochmals nach → S. 36–49
Kompetenzcheck → S. 50
Arbeitsheft → S. 10–15
Maturatraining → Themenbereiche *Stoffwechselphysiologie, Ökologie, Mikrobiologie*

Mikrobiologie

Lerninhalte

Unterschiede zwischen Pro- und Eukaryoten; Bedeutung von Mikroorganismen für ökologische Kreisläufe

- ☐ Bakterien
- ☐ Protisten
- ☐ Pilze
- ☐ die Bedeutung von Mikroorganismen für ökologische Kreisläufe

Selbstcheck

Lies nochmals nach → S. 52–67
Kompetenzcheck → S. 68
Arbeitsheft → S. 16–19
Maturatraining → Themenbereiche *Zellbiologie, Mikrobiologie, Biotechnologie, Infektionskrankheiten*

Biotechnologie

Lerninhalte

Biotechnische Verfahren bei der Nahrungsmittelproduktion

- ☐ Herstellung von Brot
- ☐ Käseerzeugung
- ☐ Konservierungsmethoden
- ☐ Zitronen- und Essigsäureerzeugung
- ☐ Bier- und Weinproduktion
- ☐ Gentechnik in der Nahrungsmittelproduktion

Selbstcheck

Lies nochmals nach → S. 70–77
Kompetenzcheck → S. 78
Arbeitsheft → S. 20
Maturatraining → Themenbereiche *Biotechnologie, Mikrobiologie*

Organsysteme des Stoffwechsels

Lerninhalte

Bau und Funktion der Organsysteme des Stoffwechsels (Verdauung, Atmung, Kreislauf, Ausscheidung) und deren Ausbildung in unterschiedlichen Organisationsebenen und Lebensräumen

- ☐ Bestandteile der Nahrung
- ☐ die menschliche Verdauung
- ☐ Ernährung im Tierreich
- ☐ die menschliche Atmung
- ☐ Atmung im Tierreich
- ☐ der menschliche Blutkreislauf
- ☐ Stofftransport im Tierreich
- ☐ die menschliche Ausscheidung
- ☐ Ausscheidung im Tierreich

Selbstcheck

Lies nochmals nach → S. 80–140
Kompetenzcheck → S. 141
Arbeitsheft → S. 21–36
Maturatraining → Themenbereich *Stoffwechselvorgänge*

Gesunde und ausgewogene Ernährung

- ☐ Nährstoffbedarf des Menschen
- ☐ ausgewogene und gesunde Ernährung
- ☐ Nahrungsunverträglichkeiten
- ☐ Essstörungen

Lies nochmals nach → S. 143–150
Kompetenzcheck → S. 151
Arbeitsheft → S. 22
Maturatraining → Themenbereich *Stoffwechselvorgänge*

Botanik

Lerninhalte

Bau, Fortpflanzung und Lebensweise pflanzlicher Organismen

- ☐ pflanzliche Gewebe
- ☐ Wurzel
- ☐ Sprossachse
- ☐ Laubblatt
- ☐ ungeschlechtliche Fortpflanzung
- ☐ geschlechtliche Fortpflanzung

Selbstcheck

Lies nochmals nach → S. 154–175
Kompetenzcheck → S. 176
Arbeitsheft → S. 37–39
Maturatraining → Themenbereiche *Botanik, Fortpflanzung und Entwicklung*

Humanökologie

Lerninhalte

Ökologie und Nachhaltigkeit: (Welt-)Ernährung, verschiedene Formen der Landwirtschaft

- ☐ Weltbevölkerung
- ☐ Welthunger
- ☐ Landwirtschaft und ihre Folgen
- ☐ Globalisierung und Liberalisierung des Welthandels und ihre Folgen

Selbstcheck

Lies nochmals nach → S. 178–185
Kompetenzcheck → S. 186
Arbeitsheft → S. 40
Maturatraining → Themenbereiche *Humanökologie, Ökologie*

Register

Bildnachweis

U1: Science Photo Library / picturedesk.com; **S. 2.1:** vege / Fotolia; **S. 2.2:** annedde / iStockphoto.com; **S. 2.3:** Science Photo Library / picturedesk.com; **S. 2.4:** yuratosno / Fotolia; **S. 2.5:** Gerd Günther / Science Photo Library / picturedesk.com; **S. 2.6:** snygo – aboutpixel.de; **S. 3.1:** Comugnero Silvana / Fotolia; **S. 3.2:** Andras Deak / Thinkstock; **S. 3.3:** egal / Thinkstock; **S. 3.4:** Axel Gutjahr / Fotolia; **S. 3.5:** Fredex8 / Thinkstock; **S. 6.1:** Science Photo Library / picturedesk.com; **S. 14.1:** Alan John Lander Phillips / iStockphoto.com; **S. 14.2:** Science Photo Library / picturedesk.com; **S. 14.3:** Mark Balyshev / Fotolia; **S. 14.4:** contrastwerkstatt / Fotolia; **S. 15.1:** Cello Armstrong / Fotolia; **S. 15.2:** Axel Gutjahr / Fotolia; **S. 15.3:** Stocktrek Images / Thinkstock; **S. 16.o.:** Keith R. Porter / PhotoResearchers / picturedesk.com; **S. 16.u.:** Science Photo Library / picturedesk.com; **S. 17.1:** Kerstin Biegl, Wien; **S. 17.2:** Jacek Chabraszewski / Fotolia; **S. 17.o.:** littlebell / Fotolia; **S. 18.4:** Science Photo Library / picturedesk.com; **S. 18.5:** Science Photo Library / picturedesk.com; **S. 18.6:** Don W. Fawcett – PhotoResearchers / picturedesk.com; **S. 18.7:** eye of science – Science Photo Library / picturedesk.com; **S. 19.m.1:** Science Photo Library / picturedesk.com; **S. 19.m.2:** Science Source – PhotoResearchers / picturedesk.com; **S. 19.m.3:** Nancy Nehring / iStockphoto.com; **S. 19.o.1:** Science Photo Library / picturedesk.com; **S. 19.o.2:** Power&Syred – Science Photo Library / picturedesk.com; **S. 19.o.3:** Science Photo Library / picturedesk.com; **S. 19.u.1:** Science Photo Library / picturedesk.com; **S. 19.u.2:** Viro – Science Photo Library / picturedesk.com; **S. 19.u.3:** Science Photo Library / picturedesk.com; **S. 20.8:** LianeM / Fotolia; **S. 21.11:** Keith R. Porter – PhotoResearchers / picturedesk.com; **S. 21.12:** Science Photo Library / picturedesk.com; **S. 22.15:** Biology Pics / PhotoResearchers / picturedesk.com; **S. 22.16:** Science Photo Library / picturedesk.com; **S. 22.17:** Richard J. Green – PhotoResearchers / picturedesk.com; **S. 22.19:** Science Photo Library / picturedesk.com; **S. 23.21:** Don W. Fawcett – PhotoResearchers / picturedesk.com; **S. 23.23:** Science Photo Library / picturedesk.com; **S. 24.25:** Science Photo Library / picturedesk.com; **S. 24.26:** Friedrich – Interfoto / picturedesk.com; **S. 27.o.:** Mag. Johanna Kramer-Gerstacker / öbv; **S. 28.31:** Gerd Günther – Science Photo Library / picturedesk.com; **S. 32.37.D:** Dr. Heinz Jaksch / picturedesk.com; **S. 35.1:** karelnoppe / Fotolia; **S. 35.2:** schepers_photography / Fotolia; **S. 35.3:** Alan John Lander Phillips / iStockphoto.com; **S. 35.4:** Biology Media – PhotoResearchers / picturedesk.com; **S. 35.5:** Jupiterimages / Thinkstock; **S. 36.1:** yuratosno / Fotolia; **S. 36.o.:** Carsten Meyer / Fotolia; **S. 38.5:** Adam Bit / Fotolia; **S. 41.9:** fairith / Fotolia; **S. 42.11:** ferkelraggae / Fotolia; **S. 43.12:** Österr. Nationalbibliothek / picturedesk.com; **S. 43.13:** Science Photo Library / picturedesk.com; **S. 43.15:** Science Photo Library / picturedesk.com; **S. 44.19:** Science Photo Library / picturedesk.com; **S. 45.23:** Science Photo Library / picturedesk.com; **S. 45.24:** Science Photo Library / picturedesk.com; **S. 46.28:** Personalities / TopFoto / picturedesk.com; **S. 49.32:** spaceport9 / Fotolia; **S. 51.1:** Hubert Körner / Fotolia; **S. 51.2:** Sebastian Kaulitzki / Fotolia; **S. 51.3:** Bergringfoto / Fotolia; **S. 51.4:** Science Photo Library / picturedesk.com; **S. 51.5:** mkrberlin / Fotolia; **S. 52.2:** martynowi_cz / Thinkstock; **S. 52.l.:** Ales Stribrsky / Fotolia; **S. 53.3:** Biology Pics / PhotoResearchers / picturedesk.com; **S. 53.3b:** Biophoto Associates / PhotoResearchers / picturedesk.com; **S. 54.7:** Science Photo Library / picturedesk.com; **S. 54.8:** Nickolay Vinokurov / iStockphoto.com; **S. 54.9:** Jeff Nagy / iStockphoto.com; **S. 55.10:** Meckes + Ottawa / Science Photo Library / picturedesk.com; **S. 55.11:** Sébastien Closs / Fotolia; **S. 55.12:** M. R. Swadzba / Fotolia; **S. 55.13:** Henrik Larsson / Fotolia; **S. 57.15:** Science Photo Library / picturedesk.com; **S. 57.16:** Science Photo Library / picturedesk.com; **S. 57.17:** Science Photo Library / picturedesk.com; **S. 57.18:** Christian Gosch / OTS; **S. 58.19:** Rights Managed / Mary Evans / picturedesk.com; **S. 58.20:** emeraldphoto / Fotolia; **S. 58.20:** Science Photo Library / picturedesk.com; **S. 59.22:** Science Photo Library / picturedesk.com; **S. 59.23:** Science Photo Library / picturedesk.com; **S. 59.24:** Science Photo Library / picturedesk.com; **S. 59.25:** Science Photo Library / picturedesk.com; **S. 59.26:** Science Photo Library / picturedesk.com; **S. 60.27:** eye of science / Science Photo Library / picturedesk.com; **S. 60.28:** Science Photo Library / picturedesk.com; **S. 60.29:** Science Photo Library / picturedesk.com; **S. 60.30:** Science Photo Library / picturedesk.com; **S. 61.32:** micro_photo / iStockphoto.com; **S. 61.34:** Southern Illinois University / PhotoResearchers / picturedesk.com; **S. 62.36:** micro_photo / Fotolia; **S. 62.37:** Science Photo Library / picturedesk.com; **S. 62.38:** Michal Boubin / iStockphoto.com; **S. 63.39A:** Science Photo Library / picturedesk.com; **S. 63.39B:** eye of science / Science Photo Library / picturedesk.com; **S. 63.39C:** Science Photo Library / picturedesk.com; **S. 65.41:** toscana / Fotolia; **S. 65.42:** fotoali / Fotolia; **S. 65.43:** Nigel Cattlin / PhotoResearchers / picturedesk.com; **S. 65.44:** D. Harms / Wildlife / 4nature; **S. 66.45:** G. Delpho / Wildlife / 4nature; **S. 67.46:** Dmitry Vereshchagin / Fotolia; **S. 67.47:** Karl Thomas / Allover / picturedesk.com; **S. 69.1:** Henrik5000 / iStockphoto.com; **S. 69.2:** Guntars Grebezs / iStockphoto.com; **S. 69.3:** Leo / Fotolia; **S. 69.4:** Top Photo Group RF / Thinkstock; **S. 69.5:** Chalabala / Thinkstock; **S. 70.1:** Science Photo Library / picturedesk.com; **S. 70.2:** Olaf Rehmert / Fotolia; **S. 70.o.l.:** Barbara Pheby / Fotolia; **S. 71.4:** naturganznah; **S. 71.5:** naturganznah; **S. 71.6:** Hubert Floh; **S. 72.7:** Science Photo Library / picturedesk.com; **S. 72.8:** contrastwerkstatt / Fotolia; **S. 72.9:** Koen Suyk / ANP / picturedesk.com; **S. 72.10:** contrastwerkstatt / Fotolia; **S. 73.A:** Hubert Floh; **S. 73.B:** Hubert Floh; **S. 73.C:** Hubert Floh; **S. 73.D:** Hubert Floh; **S. 73.E:** Hubert Floh; **S. 73.F:** Hubert Floh; **S. 74.11:** Heiko Barth / Fotolia; **S. 74.12:** Comugnero Silvana / Fotolia; **S. 74.13:** Viktor Pravdica / iStockphoto.com; **S. 75.14:** DaddyBit / iStockphoto.com; **S. 75.15:** Richard Clark / iStockphoto.com; **S. 75.16:** Michał Puchała / iStockphoto.com; **S. 75.17:** Eliza Snow / iStockphoto.com; **S. 75.18:** industrieblick / Fotolia; **S. 76.20:** Mag. Johanna Kramer-Gerstacker / öbv; **S. 76.21:** Kerstin Biegl, Wien; **S. 76.22:** Siri Stafford / Thinkstock; **S. 76.23:** rilueda / Thinkstock; **S. 77.25:** Joel Nito / AFP / picturedesk.com; **S. 79.1:** Torsten Schon / Fotolia; **S. 79.2:** muri30 / Thinkstock; **S. 79.3:** Maria Brzostowska / Fotolia; **S. 79.4:** Purestock/ Thinkstock; **S. 79.5:** OutdoorPhoto / Fotolia; **S. 80.o.:** dangdumrong / Thinkstock; **S. 80.u.:** Tomo Jeseničnik / Thinkstock; **S. 83.4:** Science Photo Library / Science Photo Library / picturedesk.com; **S. 84.6:** Hans Klaus Techt / APA / picturedesk.com; **S. 84.7:** Frieder Blickle / laif / picturedesk.com; **S. 84.8:** Henseler / laif / picturedesk.com; **S. 87.11:** Inga Nielsen / Fotolia; **S. 90.14:** luchshen / Fotolia; **S. 91.15:** Tomo Jeseničnik / Thinkstock; **S. 91.15A:** MH Foto-Design; **S. 91.15B:** felix / Fotolia; **S. 91.15C:** Nik / Fotolia; **S. 91.15D:** MH Foto-Design; **S. 91.15E:** Maceo / Fotolia; **S. 91.15F:** Gabi Günther / Fotolia; **S. 91.15G:** MH Foto-Design; **S. 91.15H:** Piotr Malczyk / iStockphoto.com; **S. 91.15I:** tylor/ Fotolia; **S. 92.16:** YBond / Fotolia; **S. 94.21:** Kerstin Biegl, Wien; **S. 99.29:** igreen_images / Thinkstock; **S. 99.30:** F. Teigler / 4nature; **S. 99.31:** W. Poelzer/Wildlife / 4nature; **S. 99.32:** visual7 / iStockphoto.com; **S. 99.33:** F. Teigler / 4nature; **S. 99.34:** S. Muller/Wildlife /4nature; **S. 99.35:** tiero / Fotolia; **S. 100.36:** McPHOTO / vario images / picturedesk.com; **S. 100.37:** H. Glader / 4nature; **S. 100.38:** Pölzer / F1Online / picturedesk.com; **S. 100.40:** Science Photo Library / picturedesk.com; **S. 100.41:** P. Hartmann / 4nature; **S. 100.42:** Jean Kobben / Fotolia; **S. 101.44:** Copyrighted / Science Photo Library / picturedesk.com; **S. 101.45:** Science Photo Library / picturedesk.com; **S. 102.47:** Dennis Kunkel Microscopy / Science Photo Library / picturedesk.com; **S. 102.48:** Henrik Larsson / iStockphoto.com; **S. 102.49:** Sergey Lukyanov / iStockphoto.com; **S. 102.50:** Michael & Patricia Fogden / Minden Pictures / picturedesk.com; **S. 102.51:** manfredxy 7 / iStockphoto.com; **S. 102.52:** ktsimage / iStockphoto.com; **S. 102.53:** Science Source / PhotoResearchers / picturedesk.com; **S. 103.54:** Mary Evans / picturedesk.com; **S. 103.55:** Michael & Patricia Fogden / Minden Pictures / picturedesk.com; **S. 103.56:** D. Harms/Wildlife / 4nature; **S. 104.57:** arolina66 / Fotolia; **S. 105.60:** Eric Isselée / iStockphoto.com; **S. 105.63:** MH Foto-Design; **S. 106.65:** Hubert Floh; **S. 106.66:** Hubert Floh; **S. 106.67:** Hubert Floh; **S. 106.68:** Stepan Jezek / Fotolia; **S. 106.69:** M. Hamblin / 4nature; **S. 106.70:** Hubert Floh; **S. 108.75:** Zsolt Farkas /iStockphoto.com; **S. 108.76:** helphot / Fotolia; **S. 108.77:** Marc Steinmetz / Visum / picturedesk.com; **S. 109.79:** Reinhard Marscha / Fotolia; **S. 109.80:** M. I. Walker / PhotoResearchers / picturedesk.com;